Stereotype Threa

Christian Helmchen

Stereotype Threat im Englischunterricht

Zu den Bildungschancen
von Jugendlichen mit
Migrationshintergrund

 Springer VS

Christian Helmchen
Hamburg, Deutschland

Dissertation Universität Hamburg/2018

ISBN 978-3-658-27526-6   ISBN 978-3-658-27527-3   (eBook)
https://doi.org/10.1007/978-3-658-27527-3

Die Deutsche Nationalbibliothek verzeichnet diese Publikation in der Deutschen National-
bibliografie; detaillierte bibliografische Daten sind im Internet über http://dnb.d-nb.de abrufbar.

Springer VS
© Springer Fachmedien Wiesbaden GmbH, ein Teil von Springer Nature 2019

Springer VS ist ein Imprint der eingetragenen Gesellschaft Springer Fachmedien Wiesbaden GmbH
und ist ein Teil von Springer Nature.
Die Anschrift der Gesellschaft ist: Abraham-Lincoln-Str. 46, 65189 Wiesbaden, Germany

Danksagung

Ich danke meiner Mutter Annette Helmchen dafür, dass sie mich zu einem weltoffenen und neugierigen Menschen erzogen, mich stets in allen Bestrebungen liebevoll unterstützt und mir immer den Glauben gegeben hat, meine Ziele erreichen zu können.

Ich danke meinen Großeltern Anni und Paul Helmchen, ohne deren Fürsorge und Beistand ich nie so weit gekommen wäre.

Ich danke Christian Bürckel, der mich mit viel Ruhe, Geduld und dickem Fell auf meinen ersten statistischen Gehversuchen begleitet hat und mir auch später stets ein interessierter und kompetenter Diskussionspartner sowie große seelische Unterstützung war.

Ich danke Annette Denfeld dafür, dass sie zugehört und mich immer aufgemuntert hat, wenn mir alles zu viel zu werden schien.

Doy las gracias a Beatriz García Castillo por siempre darme refugio y tranquilidad cuando más lo necesitaba.

Ich danke meinen Kolleg*innen Larissa Glückschald, Etje Schröder und Sören Torrau für alle Gespräche, in denen wir uns ausgetauscht haben sowie für das Interesse, das sie meiner Arbeit stets entgegengebracht haben.

Ich danke Dr. Arne Heinemann für das Lektorieren dieser Arbeit.

Ein ganz besonderer Dank gilt Prof. Dr. Andreas Bonnet, Prof. Dr. Helene Decke-Cornill und Prof. Dr. Rosemarie Mielke für ihre fachliche und menschliche Unterstützung, für ihren Glauben in mich und meine Arbeit, für ihre offenen Ohren und ihren offenen Geist, für kritische Bemerkungen und inspirierende Denkanstöße. Ohne die stets kompetente und hingebungsvolle Betreuung meiner ‚Doktoreltern' hätte diese Arbeit nicht entstehen können.

Inhaltsverzeichnis

Abbildungsverzeichnis

Tabellenverzeichnis

Einleitung

In putting together our public opinions, not only do we have to picture more space than we can see with our eyes, and more time than we can feel, but we have to describe and judge more people, more actions, more things than we can ever count, or vividly imagine. We have to summarize and generalize. We have to pick out examples, and treat them as typical (Walter Lippmann 1921: 148).

Public Opinion – Die öffentliche Meinung. Das ist der Titel des Buches, in dem Walter Lippmann (1922) den Begriff *Stereotyp* als sozialwissenschaftliches Konzept prägte. Obwohl das eigentliche Konzept der Stereotypisierung entgegen weitverbreiteter Auffassung nicht auf Lippmann zurückgeht und in seinem Werk eine eher untergeordnete Rolle spielt (vgl. Newman, 2009), ist es bahnbrechend für die Forschung zu einem sozialpsychologischen Phänomen, das eine bedeutende Rolle im menschlichen Wahrnehmungs- und Handlungsprozess einnimmt und dem jeder Mensch ausgesetzt ist, als Stereotypisierender so wie als Stereotypisierter. Der von Lippmann gewählte Titel verdeutlicht zudem prägnant, worum es sich grob gesagt bei Stereotypen handelt. Sie sind eben genau dies: Meinungen über gewisse Charakteristika sozialer Gruppen, die zumeist von einer Vielzahl von Menschen geteilt werden. So könnte man sie auch als kulturell oder gesellschaftlich tradiertes ‚Wissen‘ bezeichnen, das mit der Zeit und Wiederholung zu einer empfundenen Wahrheit mutiert. Aber Stereotype sind häufig eben auch vor allem dies – Meinungen, die individuelle Realitäten unberücksichtigt lassen. Ihre Beständigkeit ist allerdings enorm, ihr Einfluss auf unser Denken und Handeln bedeutend.

Stereotype haben einen großen Anteil daran, wie wir andere wahrnehmen, sie zum Beispiel als Gefahr betrachten, Mitleid oder Verständnis haben, Zu- oder Abneigung, Respekt oder Verachtung empfinden. All das, ohne eine Person tatsächlich zu kennen. Stereotype beeinflussen unser Denken und Handeln in Bezug auf andere, sie entfalten ihre Wirkung allerdings auch im Hinblick auf das Selbst. Die Erwartung, wie andere die eigene Person aufgrund von Gruppenzugehörigkeit wahrnehmen, hat Einfluss auf unser Befinden und Verhalten. Wer möchte schon aufgrund einer zumeist nicht freiwillig gewählten Gruppenzugehörigkeit von anderen als schwach, faul, gewalttätig, dumm, ungebildet, unzuverlässig oder dergleichen gesehen werden? Das lässt wohl kaum jemanden unberührt. Jeder Mensch gehört irgendeiner sozialen Gruppe an, die in dem einen oder anderen Kontext negativ stereotypisiert ist. Da es sich bei Stereotypen um gesellschaftlich verbreitetes ‚Wissen‘ handelt, sind sich Menschen der negativen Stereotype über ihre Gruppe und damit natürlich auch über die eigene Person zumeist auch bewusst.

Zugleich sind Menschen stets bemüht, ein möglichst positives Bild der eigenen sozialen Gruppe sowie des Selbst zu formen und zu erhalten (vgl. bspw. Turner et al., 1987), vor sich selbst und nach außen. Es entsteht ein Konflikt zwischen dem, was Individuen von sich glauben (möchten) und dem, was Mitglieder anderer Gruppen glauben. Dieser Konflikt ist in der Lage kognitive Prozesse auszulösen, die paradoxerweise zu stereotypkonformem Handeln bzw. Handlungsresultaten führen können und entsprechende Stereotype auch noch mit scheinbarer Wahrheit füllen. So könnte beispielsweise eine Frau sich beim Einparken ihres Autos von Männern beobachtet fühlen, sich der

© Springer Fachmedien Wiesbaden GmbH, ein Teil von Springer Nature 2019
C. Helmchen, *Stereotype Threat im Englischunterricht*,
https://doi.org/10.1007/978-3-658-27527-3_1

negativen Stereotype über die Fahrkünste von Frauen bewusst und dadurch nervös werden. Ein alter Mensch könnte sich mit dem Stereotyp der Vergesslichkeit konfrontiert sehen und durch die Sorge, dieses Stereotyp zu bestätigen, die Konzentration verlieren und in der Folge tatsächlich zerstreut wirken. Vor kurzer Zeit erzählte mir ein Student mit türkischem Migrationshintergrund, dass er in bestimmten Kontexten, zum Beispiel im Gespräch mit Dozent*innen, stets bemüht ist, sich ganz besonders gewählt auszudrücken, um negativen Stereotypen über ,die Türken' zu begegnen. Anstatt also vor allem auf den Inhalt des Gesagten zu achten, konzentriert er sich viel mehr darauf, wie er es sagt. Vermutlich wird es häufig sogar eher dazu führen, dass er sich überhaupt nicht äußert. Bei allen drei Beispielen ist es absolut unerheblich, ob andere beteiligte Personen solche stereotypen Gedanken tatsächlich hegen, die bloße Vermutung, dass dies so sein könnte, ist vollkommen ausreichend, Verhalten maßgeblich zu beeinflussen.

Anfang der 1990er Jahre vermuteten Claude Steele und Joshua Aronson, dass afroamerikanische Student*innen aus ebendiesem Grund geringere Leistungen an der Universität zeigten und insgesamt geringere Bildungsabschlüsse anstrebten. Als Auslöser vermuteten sie die Besorgnis negative Stereotype über die Eigengruppe zu bestätigen und nannten dieses Phänomen *Stereotype Threat*. Diese zwar prägnante wenngleich zu kurz greifende Definition des Konzepts wurde im Laufe der Jahre stetig ausdifferenziert. So entstand ein weites Forschungsfeld um ein Phänomen, dessen denk- und handlungsbestimmende Wirkung viele, wenn nicht gar alle sozialen Gruppen betrifft und deren Leistung mindern kann: Erwachsene (O'Brien & Hummert, 2006) und Kinder (Désert, Préaux, Jund, 2009), Senioren (Rahhal, Hasher & Colcombe, 2001), Frauen (Spencer, Steele & Quinn, 1999), Süditaliener*innen (Mezzapesa, 1999 in Maass & Cadinu, 2003) und Lateinamerikaner*innen (Schmader & Johns, 2003), arme Menschen (Croizet & Claire, 1998) und weiße Männer (Aronson et al., 1999), um nur einige Beispiele aus der Forschung zu nennen. Bedeutsam ist dabei vor allem der Kontext, in dem eine bestimmte Fähigkeit durch negative Stereotype infrage gestellt wird.

Geringere Bildungserfolge, wie die von Afroamerikaner*innen in den Vereinigten Staaten, sind in der Bundesrepublik Deutschland auch bei Menschen mit Migrationshintergrund zu konstatieren und stehen seit langer Zeit – insbesondere infolge des ,Pisa-Schocks' – im Fokus der wissenschaftlichen und gesellschaftlichen Diskussion (vgl. bspw. Gogolin, 2002; Hunger & Thränhardt, 2001). Faktoren wie der sozioökonomische Hintergrund, der Bildungsstand der Eltern oder die Beherrschung der deutschen Sprache sind als besonders einflussreiche leistungshemmende Variablen identifiziert und vielfach untersucht worden (vgl. bspw. Siegert, 2008). Es zeigt sich, dass sich ein großer Teil der Unterschiede im Vergleich zu Menschen ohne Migrationshintergrund durch diese Variablen erklären lassen – alle jedoch nicht. Folgerichtig bleiben auch in Untersuchungen, in denen diese Faktoren kontrolliert werden, Leistungsunterschiede vorhanden. Diese Forschungslücke ist zu lange unberührt geblieben und es gilt, nicht nur im Interesse der betroffenen Schüler*innen, weitere Faktoren für die insgesamt geringeren Bildungserfolge vieler Migrant*innen zu identifizieren, um gesamtwirksame Strategien zur Überwindung solcher Unterschiede zu entwickeln und zu verfolgen.

Ähnliche negative Stereotype, wie die, mit denen sich Afroamerikaner*innen in den Vereinigten Staaten konfrontiert sehen, existieren hierzulande auch über Menschen mit Migrationshintergrund. Es ist daher wahrscheinlich, dass verbleibende Disparitäten teilweise auf die Bedrohung durch negative Stereotype zurückzuführen sind. Dass Schüler*innen mit türkischem Migrationshintergrund in Deutschland anfällig für *Stereotype-Threat*-Effekte sind, wurde bereits nachgewiesen (vgl. Mok, 2015). Wie in der Forschung zu *Stereotype Threat* üblich, fanden diese Studien jedoch unter kontrollierten Bedingungen, d.h. mit Salientmachung der Gruppenzugehörigkeit und nachfolgendem Leistungstest, statt und zeigen einen situativ auf die Untersuchung begrenzten Leistungsabfall. Ob solche Effekte auch unter schulalltäglichen Bedingungen auftreten und ob sich diese in der Folge auch in Gesamtleistungen niederschlagen und somit für die geringeren Bildungserfolge von Menschen mit Migrationshintergrund mitverantwortlich sind, lässt sich im Hinblick auf die Ergebnisse nicht verlässlich sagen. Zudem existieren bislang keine Untersuchungen zu den zahlreichen Schüler*innen anderer Herkunftsregionen und -länder.

Aus diesen Gründen soll hier ein im Bereich *Stereotype Threat* vollkommen neuer Zugang erfolgen, der durch eine große Stichprobe Schüler*innen mit unterschiedlichen Migrationsmerkmalen in Bezug auf Herkunftsregion und -konstellation[1] erfasst und nicht nur Rückschlüsse auf die Wirkung von *Stereotype Threat* auf Gesamtleistungen ermöglichen soll, sondern zugleich Aufschluss über die (Wechsel-)wirkungen der Faktoren geben kann, die die individuelle Anfälligkeit für solche Effekte moderieren. Zu diesem Zweck werden Daten zu von Schmader et al. (2008) definierten Prädiktoren für *Stereotype Threat* an Hamburger Stadtteilschulen und Gymnasien erhoben und deren Wirkung untereinander sowie auf die Zensuren in den drei Hauptfächern Mathematik, Deutsch und Englisch untersucht.

Wie bereits zuvor erwähnt, ist der Kontext eine bedeutsame Variable für *Stereotype Threat*. Er entscheidet darüber, ob ein Stereotyp für das Individuum situativ relevant ist. So fühlen sich Mädchen unter Umständen in Mathematik von negativen Stereotypen bedroht, im Französischunterricht hingegen nicht. Hinzu kommt die Bedeutung, die eine Domäne für das Individuum einnimmt. *Stereotype Threat* entfaltet seine leistungsmindernde Wirkung vor allem in Domänen, die dem Individuum wichtig und daher für dessen Identität relevant sind (vgl. bspw. Steele, Spencer & Aronson, 2002). Aus diesem Grund soll der Fokus dieser Arbeit auf dem Fach Englisch liegen. Schüler*innen mit Migrationshintergrund sind in der Regel mehrsprachig. Daher ist Sprache nicht nur von großer Bedeutung für die Identität vieler Menschen mit Migrationshintergrund, sie besitzen in diesem Bereich zudem Kompetenzen, die ihre monolingual aufgewachsenen Mitschüler*innen nicht besitzen. In Kombination sollten diese Faktoren ein allgemein höheres sprachliches Selbstkonzept unter Schüler*innen mit Migrationshintergrund bewirken, daher bedeutsam für das Selbstbild sein und folglich zu einer generell höheren Anfälligkeit für *Stereotype-Threat*-Effekte in sprachlichen Fächern führen.

Aufgrund der Komplexität, die sich aus dem Zusammenspiel mehrerer Variablen ergibt, werden die Daten nicht nur im Hinblick auf die Einzelkonstrukte detailliert analysiert, sondern abschließend in einem Strukturgleichungsmodell zusammengeführt, das

---

[1] Es werden verschiedene Ausprägungen in Bezug auf die Migrationsgeneration, bzw. familiäre Konstellationen erfasst.

in der Lage ist, sowohl die Wirkung auf die Leistung als auch die (Wechsel)wirkungen der Variablen untereinander gleichzeitig zu berücksichtigen.

Zu Beginn der Arbeit soll als Grundlage ein Überblick über die Bildungserfolge und -misserfolge von Menschen mit Migrationshintergrund in der Bundesrepublik Deutschland gegeben werden. Dieser erfolgt zunächst allgemein unter Bezugnahme auf amtliche Statistiken, betrachtet allerdings auch Ergebnisse aus verschiedenen domänen-übergreifenden Schulleistungsstudien, wie beispielsweise PISA, und solchen, die spezifisch im Hinblick auf die Domäne Englisch durchgeführt wurden. Dabei soll, sofern die publizierten Daten dies erlauben, bereits eine differenzierte Betrachtung der einzelnen Migrant*innengruppen stattfinden. Zudem werden hier diejenigen Hintergrundvariablen identifiziert, die sich nachweislich negativ auf Leistung auswirken und infolgedessen im Rahmen der Hauptuntersuchung kontrolliert werden müssen. Am Ende dieses ersten Kapitels steht eine Systematisierung der zahlreichen Erklärungsansätze, die um bislang wenig beachtete sozialpsychologische Faktoren, wie *Stereotype Threat*, erweitert wird.

Anschließend erfolgt eine umfassende Einführung in das Phänomen *Stereotype Threat*. Hier wird eingangs die große Vielfalt des Forschungsfeldes dargestellt, die sich über die letzten 20 Jahre stetig entwickelt hat und erkennen lässt, dass beinahe jeder Mensch von den leistungsmindernden Effekten betroffen sein kann. In diesem Kapitel wird zudem ausführlich auf individuelle Variablen eingegangen, die die Wahrscheinlichkeit und die Intensität des Empfindens von *Stereotype Threat* moderieren sowie auf mediierende Faktoren, die die eigentliche Leistungsminderung bewirken. Darüber hinaus werden die situativ und dauerhaft möglichen Reaktionen auf *Stereotype Threat* Gegenstand dieses Kapitels sein. Das im Anschluss dargestellte Modell kognitiver Imbalance und das *Stereotype-Threat-Prozessmodell* nehmen die zuvor präsentierten Elemente auf und geben so ein umfassenderes Verständnis der Faktoren und Prozesse, die zum Empfinden von *Stereotype Threat* führen und Leistungsdekremente bewirken. Als Abschluss wird die Entwicklung der Forschung hin zu einem *Multi-Threat Framework* (vgl. Shapiro & Neuberg, 2007) nachgezeichnet, das dem gesamten Spektrum der möglichen Bedrohungen, die von negativen Stereotypen ausgehen, gerecht wird und mithilfe eines tabellarischen Überblicks Ordnung verleiht.

Grundlegend für diese Arbeit ist die Annahme, dass negative leistungs- und bildungsbezogene Stereotype über Menschen mit Migrationshintergrund in Deutschland denen über Afroamerikaner*innen in den Vereinigten Staaten ähnlich sind; Arbeiten zum *Stereotype Content Model* (SCM) (Fiske et al. 2002; Abschnitt 3.1.2) legen dies nahe. Das SCM zeigt allerdings auch, dass sich Stereotype in Bezug auf das Herkunftsland bzw. die Herkunftsregion unterscheiden. Aus diesem Grund soll hier auch das gesellschaftliche Bild in Bezug auf Menschen mit Migrationshintergrund genauer betrachtet werden. Nach einer kurzen Einführung in das Thema ‚Stereotype' im Allgemeinen, ethnische Stereotype im Speziellen und Verfahren zur Erhebung dieser, wird ein genaues Bild dieser gesellschaftlichen Vorstellungen über Menschen mit Migrationshintergrund in der Bevölkerung und im Bildungssystem präsentiert. Da Medien einen maßgeblichen Einfluss auf die Erschaffung, Erhaltung und Verbreitung von Stereotypen haben, soll an dieser Stelle auch ein Blick auf dort vorherrschende Darstellungen geworfen werden. Da die Kenntnis eines Stereotyps als Voraussetzung für das Empfinden von

Stereotype Threat gilt, wird hier zudem das projizierte Selbstbild von Menschen mit Migrationshintergrund in Deutschland beleuchtet, d.h. wie sie sich von der Gesellschaft wahrgenommen sehen.

Zu Beginn des empirischen Teils der Arbeit wird ein Zwischenfazit gezogen und das Forschungsmodell vorgestellt. Nach der theoretischen Ableitung und Formulierung der Hypothesen werden die Messkonstrukte detailliert vorgestellt und das methodische Vorgehen erläutert. Ein besonderes Augenmerk gilt dabei den für diese Arbeit sehr bedeutenden explorativen und konfirmatorischen Faktorenanalysen sowie der Strukturgleichungsmodellierung, ihren Voraussetzungen in Bezug auf die Daten sowie Kriterien im Hinblick auf die Modellgüte.

Nach einer kurzen Präsentation der Ergebnisse der Pilotstudie sowie sich den daraus ergebenden Modifikationen am Testinstrument und einer erneuten Prüfung im Anschluss folgt der erste Blick in die Daten anhand von Analysen der Einzelkonstrukte. Von besonderer Bedeutung ist dabei die differenzierte Analyse der Daten im Hinblick auf die verschiedenen Migrationsmerkmale. Dies soll Aufschluss darüber geben, inwieweit verschiedene Subgruppen innerhalb der von außen häufig sehr homogen wahrgenommenen Gruppe der Menschen mit Migrationshintergrund theoretisch anfällig für *Stereotype-Threat*-Effekte sind. Im weiteren Verlauf dieses Kapitels wird das Strukturgleichungsmodell über einzelne Pfadanalysen und Mediatormodelle schrittweise aufgebaut und interpretiert.

Im letzten Kapitel wird die gesamte Arbeit zunächst noch einmal kurz resümiert. Im Anschluss erfolgt eine Einordnung der Ergebnisse in den Rahmen der Stereotype-Threat-Forschung und es werden Implikationen für weitere Forschung auf dem Gebiet formuliert. Da alle Forschung auf dem Gebiet mangelnder Chancengleichheit immer die Eliminierung solcher Disparitäten zum Ziel haben muss, sollen im letzten Abschnitt pädagogische Konzepte zur Bekämpfung von *Stereotype-Threat*-Effekten vorgestellt und ebenfalls vor dem Hintergrund der Ergebnisse dieser Untersuchung interpretiert werden.

1 Bildungsbezogene Leistungen von Migrant*innen in Deutschland

Anfang der 1960er Jahre prägte Ralf Dahrendorf den Begriff des ‚katholischen Arbeitermädchens vom Lande', um die im deutschen Bildungssystem am meisten benachteiligte Gruppe zu beschreiben. Zu Beginn des neuen Jahrtausends passen Hunger und Thränhardt (2010) diese Metonymie der Gegenwart an und die gläubige Provinzproletarierin wird zu einem ‚italienischen Gastarbeiterjungen aus dem Bayrischen Wald', der symbolisch für viele Schüler*innen mit Migrationshintergrund steht, deren Chancen auf Bildungspartizipation und -erfolg nicht denen ihrer autochthonen Mitschüler*innen entsprechen, da Bildungsbenachteiligungen weder an der bayrischen Landesgrenze halt machen noch nur italienischstämmige Schüler*innen betreffen. Zur Abbildung der Ausgangslage sollen in diesem Kapitel nicht nur wissenschaftliche Befunde zu Leistungen von Menschen mit Migrationshintergrund im Bildungssystem im Allgemeinen und für den speziellen Rahmen dieser Arbeit im institutionellen Fremdspracherwerb präsentiert und diskutiert, es soll zudem auf mögliche Ursachen hierfür eingegangen werden, unter denen auch *Stereotype Threat* verortet wird.

Internationale Schulleistungsstudien wie IGLU, KESS und PISA zeigen, dass Bildungspartizipation, Schulleistungen und Bildungsabschlüsse bei Schüler*innen mit Migrationshintergrund auch in Deutschland durchschnittlich niedriger sind als bei Schüler*innen ohne Migrationshintergrund, wobei in der Forschung vor allem sozioökonomischer Hintergrund, mangelnde Sprachfertigkeiten sowie der Bildungsstand der Eltern als Gründe angeführt werden (vgl. bspw. Baumert & Schümer, 2001; Gogolin, 2006; Ramm, Prenzel, Heidemeier & Walter, 2003; Schofield, Alexander & Bangs, 2006; Schnabel & Schwippert, 2000; Stanat, 2003). Gogolin konstatiert, „dass die Erfolgschancen in der Schule in hohem Maße davon abhängen, welche Lebensumstände ein Kind besitzt: entscheidend sind die soziale und ökonomische Lage einer Familie, und ihre ethnisch-kulturelle bzw. sprachliche Herkunft" (Gogolin, 2002: 1). Dabei gehen Migrationshintergrund und ein geringer sozioökonomischer Status nicht selten miteinander einher. Tatsächlich sind die Schulabschlüsse der Eltern von Schüler*innen mit Migrationshintergrund im Durchschnitt geringer und die Anzahl von Eltern ohne jeglichen Schulabschluss ist ebenfalls größer als bei Schüler*innen ohne Migrationshintergrund. Hinzu kommt, dass sich Kinder und Jugendliche mit Migrationshintergrund dadurch deutlich häufiger in sogenannten Risikolagen (Erwerbslosigkeit der Eltern, geringes Haushaltseinkommen etc.) befinden, als dies bei autochthonen Schüler*innen der Fall ist.

Kontrolliert man beispielsweise den sozioökonomischen Status, ist die Verteilung von Schüler*innen mit und ohne Migrationshintergrund auf die verschiedenen Bildungsgänge nahezu identisch (vgl. Bildungsbericht, 2016). Es zeigt sich auch, dass je jünger die Kinder und Jugendlichen sind, desto höher ist der höchste Bildungsabschluss der Eltern und desto geringer ist die Gefahr einer Risikolage mit insgesamt positiven Auswirkungen auf den Bildungserfolg der Schüler*innen. Dies ist beispielsweise bei Kindern und Jugendlichen mit Migrationshintergrund der Fall, die in zweiter Generation in Deutschland leben (vgl. ebd.; Abbildung 1.1). Offenbar werden die Disparitäten also mit der Zeit, das heißt über die Generationen hinweg, geringer.

© Springer Fachmedien Wiesbaden GmbH, ein Teil von Springer Nature 2019
C. Helmchen, *Stereotype Threat im Englischunterricht*,
https://doi.org/10.1007/978-3-658-27527-3_2

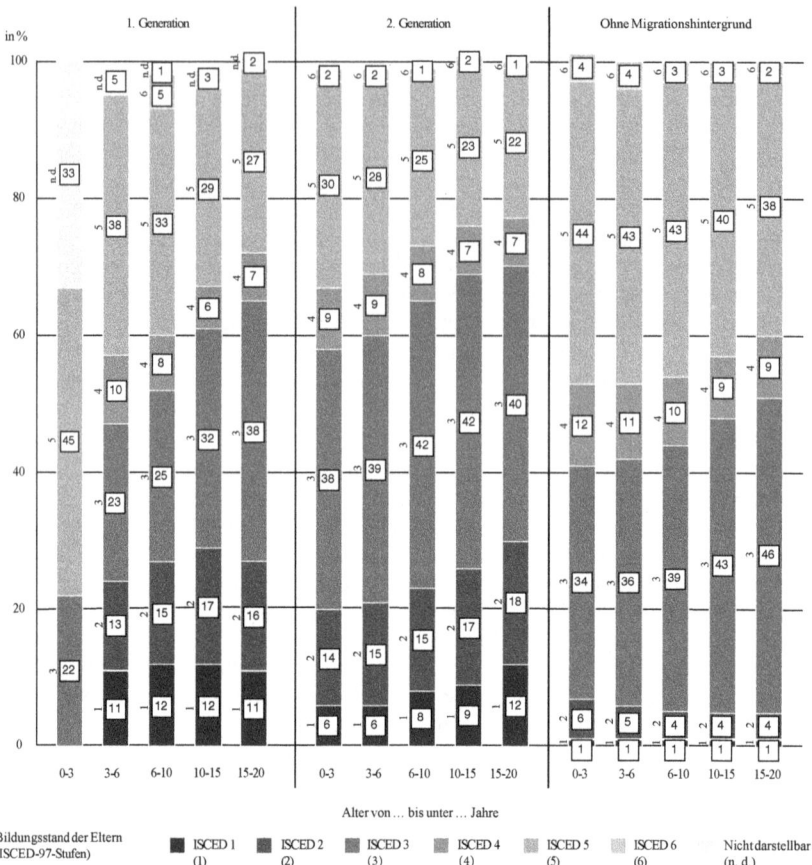

Abbildung 1.1: Kinder und Jugendliche unter 20 Jahren 2013 nach Migrationshintergrund und Migrationsgeneration und Bildungsstand (ISCED = International Standard Classification of Education) der Eltern (in %) (Bildungsbericht, 2016: 168) (leicht modifiziert; geringe prozentuale Unstimmigkeiten im Original).

Insgesamt bestehen aber weiterhin starke Diskrepanzen hinsichtlich Bildungsbeteiligung und -erfolg zwischen Menschen mit und ohne Migrationshintergrund. So zeigen sich bei der Verteilung auf die einzelnen Schulformen teils gravierende Unterschiede im Vergleich zu autochthon deutschen Schüler*innen (vgl. Mikrozensus 2015, Abbildung s. Anhang i & ii). Hierbei ist allerdings anzumerken, dass solche Verteilungsunterschiede auch innerhalb der Gruppe der Schüler*innen mit Migrationshintergrund zu konstatieren sind; zum Beispiel zwischen Schüler*innen aus traditionellen Herkunftsländern, d.h. Herkunftsländer mit langer Migrationsgeschichte nach Deutschland, wie bspw. Anwerbestaaten, und Schüler*innen aus Staaten, aus denen Migrationsbewegungen in größerer Zahl erst in jüngerer Geschichte auftreten, wie bspw. (süd-)osteuropäische Länder und Krisengebieten im Nahen Osten. So sind die Unterschiede bei Personen aus Herkunftsländern mit langer Migrationsgeschichte, wie der Türkei oder Spanien, im Vergleich zu autochthon Deutschen Schüler*innen deutlich weniger stark ausgeprägt als bei Personen aus Afghanistan oder Rumänien. Dies liegt sicherlich unter anderem in der Tatsache begründet, dass in Deutschland geborene Schüler*innen türkischer oder spanischer Herkunft (und in nicht wenigen Fällen auch deren Eltern), von Beginn an in Deutschland beschult wurden, mit hoher Wahrscheinlichkeit Deutsch zumindest als zweite Herkunftssprache sprechen und einen im Allgemeinen höheren Integrationsgrad und einen höheren sozioökonomischen Status aufweisen als Schüler*innen, die eigene Migrationserfahrungen besitzen. Nichtsdestoweniger lässt sich auch zwischen Personen aus traditionellen Herkunftsländern und autochthon Deutschen Schüler*innen eine – wenngleich weniger große – Ungleichverteilung auf die verschiedenen Schulformen beobachten.

Unterschiede zeigen sich aber nicht nur hinsichtlich der Verteilung auf die Schulformen und erreichter Schulabschlüsse, sondern auch in Bezug auf Schulnoten. So weisen Schüler*innen mit Migrationshintergrund z.B. im Durchschnitt schlechtere Abiturnoten auf als autochthone Schüler*innen (2,37 gegenüber 2,23). Auch hier zeigen sich Unterschiede in Bezug auf den Generationsstatus und die Herkunftsregion. Besonders Schüler*innen mit einem einseitigen Migrationshintergrund in zweiter Generation erzielen ein besseres durchschnittliches Ergebnis (2,27). Zudem haben Schüler*innen mit einem Migrationshintergrund aus anderen EU-Staaten durchschnittlich bessere Abiturnoten (2,30) als beispielsweise Schüler*innen mit russischem (2,43) oder türkischem Migrationshintergrund (2,63) (vgl. ebd.).

Wie im Bildungsbericht 2016 konstatiert, sind trotz bleibender wesentlicher Unterschiede in den letzten Jahren positive Entwicklungen zu verzeichnen. Sowohl die Bildungsbeteiligung als auch die erworbenen Kompetenzen von Schüler*innen mit Migrationshintergrund haben sich trotz einer teilweisen Stagnation im Jahr 2006 in den vergangenen 10 Jahren verbessert. Auch in der Hochschulbildung sind positive Entwicklungen zu verzeichnen. Dort stieg der prozentuale Anteil von Studierenden mit Migrationshintergrund bei den 20-30-jährigen von 9 Prozent im Jahr 2005 auf 15 Prozent im Jahr 2013, davon sind ca. Dreiviertel Studierende aus Europa. Bei Personen ohne Migrationshintergrund lag die Quote bei 17 Prozent bzw. 23 Prozent (vgl. ebd.).

Insgesamt gilt es zu betonen, dass eine solche Gesamtschau der Daten mit großer Vorsicht geschehen muss. Erst ein genauer Blick in die individuellen Statistiken gibt Aufschluss darüber, wie facettenreich das Bild hinsichtlich Bildungsbeteiligung und Bildungserfolg in Bezug auf Personen mit Migrationshintergrund ist. Darüber hinaus ist zu beachten, dass es sich hier aus Gründen der Praktibilität um bundesbezogene Daten handelt, so wie dies in den meisten Publikationen zum Thema der Fall ist. Zusätzlich zu den intragruppalen Unterschieden zeigen sich sowohl bei Verteilung als auch beim Schulerfolg wesentliche Differenzen zwischen den einzelnen Bundesländern. Aufgrund verschiedener Schulsysteme herrscht zudem oft keine unmittelbare Vergleichbarkeit.

Eine Gesamtbetrachtung, wie sie beispielsweise in der Zusammenfassung des Mikrozensus geschieht, ist in verschiedener Hinsicht problematisch. Sie suggeriert

Homogenität innerhalb der Gruppe der Menschen mit Migrationshintergrund, wo in Wirklichkeit große Heterogenität herrscht, nicht nur in Bezug auf die Herkunftsländer, denn auch auf dieser Ebene muss zwischen verschiedenen Altersstufen und Personen mit und ohne eigener Migrationserfahrung differenziert werden, um ein realitäts*nahes* Bild zu erhalten. Eine detaillierte Analyse offizieller Statistiken lässt erkennen, wie unzureichend und fragwürdig die im allgemeinen Gebrauch vollkommen undifferenzierte Bezeichnung ‚mit Migrationshintergrund' in vielen Kontexten ist. Auch in der fachlichen Diskussion verkommt der Begriff viel zu häufig zum rhetorischen Truismus und vermittelt den Anschein einer linearen Kausalität. Es ist jedoch nicht der Migrationshintergrund *per se*, der zu geringeren Leistungen führt. Verantwortlich sind vielmehr die häufig damit einhergehenden Begleitumstände, wie sozioökonomischer Status, Bildungsstand der Eltern, Erwartungshaltungen von Lehrer*innen, institutionelle Bedingungen etc., die sich hinter der Begrifflichkeit ‚mit Migrationshintergrund' verbergen. Der generalisierende bzw. simplifizierende Gebrauch des Begriffes unterstützt und verstärkt jedoch die Wahrnehmung von Menschen mit Migrationshintergrund als ‚eine Gruppe' mit vermeintlich von allen geteilten (bildungsbezogenen) Charakteristika.

Allerdings darf eine differenzierte Betrachtung der Daten und die damit einhergehende Relativierung verallgemeinernder Aussagen auch nicht dazu verleiten, die Bedeutung nach wie vor existierender Disparitäten zu verkennen. Auch diese Erkenntnis geht aus den Daten des Mikrozensus klar hervor. Im Jahr 2015 lag die Zahl der Abgänger*innen ohne Abschluss unter allochthonen Schüler*innen bundesweit rund 220-mal höher als bei autochthonen Schüler*innen. Bei den Hauptschulabschlüssen lag die Zahl ca. doppelt so hoch, die Anzahl der Abiturient*innen lag hingegen nur bei der Hälfte im Vergleich zu autochthonen Absolvent*innen. Ungeachtet der Tatsache, dass Herkunftsregion, sozioökonomischer Status, Migrationserfahrung etc. mitentscheidend für Bildungspartizipation und -erfolg von Migrant*innen sind, ist festzustellen, dass ein Migrationshintergrund unter bestimmten Umständen auch 17 Jahre nach der ersten PISA-Studie noch immer ein bedeutendes Erfolgshemmnis im deutschen Schulsystem darstellt. Einen genaueren Einblick in herkunftsbezogene Leistungsunterschiede und deren Ursachen geben Schulleistungsstudien. Solche Hintergrundvariablen, die in den öffentlichen Statistiken keine Berücksichtigung finden, müssen in der Hauptuntersuchung kontrolliert werden. Da sich diese Arbeit auf Schulleistungen bezieht, sollen Ergebnisse dieser Untersuchungen im Folgenden im Detail betrachtet werden; dabei wird sich im Hinblick auf den Fokus dieser Arbeit ein Abschnitt speziell mit Studien zu Leistungen im Fach Englisch beschäftigen.

1.1 Befunde aus Schulleistungsstudien

Die im vorangegangenen Abschnitt präsentierten Daten zur Bildungspartizipation von Menschen mit Migrationshintergrund in Deutschland lassen zumeist vollkommen außer Acht, mit welchem Erfolg diese einhergeht. Der Besuch einer bestimmten Schulform oder das Erreichen eines Schulabschlusses sagt zunächst nichts darüber aus, mit welchem Bildungserfolg, d.h. Performanz und Kompetenzerwerb, dies verbunden ist. So verwundert es nicht, dass in einigen Bundesländern, wie beispielsweise Bayern oder Baden-Württemberg, die Ergebnisse amtlicher Statistiken zum Schulerfolg von

Migrant*innen und PISA-Resultate im klaren Gegensatz zueinander stehen. Während diese Bundesländer im Hinblick auf Schulerfolge von Migrant*innen besonders schlecht abschneiden, zeigen sie sich zugleich „[…] besonders erfolgreich im Hinblick auf die Vermittlung von Bildungskompetenzen bei Schülern mit Migrationshintergrund […]" (Hunger & Thränhardt, 2010: 51). Zwar besuchen in diesen Bundesländern deutlich mehr Migrant*innen eine Hauptschule und sehr viel seltener ein Gymnasium – ebenso ist das Bild bei Schulabschlüssen – ihre Kompetenzniveaus sind jedoch merklich höher. Allerdings haben sich diese bei PISA 2000 noch beinahe durchgehend signifikanten Unterschiede im Vergleich zu 2003 erkennbar abgeschwächt und erreichen in vielen Fällen keine statistische Signifikanz mehr (vgl. ebd.). Die zentralen Befunde aus den Jahren 2000 und 2003 zu Ergebnisdifferenzen zwischen Schüler*innen mit und ohne Migrationshintergrund in den einzelnen Bundesländern fassen Hunger und Thränhardt wie folgt zusammen:

1) Es gibt in allen Bundesländern signifikante Unterschiede zwischen den Leistungen von Schülern mit und ohne Migrationshintergrund. Dies haben beide PISA-Erweiterungsstudien 2000 und 2003 gezeigt. Die Größe der Leistungsunterschiede variiert zwischen den Bundesländern in den einzelnen Bereichen. Während in der 2000er PISA-Studie Bayern die geringsten Leistungsunterschiede zwischen Schülern mit und ohne Migrationshintergrund aufwies, traten bei der Studie im Jahr 2003 die geringsten Unterschiede in Rheinland-Pfalz auf.

2) Über die Leistungsunterschiede zwischen Schülern mit und ohne Migrationshintergrund hinaus sind auch Unterschiede in den Kompetenzniveaus von Schülern mit Migrationshintergrund zwischen den einzelnen Bundesländern zu konstatieren. Auffallend ist, dass Schüler mit Migrationshintergrund in Bayern im Durchschnitt in allen drei Bereichen (Lesen, Mathematik und Naturwissenschaften) die höchsten Testleistungen von allen Bundesländern erreichen. (Hunger & Thränhardt, 2010: 53f.)

Als Erklärung für diese Differenzen wurde u.a. der unterschiedlich hohe Migrant*innenanteil in den verschiedenen Bundesländern herangezogen. Hunger und Thränhardt bemerken jedoch, dass sich dieser Zusammenhang in der PISA-Studie 2003 nicht mehr so eindeutig zeigt, wie es bei der 2000er PISA-Studie[2] der Fall war. Vielmehr spiegelten

---

[2]   Die PISA-Studien dienen als Leistungstests in den Basiskompetenzen Lesen (2000), Mathematik (2003) und Naturwissenschaften (2006). Zusätzlich zur internationalen Datenerhebung (PISA-I) wurde in Deutschland auch eine nationale Vergleichsstudie (PISA-E) durchgeführt. Ziel der Studien ist in beiden Fällen die Erfassung grundlegender Kompetenzen von Schüler*innen zum Ende der Pflichtschulzeit, d.h. im Alter von 15 Jahren, um zu prüfen, inwieweit es den Bildungssystemen gelingt, Kinder und Jugendliche auf die Anforderungen der Wissensgesellschaft vorzubereiten und die Basis für ein lebenslanges Lernen zu schaffen (vgl. Prenzel et al., 2008). Als Person mit Migrationshintergrund gilt, wer mindestens ein Elternteil besitzt, das im Ausland geboren wurde. Als Grundlage für die Analyse sollen im Folgenden vornehmlich die nationalen Erweiterungsstudien (PISA-E) dienen, da Vergleiche mit Leistungen von Schüler*innen mit Migrationshintergrund in anderen Ländern für die vorliegende Arbeit nur von geringem Belang sind.

sich in den Ergebnissen die länderspezifischen Angebots- und Nutzungsstrukturen wider, die auch Einfluss auf die Bildungspartizipation von Migrant*innen haben (vgl. ebd.).

Ähnlich wie im Fall der intragruppalen Differenzen in den amtlichen Statistiken, kann „[…] erst die Zusammenschau beider Datenquellen [Schulstatistiken und PISA] ein adäquates Bild über die Leistungsfähigkeit der unterschiedlichen Bildungsmodelle in Bezug auf Einwandererkinder in den Bundesländern [liefern]" (ebd.: 52). Ein Vergleich der Ergebnisse muss jedoch auch hier unter Vorbehalt geschehen. Zum einen wurden in den PISA-Studien, im Gegensatz zu den amtlichen Schulstatistiken, Schüler*innen an Sonderschulen nicht berücksichtigt. Vor dem Hintergrund, dass der Anteil von Schüler*innen aus bestimmten Herkunftsländern an Sonderschulen teils wesentlich höher ist als bei autochthon Deutschen (vgl. bspw. Kornmann, 2010) tritt hier eine Verzerrung beim Vergleich der Statistiken auf, da der untere Leistungsbereich bei PISA ausgeklammert wird. Tatsächlich müssten bei einer Berücksichtigung der Sonderschulen die durchschnittlichen Ergebnisse für Schüler*innen mit Migrationshintergrund mit hoher Wahrscheinlichkeit nach unten korrigiert werden. Zudem lassen sich Unterschiede zwischen amtlichen Statistiken und PISA-Resultaten auf die verschiedenen Definitionen des Migrationshintergrundes zurückführen. Schüler*innen, die keine deutsche Staatsbürgerschaft besitzen, deren Eltern aber bereits in Deutschland geboren sind, werden in der amtlichen Statistik als Ausländer*innen geführt, nach den PISA Kriterien haben sie hingegen keinen Migrationshintergrund. Umgekehrt gelten Spätaussiedler in der Schulstatistik als Deutsche ohne Migrationshintergrund während sie bei PISA zur Gruppe der Personen mit Migrationshintergrund gezählt werden. Zugleich geben Hunger und Thränhardt zu bedenken, dass sich Ausländer*innen mit höherem Sozialstatus und stärkerem Integrationswillen wahrscheinlich stärker um Einbürgerung bemühen. Damit wechseln „[…] die jeweils besten Schüler aus der Rubrik Ausländer in die Rubrik Deutsche" (Hunger & Thränhardt, 2010: 65).

In allen drei PISA-Studien zeigen sich wesentliche durchschnittliche Unterschiede hinsichtlich der Basiskompetenzen zwischen Schüler*innen mit und ohne Migrationshintergrund. Eine der zentralen Erkenntnisse der PISA-Studie 2000 (Tabelle 1.1) war, dass es vor allem Schüler*innen mit zwei zugewanderten Elternteilen sind, bei denen Diskrepanzen in Bezug auf die Bildungspartizipation auftreten, während es bei solchen

Tabelle 1.1: Kompetenzen (Mittelwerte) von 15-Jährigen nach Migrationshintergrund im Rahmen von PISA-E 2000 (Siegert, 2008: 37).

	Lesekompetenz	Mathematische Kompetenz	Naturwissenschaftliche Kompetenz
Beide Elternteile in Deutschland geboren	495	503	501
Ein Elternteil in Deutschland geboren	492	480	486
Kein Elternteil in Deutschland geboren	421	426	414

mit nur einem zugewanderten Elternteil kaum Unterschiede im Vergleich zu autochthonen Schüler*innen gibt. Unter Schüler*innen mit zwei zugewanderten Elternteilen zeigte sich eine Bildungsbeteiligung, wie sie in Deutschland um 1970 vorherrschte (vgl. Siegert, 2008). Zurückzuführen waren diese Ergebnisse allerdings nicht primär auf den sozialen Status oder die kulturelle Distanz, sondern vor allem auf den Grad der Beherrschung der deutschen Sprache (damit einhergehend auch der Sprachgebrauch in der Familie, vgl. Siegert, 2008). Die Wahrscheinlichkeit, dass Schüler*innen eine Realschule oder ein Gymnasium besuchen, steigt mit der Qualität der Deutschkenntnisse. In erster Linie verantwortlich sei, so Gogolin (2008), der monolinguale Habitus des deutschen Schulsystems, der gute Deutschkenntnisse auch in nicht-sprachlichen Fächern zur Erfolgsvoraussetzung macht. Mathematische und naturwissenschaftliche Grundbildung sind in so bedeutendem Maß sprachlich angelegt, dass die „[…] Fähigkeit zur begrifflichen Durchdringung der Rolle und Funktion, die die Mathematik bzw. Naturwissenschaften in der Welt innehaben […] (Gogolin, 2006a: 36f.), Prämisse für den Schulerfolg ist und so sei es ein „[…] überaus einleuchtendes Ergebnis [der PISA-Studie], dass Defizite in der Lesekompetenz sich kumulativ auf die Leistungsmöglichkeiten in den anderen untersuchten Sachgebieten auswirken" (ebd.: 37, vgl. bspw. auch Siegert, 2008).

Mit ca. 20 Prozent erreichten Schüler*innen aus Familien mit zwei zugewanderten Elternteilen doppelt so häufig wie Schüler*innen mit maximal einem allochthonen Elternteil nicht die erste Kompetenzstufe und gehören somit zu den extrem schwachen Leser*innen. Nur ca. 2 Prozent (gegenüber 10 Prozent in den beiden anderen Gruppen) der Schüler*innen mit Migrationshintergrund erreichte exzellente Leseleistungen, mit der Fähigkeit, auch mit komplexen Texten uneingeschränkt zurechtzukommen. Zudem kamen 50 Prozent der Schüler*innen mit beidseitigem Migrationshintergrund nicht über die erste Kompetenzstufe hinaus, obwohl ca. 70 Prozent von ihnen von Beginn an in Deutschland beschult wurden. Wenngleich der Verweildauer in Deutschland große Bedeutung beim Kompetenzerwerb zukommt, ist die Tatsache in Deutschland geboren zu sein, kein Garant für ausreichende Sprachkenntnisse. Schüler*innen, die erst im Verlauf ihrer Schullaufbahn nach Deutschland kommen, haben hingegen kaum eine Chance, das Kompetenzniveau ihrer Mitschüler*innen zu erreichen (vgl. auch Stanat, 2006). Es zeigt sich zudem, dass ein hoher Migrationsanteil an Hauptschulen mit einem generell geringeren Leistungsprofil einhergeht, wobei sowohl Schüler*innen mit als auch ohne Migrationshintergrund betroffen sind. Laut Siegert (2008) ist dafür jedoch nicht primär der hohe Migrationsanteil verantwortlich zu machen, sondern die häufig auftretenden Begleitfaktoren (z.B. geringer sozioökonomischer Status), die überproportional Migrant*innen betreffen, und sich generell negativ auf den Lernkontext auswirken. Ergebnisse der internationalen PISA-Studie aus 2003, in der keine signifikanten Zusammenhänge zwischen Schulleistungen und Migrationsanteil in den Ländern festgestellt werden konnten (vgl. Stanat & Christensen, 2006), bestätigen diese Annahme. Auch die Wahrscheinlichkeit, eine Klassenstufe wiederholen zu müssen, ist nicht vom Migrationshintergrund, sondern von der Lesekompetenz und dem sozioökonomischen Hintergrund abhängig (vgl. OECD, 2015). Dass ein Teil dieser Diskrepanzen auf nationaler Ebene zu verorten sind, zeigt der Vergleich zwischen ähnlichen Gruppen auf internationalem Niveau, bspw. Schüler*innen mit türkischem oder serbischem

Migrationshintergrund, in Ländern wie Österreich, Norwegen oder Schweden. Diese erreichen nicht nur im Rahmen von PISA 2000 bessere Ergebnisse bei der Lesekompetenz als Schüler*innen in Deutschland (vgl. Siegert, 2008; OECD, 2015). Während zwischen PISA 2000 und PISA 2006, in erster Linie ausgelöst vom vielzitierten PISA-Schock, in vielen Bereichen Verbesserungen zu konstatieren sind, verbleiben die Lesekompetenzen von Schüler*innen mit beiderseitigem Migrationshintergrund auf deutlich geringerem Niveau im Vergleich zu Mitschüler*innen ohne bzw. mit einseitigem Migrationshintergrund (vgl. Prenzel et al., 2008).

Ebenso wie bei den Lesekompetenzen, zeigen Schüler*innen mit Migrationshintergrund deutlich schwächere Leistungen im Fach Mathematik (vgl. Prenzel et al., 2005) und in den Naturwissenschaften (vgl. Siegert, 2008). Dieses Ergebnis kann vor dem Hintergrund des im Rahmen von PISA 2000 entdeckten Zusammenhanges von Lesekompetenz und Leistungsmöglichkeiten in den anderen untersuchten Sachgebieten, der auch aus den PISA-Ergebnissen 2003 hervorgeht, und der anhaltend geringeren Lesekompetenz unter Jugendlichen mit beiderseitigem Migrationshintergrund kaum verwundern. Analog zu den Ergebnissen in Bezug auf die Lesekompetenz ist festzustellen, dass Schüler*innen mit Migrationshintergrund, sowohl der ersten als auch der zweiten Generation, beinahe eine Kompetenzstufe hinter ihren Mitschüler*innen ohne Migrationshintergrund zurückbleiben. Über 20 Prozent erreichen nicht einmal die erste Kompetenzstufe (vgl. Stanat & Christensen, 2006) und haben bei rund der Hälfte der Fragen auf diesem Niveau bereits Lösungsschwierigkeiten (vgl. Siegert, 2008). Dabei zeigen sich ebenfalls Unterschiede zwischen Schüler*innen mit ein- und beidseitigem Migrationshintergrund. Während Schüler*innen mit nur einem im Ausland geborenen Elternteil zwischen 5 und 40 Punkte unterhalb den Leistungen von Schüler*innen ohne Migrationshintergrund liegen, beträgt der Abstand von Schüler*innen, bei denen beide Elternteile im Ausland geboren wurden, zwischen 46 und 105 Punkten. Auffällig ist, dass in Deutschland geborene Schüler*innen die niedrigsten Kompetenzen aufweisen (vgl. Prenzel et al., 2005). Ursachen für diese Differenzen werden in diesem Zusammenhang sowohl im gegliederten Bildungssystem als auch in der Zusammensetzung der Migrant*innenpopulation gesehen. Auch im Jahr 2003 besuchten Schüler*innen mit Migrationshintergrund besonders häufig Schulen mit ungünstigen Lernkontexten, d.h. Schulklima bzw. -disziplin (vgl. ebd.) und Personalmangel (vgl. Siegert, 2008).

Beim Vergleich der Tabellen Tabelle 1.1 und Tabelle 1.2 fällt jedoch auch auf, dass sich Schüler*innen der ersten Migrationsgeneration und solche mit einseitigem Migrationshintergrund teils deutlich verbessert haben. Wie bei den PISA-Studien zuvor existieren nur geringe Leistungsunterschiede zwischen Schüler*innen der ersten und zweiten Generation. Analog zu den amtlichen Schulstudien zeigen Schüler*innen der ersten Generation sogar etwas höhere Kompetenzen als Schüler*innen der zweiten Generation. Diese Unterschiede sind vermutlich ebenso wie bei PISA 2003 auf die herkunftsmäßige Zusammensetzung dieser Gruppen zurückzuführen. Prenzel et al. (2008) weisen ferner darauf hin, dass die schlechtere Performanz von Schüler*innen mit Migrationshintergrund nicht nur auf das Bildungssystem zurückzuführen ist. Bei statistischer Kontrolle des sozioökonomischen Status verringerte sich der Punkteabstand zwischen Schüler*innen mit und ohne Migrationshintergrund in Deutschland von 85 auf 46.

Tabelle 1.2: Kompetenzen (Mittelwerte) von 15-Jährigen nach Migrationshintergrund im Rahmen von PISA-E 2006 (Siegert, 2008: 40).

	Lesekompetenz	Mathematische Kompetenz	Naturwissenschaftliche Kompetenz
Ohne Migrationshintergrund	519	525	538
Ein Elternteil im Ausland geboren	491	496	502
Zweite Generation[1]	438	448	445
Erste Generation[2]	465	466	468

[1] Die Jugendlichen sind in Deutschland, beide Elternteile aber im Ausland geboren
[2] Beide Elternteile und der oder die Jugendliche sind im Ausland geboren

Erwartungsgemäß zeigen die Ergebnisse der IGLU-Studie ein ähnliches Bild. Auffällig ist jedoch, dass die Kompetenzunterschiede zwischen Schüler*innen mit und ohne Migrationshintergrund gegen Ende der Grundschulzeit nicht derart stark ausgeprägt sind wie auf weiterführenden Schulen. Gleichwohl schneiden Schüler*innen mit Migrationshintergrund in den Kompetenzbereichen Lesen, Mathematik und Naturwissenschaften schlechter ab als Schüler*innen ohne Migrationshintergrund (Abbildung 1.2). Wie auch in allen PISA-Studien weisen Schüler*innen mit einseitigem Migrationshintergrund höhere Kompetenzen auf als Schüler*innen mit beidseitigem Migrationshintergrund. Dieser Umstand hat sich zwischen 2001 und 2006 nicht verändert. Eine statistische Kontrolle der sozialen Herkunft relativiert auch hier das Ergebnis, das jedoch auch unter dieser Bedingung unterhalb des Resultats von Schüler*innen ohne Migrationshintergrund verbleibt. Insgesamt betrachtet zeigen Schüler*innen am Ende von Klasse 4 generell relativ homogene Leseleistungen (Tabelle 1.3), ein Ergebnis, das sich von IGLU 2001 zu IGLU 2006 sogar noch verbessert hat. Überdies sind ihre Leistungen signifikant weniger vom sozioökonomischen Status abhängig als dies im weiteren Schulverlauf der Fall ist. Vor dem Hintergrund, dass das zum Ende der Grundschulzeit erreichte Leistungsniveau von großer Bedeutung für den weiteren Verlauf des Bildungsweges im frühzeitig selektierenden Bildungssystem ist, werden Schüler*innen, die sich in der Grundschule am unteren Rand des Leistungsspektrums befinden, nur wenig Aussicht auf Erfolg in der Sekundarstufe haben (vgl. Siegert, 2008). Zu dieser Gruppe gehören überproportional Schüler*innen mit Migrationshintergrund. Schüler*innen, deren beide Elternteile im Ausland geboren wurden, haben eine 2,73-mal geringere Chance eine Realschul- statt einer Hauptschulempfehlung zu bekommen als Kinder, deren Eltern in Deutschland geboren wurden. Die Chance einer Gymnasialempfehlung liegt sogar 4,69-mal niedriger. Selbst bei statistischer Kontrolle anderer Faktoren, wie sozioökonomischem Status und Leseleistung, ist die Wahrscheinlichkeit einer Realschulempfehlung immer noch 1,73-mal, die einer Gymnasialempfehlung 1,66-mal geringer. Als größte Einflussfaktoren konnten dabei vor allem die Deutsch-, aber auch die Mathematiknote

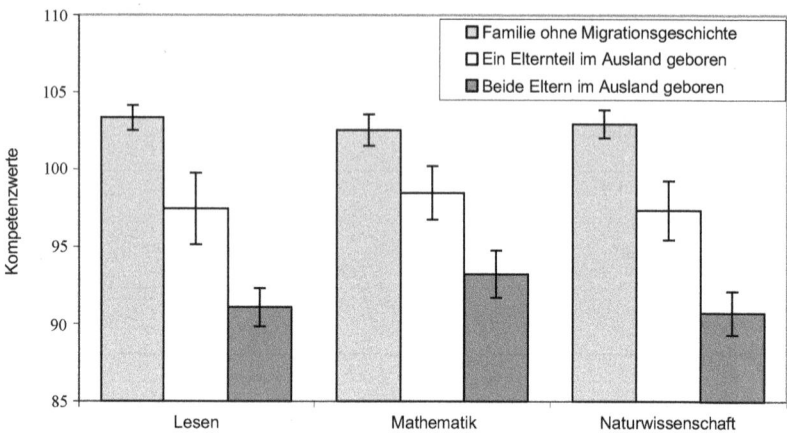

Für diese Gegenüberstellung wurden die Testwerte der Schüler in allen drei Kompetenzen jeweils einheitlich auf Mittelwerte von 100 und Standardabweichungen von 15 neu normiert.

IEA: Progress in International Reading Literacy Study   © IGLU-Germany

Abbildung 1.2: Kompetenzwerte in Bezug auf Lesen, Mathematik und Naturwissenschaften nach Migrationshintergrund (Bos et al., 2003: 34).

Tabelle 1.3: Verteilung (in %) der Kinder mit und ohne Migrationshintergrund auf die unterschiedlichen Lesekompetenzstufen, IGLU 2006 (Siegert, 2008: 36).

	Kompetenzstufen				
	I	II	III	IV	V
Kein Elternteil im Ausland geboren	1,0	5,7	31,5	47,7	14,2
Beide Elternteile im Ausland geboren	3,2	22,5	44,3	26,4	3,6

identifiziert werden (vgl. ebd.), deren Höhe allerdings ebenfalls abhängig vom sozioökonomischen Status zu sein scheint. Der Einfluss des sozioökonomischen Status auf die Schulempfehlungen von Lehrer*innen stieg von 2001 zu 2006 sogar noch an. Valtin et al. (2008) sprechen von einer „[...] mehrfachen Benachteiligung von Kindern aus unteren sozialen Lagen beim Übergang auf das Gymnasium [...]" und bezeichnen dessen Einfluss als „nicht unbeträchtlich" (Valtin et al., 2008: 338).

Insgesamt ist festzustellen, dass Schüler*innen mit Migrationshintergrund bereits gegen Ende der Grundschulzeit geringere Kompetenzwerte aufweisen als Schüler*innen ohne Migrationshintergrund. Diese anfangs noch geringen Unterschiede nehmen im Verlauf der Sekundarstufe beträchtlich zu.

Die Ergebnisse der PISA und IGLU-Studien zeigen deutlich, dass die Art des Migrationshintergrundes (Herkunftsregion sowie ein- bzw. beidseitiger Migrationshintergrund), der sozioökonomische Status der Schüler*innen sowie der Sprachgebrauch innerhalb der Familie besonders einflussreiche Variablen im Hinblick auf Bildungspartizipation und -erfolg sind. Auch aufgrund der besonderen Bedeutung der Deutschkenntnisse für Erfolg in nicht-sprachlichen Fächern, stellen sie für Schüler*innen mit Migrationshintergrund eine Hürde beim Übergang in die Sekundarstufe I dar (vgl. Stanat, 2006). Bei häufiger Verwendung des Deutschen im familiären Umfeld steigen die in PISA und IGLU gemessenen Kompetenzwerte, mit entsprechenden Auswirkungen. Während sich der sozioökonomische Status innerhalb der Sekundarstufe I als bedeutende Determinante für den Bildungserfolg erweist, zeigt sich dessen partizipationsbezogene Wirkungsmacht bereits zum Ende der Grundschulzeit. Da Menschen mit Migrationshintergrund im Verhältnis deutlich häufiger einen niedrigen sozioökonomischen Status vorweisen als Menschen ohne Migrationshintergrund, sind sie von dieser Selektionsentscheidung übermäßig stark betroffen. Dies ist zweifelsfrei einer der Gründe, warum Schüler*innen mit Migrationshintergrund an Hauptschulen deutlich überrepräsentiert sind. Die allgemein weniger günstigen Lernkontexte an diesen Schulen verstärken die Kompetenzdisparitäten. Stanat (2006) berichtet von Kompositionseffekten, die in Hauptschulen mit höherem Migrant*innenanteil geringere Leistungen zur Folge haben. In Schulen, in denen der Anteil von Schüler*innen, in deren Familien eine andere Sprache als Deutsch gesprochen wird, 40 Prozent übersteigt, sind solche Effekte, die die gesamte Schülerschaft unabhängig vom Migrationshintergrund gleichermaßen betreffen, besonders ausgeprägt. Stanat gibt jedoch zu bedenken, dass es sich bei den untersuchten Schulen um solche handelt, in denen ein hoher Migrant*innenanteil mit sozioökonomischen Benachteiligungen und ungünstigen kognitiven Grundvoraussetzungen einhergeht. Es zeigt sich abermals, dass „diese Aspekte der Benachteiligung […] in einem Maße konfundiert [sind], dass sich ihre Effekte kaum voneinander trennen lassen" (Stanat, 2006: 73).

Auswirkungen auf Leistungserwartung und Leistungsbereitschaft unter Schüler*innen hat die Zusammensetzung der Schülerschaft allerdings nicht; im Gegenteil, an Schulen mit hohem Migrationsanteil sind sogar höhere Bildungsaspirationen und Anstrengungsbereitschaft unter Schüler*innen zu beobachten (vgl. Stanat, 2006). Darüber hinaus besitzen Schüler*innen mit Migrationshintergrund häufig eine ausgeprägte Lernmotivation, eine positive Einstellung zur Schule, eine hohe Selbstwirksamkeitserwartung und ein positives akademisches Selbstkonzept. Offensichtlich können die Schüler*innen diese leistungsförderlichen Eigenschaften jedoch nicht in dem Maß in Bildungserfolge umwandeln, wie Schüler*innen ohne Migrationshintergrund. Bemerkenswert ist diesem Zusammenhang – auch im Hinblick auf die von Walton und Cohen (2007, vgl. auch Abschnitt 2.4) beschriebene und mit *Stereotype Threat* in Verbindung stehende *Belonging Uncertainty* –, dass Schüler*innen mit Migrationshintergrund in Deutschland trotz positiven akademischen Selbstkonzepts ein geringer ausgeprägtes Gefühl der Zugehörigkeit zur Schule aufweisen als Schüler*innen ohne Migrationshintergrund. So haben Schüler*innen mit türkischem Migrationshintergrund in Deutschland deutlich weniger das Gefühl der Zugehörigkeit zur Schule als beispielsweise in Finnland, Österreich oder den Niederlanden (vgl. OECD, 2015; Abbildung 1.3). Es ist denkbar, dass dies eine der möglichen Ursachen für die wesentlich geringere Anzahl von höheren Bildungsabschlüssen bei Personen mit türkischem Migrationshintergrund in Deutschland ist und mit *Stereotype Threat* in Zusammenhang steht.

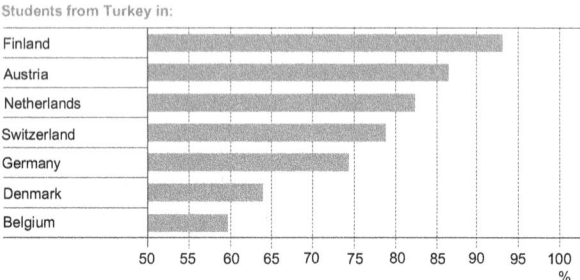

Students from Turkey in:

Abbildung 1.3: Zugehörigkeitsgefühl zu Schule von Schüler*innen mit türkischem Migrationshintergrund (OECD, 2015: 7).

Erwartungshaltungen von Lehrer*innen hingegen werden von solchen Aspekten ganz offensichtlich negativ beeinflusst, unterschiedliche Versetzungsempfehlungen bei gleichen Schulnoten sprechen hier eine eindeutige Sprache. Die Ergebnisse von Schulleistungsstudien, die Schüler*innen mit Migrationshintergrund ganz deutlich und wiederholt Leistungsdefizite bescheinigen, werden zwar ungewollt – jedoch mit hoher Wahrscheinlichkeit – einen Beitrag zur Stigmatisierung von Schüler*innen mit (bisweilen vermeintlich) leistungsdeterminierenden Charakteristika leisten, eine Art ‚PISA-Stigma'. Die Annahme einer linearen Kausalität unter Lehrer*innen (vgl. Abschnitt 3.3) und dadurch hervorgerufene Pygmalion-Effekte sind nicht auszuschließen. Schulleistungsstudien könnten somit einen ungewollten Nebeneffekt hervorrufen, indem sie gesellschaftliche intellektualitäts- sowie leistungsbezogene Stereotype über bestimmte Gruppen scheinbar bestätigen und auf diese Weise eine defizit-orientierte Sichtweise von Lehrer*innen auf Schüler*innen mit Migrationshintergrund fördern. Zugleich ist denkbar, dass diese scheinbare Bestätigung des gesellschaftlichen Stereotyps von offizieller, wissenschaftlicher Seite Schüler*innen mit Migrationshintergrund unter Druck setzt, dieses Bild nicht bestätigen zu wollen oder ihr Vertrauen in die eigene Leistungsfähigkeit mindert.

Wie auch in den amtlichen Statistiken ersichtlich, existieren teils wesentliche herkunftsregionsbedingte Unterschiede. Dies führt im Rahmen der PISA-Studien dazu, dass die Kohorte der Schüler*innen der zweiten Migrationsgeneration im Allgemeinen etwas schlechter abschneidet als die Gruppe der Schüler*innen der ersten Migrationsgeneration. Die zweite Generation von Jugendlichen, die im internationalen Vergleich sogar tendenziell besser abschneidet, besteht in Deutschland vor allem aus Schüler*innen mit türkischem Migrationshintergrund, die tendenziell besonders schlechte Resultate erzielen. Die Kohorte der Schüler*innen, die in der ersten Generation in Deutschland leben, setzt sich hingegen vor allem aus Jugendlichen aus Polen und Russland zusammen, die im Allgemeinen vergleichsweise gute Bildungserfolge vorweisen können (vgl. Siegert, 2008; vgl. auch Abschnitt 1.1).

Auch mit Blick auf PISA und IGLU wird deutlich, dass der ,Migrationshinter-grund' als von vielen Seiten, nicht nur abseits des wissenschaftlichen Diskurses, ver-wandte vereinfachende Erklärungsformel zu kurz greift. Ursächlich ist ein Geflecht von Einzelaspekten, die häufig mit einem Migrationshintergrund einhergehen und deshalb auch vermehrt Schüler*innen mit Migrationshintergrund betreffen, jedoch nicht zwangsläufig auf diese beschränkt bleiben.

Im Fokus dieser Arbeit stehen jedoch nicht (nur) die geringeren Schulleistungen von Schüler*innen mit Migrationshintergrund im Allgemeinen, wenngleich eine umfas-sende, fächerübergreifende Analyse lohnenswert erscheint. Kompetenzen in der deut-schen Sprache sind nicht zuletzt ausschlaggebend für den erfolgreichen Kompetenzer-werb in anderen Schulfächern. Von besonderem Interesse ist aufgrund der Bedeutung, die der Mehrsprachigkeit beim Erwerb weiterer Sprachen auf verschiedenen Ebenen zu-gesprochen wird (für einen Überblick vgl. bspw. Jessner, 2008), der Bedeutung von Sprache für die Identität von Menschen mit Migrationshintergrund (vgl. bspw. Hu, 2011), sowie der Rolle der damit zusammenhängenden *Domain Identification* (vgl. Ab-schnitt 2.1), die im Kontext von *Stereotype Threat* als einflussreiche Variable gilt, der institutionelle Tertiärspracherwerb Englisch. Dieser spielt jedoch in den Schulleistungs-studien PISA und IGLU keine Rolle und soll im folgenden Abschnitt gesondert betrach-tet werden sollen.

1.2 Leistungen im institutionellen Fremdspracherwerb Englisch

Die Diskussion um Vor- und Nachteile von Schüler*innen mit Migrationshintergrund im institutionellen Fremdsprachenerwerb zeichnet sich durch eine große theoretische und empirische Dissonanz aus. Keßler und Paulick (2010) kritisieren in diesem Zusam-menhang zudem die häufig mangelnde Wissenschaftlichkeit der Diskussion eines kom-plexen Sachverhalts, die einer fundierten und standardisierten empirischen Prüfung ent-behrt (vgl. auch Hesse, Göbel & Hartig, 2008). Auch Esser (2009) bemängelt das weit-gehende Fehlen systematisch empirischer Untersuchungen und konstatiert, dass „[…] [sich] aus den – relativ wenigen – brauchbaren Studien insgesamt jedoch entnehmen [lässt], dass der Nachweis besonderer und empirisch belastbarer Effekte der Zweispra-chigkeit bisher *nicht* erbracht worden ist" (Esser, 2009: 78, Hervorhebung im Original). Dabei sei zu beachten, dass es „[…] bei den Wirkungen nicht um die „Zweisprachigkeit" der Migranten an sich geht, sondern um *zusätzliche* Effekte der *Mutter*sprache über die Beherrschung der *Zweit*sprache *hinaus*" (ebd., Hervorhebungen im Original).

In einem Überblick präsentieren Keßler und Paulick (2010) Studien, die Schü-ler*innen mit Migrationshintergrund einen Vorteil beim Englischerwerb in der Schule attestieren und andere, die ihnen signifikante Nachteile bescheinigen. Während Studien wie PISA und IGLU ein tendenziell negatives Bild der Schulleistungen von Schüler*in-nen mit Migrationshintergrund im Allgemeinen zeichnen, zeigt sich die Befundlage in Bezug auf den institutionellen Englischerwerb tatsächlich deutlich breiter gefächert (vgl. bspw. Hopf, 2005; Keßler & Paulick, 2010; Paulick & Groot-Wilken, 2009). Zur Darstellung der aktuellen Befundlage hinsichtlich des fremdsprachlichen Englischer-werbs von Schüler*innen mit Migrationshintergrund werden an dieser Stelle ausgewählte Studien mit großen Stichproben exemplarisch dargestellt (Ein Überblick zu weiteren Forschungsergebnissen zu diesem Thema findet sich bei Keßler & Paulick, 2010).

Ein insgesamt eher negatives Bild zeichnet Elsner (2007). Sie gibt zu bedenken, dass migrationsbedingte Mehrsprachigkeit in der schulischen Praxis häufig ein Problem für Schüler*innen und Lehrer*innen darstellt, wodurch mehrsprachig aufwachsende Kinder es im deutschsprachigen Schulsystem eher schwer haben. Die Frage, ob migrationsbedingt mehrsprachige Schüler*innen einen tatsächlichen Vorteil beim institutionellen Erwerb einer Zweit- und Drittsprache haben, sei laut Elsner (2010) von verschiedenen Faktoren, wie dem Grad der Beherrschung der vorhandenen Sprachen, der Einstellung zur eigenen Mehrsprachigkeit in Verbindung mit der gesellschaftlichen Wertschätzung der vorhandenen Sprachen und der Berücksichtigung der vorhandenen Sprachen beim Erwerb der neuen Sprache, abhängig. Die Mehrheit der mehrsprachigen Schüler*innen mit Migrationshintergrund bewerte ihre eigene Mehrsprachigkeit im Kontext Schule allerdings eher negativ: „Im schulischen Kontext ist die Sprachmischung jedoch eher mit einem negativen Gefühl verbunden. Das Durcheinanderkommen kann von anderen bemerkt werden – man wird in seinem sprachlichen Können eingeschätzt und hat Angst vor einer Blamage" (Portnaia, 2007 zit. in Elsner, 2010). Sprachlernbiographien seien laut Elsner jedoch sehr unterschiedlich, weshalb nicht pauschal von einem Vorteil ausgegangen werden könne. Ob die in Elsners Studie dokumentierten Sprachdefizite jedoch vor allem auf den Migrationshintergrund und nicht viel eher auf den sozioökonomischen Status zurückzuführen sind, klärt Elsner nicht. Dies wird von Keßler und Paulick (2010) kritisiert – mit einigem Recht, wie die Ergebnisse anderer Studien zeigen. Wie im Vorangegangenen deutlich wurde, werden die Daten in vielen Schulleistungsstudien aus gutem Grund um diesen Faktor bereinigt, nivellieren sich doch die Leistungsdisparitäten häufig durch die statistische Kontrolle dieses Faktors beträchtlich. Neben der Sprachkompetenz sieht Elsner die Problematik aber auch im deutschen Schulsystem. Zum einen sei das hoch differenzierte Bildungssystem nicht in der Lage, das sprachliche Potential der mehrsprachigen Schüler*innen hinreichend zu fördern, zum anderen fehle es an einem Umfeld, das bereits vorhandene Sprachen würdigt und Wege zu ihrer gewinnbringenden Nutzung aufzeigt. Lehrer*innen hingegen würden vorhandene Sprachen zumeist ignorieren und in ihnen weder Vor- noch Nachteil sehen. Dass Schüler*innen selbst Bezüge zwischen den von ihnen beherrschten Sprachen herstellen, sei, so Elsner, ein Irrglaube (vgl. Elsner, 2010).

Ebenfalls mit den Englischleistungen von Grundschüler*innen beschäftigt sich ein Teilbereich der KESS 4-Studie (vgl. May, 2007). Im Bereich des Hörverstehens erzielten Schüler*innen mit und ohne Migrationshintergrund nur dann vergleichbare Resultate, wenn mindestens ein Elternteil in Deutschland geboren wurde. Schüler*innen mit zwei im Ausland geborenen Elternteilen, zeigten deutlich geringere Leistungen (Die Effektstärke des Mittelwertunterschieds liegt bei $d = 0{,}37$[3]). Diese Diskrepanz verringert sich bis zum Ende der Jahrgangsstufe 6 nur minimal, denn auch in KESS 7 (vgl. May, 2009) beträgt die Effektstärke des Mittelwertunterschieds zwischen den Gruppen immer

---

[3]   Nach Cohen (1988) gelten Effektstärken ab 0,2 als kleine, ab 0,5 als mittlere und ab 0,8 als starke Effekte.

noch $d = 0,35$ (Tabelle 1.4). Bei KESS 8[4] wurde bei Schüler*innen mit Migrationshintergrund ebenfalls eine signifikante Differenz von 119 zu 128 Skalenpunkten festgestellt. Dies entspricht einer Effektstärke von $d = 0,23$. In allen hier aufgeführten KESS-Studien wird zudem deutlich, dass der sozioökonomische Status eine bedeutende Rolle spielt, in der Sekundar- noch deutlich stärker als in der Primarstufe. Die Effektstärken betragen jeweils $d = 0,66$ und $d = 0,96$. So wie bei Elsner wurden in den KESS-Studien Ergebnisse nicht um den Faktor des sozioökonomischen Hintergrunds bereinigt, sodass die Zahlen unter Berücksichtigung dieser Einflussgröße zu interpretieren sind und die tatsächliche Differenz höchstwahrscheinlich geringer ist. Insgesamt wird allerdings auch hier deutlich, dass die Kompetenzunterschiede im Fach Englisch deutlich geringer ausfallen, als dies beispielsweise im Fach Deutsch der Fall ist.

Tabelle 1.4: Durchschnittliche Englischleistung nach Geschlecht, Migrationshintergrund und sozialer Lage (EGP) (May, 2009: 61).

| | KESS 4 | | KESS 7 | | Tendenzielle Abweichung vom Erwartungswert | | |
	M	(SD)	M	(SD)	M	(SD)	n
Geschlecht							
Mädchen	101,9	(30,2)	104,3	(28,7)	3,9	(24,3)	3.389
Jungen	100,5	(29,5)	95,8	(30,6)	-4,0	(25,9)	3.423
Effektstärke	0,05		0,28		0,32		
Migrationshintergrund							
Beide Eltern im Ausland geboren	94,6	(29,0)	97,2	(27,2)	0,6	(24,7)	846
Ein Elternteil im Ausland geboren	105,7	(30,9)	107,7	(31,4)	3,2	(26,0)	431
Kein Elternteil im Ausland geboren	105,0	(28,9)	106,2	(29,2)	3,5	(24,7)	2.739
Effektstärke Soziale	0,37		0,35		0,12		
Lage (EGP)							
Obere Dienstklasse (I)	112,9	(30,1)	118,1	(27,4)	11,1	(21,9)	948
Untere Dienstklasse (II)	104,6	(28,3)	109,4	(28,2)	7,4	(24,2)	728
Routinedienstleistungen (III)	98,2	(27,9)	96,8	(27,8)	0,0	(25,0)	341
Selbstständige aus manuellen Berufen (IV)	111,4	(31,9)	112,7	(30,6)	5,9	(24,5)	339
Facharbeiter und leitende Angestellte (V, VI)	97,4	(26,8)	96,4	(26,4)	-0,8	(23,4)	706
Un- und angelernte Arbeiter, Landarbeiter (VII)	94,1	(27,2)	91,5	(25,3)	-6,9	(24,5)	621
Effektstärke	0,66		0,96		0,75		

BBS / IFS / LI : Kompetenzen und Einstellungen von Schülerinnen und Schülern

Auch in der DESI-Studie (vgl. DESI-Konsortium, 2008; Klieme & Beck, 2007), deren Resultate aufgrund der ebenfalls auf Sprachbenutzung basierenden Definition des Migrationshintergrundes mit denen von KESS 8 vergleichbar sind, erreichen Schüler*innen mit Migrationshintergrund insgesamt geringere Kompetenzwerte als Schüler*innen ohne Migrationshintergrund. Mit Blick auf die Effektstärken zeigt sich, dass

---

4   Hierbei ist allerdings festzuhalten, dass bei KESS 8 (vgl. Nikolova & Ivanov, 2010) die Verkehrssprache innerhalb der Familie als Indikator für einen Migrationshintergrund verwandt, während in KESS 4 und 7 das Geburtsland der Eltern zur Bestimmung herangezogen wurde, sodass diese statistischen Kennzahlen nur bedingt vergleichbar sind.

die Leistungsdifferenz im Fach Englisch ($d = 0,41$) nur halb so stark ist wie im Fach Deutsch ($d = 0,92$) (vgl. Nikolova & Ivanov, 2010).

Über alle Schulformen hinweg liegen die Englischleistungen der mehrsprachigen Jugendlichen [in der DESI-Studie] sogar zwei Punkte über dem Mittelwert aller anderen Gruppen. Eine der möglichen Erklärungen [...], die von der DESI-Forschergruppe angenommen wird, ist, dass Schülerinnen und Schülern, die mehrsprachig aufwachsen, das Erlernen der Fremdsprache Englisch vergleichsweise leichter fällt (ebd.: 47).

Hesse, Göbel und Hartig (2008) weisen in der Auswertung der DESI-Ergebnisse in Bezug auf mehrsprachige Jugendliche und Jugendliche nicht-deutscher Erstsprache auf interkulturell orientierte Untersuchungen, in denen sozioökonomische und soziokulturelle Faktoren auf verschiedene Art kontrolliert wurden, hin, denen zufolge Mehrsprachige über erhöhte metasprachliche Fähigkeiten verfügen. Sie merken mit Bezug auf Cenoz (2003) jedoch auch kritisch an, dass empirische Befunde zu etwaigen Vorteilen Mehrsprachiger beim Erwerb einer weiteren Sprache keineswegs einheitlich sind. Im Gegensatz zu vorherigen großen Schulleistungsstudien wird aufgrund des uneinheitlichen Forschungsbildes und der Tatsache, dass es Hinweise auf Vorteile simultan Bilingualer beim Spracherwerb gibt, zwischen einsprachigen, sukzessiv mehrsprachigen[5] und simultan[6] mehrsprachigen Schüler*innen unterschieden[7]. Ebenso wie in anderen Studien wird zudem zwischen verschiedenen Migrationsgenerationen und dem Umstand, ob ein oder beide Elternteile im Ausland geboren wurden, unterschieden. Im Fach Deutsch zeigen alle Mehrsprachigen und nicht-deutsch Erstsprachigen (wie auch in anderen Studien geht Mehrsprachigkeit in der Regel mit einem Migrationshintergrund einher, hier in 90 Prozent der Fälle) in allen Schulformen schlechtere Leistungen im Fach Deutsch. Dies gilt erwartungskonform in besonderem Maße für nicht-deutsch Erstsprache. Bei der Fremdsprache Englisch zeigt sich jedoch ein anderes Bild. In den Gesamttestleistungen zeigen Mehrsprachige über alle Schulformen hinweg insgesamt bessere Leistungen als deutsch Erstsprachige, wenngleich dieser Unterschied nur in der Realschule Signifikanz erreicht. Nicht-deutsch Erstsprachige sind jedoch auch hier die leistungsschwächste Gruppe. Unter Einbezug aller Schulformen sind die Leistungsdifferenzen zwischen Mehrsprachigen und deutsch Erstsprachigen auf der einen und sukzessiv Bilingualen auf der anderen Seite nicht signifikant (vgl. Hesse, Göbel & Hartig, 2008). Unter Kontrolle von Bildungsgang, sozioökonomischem Hintergrund, kognitiver Grundfertigkeit und Geschlecht zeigt sich jedoch, dass sowohl Mehrsprachige als auch nicht-deutsch Erstsprachige signifikant bessere Leistungen erzielen als deutsch Erstsprachige, wobei Mehrsprachige weiterhin die besten Ergebnisse vorweisen und zwar in beinahe allen getesteten Teilbereichen (Abbildung 1.4). Insbesondere in den Bereichen Grammatik,

---

[5]   Deutsch wurde als Zweitsprache erworben
[6]   Deutsch und (eine) weitere Sprache(n) wurde(n) zeitgleich erworben
[7]   Analog zu Hesse et al. werden im Folgenden die Termini ‚deutsch Erstsprachige' (monolingual), ‚Mehrsprachige' (simultan) und ‚nicht-deutsch Erstsprachige' (sukzessiv) verwandt.

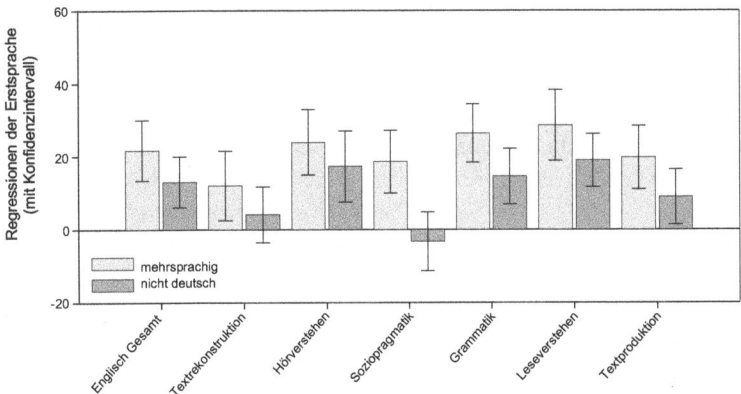

Abbildung 1.4: Effekte des sprachlichen Hintergrundes auf Kompetenzbereiche im Englischen zum Ende des neunten Jahrgangs unter Kontrolle von Bildungsgang, sozioökonomischem Hintergrund, kognitiver Grundfähigkeit und Geschlecht: Kontraste der Leistungen von Mehrsprachigen und nicht deutsch Erstsprachigen gegenüber deutsch Erstsprachigen (Hesse, Göbel & Hartig, 2008: 218).

Sprachbewusstheit sowie beim Lese- und Hörverstehen schneiden Mehrsprachige und nicht-deutsch Erstsprachige deutlich besser ab als deren monolinguale Mitschüler*innen. Im Hinblick auf die Resultate der DESI-Studie scheint die Schülerschaft, die entweder simultan oder sukzessiv eine weitere Sprache als Deutsch erworben hat, „[…] über ein Potenzial zu verfügen, das es ihr ermöglicht, überlegene Leistungen in den Leistungstests im Englischen zu erzielen" (ebd.: 228). Die Tatsache, dass sich beide Arten der Mehrsprachigkeit im Fach Deutsch gegenteilig auszuwirken scheinen, erklären die Autoren unter anderem damit, dass im Fach Englisch im Gegensatz zum Fach Deutsch der Erwerb der Sprache im Vordergrund steht. Insgesamt zeichnet die DESI-Studie somit ein besonders differenziertes Bild der Leistungsunterschiede zwischen Schüler*innen mit und ohne Migrationshintergrund. Dies ist zum einen auf die unterschiedlichen Definitionen der Mehrsprachigkeit und mithin des Migrationshintergrundes zurückzuführen, zum anderen zeigt sich auch hier der bedeutende Einfluss konfundierender Variablen, deren statistische Kontrolle zu bemerkenswerten Neuordnungen der Ergebnisse führt.

In einer vertiefenden Analyse der DESI-Daten haben Göbel, Rauch und Vieluf (2011) die Gruppe der Mehrsprachigen und nicht-deutsch Erstsprachigen weitergehend nach Herkunftssprachen (Kurdisch, Polnisch, Russisch, Türkisch) aufgeteilt. Dabei stellte sich heraus, dass sich der Vorteil, den beide Gruppen beim Fremdspracherwerb zu haben scheinen, bei Schüler*innen mit Türkisch oder Kurdisch als weiterer Sprache nicht entfaltet. Während diese Schüler*innen in der Gesamtschau die geringsten Kompetenzen aufweisen, zeigen sie auch bei statistischer Kontrolle der konfundierenden Variablen nicht die im Hinblick auf die ursprünglichen DESI-Resultate zu erwartende Überlegenheit. Rauch, Jurecka und Hesse (2010) konnten ebenfalls unter Nutzung der DESI-Daten zeigen, dass die Lesekompetenz von Schüler*innen mit Türkisch als weiterer Sprache geringer ist als die deutschsprachiger Schüler*innen. Auf dem untersten Kompetenzniveau sind Schüler*innen mit Türkisch als weiterer Sprache über-, in obersten Kompetenzniveaus unterrepräsentiert. Wenngleich die Ergebnisse dieser Analyse nicht signifikant sind, kommen Rauch et al. doch zu dem Schluss, dass türkischsprachige Schüler*innen zwar keinen Nachteil gegenüber den deutsch erstsprachigen Schüler*innen haben, die Vorteile, die für die Gesamtheit der mehrsprachigen Schüler*innen zu gelten scheinen, jedoch auch nicht zum Tragen kommen.

Geringere Leistungen von Schüler*innen mit Migrationshintergrund im Fach Englisch zeigten sich auch in den Ergebnissen der Ländervergleiche des IQB (Köller, Knigge, & Tesch, 2010), die an die Stelle der nationalen Ergänzungsstudie von PISA getreten sind. Auch hier fallen die Kompetenzunterschiede zwischen Schüler*innen mit und ohne Migrationshintergrund im Fach Englisch deutlich geringer aus als im Fach Deutsch (vgl. ebd.). Ähnlich wie bei IGLU und PISA konnten Böhme et al. (2010) Leistungsunterschiede bei Gruppen mit unterschiedlichem Migrationsstatus feststellen. Schüler*innen mit einem autochthon deutschen Elternteil zeigten vergleichbare oder sogar bessere Leistungen als Schüler*innen ohne Migrationshintergrund. Weiterhin bestehen auch hier Leistungsunterschiede zwischen den verschiedenen Herkunftsgruppen. Sowohl im Bereich des Leseverstehens als auch im Hörverstehen zeigen Schüler*innen mit türkischem Migrationshintergrund die geringsten Leistungen, während Schüler*innen mit polnischem oder ex-sowjetischem Migrationshintergrund deutlich besser abschneiden (Tabelle 1.5). Dabei sind die Mittelwerte der verschiedenen allochthonen Herkunftsgruppen in beiden Kompetenzkategorien signifikant geringer als bei Schüler*innen ohne Migrationshintergrund. Besonders aufschlussreich ist die im Rahmen dieser Studie vorgenommene Differenzierung nach Herkunftsregion. Schüler*innen mit türkischem Migrationshintergrund haben signifikant schlechtere Resultate erzielt als alle anderen Herkunftsgruppen (vgl. ebd.: 213). Die Zahlen zu herkunftsbedingten Disparitäten des IQB Bildungstrends 2015 (vgl. Haag, Böhme, Stanat & Rjosk, 2016; Tabelle 1.6) zeigen zwar Verbesserungen: so erzielten beispielsweise Schüler*innen mit polnischem oder ex-sowjetischem Migrationshintergrund bessere Ergebnisse im Bereich Leseverstehen als Schüler*innen ohne Migrationshintergrund. Schüler*innen mit

Tabelle 1.5: Im Fach Englisch für die Bereiche Lese- und Hörverstehen erzielte Leistungsmittelwerte nach Herkunftsgruppen (Böhme et al., 2010: 211).

Herkunftsgruppe		Leseverstehen		Hörverstehen	
	N	M	(SE)	M	(SE)
Deutschland (D)	20717	513	(1.6)	511	(1.7)
Polen (P)	439	490	(8.4)	491	(8.7)
ehemalige Sowjetunion (S)	1126	477	(4.9)	470	(5.7)
Türkei (T)	1326	440	(4.5)	431	(4.6)

Tabelle 1.6: Mittelwerte und Streuungen der erreichten Kompetenzen sowie Gruppenunterschiede und Abweichungen im Kompetenzbereich Leseverstehen im Fach Englisch nach Herkunftsgruppe im Jahr 2015 (Haag, Böhme, Stanat & Rjosk, 2016: 455).

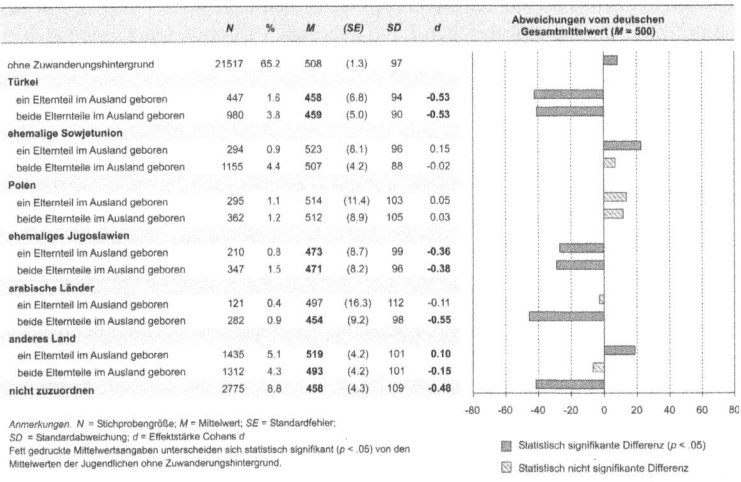

	N	%	M	(SE)	SD	d	Abweichungen vom deutschen Gesamtmittelwert (M = 500)
ohne Zuwanderungshintergrund	21517	65.2	508	(1.3)	97		
Türkei							
ein Elternteil im Ausland geboren	447	1.6	458	(6.8)	94	-0.53	
beide Elternteile im Ausland geboren	980	3.8	459	(5.0)	90	-0.53	
ehemalige Sowjetunion							
ein Elternteil im Ausland geboren	294	0.9	523	(8.1)	96	0.15	
beide Elternteile im Ausland geboren	1155	4.4	507	(4.2)	88	-0.02	
Polen							
ein Elternteil im Ausland geboren	295	1.1	514	(11.4)	103	0.05	
beide Elternteile im Ausland geboren	362	1.2	512	(8.9)	105	0.03	
ehemaliges Jugoslawien							
ein Elternteil im Ausland geboren	210	0.8	473	(8.7)	99	-0.36	
beide Elternteile im Ausland geboren	347	1.5	471	(8.2)	96	-0.38	
arabische Länder							
ein Elternteil im Ausland geboren	121	0.4	497	(16.3)	112	-0.11	
beide Elternteile im Ausland geboren	282	0.9	454	(9.2)	98	-0.55	
anderes Land							
ein Elternteil im Ausland geboren	1435	5.1	519	(4.2)	101	0.10	
beide Elternteile im Ausland geboren	1312	4.3	493	(4.2)	101	-0.15	
nicht zuzuordnen	2775	8.8	458	(4.3)	109	-0.48	

-80 -60 -40 -20 0 20 40 60 80

Anmerkungen. N = Stichprobengröße; *M* = Mittelwert; *SE* = Standardfehler;
SD = Standardabweichung; *d* = Effektstärke Cohans *d*
Fett gedruckte Mittelwertsangaben unterscheiden sich statistisch signifikant (*p* < .05) von den
Mittelwerten der Jugendlichen ohne Zuwanderungshintergrund.

▨ Statistisch signifikante Differenz (*p* < .05)

▨ Statistisch nicht signifikante Differenz

türkischem Migrationshintergrund schneiden zwar ebenfalls besser als im Jahr 2009 ab, zeigen jedoch immer noch signifikant schlechtere Leistungen als alle anderen Herkunftsgruppen. Auch Schüler*innen mit arabischem oder ex-jugoslawischem Migrationshintergrund erzielen signifikant schlechtere Ergebnisse im Vergleich zu Schüler*innen ohne Migrationshintergrund. Im Bereich Hörverstehen „[…] zeigen sich im Fach Englisch insgesamt ähnlich ausgeprägte Disparitäten […]. Jugendliche, deren Familien aus der Türkei oder dem ehemaligen Jugoslawien zugewandert sind, sowie Jugendliche mit zwei in einem arabischen Land geborenen Elternteilen weisen hingegen signifikante Kompetenznachteile gegenüber Jugendlichen ohne Zuwanderungshintergrund auf, die bis zu 53 Punkte betragen" (ebd.: 458). Es ist allerdings auch hier anzumerken, dass die Disparitäten bei statistischer Kontrolle des sozioökonomischen Status und des Bildungsniveaus der Eltern „[…] in nahezu allen Fällen […]" (ebd.: 467) geringer ausfallen, sodass soziale Ungleichheiten auch er für einen Teil der Leistungsunterschiede verantwortlich sind. Während sich die Nutzungshäufigkeit der deutschen Sprache im Elternhaus auf die Deutschkompetenzen auswirkt, lässt sich kein derartiger Einfluss auf die Kompetenzen im Fach Englisch nachweisen. Für Jugendliche mit türkischem Migrationshintergrund sind selbst dann noch statistisch signifikante Leistungsdefizite nachzuweisen, wenn Faktoren wie sozioökonomischer Status und Familiensprache kontrolliert werden. Lediglich beim Leseverstehen im Fach Englisch sind die Unterschiede bei Schüler*innen mit zwei im Ausland geborenen Elternteilen nicht signifikant (vgl. ebd.). Haag et al. konstatieren:

Im Jahr 2015 waren in allen untersuchten Kompetenzbereichen die Disparitäten für Jugendliche, deren Familien aus der Türkei zugewandert sind, besonders groß. [...]. Für Jugendliche, deren Familien aus dem ehemaligen Jugoslawien zugewandert sind, bestanden in allen untersuchten Bereichen signifikante Disparitäten [...]. Für Jugendliche mit zwei in einem arabischen Land geborenen Elternteilen zeigten sich deutliche Kompetenznachteile, die ähnlich groß waren wie die der türkischstämmigen Jugendlichen (Haag et al. 2016: 475).

Im Rahmen der EVENING-Studie (vgl. Paulick & Groot-Wilken, 2009) wurden sowohl die produktiv mündlichen, als auch die rezeptiven Fähigkeiten im Bereich des Hör- und Leseverstehens untersucht. Ebenso wie bei KESS 8 und DESI wurden die Schüler*innen hinsichtlich ihrer Spracherwerbsbiographien differenziert und in vier Kategorien eingeteilt[8]. Bei den rezeptiven Fähigkeiten (Hör- bzw. Leseverstehen) zeigt sich insgesamt ein leichtes Leistungsgefälle von deutschsprachigen Kindern über bilinguale und nicht-deutschsprachigen Kindern hin zu mehrsprachig nichtdeutschsprachigen Kindern. Während der Unterschied zwischen deutschsprachigen und bilingualen Kindern noch relativ gering ist, sind die Disparitäten zu nicht-deutschsprachigen und mehrsprachig nicht-deutschsprachigen Kindern in beiden Dimensionen etwas stärker ausgeprägt (vgl. Keßler & Paulick, 2010). Ebenso wie bei der DESI- und der IQB-Studie lassen die Daten eine Aufschlüsselung nach Herkunftssprachen zu. Dabei zeigten zwei Gruppen, türkisch- und russischsprachige Kinder, Resultate, die merklich von den Mittelwerten der deutschsprachigen Kinder abweichen. Dabei schneiden beide Gruppen schlechter ab als die deutschsprachigen Kinder. Der Unterschied zwischen Kindern mit russischem und türkischem Hintergrund ist ebenfalls signifikant, wobei Kinder mit türkischem Migrationshintergrund von allen Gruppen am schlechtesten abschneiden. Kinder, die bilingual mit Französisch, Polnisch oder Spanisch aufwachsen zeigten hingegen bessere Leistungen als deutschsprachige Kinder und sorgen auf diese Weise für das insgesamt ähnliche Ergebnis der Bilingualen im Vergleich zu Monolingualen (Paulick & Groot-Wilken, 2009). Die im Rahmen der EVENING-Studie ebenfalls befragten Lehrer*innen äußern sich generell positiv zum Fremdsprachenerwerb von Kindern mit einer anderen Herkunftssprache als Deutsch und sehen nur geringe Unterschiede, wenngleich mit dem Begriff des Migrationshintergrunds häufig eine generelle Leistungsschwäche assoziiert wird. Nichtdeutschsprachige Kinder zeigten sich im Englischunterricht »eher aufgeweckt, sehr motiviert und mutig«, hätten »herausragende Fähigkeiten im Bereich der Strategien« und hätten es »oftmals leichter, Englisch als zweite Fremdsprache zu lernen, besonders bezüglich der Aussprache« (Interviewauszüge aus Paulick & Groot-Wilken, 2009: 194). Bei Fragen zur Nutzung der sprachlichen Heterogenität im Englischunterricht zeigen sich die Lehrer*innen jedoch verhalten. Es fehle an Unterrichtszeit und eigenen Kompetenzen, um die verschiedenen Herkunftssprachen in den Unterricht einzubeziehen. Dort gehe eine Nutzung eher von den Schüler*innen selbst aus,

---

[8]   1. einsprachig Deutsch aufwachsende Kinde (deutschsprachig); 2. Kinder, die in Familien mit zwei oder mehr Sprachen aufwachsen, von denen eine Deutsch ist (bilingual); 3. Kinder, die mit einer Sprache aufwachsen, die nicht Deutsch ist (nicht-deutschsprachig) und 4. Kinder, die mit zwei oder mehr Sprachen aufwachsen, von denen keine Deutsch ist (mehrsprachig nicht-deutschsprachig).

wenn es zu gegenseitigen Hilfestellungen durch Sprachvergleiche kommt (vgl. Keßler & Paulick, 2010).

Die hier vorgestellten Studien zeichnen ein uneinheitliches Bild zu Leistungen von Schüler*innen mit Migrationshintergrund im institutionellen Fremdsprachenerwerb und lassen nur bedingt Rückschluss auf Ursachen zu. Sie zeigen allerdings einmal mehr, wie komplex die Situation, wie notwendig deren differenzierte Analyse ist. In diesem Sinne widerspricht Elsner (2010) auch der Vermutung, „[…] dass sich frühe Mehrsprachigkeit *generell* positiv auf die Sprachaneignung weiterer Sprachen auswirkt und es mehrsprachigen Kindern und Jugendlichen *grundsätzlich* leichter fällt, eine dritte und vierte Sprache zu erlernen" (Elsner, 2010: 103, Hervorhebungen im Original). Theoretische Vorteile mehrsprachiger Lerner*innen, deren Potentiale beim Spracherwerb in verschiedenen Studien empirisch belegt werden konnten (vgl. Falk & Bardel, 2010), wie beispielsweise durch höhere metalinguistische Kompetenzen, höhere kognitive Flexibilität, sprachliche Kreativität und erworbene Sprachlernstrategien (vgl. Elsner, 2010; vgl. auch Schroeder & Stölting, 2005) kommen bei einigen Schüler*innen mit Migrationshintergrund offenbar nicht oder nur in unzureichendem Maße zum Tragen, als dass sie andere Nachteile ausgleichen könnten. Elsner führt dies beispielsweise auf Erwerbsalter, Kompetenzniveau der Erstsprache(n), Einstellung zur eigenen Mehrsprachigkeit und auf die gesellschaftliche Wertschätzung der beherrschten Sprachen zurück.

Erwartungsgemäß offenbart sich abermals die Bedeutung des sozioökonomischen Status, dessen statistische Kontrolle eventuell auftretende Leistungsdisparitäten zu neutralisieren oder sogar umzukehren vermag. Während Studien, in denen dieser Faktor nicht kontrolliert wird (z.B. Elsner, 2007) Schüler*innen mit Migrationshintergrund deutliche Nachteile attestieren, zeichnen Studien, in denen dies geschehen ist (z.B. IQB) ein teilweise anderes Bild. Während Schüler*innen mit Migrationshintergrund dort zwar insgesamt ebenfalls schlechter abschneiden, gleichen sich die Niveauunterschiede bei Kontrolle des sozioökonomischen Hintergrunds an. Sukzessiv mehrsprachige Schüler*innen, die insgesamt die geringsten Werte erreichen, zeigen in diesem Fall sogar signifikant bessere Leistungen als deutsch Einsprachige. Diese Tatsachen dürfen jedoch nicht vergessen machen, dass Schüler*innen mit Migrationshintergrund von eben diesen Faktoren mit besonderer Häufigkeit betroffen sind und dadurch allgemein häufig geringere Leistungen vorweisen. Dies gilt in ganz besonderem Maße für die Gruppe der türkischstämmigen Schüler*innen, deren Familien unabhängig von der Migrationsgeneration einen besonders geringen durchschnittlichen sozioökonomischen Status aufweisen, selbst dann, wenn nur ein Elternteil immigriert ist (vgl. Stanat, Rauch, & Segeritz, 2010).

Die Tatsache, dass Schüler*innen mit türkischem bzw. kurdischem Migrationshintergrund eine Sonderstellung einnehmen und in allen Studien statistisch signifikant schlechtere Leistungen erbringen, während Schüler*innen mit einem anderweitigen Migrationshintergrund ähnliche Leistungen wie autochthon deutsche Schüler*innen zeigen oder sogar besser abschneiden, muss aufhorchen lassen. Auch Paulick und Groot-Wilken sehen hier Forschungsbedarf und verweisen auf die bedeutende Rolle von Faktoren, die nicht-sprachlicher Natur sind.

Warum z.B. die Gruppe der Kinder mit Türkisch als Familiensprache so deutlich schwächer abschneidet als die der einsprachig deutsch aufwachsenden Mitschüler, warum zweisprachige Schüler mit anderem sprachlichen Hintergrund auf gleicher Höhe mit den einsprachig deutsch aufwachsenden Kindern oder sogar bessere Ergebnisse erzielen, das ist mit den Daten aus EVENING (und auch aus anderen Studien) nicht aufzuklären. Vor allem müssen sozioökonomische und bildungsrelevante Hintergrunddaten erhoben werden, da die Vermutung naheliegt, dass nicht nur die linguistischen Hintergründe bedeutsam sind, sondern diese mit anderen Faktoren interagieren (Paulick & Groot-Wilken, 2009: 195).

Selbst bei Kontrolle des sozioökonomischen Status und der Familiensprache weisen Schüler*innen mit türkischem Migrationshintergrund im Gegensatz zu anderen Migranten*innengruppen ähnliche oder sogar signifikant schlechtere Leistungen im Vergleich zu Schüler*innen ohne Migrationshintergrund auf. Einer der Gründe hierfür könnten die relativ geringen Kompetenzen in der L1 vieler türkischstämmiger Schüler*innen sein (vgl. u.a. Elsner, 2010; Rauch, Jurecka & Hesse, 2010; Edele, Schotte, Hecht & Stanat, 2012). Im Rahmen der Forschung um die sog. *Biliteracy* konnten Swain, Lapkin, Rowen und Hart (1990) nachweisen, dass vor allem Lesekompetenzen in der Herkunftssprache einen positiven Einfluss auf den schulischen Erwerb einer Fremdsprache haben. Die ausschließlich mündliche Beherrschung der Herkunftssprache hat hingegen keine Wirkung. Wie auch in anderen Studien üblich, werden gesonderte Analysen für herkunftsbedingte Disparitäten in der Regel aber nur für die größten Migrant*innen-gruppen erstellt. Lediglich die IQB-Studie weist Ergebnisse auch für Schüler*innen arabischer und ex-jugoslawischer Herkunft aus, die über ähnliche Kompetenzdefizite verfügen, wie Schüler*innen mit türkischem Migrationshintergrund. Es wäre im Hinblick auf aktuelle und zukünftige Migrationsbewegungen wünschenswert, auch andere Herkunftsländer bzw. -regionen einzubeziehen. Ergebnisse einer empirischen Untersuchung von 2835 Sechstklässlern, unter ihnen arabisch-deutsch, chinesisch-deutsch, polnisch-deutsch und türkisch-deutsch bilinguale Kinder, bestätigen die Ergebnisse der IQB-Studie (vgl. Maluch, Kempert, Neumann, & Stanat, 2015). Ganz im Gegensatz zu deutsch-chinesisch und deutsch-polnisch bilingualen Kindern, die in der Tat einen Vorteil beim institutionellen Erwerb des Englischen zu haben scheinen, zeigen sich bei türkisch-deutsch und arabisch-deutsch bilingualen Kindern auch bei Kontrolle konfundierender Variablen keine statistisch signifikanten Unterschiede zu Monolingualen.

Das schlechtere Abschneiden von Schüler*innen die mit einer oder mehreren Sprachen aufwachsen, von denen keine Deutsch ist, könnte ein Hinweis auf die Bedeutung der deutschen Sprache zum Kompetenzerwerb (vgl. bspw. Gogolin, 2008) im Schulfach Englisch (vgl. Hu, 2011) sein. Im Vergleich dazu ist das insgesamt bessere Abschneiden von Kindern, die neben dem Deutschen eine weitere L1 beherrschen, Hinweis auf Vorteile, die sich aus der Kombination der Mehrsprachigkeit in Verbindung mit der deutschen Sprache für den fremdsprachlichen Kompetenzerwerb in der Schule ergeben. Die Studienergebnisse von Maluch et al. (2015) weisen ebenfalls auf den Einfluss des Beherrschungsgrades der Unterrichtssprache Deutsch im Fach Englisch hin.

[...] the language of instruction is an important factor explaining a substantial portion of the variance ($\Delta R^2 = 16\%$). Yet, given comparable levels of German proficiency between monolingual and bilinguals, almost all bilingual groups sustain or even increase their significant benefits in foreign language learning. This suggests that in the context of immigrant bilingualism, the language of instruction has specifically strong power in predicting foreign language outcomes. As the results show, a one-point increase in German language is associated with almost ten points on English achievement (Maluch et al., 2015: 83).

Einmal mehr wird deutlich, dass die Gruppe der Schüler*innen mit Migrationshintergrund in sich höchst heterogen ist und ein ebenso heterogenes Leistungsbild aufweist und dass die Reduzierung auf die Kategorie 'Schüler*in mit Migrationshintergrund' das Risiko einer Fehleinschätzung von tatsächlichen Leistungsdisparitäten birgt. Auch Keßler und Paulick (2010) warnen vor einer pauschalen Einstufung von Schüler*innen mit Migrationshintergrund als 'Risikogruppe'. Die herkunftsbezogene Analyse der Studien, sofern möglich, zeigt jedoch, dass es sehr wohl Gruppen von Schüler*innen mit Migrationshintergrund gibt, die selbst bei Kontrolle unumstritten negativer Einflussfaktoren auffallend schlecht abschneiden und im Gegensatz zu Schüler*innen anderer Herkunft keinen Nutzen aus ihrer Mehrsprachigkeit ziehen können. In der Präsentation der einzelnen Studien ist immer wieder auch auf mögliche Ursachen für die Leistungsdiskrepanzen eingegangen worden, vor allem in Bezug auf kontrollierte Hintergrundvariablen. Dabei spielen der sozioökonomische Status sowie der Bildungs-stand bzw. das kulturelle Kapital der Eltern eine vorrangige Rolle. Zweifelsohne bleibt die Anzahl der Einflussfaktoren nicht auf diese beschränkt. Der folgende Abschnitt soll daher einen Überblick über die von Diefenbach (vgl. 2002, 2008) vorgeschlagenen Kategorien zur Einordnung verschiedener diskutierter Ursachen der Leistungsdisparitäten bieten.

1.3 Eine Systematisierung von Erklärungsansätzen

Die in der Literatur vorgeschlagenen Erklärungen für bildungsbezogene Minderleistungen von Menschen mit Migrationshintergrund sind vielfältig. Zu deren perspektivischer Einordnung schlägt Diefenbach (2002, überarbeitete und erweiterte Fassung vgl. 2008) ein aus vier Hauptkategorien bestehendes Gliederungsprinzip vor: 1. die kulturell-defizitäre Erklärung; 2. die sozioökonomische bzw. humankapitaltheoretische Erklärung; 3. die Erklärung durch Merkmal der Schule oder Schulklasse; 4. die Erklärung durch Effekte des Bildungssystems bzw. durch institutionelle Diskriminierung. Für alle vier Erklärungsansätze finden sich empirische Belege, wenngleich die Ergebnisse teilweise widersprüchlich sind (vgl. Stanat, 2006).

Kulturalistisch geprägte Erklärungsmuster fokussieren Werte und Deutungsmuster auf Seiten der Migrant*innen und der Aufnahmegesellschaft. Grundlegend ist dabei der Gedanke, dass Personen mit Migrationshintergrund aufgrund ihres kulturellen Hintergrundes Defizite in Bezug auf Werte und Verhaltensweisen im Vergleich zu Personen ohne Migrationshintergrund haben, die im Bildungssystem von Nachteil sind. Dazu gehören beispielsweise Einstellungen zu Bildung im Allgemeinen und ein antiquiertes

Verständnis von Lehren und Lernen, das wiederum zu Skepsis und Ablehnung gegenüber dem deutschen Bildungssystem führt. Wenngleich kulturalistische Ansätze in der Wissenschaft herbe Kritik erfahren haben (vgl. bspw. Ramirez Rodriguez & Dohmen, 2010), greifen Lehrer*innen, wie die Interviewstudie von Weber (2005) in aller Deutlichkeit zeigt, durchaus auf solche Erklärungsmuster zurück, die stets einer besonderen Gefahr einer homogenisierenden und stereotypgeleiteten Ursachenfindung unterliegen, legen sie doch den Rückgriff auf Nationalstereotype nah. Diefenbach (2002) weist aber auch auf die US-amerikanische Debatte hin, in deren Fokus nicht herkunftskulturelle Merkmale, sondern sich im Zielland bildende Subkulturen stehen, deren Wahrnehmung begrenzter sozialer Mobilität zu einem selbst-initiierten Rückzug aus dem Bildungssystem führen kann (vgl. Diefenbach, 2002, 2008). Eine solche Wahrnehmung ist auch unter in Deutschland lebenden Migrant*innen verbreitet. Beinahe die Hälfte hat das Gefühl fehlender Chancengleichheit in Schule und Beruf sowie mangelnder Aufstiegschancen (vgl. Baier, 2010; Bertelsmann Stiftung, 2009; Skrobanek, 2007).

Sozioökonomische oder humankapitaltheoretische Erklärungen beziehen sich auf den Mangel an Ressourcen bei Migrantenfamilien in Bezug auf Bildung, finanzielle Mittel, aber auch Zeit und Aufmerksamkeit für Kinder. Die Bedeutung sozioökonomischer bzw. humankapitalbezogener Faktoren für den Bildungserfolg im Allgemeinen ist im Hinblick auf die Masse empirischer Belege nicht zu bestreiten. Dies wird auch in den zuvor präsentierten Studien deutlich. Türkischstämmige Familien sind davon außergewöhnlich stark betroffen (vgl. bspw. Stanat et al., 2010). Diefenbach (2008) weist jedoch auch darauf hin, dass der Zusammenhang zwischen ökonomischem, kulturellem Kapital und Bildungserfolg bei autochthon deutschen Kindern beträchtlich stärker ausgeprägt ist als bei Kindern mit Migrationshintergrund; in beiden Fällen ist er signifikant. In diesem Zusammenhang erwähnt Diefenbach auch Überlegungen, dass der unsichere Aufenthaltsstatus von Migrant*innen zu geringen Investitionen jeglicher Art in Bildung führe (vgl. ebd.). Ein dahingehender Ansatz kann zwar die geringeren Bildungserfolge von italienisch- und türkischstämmigen Schüler*innen der zweiten oder dritten Migrationsgeneration kaum erklären, wohl aber solche kürzlich immigrierter Personen. Diefenbach verweist zudem auf die hier bereits an anderer Stelle erwähnten hohen Bildungsaspirationen, bzw. den Bildungsoptimismus von Migrant*innen hin, die diese theoretischen Überlegungen eher unwahrscheinlich erscheinen lassen. Wahrscheinlicher hingegen mutet der Erklärungsansatz an, dass ein im Ausland erworbenes Humankapital, wie beispielsweise Bildungsabschlüsse, in Deutschland keine Anerkennung findet und folglich ungenutzt bleibt.

Als dritte Kategorie benennt Diefenbach einen bildungssystemischen Ansatz, der sowohl die Schule selbst, als auch Schulklasse und Unterricht einschließt. Trotz der offensichtlichen Bedeutung dieses Faktors bestehe hier weiterhin ein großes Forschungsdesiderat, so Diefenbach (2008). Der Fokus dieses Ansatzes liegt auf den bildungsganginhärenten Strukturen, die über den Bildungserfolg mitbestimmen. So erreichen Schüler*innen mit Migrationshintergrund im Allgemeinen höhere Schulabschlüsse, wenn sie eine Integrierte Gesamtschule besuchen, als im klassisch dreigliedrigen System. Für den Vorteil eines abschlussoffeneren Systems sprechen auch die hier zuvor diskutierten Ergebnisse von Özdemir (2006), die einen verzögert verlaufenden Englischerwerb von bilingual türkischen Schüler*innen festgestellt hat. Auch der mögliche Einfluss der ethnischen Zusammensetzung der Schulklasse ist Teil dieses Erklärungsansatzes. Die Befunde dahingehend sind allerdings nicht konsistent. Zwar gibt es beispielsweise einen linearen Zusammenhang zwischen einem Migrant*innenanteil über 40 Prozent und geringeren Leistungen an Hauptschulen, es weist jedoch einiges darauf hin, dass es sich hierbei um einen Kompositionseffekt handelt:

> Der ausgeprägte Leistungsnachteil in diesen Schulen, von dem Jugendliche mit und ohne Migrationshintergrund gleichermaßen betroffen sind, scheint allerdings nicht spezifisch an den Migrantenanteil gekoppelt zu sein, sondern mit einer mehrfachen Benachteiligung der Schülerschaft einherzugehen. Es handelt sich hierbei um Schulen, in denen viele Schülerinnen und Schüler nicht nur aus zugewanderten Familien stammen, sondern auch im Hinblick auf den sozioökonomischen Hintergrund und die kognitiven Grundfähigkeiten über wenig günstige Eingangsvoraussetzungen verfügen. Diese Aspekte der Benachteiligung sind in einem Maße konfundiert, dass sich ihre Effekte kaum voneinander trennen lassen (Stanat, 2006: 212).

Benachteiligungen durch institutionelle Diskriminierung (vgl. bspw. Diehm & Radtke, 1999; Gomolla, 2010; Gomolla & Radtke, 2003) bilden die vierte Kategorie. Inhalt der Forschung zu institutioneller Diskriminierung ist daher das organisatorische Handeln in Schulen in Verbindung mit rahmenpolitischen Vorgaben, die zu einer Ungleichbehandlung führen. Gogolin bemerkt: „Pointiert zusammengefasst lautet die Botschaft aus Pisa: das deutsche Schulsystem funktioniert meisterlich im Sortieren von Schulkindern nach Merkmalen, auf die die Schule keinen Einfluss hat. Das sind vor allem soziale Herkunft und Migrationsgeschichte" (Gogolin, 2002: 1) und verortet die Ursache für geringere Leistungen von Schüler*innen mit Migrationshintergrund damit auf einer institutionellen Ebene. Hinweise auf institutionelle Diskriminierung von Schüler*innen mit Migrationshintergrund gibt es beispielsweise bei Übergangsempfehlungen am Ende der Grundschulzeit. Es gibt zwar keine Hinweise auf einen direkten Zusammenhang zwischen Migrationshintergrund und Schulempfehlung (vgl. bspw. Kristen, 2006), allerdings spielt die Note im Fach Deutsch eine entscheidende Rolle bei der Empfehlungsentscheidung für die Sekundarstufe. Die durchschnittlich geringeren Deutschkompetenzen von Schüler*innen mit Migrationshintergrund führen somit zu häufigeren Empfehlungen für Schulformen mit niedrigeren Bildungsabschlüssen. Im Fach Mathematik zeigt sich im Übrigen kein Zusammenhang zwischen Migrationshintergrund und Zensur (vgl. Diefenbach, 2008). Als weiterer Aspekt institutioneller Diskriminierung wertet Diefenbach die Perspektive auf Herkunftssprachen von Schüler*innen, unter der einigen, insbesondere dem Türkischen, „[...] jeder Bildungswert bestritten wird" (vgl. ebd.: 234).

An dieser Stelle soll eine weitere Kategorie vorgeschlagen werden, die hier keine Beachtung findet: der sozialpsychologische Erklärungsansatz, in dem auch *Stereotype Threat* zu verorten ist. Während die Forschung im Bereich des *Stereotype Threat* in den Vereinigten Staaten eine Fülle von Studien hervorgebracht und in der Diskussion um geringere Leistungen von Afroamerikaner*innen und Menschen lateinamerikanischer Herkunft einen beträchtlichen Raum eingenommen hat, ist dessen Bedeutung in

Deutschland bisher eher marginal. Zwar wird in einigen Arbeiten zu Bildungsmisserfolgen von Migrant*innen auf das Phänomen verwiesen, dies geschieht jedoch immer mit Bezug auf Studien der 1990er Jahre aus dem US-amerikanischen Raum. Deutsche Forschung zu *Stereotype Threat* insgesamt – und vor allem im Hinblick auf Menschen mit Migrationshintergrund – ist vergleichsweise rar und erfährt in der Debatte bislang nur sehr geringe Beachtung. Dabei ist dessen situative und langfristige Wirkung von großer Bedeutung.

Diese Arbeit soll einen Beitrag dazu leisten, diese Forschungslücke zu schließen; denn auch bei Kontrolle der im wissenschaftlichen Diskurs anerkannten Faktoren bleiben Leistungsdifferenzen vorhanden. Will man diese auf ganzer Breite angehen und ihnen wirksam entgegentreten, muss auch die bislang unerklärte Varianz aufgeklärt werden. Ein besseres Verständnis der Wirkungsweise von *Stereotype Threat* auf die Schulleistungen von Schüler*innen mit Migrationshintergrund in Deutschland könnte nicht nur helfen, die Ursachen für geringe Bildungserfolge von Migrant*innen besser zu verstehen, sondern böte auch einen weiteren Ansatzpunkt zur Überwindung von Bildungsbenachteiligungen. Dabei könnten zahlreiche Schüler*innen mit Migrationshintergrund gleich doppelt von *Stereotype Threat* betroffen sein, durch den Migrationshintergrund auf der einen und einen geringen sozioökonomischen Status auf der anderen Seite, wie das folgende Kapitel zeigen soll.

1.4 Synopsis

Auf den ersten Blick scheinen die in diesem Abschnitt vorgestellten Statistiken und Leistungsstudien das stereotype Bild geringerer Kompetenzen bei Migrant*innen zu bestätigen. Die vertiefende Analyse offenbart zugleich das Problem der Stereotypisierung, die Verallgemeinerung von Eigenschaften auf eine scheinbar homogene Gruppe.

Insgesamt ist festzustellen, dass Migrant*innen in Deutschland auch fast 20 Jahre nach dem PISA-Schock geringere Bildungserfolge und geringere Bildungspartizipation vorweisen, wenngleich die Disparitäten geringer werden. Beispielsweise ist der Anteil von Migrant*innen bei unteren Bildungsabschlüssen besonders hoch. Bei höheren Abschlüssen zeigen sich deutlich geringere oder keine Unterschiede. Ein detaillierter Blick auf die Daten des Mikrozensus zeigt jedoch auf, dass die Gesamtschau der Daten ein negativ verzerrtes Bild der Realität vermittelt und dass verschiedene Variablen, wie Alter, Herkunftsland bzw. -region und sozioökonomischer Status, ausschlaggebend für Bildungspartizipation und -erfolg sind.

Der Blick auf die Schulleistungsstudien PISA und IGLU macht deutlich, dass Schüler*innen mit Migrationshintergrund nicht nur durchschnittlich niedrigere Bildungsabschlüsse erwerben, auch ihr Kompetenzerwerb ist im Vergleich zu autochthonen Schüler*innen geringer. Allerdings zeichnet sich auch hier eine große Heterogenität innerhalb der Gruppe der Schüler*innen mit Migrationshintergrund ab. Leistungsdeterminierend sind dabei vor allem die Herkunftsregion, das Geburtsland der Eltern und der Sprachgebrauch innerhalb der Familie. Generell haben die sprachlichen Kompetenzen im Deutschen maßgeblichen Einfluss auf den Kompetenzerwerb in anderen Fächern. Es ist daher unbedingt notwendig, diese Faktoren auch in dieser Studie entsprechend zu berücksichtigen.

Im Allgemeinen weniger deutlich, aber nicht weniger heterogen, zeigen sich Leistungsunterschiede im Fach Englisch. Allerdings ist die empirische Datenlage keineswegs einheitlich. Während einige Studien Schüler*innen mit Migrationshintergrund bessere Leistungen attestieren, kommen andere Untersuchungen zum gegenteiligen Ergebnis. Bedeutsam für den Bildungserfolg scheint hier vor allem die Mehrsprachigkeit in Verbindung mit der Deutschen Sprache zu sein. Es gibt deutliche Hinweise darauf, dass mehrsprachige Schüler*innen, die u.a. mit Deutsch aufgewachsen sind, tatsächlich im Vorteil sind. Dieses Ergebnis spricht für Vorteile der Mehrsprachigkeit beim Erwerb einer weiteren Sprache und ist zugleich Anzeichen für die Bedeutung des Deutschen auch beim fremdsprachlichen Kompetenzerwerb. Problematisch ist allerdings die Situation der türkisch- bzw. arabisch und ex-jugoslawisch-stämmigen Schüler*innen. Selbst bei statistischer Kontrolle des sozioökonomischen Status, die bei fast allen Herkunftsgruppen für eine Nivellierung der Leistungsdifferenzen sorgt, und der Berücksichtigung von Mehrsprachigkeit, weisen sie häufig noch statistisch signifikante Leistungsdefizite auf.

Erklärungsansätze für Leistungsdifferenzen sind vielfältig. Zur systematischen Einordnung schlägt Diefenbach (2002, 2008) vier Kategorien zur Unterscheidung in kulturalistische, sozioökonomische bzw. humankapitaltheoretische, schul- bzw. schulklassenbezogene und bildungssystemische Ansätze vor, die im Rahmen dieser Arbeit um eine fünfte, sozialpsychologische, erweitert werden sollen.

Die Betrachtung der Schulleistungsstudien hat zwar die Bedeutung der von Diefenbach systematisierten Faktoren für auftretende Leistungsunterschiede deutlich aufgezeigt – allen voran die des sozioökonomischen Hintergrunds – deutlich wird aber auch, dass weiterhin unerklärte Unterschiede existieren; *Stereotype Threat* könnte ein Faktor sein, der diese zu erklären vermag. Dessen Wirkungsweise ist Inhalt des folgenden Kapitels.

2 Stereotype Threat

Such, then is the nature of stereotype threat – not an abstract threat, not necessarily a belief or expectation about one's self, but the concrete, real-time threat of being judged and treated poorly in settings where a negative stereotype about one's group applies. (Steele, Spencer & Aronson, 2002: 385)

Aktuelle Statistiken zum Bildungserfolg von Menschen mit Migrationshintergrund in der Bundesrepublik Deutschland reflektieren diejenigen in den Vereinigten Staaten, die Claude Steele und Joshua Aronson (1995) zum Anlass nahmen, die Forschung zum *Stereotype Threat* aufzunehmen. Im Jahr 1990 lag die Quote afroamerikanischer College-abbrecher mit 70 Prozent zu 42 Prozent deutlich über der weißer Collegestudent*innen und auch die Noten der Absolvent*innen lagen bei Afroamerikaner*innen um bis zu zwei Drittel einer Note unter denen weißer Kommiliton*innen (vgl. Steele & Aronson, 1995; vgl. auch Steele, 1999). Minderleistungen dieser Art sind bei verschiedenen Minoritäten in den Vereinigten Staaten nachgewiesen worden, wie z.B. bei Afroamerikaner*innen, Lateinamerikaner*innen verschiedener Herkunft oder nordamerikanischen Ureinwohner*innen (vgl. Steele, Spencer & Aronson, 2002). Für die Bundesrepublik sind ähnliche Zustände zu konstatieren. Auch hier ist „[…] die Studienabbruchquote unter [Lehramts-]Studierenden mit Migrationshintergrund […] höher als bei anderen Studierenden" (BAMF, 2010: 103). Auch an anderer Stelle hält das Bundesministerium für Migration und Flüchtlinge fest: „Junge Menschen mit Migrationshintergrund sind im tertiären Bildungssektor deutlich unterrepräsentiert und weisen höhere Studienabbruchquoten auf" (BAMF, 2011: 6). Häufig wird der Migrationshintergrund bei Studienabbrecher*innen nur unsystematisch oder überhaupt nicht erfasst, weshalb eine verlässliche Einschätzung der tatsächlichen Zahlen allerdings nur schwer möglich ist. Der Deutsche Akademische Austauschdienst (DAAD) geht von einer Abbruchquote bei Bildungsinländer*innen von ca. 40 Prozent im Vergleich zu 25 Prozent unter allen Studierenden aus (vgl. DAAD, 2014)[9]. Dass die Abbruchquoten unter Studierenden mit Migrationshintergrund generell höher sind, steht außer Zweifel und auch deren durchschnittliche Leistungen scheinen nicht das Niveau von Studierenden ohne Migrationshintergrund zu erreichen (vgl. Rokitte, 2012; Weegen, 2010). Ein ähnliches Bild zeichnet sich auch für andere Bildungsabschlüsse ab. Insgesamt hatten im Jahr 2010 46,5 Prozent der Bevölkerung mit Migrationshintergrund keinen beruflichen Bildungsabschluss (zu 21,2 Prozent bei Personen ohne Migrationshintergrund), 33,6 Prozent verfügten über eine Berufsausbildung im dualen System (zu 52,9 Prozent) und 10,4 Prozent hatten ein universitäres Diplom (zu 13,3 Prozent) (vgl. Statistisches Bundesamt, 2015). Im Jahr 2014 waren 13,7 Prozent der Bevölkerung mit Migrationshintergrund an einer Hochschule immatrikuliert, bei Personen ohne Migrationshintergrund waren es hingegen 15,8 Prozent (vgl. Bildung in Deutschland, 2014). Die im Allgemeinen geringeren Schulerfolge

---

[9]   Problematisch ist in diesem Fall der definitorische Rahmen. Unterschieden wird zwischen Bildungsinländer*innen und –ausländer*innen, wobei die erste Gruppe alle ausländischen Studierenden mit einer in Deutschland erworbenen Hochschulberechtigung einschließt. Demnach würden Studierende mit Migrationshintergrund und deutscher Staatsangehörigkeit nicht erfasst.

© Springer Fachmedien Wiesbaden GmbH, ein Teil von Springer Nature 2019
C. Helmchen, *Stereotype Threat im Englischunterricht*,
https://doi.org/10.1007/978-3-658-27527-3_3

von Schüler*innen mit Migrationshintergrund sind spätestens seit Schulleistungsstudien wie PISA und IGLU offenbar (vgl. Kapitel 1). Es herrschen wesentliche Diskrepanzen bei Bildungspartizipation, Schulleistungen und Bildungsabschlüssen zwischen Schüler*innen mit und ohne Migrationshintergrund, wobei in der fachlichen Debatte vor allem sozioökonomischer Hintergrund, mangelnde Sprachfertigkeiten sowie der Bildungsstand der Eltern als Gründe angeführt werden (vgl. bspw. Baumert & Schümer, 2001; Baur, 2014; Gogolin, 2006a; Schnabel & Schwippert, 2000; Stanat, 2003; für einen Überblick vgl. auch Stanat, 2006). Eben diese Einflussfaktoren wurden auch in den Vereinigten Staaten lange Zeit als ausschlaggebend für ethnizitätsbezogene Unterschiede bei Bildungserfolgen betrachtet (vgl. Steele & Aronson, 1995: 798). Die Fülle an Forschungsliteratur zu ethnizitätsbezogenem Bias in standardisierten Leistungstests, wie beispielsweise dem SAT, einem universitären Aufnahme- und Einstufungstest, ließ Aronson und Steele jedoch daran zweifeln, dass diese Faktoren alleinig für die Diskrepanzen im US-amerikanischen Bildungssystem verantwortlich zu machen waren. So markiert der Beginn ihrer Forschung zu *Stereotype Threat* einen Paradigmenwechsel in der sozialpsychologischen Forschung zu Leistungsunterschieden zwischen verschiedenen sozialen Gruppen. Bereits in den 1960er Jahren hatten Forscher herausgefunden, dass die Aufhebung ethnischer Segregation die intellektuelle Performanz schwarzer Studierender beeinflusste und bezeichneten dieses Phänomen schon zu dieser Zeit als *Social Threat* (vgl. Katz, 1964).

Social threat refers to a class of social stimulus events that tend to elicit anxious expectations that others will inflict harm or pain. One may assume that novel types of contact with white strangers possess a social-threat component for members of a subordinated minority group. […]. Negro Americans are defined as a subordinated minority group, and the focus of attention is on their adjustment in schools where white age peers and teachers predominate. In situations of this type there appear to be a variety of favorable and detrimental influences on Negro performance (ebd.: 381ff.).

Katz, Roberts und Robinson beobachteten, dass afroamerikanische Studierende in einem IQ Test besser abschnitten, wenn dieser als Test der Auge-Hand-Koordination deklariert wurde und somit sein Bedrohungspotential verlor. Die Hautfarbe des Testadministrators beeinflusste zudem das Arbeitsverhalten der Probanden. Katz et al. beobachteten eine gesteigerte Effizienz bei der Testbearbeitung unter afroamerikanischen Studierenden, wenn der Testleiter weiß war (vgl. Katz, Roberts & Robinson, 1965).

Steele und Aronson führten diese Phänomene auf die mit der Ethnizität der Probanden verbundenen negativen und abwertenden kulturellen Stereotype zurück, die in der Regel weithin bekannt sind und zwar selbst Personen, die diesen Stereotypen keinen Glauben schenken. Deren weitreichende und durchdringende gesellschaftliche Verbreitung macht es beinahe unmöglich, solche Stereotype nicht zumindest zu kennen, dies gilt natürlich auch für die Angehörigen der betroffenen Gruppen. So beeinflussen sie „[…] nicht nur den Wahrnehmenden, sondern haben auch nachhaltigen Einfluss auf den Empfänger als Mitglied der stereotypisierten Gruppe" (Petersen & Six, 2008: 22). In einer Untersuchung mit stark und schwach vorurteilsbehafteten Probanden konnte

Devine nachweisen, dass kulturelle Stereotype über Afroamerikaner*innen beiden
Gruppen gleichermaßen vertraut waren (vgl. Devine, 1989: 7f.). Die Annahme, dass die
Ursachen für geringere Bildungserfolge unter Afroamerikaner*innen nicht ausschließlich in sozioökonomischen Aspekten, sozialer Marginalisierung oder anderen Hemm-
nissen zu suchen war, die Minderheiten und *low-status* Gruppen häufig betreffen, lag
nicht zuletzt auch darin begründet, dass sie diese gesellschaftlichen Widrigkeiten und
Schranken offenbar überwunden und es an ein College geschafft hatten. Steele und
Aronson bezeichnen die von Katz et al. und ähnliche zu dieser Zeit durchgeführte Experimente als erste wissenschaftliche Nachweise der Wirkung von *Stereotype Threat*
(vgl. Steele, 1999; Steele & Aronson, 1995). Als eine von vielen psychologischen Bedrohungen stört *Stereotype Threat* positive individuelle und umweltbedingte Kräfte in
ihrer Wirkung auf die Performanz von Individuen (Abbildung 2.1) (vgl. Cohen, Purdie-
Vaughns & García, 2012).

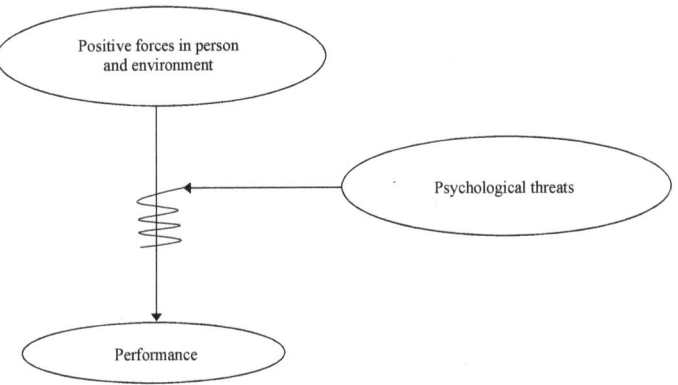

Abbildung 2.1: The interplay of psychological threat with other forces (Cohen,
Purdie-Vaughns & García, 2012: 282).

Um die Vermutung zu überprüfen, dass die Resultate von Katz et al. tatsächlich
auf die Bedrohung durch negative Stereotype zurückzuführen waren, führten sie eine
Reihe von Experimenten mit schwarzen und weißen Collegestudent*innen durch und
charakterisierten einen Test entweder als leistungsdiagnostisch mit anschließender Evaluation der Ergebnisse (Experimentalgruppe) oder als Forschungsarbeit zu psychologischen Faktoren im Rahmen von Problemlösungsprozessen (Kontrollgruppe). In der Experimentalgruppe zeigten afroamerikanische Studierende eine signifikant geringere
Leistung im Vergleich zu weißen Studierenden (Abbildung 2.2) in beiden Gruppen und
zu den schwarzen Studierenden in der Kontrollgruppe, deren Leistung sich nicht signifikant von der ihrer weißen Kommilitonen unterschied (vgl. Steele & Aronson, 1995:

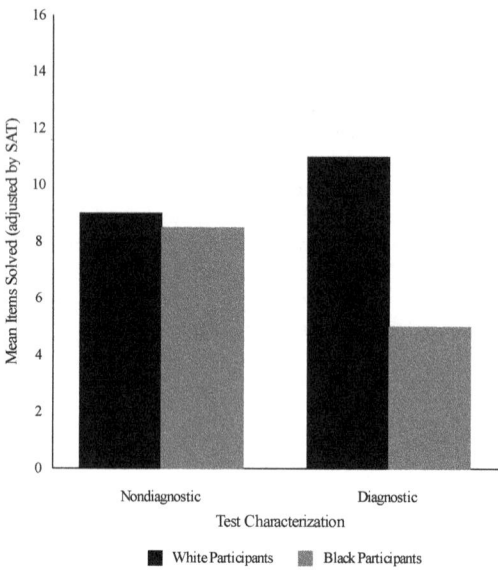

Abbildung 2.2: Testleistungen weißer und afroamerikanischer
Student*innen unter threat- bzw. no-threat-Bedingungen.
(Steele, Spencer & Aronson, 2002: 383).

799ff. bzw. 801f.). In einem weiteren Experiment konnten sie dar über hinaus nachweisen, dass die Erwartung eines leistungsdiagnostischen Tests, ethnizitätsbezogene Stereotype bei den Proband*innen aktivierte[10]. Auch hier unterschieden sich afroamerikanische Studierende in der Experimentalgruppe von weißen Studierenden oder den afroamerikanischen Proband*innen in der Kontrollgruppe und komplettierten die Wortfragmente signifikant häufiger mit stereotypkonformen Adjektiven als alle übrigen Teilnehmer*innen (vgl. ebd.: 802ff.). Im vierten Experiment konnten Steele und Aronson sogar
nachweisen, dass die bloße Angabe der Ethnizitätszugehörigkeit in einem kurzen dem
eigentlichen Test vorgeschalteten demographischen Fragebogen *Stereotype Threat* auslösen und eine signifikante Leistungsminderung bewirken kann (vgl. ebd.: 806ff.).
Steele und Aronson erweiterten mit ihrer Arbeit das Spektrum der Erklärungsmöglichkeiten für geringere Leistungen nicht nur bei afroamerikanischen Collegestudent*innen
sondern auch bei vielen anderen sozialen Gruppen, häufig Angehörige marginalisierter
Minderheiten jedweder Form, und in vielen unterschiedlichen Domänen. „In situations
where the stereotype applies, [negatively stereotyped groups] face the implication that

---

[10]   Hierzu ließen Steele und Aronson die Probanden Wortfragmente wie zum Beispiel _ _ C E (race),
        L A _ _ (lazy), _ _ A C K (black), _ _ O R (poor), _ _ _ T E (white), W E L _ _ _ _ (welfare),
        M I _ _ _ _ _ (minority), L O _ _ _ (loser), _ _ _ E R I O R (inferior) oder F L _ _ _ (flunk)
        komplettieren. Bei allen Wortfragmenten waren verschiedene Antworten möglich, wie beispiels-
        weise RICE, LAND, SUPERIOR, FLOOD etc.

anything they do or *any feature* they have that fits the stereotype makes it more plausible that they will be evaluated based on the stereotype" (Spencer, Steele & Quinn, 1999: 6; Hervorhebungen hinzugefügt). Vier Jahre nach Steele und Aronsons wegbereitender Arbeit gelang es einer Forschergruppe um Aronson und Steele, den Effekt bei Mitgliedern von üblicherweise nicht stigmatisierten Mehrheiten nachzuweisen und so eine ursprüngliche Grundannahme der *Stereotype-Threat*-Theorie zu widerlegen (vgl. Aronson et al., 1999; vgl. auch Leyens, Désert, Croizet & Darcis, 2000). Essentiell ist allerdings die von Spencer, Steele und Quinn betonte Situativität der Bedrohung. *Stereotype Threat* ist keine gruppenpsychologische Konstante, sondern tritt nur in solchen Situationen auf, in denen das betreffende Stereotyp relevant ist. Solche Situationen können beispielsweise formale Tests und Klausuren oder Partizipation im Unterricht sein (vgl. Aronson, Quinn & Spencer, 1998; Spencer, Steele & Quinn, 1999):

> Stereotype Threat, it is important to stress, is conceptualized as a situational predicament – felt in situations where one can be judged by, treated in terms of, or self-fulfill negative Stereotypes about one's group. […]. […] when a stereotype about one's group indicts an important ability, one's performance in situations where that ability can be judged comes under extra pressure – that of possibly being judged by or self-fulfilling the stereotype – and this extra pressure may interfere with performance (Spencer, Steele & Quinn, 1999: 6).

Neben der Forschung zu Effekten geschlechterbezogener Stereotype bilden ethnizitätsbezogene Stereotype das zweite große Forschungsfeld im Rahmen der *Stereotype-Threat*-Theorie. Im Fokus standen dabei zunächst vor allem Afroamerikaner*innen und deren vermeintlich geringere intellektuelle Leistungsfähigkeit (vgl. Alter et al., 2010; Aronson, Fried & Good, 2002; Blascovich, Spencer, Quinn & Steele, 2001; Roberson et al., 2003; Steele & Aronson, 1995; Thames et al., 2013). Erst später gerieten auch Menschen lateinamerikanischer Herkunft ins Blickfeld (vgl. Beilock, Rydell & McConnell, 2007; Guyll, Madon, Prieto & Scherr, 2010; Osborne, 2001; Schmader & Johns, 2003; Sherman et al., 2013), die sich in den Vereinigten Staaten mit ähnlichen Stereotypen wie Afroamerikaner*innen konfrontiert sehen. In Deutschland konnte Mok (2015) *Stereotype-Threat*-Effekte bei Schüler*innen mit türkischem Migrationshintergrund nachweisen.

Seit der Entdeckung der leistungsmindernden Wirkung von *Stereotype Threat* hat sich eine Vielzahl von Wissenschaftlern diesem Thema angenommen und das Forschungsgebiet stetig erweitert und ausdifferenziert. Allein im Zeitraum von 1995 bis 2012 wurden beinahe 400 Studien zum Thema *Stereotype Threat* durchgeführt (vgl. Murphy & Taylor, 2012). Das folgende Kapitel wird einen Überblick über die geleistete Forschung bieten, das Phänomen *Stereotype Threat* in all seinen Facetten beleuchten, mediierende sowie moderierende Faktoren benennen und Auswirkungen beschreiben. Zugleich wird hier der Weg von *Stereotype Threat* als verantwortlichem Phänomen für die Leistungsdezimierung bei afroamerikanischen Collegestudent*innen in Steele und Aronsons Experimenten hin zu einem weiter greifenden *Social Identity Threat* und dem *Multi-Threat Framework* (vgl. Shapiro & Neuberg, 2007) skizziert werden, einer

verhaltensdeterminierenden Variable, die eine Bedrohung nicht nur für die intellektuelle, sondern für Leistungsfähigkeit im Allgemeinen darstellt.

2.1 When women can't do math... and white men either

[...] poor performance due to stereotype threat can make it more likely that a student
will be assigned to remediation or held back in grade. Just as drag can prevent a car
from achieving its top speed and efficiency, psychological forces can limit the efficiency of the school system (Cohen, Purdie-Vaughns & García, 2012: 282).

Neben Afroamerikaner*innen sind wahrscheinlich Frauen die am häufigsten unter-
suchte soziale Gruppe im Bereich des *Stereotype Threat*. Dass Mädchen ‚schlecht in
Mathe' oder zumindest ‚schlechter als Jungen' sind, ‚weiß' wahrscheinlich bereits jedes
Grundschulkind. Mädchen sind dafür besser in Sprachen, Kunst oder Musik. Lag die
Frauenquote in den Studiengängen im Bereich Mathematik und Statistik in der ersten
Stufe des Tertiärbereichs in den Jahren 2006 / 2007 noch etwas unter der Hälfte (48,8
Prozent), waren es bei den Promotionen plötzlich nur noch 24,8 Prozent und bei den
Professuren gerade einmal etwas über 10 Prozent (vgl. Dieter, Schnelle & Törner, 2008;
Dieter & Törner, 2009). Die 20. Sozialerhebung des Deutschen Studentenwerks kommt
zu ähnlichen Ergebnissen (Abbildung 2.3). Auch hier zeigt sich, dass Frauen deutlich
häufiger Sprach- und Kulturwissenschaften, Sozialwissenschaften oder Pädagogik stu-
dieren als Männer, die sich wiederum öfter für ein Studium der Mathematik oder Inge-
nieurswissenschaften entscheiden.

Diese Statistiken bestätigen scheinbar den ‚wahren Kern' dieses Stereotyps. Sie
könnten allerdings auch ein Beweis für den (handlungsdeterminierenden) Einfluss von
Stereotypen und deren beständige und selbsterhaltende Natur sein. Ergebnisse aus der
Forschung zu *Stereotype Threat* sprechen für diese Annahme. Analog zu den eben genannten Statistiken ergab eine Reihe von Untersuchungen in den Vereinigten Staaten,
dass die Prüfungsleistungen von Frauen besonders in schwierigen Mathematiktests
durchschnittlich unter denen von Männern lagen. Spencer, Steele und Quinn überprüften in drei Experimenten die Hypothese, dass die Sorge von Frauen, auf Basis negativer
Stereotype beurteilt und bewertet zu werden, zu signifikant schlechteren Leistungen in
Mathematiktests führt und zwar vor allem dann, wenn es sich um einen vermeintlich
schwierigen Test handelt. Diese Besorgnis, so Spencer et al., könnte weiterreichend
dazu führen, dass Frauen sich im Mathematikunterricht unwohl oder deplatziert fühlen,
was langfristig eine sogenannte *Disidentification* bewirken kann. Gemeint ist damit eine
Abwendung von der gesamten Domäne, die auch deren Devaluation für Selbsteinschät-
zungen im Rahmen des Selbstkonzeptes bedeutet (vgl. Spencer, Steele & Quinn, 1999).
Am Experiment nahmen jeweils 28 Student*innen der Universität Michigan teil, die
zwischen einem und zwei Semestern Kurse in Infinitesimalrechnung belegt hatten und
diese mindestens mit ‚gut' abgeschlossen hatten. Zudem nahmen nur Studierende teil,
die im Mathematikteil des SAT mindestens 85 Prozent erreicht hatten. Der Test wurde
in gemischten Gruppen durchgeführt und den Teilnehmern wurde nach dem Zufalls-
prinzip ein einfacher oder schwieriger Test zugeteilt. Gemäß den Erwartungen von

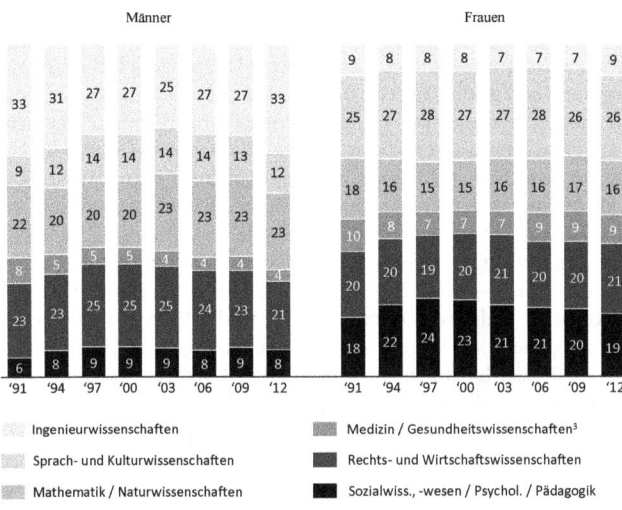

Männer   Frauen

Abbildung 2.3: Studienfachwahl von Frauen und Männern DSW / HIS 20. Sozialerhebung (Middendorff et al. 2013: 119).

Spencer, Steele und Quinn zeigten sich bei dem einfachen Test keinerlei Unterschiede. Beim schwierigen Test erzielten die Frauen jedoch signifikant schlechtere Ergebnisse als die Männer. Um auszuschließen, dass es sich um tatsächliche Fähigkeitsunterschiede handeln könnte, die nur in schwierigen Tests zutage treten, wurde ein zweites Experiment durchgeführt, in dem zwei verschiedene Gruppen von Proband*innen einen Test bearbeiten sollten, der in der Vergangenheit angeblich geschlechtsspezifische Unterschiede gezeigt oder nicht gezeigt habe (,gender-difference' vs. ,no-gender-difference'). Frauen, die geschlechtsspezifische Unterschiede erwarteten, erreichten bei dem in Wirklichkeit identischen Test tatsächlich signifikant schlechtere Resultate als Männer in beiden Gruppen und als Frauen, die solche Unterschiede nicht erwarteten; in dieser Gruppe zeigten sich keinerlei Differenzen zwischen ähnlich qualifizierten Männern und Frauen. Weiterhin blieben jedoch Zweifel offen. Spencer, Steele und Quinn hatten für die ersten beiden Experimente nur hoch qualifizierte Proband*innen ausgesucht und somit die Generalisierbarkeit der Ergebnisse infrage gestellt. Zudem wurde im zweiten Experiment direkt auf geschlechtsspezifische Unterschiede und die schlechtere Performanz von Frauen hingewiesen. Im dritten Experiment wurden die Teilnehmer deshalb nicht nach Leistung ausgewählt. Es gab wieder zwei identische Tests mit unterschiedlichen Anweisungen. Allerdings wurde in diesem Fall eine Gruppe explizit darüber informiert, dass es keine Unterschiede zwischen Männern und Frauen gäbe, während die andere Gruppe überhaupt keine Informationen erhielt. Die Ergebnisse waren vergleichbar mit denen des zweiten Experiments. Während Frauen, die glaubten, es gäbe keine Unterschiede, ähnliche Ergebnisse wie Männer erreichten, zeigten Frauen in der anderen Gruppe wiederum signifikant schlechtere Leistungen. Offenbar ist kein explizites *Priming* notwendig, um *Stereotype-Threat*-Effekte zu evozieren. Interessant an dieser Studie sind aber noch zwei weitere Beobachtungen. Zum einen scheint es, als würde eine explizite kontrastereotype Aufklärung *Stereotype-Threat*-Effekte aufheben. Zum anderen zeigte sich, dass Männer in der ‚no-gender-difference' Gruppe schlechter abschnitten als Männer in der Kontrollgruppe. Solche Effekte zeigen sich immer wieder in *Stereotype-Threat*-Experimenten. Verschiedene Erklärungsmöglichkeiten wurden hierfür in Erwägung gezogen. Vieles spricht für den sogenannten *Stereotype Lift* oder *Stereotype Boost* (vgl. bspw. Shih, Ambady, Richeson, Fujita & Gray, 2002; Shih, Pittinsky & Ho, 2012; Walton & Cohen, 2003), einen Performanzschub, ausgelöst durch einen Bezugsgruppeneffekt, vergleichbar mit einem *Big-Fish-Little-Pond-Effect* (vgl. bspw. Marsh, 1987), der Leistungszuwächse von Schüler*innen in leistungsschwachen Umfeldern durch die Möglichkeit sozialer Abwärtsvergleiche beschreibt.

Die von Spencer, Steele und Quinn (1999) durchgeführten Experimente waren der Anfang einer ganzen Forschungsreihe zu leistungsmindernden Effekten negativer Stereotype über mathematische Fähigkeiten bei Frauen (vgl. bspw. Cadinu et al. 2003; Cadinu, Maass, Rosabianca & Kiesner, 2005; Dar-Nimrod & Heine, 2006; Davies, Spencer, Quinn & Gerhardstein, 2002; Inzlicht & Kang, 2010; Johns, Schmader & Martens, 2005; Keller & Dauenheimer 2003; Osborne, 2001; Pronin, Steele & Ross, 2004; Schmader, Johns & Barquissau, 2004; Schmader & Johns, 2003; Schmader, 2002).

Keller und Dauenheimer (2003) führten eine Studie zu *Stereotype-Threat*-Effekten bei Schülerinnen mit Klassen des Jahrgangs 6 zweier Realschulen durch. Im Unterschied zu der großen Mehrheit vorangegangener Studien verzichteten sie bewusst darauf, ausschließlich Schüler*innen mit einem hohen Selbstkonzept teilnehmen zu lassen, zudem gab es keine Hinweise auf ein mögliches Feedback oder eine Note, wodurch *Stereotype-Threat*-Effekte verstärkt werden können (vgl. bspw. Roberson, Deitch, Brief & Block, 2003; Steele & Aronson, 1995). Es zeigten sich dennoch leistungsmindernde Effekte. Darüber hinaus weisen die Ergebnisse der Studie darauf hin, dass die sogenannte *Domain Identification* (vgl. Abschnitt 2.2) zwar eine moderierende Rolle für das Empfinden von *Stereotype Threat* einnimmt und dass die stärkste Ausprägung bei Personen mit einem besonders hohen bereichsspezifischen Selbstkonzept zu erwarten ist, nicht jedoch eine unabdingbare Komponente darstellt (vgl. Keller & Dauenheimer, 2003).

[…] the fact that we did not select either participants with high domain identification or participants with a special interest or ability in the field of mathematics indicates that stereotype threat seems to affect the performance not only of persons characterized by high domain identification. We suppose that the mechanisms of stereotype threat are at work as soon as a minimal degree of importance is attributed to the domain at hand, that is, when a critical limit, which appears to be of a fairly low level, is exceeded (Keller & Dauenheimer, 2003: 378).

Keller und Dauenheimer konnten mit diesem Experiment zudem nachweisen, dass *Stereotype-Threat*-Effekte auch bei Schüler*innen und in einer für die Probanden gewohnten Umgebung, also unter ‚realen' Bedingungen auftreten (vgl. auch Keller, 2007). Frühere Studien waren stets unter Laborbedingungen und in der Regel an Universitäten durchgeführt worden (kritisch dazu vgl. Cohen, Purdie-Vaughns & Garcia, 2012; Huguet & Régner, 2007; Keller, 2007). Cohen et al. (2012) weisen darauf hin, dass ‚reale' Situationen, in denen eine Vielzahl von *Signalen* miteinander konkurrieren, im Vergleich zum Labor ungleich komplexer sind. Steele, Spencer und Aronson (2002) geben ebenfalls zu Bedenken, dass im Labor erzielte Ergebnisse nicht ohne Weiteres auf ‚reale' Situationen zu übertragen sind und verweisen auf die von anderen potentiellen Bedrohungen ‚bereinigten' Settings (Steele et al., 2002: 387f.). Im Hinblick auf die Übertragung von Keller und Dauenheimers Ergebnissen auf den Schulalltag muss allerdings einschränkend festgehalten werden, dass die Schüler*innen der Experimentalgruppe vor Beginn des Tests explizit auf geschlechtsspezifische Leistungsunterschiede hingewiesen wurden, was in realen Testsituationen selbstverständlich nicht geschieht. Ob ähnliche Effekte im Klassenraum auch mithilfe subtilerer Signale evoziert werden könnten, blieb im Rahmen dieser Studie unklar. Erst Huguet und Régner (2007) erbrachten den ersten Nachweis von *Stereotype-Threat*-Effekten auf „[…] schoolgirls in quasi-ordinary classroom circumstances […]" (Huguet & Régner, 2007: 556). Sie verzichteten dabei nicht nur auf eine *a priori* Selektion besonders leistungsstarker Schülerinnen oder solcher mit einem relativ hohen mathematischen Selbstkonzept, sondern auch auf eine explizite Evokation durch Informationen über geschlechtsspezifische Unterschiede oder eine anderweitige Salientmachung des Geschlechts der Schüler*innen, wie es in anderen Studien in der Regel geschehen war. Die Bedrohungssituation wurde lediglich dadurch ausgelöst, dass die Schülerinnen dachten, es handele sich um einen mathematischen Fähigkeitstest (Experimentalgruppe) im Gegensatz zu einem Gedächtnisspiel (Kontrollgruppe). Erwartungsgemäß erbrachten die Schülerinnen der Experimentalgruppe signifikant schlechtere Leistungen im Vergleich zu Jungen. Überraschend war allerdings, dass die Mädchen der Kontrollgruppe signifikant bessere Leistungen als ihre männlichen Mitschüler zeigten (Abbildung 2.4). Über eine Erklärung für das deutlich bessere Abschneiden von Mädchen in der Kontrollgruppe kann nur spekuliert werden. Die Studie hat darüber hinaus eine weitere wichtige Erkenntnis für *Stereotype Threat* im Schulalltag erbracht. In einem zweiten Experiment variierten Huguet und Régner die Gruppenzusammensetzung und stellten fest, dass *Stereotype-Threat*-Effekte in geschlechterhomogenen Gruppen eliminiert werden konnten. Die Anwesenheit von Jungen ist als Signal anscheinend ausreichend, um *Stereotype Threat* zu evozieren. Zudem fanden sie Hinweise auf die bedrohungsreduzierende Rolle von positiven Vorbildern (vgl. Huguet & Régner, 2007: 551ff.).

Wie zu Beginn dieses Kapitels erwähnt, erbrachten Aronson et al. mit ihrer Arbeit „When white men can't do math" (1999) Belege dafür, dass *Stereotype Threat* kein Phänomen ist, dass ausschließlich stigmatisierte Minderheiten betrifft (vgl. auch Frantz et al., 2004) und unterstrichen zudem die Bedeutung situativer Signale. Gleichzeitig haben Aronson et al. mit ihrem Experiment unter Beweis gestellt, dass es nicht nur Frauen sind, deren mathematische Leistungsfähigkeit unter negativen Stereotypen leiden können. In zwei Experimenten induzierten sie *Stereotype-Threat*-Effekte nicht durch die

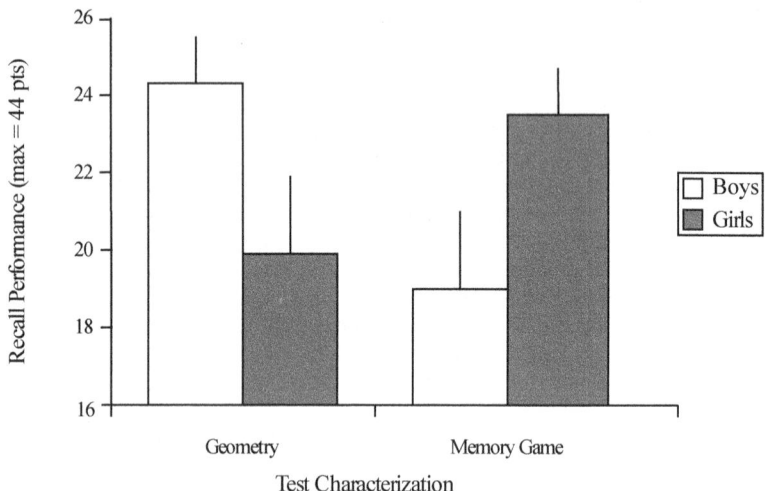

Abbildung 2.4: Performanzunterschiede (threat vs. no-threat) in einem Mathematiktest bei Mädchen und Jungen unter ‚Klassenraum-Bedingungen' (Huguet & Régner, 2007: 550).

Konfrontation mit einem negativen leistungsbezogenen Stereotyp, sondern lösten soziale Vergleiche mit einer Minderheit aus, die stereotypisch besonders hohe Fähigkeiten im Bereich der Mathematik besitzt. Dazu ließen sie weiße, männliche Collegestudenten mit hohen mathematischen Fähigkeiten vor einem Test einen Artikel über die besonderen Leistungen von Asiaten im Bereich der Mathematik lesen, in denen die wachsende akademische Kluft zwischen asiatischen und weißen Studierenden betont wurde. Der folgende Test sollte helfen, diese angebliche Überlegenheit zu verstehen. Teilnehmer in der Kontrollgruppe erhielten zwar den gleichen Test, allerdings ohne Hinweise auf die Überlegenheit asiatischer Student*innen. Tatsächlich zeigten die Probanden der Experimentalgruppe auch hier signifikant schlechtere Leistungen als die der Kontrollgruppe. Dies schien vor allem Studierende mit einer starken Identifikation mit der Domäne zu betreffen (vgl. ebd.: 35ff.). Die sogenannte *Domain Identification* (vgl. Kap. 3.2) gilt mittlerweile als bedeutende moderierende Variable für das Empfinden von *Stereotype Threat*. Aronson et al. haben mit dieser Arbeit einen wichtigen Beitrag zur Erforschung der notwendigen Bedingungen für das Erleben von *Stereotype Threat* geleistet. Dazu gehört nicht nur die Erkenntnis, dass auch nicht direkt negativ stereotypisierte Personen und somit praktisch jeder von *Stereotype-Threat*-Effekten betroffen sein kann und dass ein hohes bereichsspezifisches Selbstkonzept Einfluss auf die Ausprägung der empfundenen Bedrohung hat, da eine wichtige, die positive Selbstwahrnehmung konstituierende Eigenschaft gefährdet wird. Selbst bei Kindern im Alter von fünf Jahren hat man bereits *Stereotype-Threat*-Effekte nachweisen können (Ambady, Shih, Kim & Pittinsky, 2001).

Während die Forschung zu *Stereotype Threat* anfangs beinahe ausschließlich auf intellektuelle Leistungen von Afroamerikaner*innen und mathematische Fähigkeiten von Frauen ausgerichtet war, differenzierte sich das Forschungsfeld ab den späten 1990er Jahren deutlich. Nach wie vor standen allerdings vor allem geschlechter- und ethnizitätsbezogene Stereotype im Fokus der Forschung. Dies hat sich bis heute nicht geändert. Auf der Ebene der Domänen ist jedoch mittlerweile eine große Vielfalt der Forschungsrichtungen zu konstatieren. Im Hinblick auf die hier vorgestellten Studien und den gesamten Korpus der Forschungsliteratur zu *Stereotype Threat* ist es sicherlich angemessen, von einem *Gender Identity Threat* zu sprechen. Das Geschlecht ist eine der in der Personenwahrnehmung am häufigsten genutzten Kategorien mit einer Fülle von stereotypen Assoziationen. Entsprechend ließen sich *Stereotype-Threat*-Effekte bei Frauen auch in anderen Domänen, wie zum Beispiel beim Autofahren und Einparken (Derks, Scheepers, Van Laar & Ellemers, 2011; Yeung & von Hippel, 2008), bei Kaufentscheidungen (Lee, Kim & Vohs, 2011) und Entscheidungsfindungsprozessen (Carr & Steele, 2010), bei der Bedienung von Computern (Koch, Müller & Sieverding, 2008), bei Politikwissen (McGlone, Aronson & Kobrynowicz, 2006) oder im Konkurrenzverhalten (Günther, Ekinci, Schwieren & Strobel, 2010) nachweisen. Arbeiten zu geschlechtsbedingten *Stereotype-Threat*-Effekten bei Männern sind hingegen relativ rar, hier ist nach wie vor großer Forschungsbedarf zu konstatieren. Leistungsmindernde Effekte in ‚typisch weiblichen' Domänen, wie Sprach- und Kulturwissenschaften, Sozialwissenschaften und Pädagogik (Abbildung 2.3) wären mit relativ hoher Wahrscheinlichkeit zu erwarten. Nachgewiesen ist deren Wirkung auf die soziale Sensitivität von Männern (Koenig & Eagly, 2005) und die Verarbeitung affektiver Informationen (Leyens et al., 2000). Hartley und Sutton (2013) konnten bei Jungen im Alter von vier bis zehn Jahren leistungsmindernde Effekte im Lesen, Schreiben und in Mathematik nachweisen, wenn sie mit dem Stereotyp konfrontiert wurden, dass Mädchen in der Schule generell besser seien. Eine Studie von Pansu et al. (2016) zeigt ebenfalls leistungsmindernde *Stereotype-Threat*-Effekte auf die Leseleistung von männlichen Grundschülern. Eckert (2012) konnte bei Jungen der Sekundarstufe I hingegen keine negativen Auswirkungen auf die Leseleistung feststellen (vgl. auch Eckert & Imhof, 2013).

Wenngleich das Forschungsaufkommen abseits von geschlechter- oder ethnizitätsbedingten *Stereotype-Threat*-Effekten äußerst gering ist, haben Arbeiten gezeigt, dass sich das Phänomen auch auf andere soziale Gruppen übertragen lässt. Rahhal, Hasher und Colcombe (2001) haben *Stereotype-Threat*-Effekte auf das Erinnerungsvermögen bei alten Menschen nachgewiesen (vgl. auch Barber & Mather, 2013; Hess, Auman, Colcombe & Rahhal, 2003; Mazerolle et al., 2012). Ebenso konnten negative Auswirkungen auf das Hörvermögen (Barber & Lee, 2015) sowie den Umgang mit Computern (Ivan & Schiau, 2016) dokumentiert werden. Croizet und Claire (1998) beobachteten in einer als Intelligenztest charakterisierten Prüfung *Stereotype-Threat*-Effekte aufgrund von geringem sozioökonomischem Status (vgl. auch Croizet & Millet, 2012). Studien von Good, Aronson und Inzlicht (2003) sowie Mezzapesa (1999, zit. in Maass & Cadinu, 2003) bestätigen dieses Ergebnis. Für die vorliegende Arbeit sind beide Studien insofern von besonderer Bedeutung, als Schüler*innen mit Migrationshintergrund überdurchschnittlich häufig einen geringen sozioökonomischen Status besitzen (vgl. Statistisches Bundesamt, 2015; Bildungsbericht, 2016) und viele infolgedessen einem zweifachen *Stereotype Threat* ausgesetzt sind.

Mit der schnell expandierenden Anzahl an Forschungsarbeiten auf dem Gebiet des *Stereotype Threat* wuchs auch die Erkenntnis, dass die Bedrohung durch Stereotype nur eine von vielen Formen eines übergeordneten Phänomens der Bedrohung ist, die die soziale Identität von Individuen betrifft. *Social Identity Threat* (vgl. Branscombe, Schmitt & Harvey, 1999; Steele, Spencer & Aronson, 2002) erweitert die Perspektive auf die soziale Gruppe und beschreibt die Besorgnis von Individuen, mitsamt der Eigengruppe herabgewertet zu werden. Dem *Social Identity Threat* liegt ein zentraler Aspekt der Stereotypisierung zugrunde: „[…] [A]s an intergroup phenomenon, stereotyping arises from a depersonalizing shift in the level of abstraction of self-categorization such that both the self *and other people* are perceived as group members" (Oakes, Haslam & Turner, 1994: 141f.; Hervorhebungen im Original). Der Terminus hebt zudem die Bedeutung der sozialen Identität hervor. Da jede Person multiple soziale Identitäten besitzt, kann deren situative Salienz und Relevanz zu Bedrohungen unterschiedlicher Art auf verschiedenen Gebieten führen. Zentraler Aspekt des *Social Identity Threat* ist die geringere Abhängigkeit von stereotyprelevanten Signalen. „It can be aroused by any cue relevant to the evaluative jeopardy of people with a given social identity" (Steele, Spencer & Aronson, 2002: 419). Zu diesen Signalen, die die Zugehörigkeit zu einer bestimmten sozialen Gruppe salient machen, gehört beispielsweise der Minoritäten-Status einer Gruppe, der für deren Bewertung in einer Situation relevant ist, die exklusive kulturelle Zentriertheit einer Situation (z.B. der überwiegende Anteil von Männern in Informatikvorlesungen), Organisationsstrukturen, in denen bestimmte soziale Gruppen bestimmte Positionen einnehmen, intransparente oder subjektive Bewertungskriterien, bei denen Mitglieder traditionell ungleich behandelter Gruppen Sorge vor Befangenheit haben, und dergleichen mehr. Die Bedrohung richtet sich in diesem Fall gegen die Gruppe im Ganzen und bedarf keiner individuellen Bedrohung mit Referenz zu einem bestimmten negativen Stereotyp zur Evokation von Leistungsdekrementen. Ein Beispiel sind solche Experimente im Rahmen der *Stereotype-Threat*-Forschung, bei denen leistungsmindernde Effekte durch die Gruppenzusammensetzung evoziert oder eliminiert wurden (vgl. bspw. Huguet & Régner, 2007; Inzlicht & Ben-Zeev, 2000, 2003, Sekaquaptewa & Thompson, 2002, 2003). Cohen und García (2005) sprechen von einer ‚kollektiven Bedrohung' und konnten nachweisen, dass die potentiell schlechte Performanz eines Mitgliedes der Eigengruppe in einem Test zu einem kollektiv geringeren Selbstwertgefühl und zu einer Leistungsminderung unter Afroamerikaner*innen (vgl. ebd.: 569ff.) und Frauen (vgl. ebd.: 577ff.) führt. Zudem konnten Cohen und García Effekte in Bezug auf Selbststereotypisierung, Stereotypaktivierung und physische Distanz zum betreffenden Gruppenmitglied beobachten. Die Ergebnisse der Studie geben darüber hinaus Hinweise auf die Rolle der *Ingroup Identification* für den Umgang mit der Bedrohung (vgl. auch Ellemers, Spears & Doosje, 1997; Spears, Doosje & Ellemers, 1997). Weitere Studien stützen die Befunde von Cohen und García in vielerlei Hinsicht (vgl. Inzlicht & Kang, 2010; Logel et al., 2009; Maass, Cadinu, Guarnieri & Grasselli, 2003; Scheepers & Ellemers, 2005; Sherman et al., 2013; White & Argo, 2009).

In diesem sowie im vorangegangenen Kapitel ist mehrfach auf moderierende und mediierende Variablen hingewiesen worden. Im Verlauf von zwanzig Jahren Forschung im Bereich des *Stereotype Threat* wurden verschiedene external-situative und individuelle Faktoren identifiziert, deren Ausprägungen das Ausmaß der individuell erlebten

Bedrohung erheblich beeinflusst. Zudem sind verschiedene Hypothesen aufgestellt und überprüft worden, wodurch die Leistungsminderung letztlich hervorgerufen wird. Diese moderierenden und mediierenden Faktoren werden in den folgenden Abschnitten umfassend dargestellt werden, um ein tiefergehendes Verständnis des *Stereotype-Threat*-Prozesses (Abbildung 2.5) zu ermöglichen. Zuvor werden jedoch die zentralen Aspekte der *Stereotype-Threat*-Theorie an dieser Stelle noch einmal zusammengefasst werden (vgl. auch Steele, Spencer & Aronson, 2002: 398ff.):

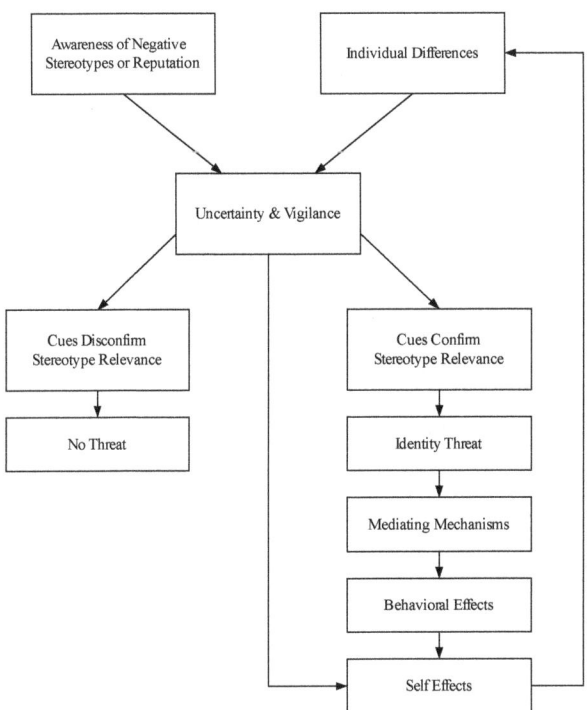

Abbildung 2.5: The Process of social identity threat.
(Aronson & McGlone, 2009: 158).

- *Stereotype Threat* beschreibt die Sorge, ein Stereotyp durch stereotypkonformes Verhalten ungewollt zu bestätigen oder auf Basis eines situativ relevanten, negativen Stereotyps über die Eigengruppe bewertet oder behandelt zu werden.
- *Stereotype Threat* ist vor allem eine situative Bedrohung. Es wird durch situative Signale in der Umgebung ausgelöst, die ein bestimmtes Stereotyp über die Eigengruppe für die Interpretation des eigenen Verhaltens durch andere relevant machen.

- *Stereotype Threat* stellt Bedrohung für alle dar. Jeder kann unter bestimmten situativen Umständen Objekt der Bedrohung werden, da jede Person multiple soziale Identitäten besitzt, über die auch negative Stereotype existieren. Männer, Frauen, Deutsche, Türken, Alte, Junge, Christen, Muslime, Ärzte, Hausfrauen etc.
- Die Bedrohung ist abhängig vom Inhalt des Stereotyps. Eine Frau beispielsweise fühlt *Stereotype Threat* in einer Mathematikvorlesung oder beim Autofahren, nicht aber in einem Französischkurs; ein alter Mensch bei einem Memory Spiel, in dem Kinder wiederum nicht davon beeinflusst werden.
- *Stereotype Threat* ist eine Form des umfassenderen *Social Identity Threat*, dem Gefühl, dass die gesamte Eigengruppe auf Basis eines negativen Stereotyps bewertet wird oder werden könnte. *Stereotype Threat* bezieht sich auf die eigene Person, *Social Identity Threat* bezieht sich auf die gesamte Eigengruppe, bedarf geringerer Signale, führt aber ebenso zu individuellen Leistungsdekrementen.

2.2 Moderierende Faktoren – die Rolle individueller Unterschiede

Selbst wenn ausnahmslos jeder die situativen Auswirkungen von *Stereotype Threat* verspüren kann, gibt es doch eine relativ große Anzahl von Variablen, welche die Wahrscheinlichkeit dafür erhöhen oder vermindern und die Stärke der erlebten Bedrohung variieren lassen. Dazu gehören sowohl individuell persönliche, als auch externe Faktoren. Einige dieser Faktoren gelten mittlerweile als unverzichtbare Grundvoraussetzungen für das Erleben von *Stereotype Threat*.

Schon zu Beginn ihrer Arbeit nahmen Steele und Aronson an, dass *Domain Identification, d.h.* eine hohe Identifikation mit der von den negativen Stereotypen betroffenen Domäne, eine wichtige Einflussgröße für die Ausprägung von *Stereotype Threat* darstellt.

The strength of the stereotype threat should depend on how much the person identifies with the domain of activity to which the stereotype applies. The term "identification" refers here to the degree to which one's self-regard, or some component of it, depends on the outcomes one experiences in the domain (Steele, Spencer & Aronson, 2002: 390).

Die Erklärung dafür ist simpel und einleuchtend: Je wichtiger eine bestimmte Domäne für das Selbst(-bild) ist, desto höher ist die empfundene Bedrohung, wenn Fähigkeiten auf diesem Gebiet infrage gestellt werden. In der sogenannten *Vanguard Hypothesis* (Steele, 1997, 1999; Steele et al., 2002) postulierten Steele und Aronson, dass Personen, die an der Leistungsspitze einer Domäne stehen, in besonders hohem Maße von *Stereotype Threat* betroffen sind. Die zunächst von ihnen angenommene Differenzierung zwischen *Vanguard* und *Rearguard*, d.h. zwischen hoch und niedrig identifizierten Individuen, konnte in ihrer strikten Dichotomie der Realität, in der Identifikation und Leistung entlang eines Kontinuums verlaufen, jedoch nicht gerecht werden. „Rather than falling into distinct types [vanguard vs. rearguard], stereotype-threatened students probably fall along a continuum varying from identification to disidentification with, along most of the continuum, intermittent episodes of disengagement and reengagement" (Steele et al., 2002: 414). Die Ergebnisse der Studie von Keller und Dauenheimer (2003) sowie Croizet und Claire (1998) zeigen zwar, dass eine hohe *Domain Identification* keinesfalls notwendig für das Empfinden von *Stereotype Threat* ist, eine umfangreiche empirische Datenlage lässt jedoch kaum Zweifel daran, dass eine hohe *Domain Identification* ein Faktor ist, der Individuen besonders anfällig für *Stereotype Threat* macht und sich verstärkend auf die empfundene Bedrohung auswirkt (vgl. bspw. Aronson et al., 1999; Cadinu et al., 2003; Leyens, Desert, Croizet, & Darcis, 2000; Osborne & Walker, 2006; Smith & White, 2001; Spencer et al., 1999, Stone et al., 1999). Steele, Spencer und Aronson (2002) nehmen deshalb auch an, dass bei domänenspezifisch negativ stereotypisierten Personen mit hoher *Domain Identification* ein größerer Teil des Leistungsdefizits auf *Stereotype Threat* zurückzuführen ist, als es bei Personen mit geringerer Identifikation der Fall ist. Das in der *Social Identity Theory* postulierte Bedürfnis nach einem positiven Selbstkonzept ist deshalb von großer Bedeutung für das Empfinden von *Stereotype Threat.*

[...] [I]n theory, stereotype threat derives its power from a motive common to all individuals, regardless of their race, gender, socioeconomic status, age, and so on—the motive to sustain a self-image of goodness or competence and of being able to secure important outcomes (Aronson et al., 1999: 31).

Personen mit einem hohen bereichsspezifischen Selbstkonzept (vgl. Shavelson, Hubner & Stanton, 1976) geraten unter *Stereotype Threat* im Bemühen, das positive Selbstbild nach innen und außen stabil zu halten, unter besonderen Druck. Personen mit einem niedrigen bereichsspezifischen Selbstkonzept verspüren diesen Druck entsprechend weniger oder gar nicht, da die Leistung in einem bestimmten Bereich relativ irrelevant für die Genese und Wahrung eines positiven Selbstbilds ist. Eine Art domänenspezifische ‚Immunität' gegenüber *Stereotype Threat* entsteht dadurch jedoch nicht. Eine Studie von Keller (2007) gibt Anlass zur Vermutung, dass die moderierende Wirkung der *Domain Identification* teilweise vom Schwierigkeitsgrad eines Tests abhängig ist. „On difficult items, low identifiers showed higher performance under threat (vs. no threat) whereas the reverse was true in high identifiers. This interaction effect did not emerge on easy items" (Keller, 2007: 323).

Als ein weiterer Faktor, der über Empfänglichkeit für und Ausprägung von *Stereotype-Threat*-Effekten bestimmt, gilt die sogenannte *Ingroup Identification*. Eine der zentralen Aussagen der *Social Identity Theory* (vgl. Tajfel, 1974; Tajfel & Turner, 1979) ist, dass sich die soziale Identität von Individuen mithilfe von Vergleichen der Eigengruppe mit relevanten Fremdgruppen und der Beurteilung von Mitgliedschaften in verschiedenen Gruppen generiert. Die Bedeutung, die der Mitgliedschaft in einer sozialen Gruppe bei der Identitätgenese zukommt, scheint jedoch individuell zu variieren. Anzeichen dafür finden sich beispielsweise bei stigmatisierten Minderheiten wie Afroamerikaner*innen und Amerikaner*innen mexikanischer Herkunft in Bezug auf die ethnizitätsbezogene Identität (vgl. Phinney & Devich-Navarro, 1997) oder bei Frauen in Bezug auf deren Gender Identität (Burn, Aboud & Moyles, 2000). Analog zur Bedeutung der *Domain Identification* als Moderator von *Stereotype-Threat*-Effekten konnte Schmader (2002) nachweisen, dass Frauen mit besonders starker *Ingroup Identification* stärker von *Stereotype Threat* betroffen sind als Frauen mit geringer Identifikation (vgl. auch Wout, Danso, Jackson & Spencer, 2008). Der Erklärungsansatz ist identisch. Bei Individuen mit hoher *Ingroup Identification* wird ein bedeutender Teil des Selbstbilds bedroht. Das Bedürfnis ein positives Selbstbild zu erhalten, setzt sie einem besonderen Druck aus, der *Stereotype-Threat*-Effekte verstärkt.

One implication of individual differences in group identification is that individuals who consider a given group membership to be an important source of identity should have a stronger motivation to a positive image of that identity and thus should experience greater threat at the suggestion that their in-group is somehow inferior to other groups (Schmader, 2002: 196).

Erwartungsgemäß zeigten Probandinnen mit hoher *Ingroup Identification* Leistungsdekremente, wenn deren soziale Identität relevant für die Bewertung erschien, während bei Probandinnen mit niedriger *Ingroup Identification* keine Auswirkungen auf die Leistung zu beobachten waren. Konsistent mit Annahmen im Rahmen des *Social Identitiy Threat* geht Schmader (2002) davon aus, dass die Leistungsdekremente der sogenannten *High Identifiers* auf die Besorgnis zurückzuführen sind, das negative Stereotyp repräsentativ für die Eigengruppe zu bestätigen. Davis, Aronson und Salinas (2006) haben solche Effekte auch unter Afroamerikaner*innen mit stark ausgeprägter ethnizitätsbezogener Identität (*Racial Identity*) nachweisen können. Wie bereits erwähnt, fanden Spears, Doosje und Ellemers (1997) Hinweise darauf, dass *High Identifiers* deutlich stärker zu Selbststereotypisierung neigen, d.h. sich als repräsentativ bzw. typisch für die Eigengruppe zu empfinden und damit auch negative Stereotype für das Selbst zu akzeptieren, als *Low Identifiers*. In Bedrohungssituationen verstärkt sich dieser Effekt sogar noch. Die Ergebnisse ihrer Studie zeigen zudem, dass *Low Identifiers* im Angesicht eines *Social Identity Threat* eher bereit sind, sich von der negativ evaluierten Eigengruppe zu distanzieren oder die Mitgliedschaft situativ ,aufzugeben', während *High Identifiers* trotz negativer Konsequenzen für das Selbstbild eine unverändert hohe *Ingroup Identification* aufrechterhalten (vgl. auch Ellemers, Spears & Doosje, 1997). Erschwerend kommt hinzu, dass *Stereotype Threat* nicht nur die Aktivierung des *Collective Self*, i.e. Selbst als Gruppenmitglied (vgl. bspw. Brewer & Gardner, 1996), begünstigt, sondern auch, dass dieses ,Wir-Gefühl' sich auf die negativ stereotypisierte soziale Gruppe fokussiert und nicht auf Mitgliedschaften in anderen für das Individuum bedeutsamen sozialen Gruppen (vgl. Marx, Stapel & Muller, 2005). Oyserman, Harrison und Bybee (2001) postulieren hingegen, dass eine hohe *Ingroup Identification Stereotype-Threat*-Effekte abmildern kann, allerdings nur im Falle einer positiven Einstellung zur eigenen ethnischen Identität. Unabhängig davon, ob sich *Ingroup Identification* verstärkend oder mildernd auf *Stereotype-Threat*-Effekte auswirkt, ist ihre bedeutende moderierende Rolle unbestritten (vgl. bspw. Aronson & McGlone, 2009; Cadinu, Maass, Lombardo & Frigerio, 2005; Schmader, Johns, & Forbes, 2008; Steele, Spencer & Aronson, 2002).

Nicht nur die Identifikation mit einer Domäne, sondern auch die Zuschreibung von Erfolg und Misserfolg innerhalb einer Domäne auf die eigene Person oder andere scheint über die Empfänglichkeit für *Stereotype-Threat*-Effekte zu bestimmen. Als Basis für diese Annahme dient die *Locus of Control*-Theorie. Ausgehend von der Annahme, dass eine hohe *Domain Identification* einen bedeutenden Moderator von *Stereotype-Threat*-Effekten darstellt, vermuteten Cadinu, Maass, Lombardo und Frigerio (2006), dass Individuen mit internen Kontrollüberzeugungen besonders anfällig für *Stereotype-Threat*-Effekte sind, da sie als „[…] highly motivated and good academic performers […]" (Cadinu et al., 2006: 185) gelten. Rotter definiert das *Locus of Control*-Konstrukt folgendermaßen:

[…] [T]he degree to which the individual perceives that the reward follows from, or is contingent upon, his own behavior or attributes [internal locus of control] versus the degree to which he feels the reward is controlled by forces outside of himself and may occur independently of his own actions [external locus of control] (Rotter, 1966: 1).

Der *Locus of Control*-Theorie zufolge unterscheiden sich Individuen hinsichtlich ihrer Attribuierungsmuster von Ereignissen in ihrer Umwelt auf eigenes Verhalten. Dies gilt auch für Erfolg oder Misserfolg in der Bildung. Während Individuen mit internem *Locus of Control* Erfolge und Misserfolge bei einem Test beispielsweise auf eigene Anstrengung zurückführen, neigen Individuen mit externem *Locus of Control* eher dazu, die Verantwortung zum Beispiel bei dem Test selbst oder der bewertenden Person zu sehen. Cadinu et al. konnten nachweisen, dass Individuen mit internem *Locus of Control* anfälliger für *Stereotype-Threat*-Effekte waren als solche mit externen Kontrollüberzeugungen (vgl. auch Cadinu et al., 2003). Auf welche mediierenden Faktoren die Leistungsminderung bei Personen mit internen Kontrollüberzeugungen zurückzuführen ist, konnten Cadinu et al. allerdings nicht klären. Sie vermuten, dass eine übertriebene Bemühung („*over-trying*", Cadinu et al., 2006: 194) oder ein Verantwortungsgefühl in Bezug auf die eigene Leistung und der daraus entstehende Druck die Gründe sein könnten (vgl. Cadinu et al. 2006; Maass & Cadinu, 2003). Gleichwohl wurde bislang keine dieser Vermutungen empirisch untersucht.

Früh stellte sich die Frage, ob Individuen in gewisser Weise an das entsprechende Stereotyp glauben müssten (*Stereotype Endorsement*), um von *Stereotype Threat* betroffen zu sein. Bis heute ist nicht abschließend geklärt, welche Rolle *Stereotype Endorsement* tatsächlich spielt. Empirische Forschungsergebnisse wie die von Aronson et al. (1999) oder Leyens et al. (2000) haben gezeigt, dass *Stereotype Threat* nicht nur Mitglieder von Minderheiten mit einer langen Geschichte sozialer Stigmatisierung betrifft. Zu Beginn der Forschung auf dem Gebiet galt die Internalisierung oder die Akzeptanz relevanter Stereotype als nicht erforderlich, sogar das Gegenteil wurde angenommen.

From our perspective, targets need not see the stereotype as valid in order to experience stereotype threat. […]. […] stereotype threat is likely to have the strongest effects among those who are least likely to internalize or accept the stereotype (Aronson, Quinn & Spencer, 1998: 86f.).

Neuere Daten (Keller & Bless, 2005; Schmader, Johns & Barquissau, 2004) zeigen jedoch, dass die Annahme in dieser Form nicht haltbar ist. Wenngleich keine lange Internalisierung des Stereotyps notwendig zu sein scheint, geben diese Studien Anlass zu der Vermutung, dass die Akzeptanz des Stereotyps in Form einer Selbststereotypisierung zumindest moderierend auf das Empfinden von *Stereotype Threat* wirkt. Keller (2008) kommt zu dem Schluss, dass „[...] ein gewisses Mindestmaß des Glaubens an das betreffende Stereotyp erforderlich ist, damit eine Leistungsminderung eintritt" (Keller, 2008: 89). Massey, Charles, Lundy und Fischer (2003) haben in einer Langzeitstudie mit mehr als 4000 Studienanfängern nachgewiesen, dass afroamerikanische und lateinamerikastämmige Teilnehmer*innen, weniger hart arbeiteten und geringere Noten bekamen, je mehr sie an die entsprechenden Stereotype glaubten (vgl. auch Massey & Fischer, 2005). Galdi, Cadinu und Tomasetto (2014) konnten in einer Studie mit 240 Grundschülern zwar keine Anzeichen für *Stereotype Endorsement* finden, Mädchen zeigten jedoch automatische stereotypkonforme Assoziationen in Bezug auf Mathematik, die Leistungsdekremente auslösten.

Neben der moderierenden Wirkung von Kenntnis und Akzeptanz gilt auch das Ausmaß der Überzeugung eines Individuums, dass negative Stereotype einen Einfluss auf ihr Leben und die Interaktion mit anderen haben, die sogenannte *Stigma Consciousness*, als bedeutender Faktor. Ausgehend von der Erkenntnis, dass Unterschiede in der Sensibilität von Individuen gegenüber Anzeichen von Rassismus oder Sexismus existieren (vgl. Pinel, 1999) haben Brown und Pinel (2003) im Rahmen einer Studie nachgewiesen, dass Frauen mit einem hohen Grad an *Stigma Consciousness* signifikant schlechtere Leistungen unter *Stereotype Threat* zeigen als Frauen mit einem niedrigen Stigmabewusstsein. Zudem scheinen *Stigma Consciousness* und *Ingroup Identification* positiv zu korrelieren. Brown und Blair (2002, zit. in Brown & Pinel, 2003) kommen in einer Studie mit mehr als 400 Teilnehmerinnen ebenfalls zu diesem Ergebnis. Ob ein direkter kausaler Zusammenhang zwischen *Stigma Consciousness* und *Ingroup Identification* besteht und welcher Natur dieser ist, geht aus Brown und Pinels Arbeit jedoch nicht hervor. Aronson und Inzlicht (2004) haben die Hypothese überprüft, dass die Sensibilität gegenüber negativen Stereotypen und die Erwartungstendenz auf Basis dieser behandelt zu werden, die Entwicklung eines stabilen akademischen Selbstkonzepts behindert (vgl. auch Massey et al., 2003). In der Tat zeigten stigmabewusste Probanden geringere Fähigkeiten zur Selbsteinschätzung (Aronson & Inzlicht, 2004: 831f.) und ein generell fragileres leistungsbezogenes Selbstvertrauen (ebd.: 832ff.). Das Ergebnis des zweiten Experiments führen Aronson und Inzlicht auf eine höhere Sensibilität gegenüber Feedback, sowohl positiv als auch negativ, zurück. In Zusammenhang mit der Forschung zu Auswirkungen des Stigmabewusstseins haben Inzlicht, McKay und Aronson (2006) Hinweise darauf gefunden, dass die Erwartung auf Basis von Stereotypen wahrgenommen und behandelt zu werden, zu einer verminderten Handlungskontrolle führt. In Situationen, in denen das Stigma relevant wird und eine Bedrohung darstellt (z.B. *Stereotype Threat*), führt eine erhöhte kognitive Belastung durch Selbstregulation zu *Ego Depletion* oder *Resource Depletion,* einem kognitiven Erschöpfungszustand (für eine genaue Definition vgl. bspw. Inzlicht & Schmeichel, 2012). Die Bemühungen stigmabewusster Individuen, das eigene Verhalten zu kontrollieren (*Impression Management*), indem sie sich beispielsweise kontrastereotypisch verhalten, nehme kognitive Kapazitäten in Anspruch, die dann nicht mehr für aufgabenbezogene Denkprozesse zur Verfügung stehen. Inzlicht et al. haben zwar keine Verbindung zu Leistungsdekrementen unter *Stereotype Threat* überprüft, Forschung zu Auswirkungen von *Ego Depletion* auf Testleistungen (vgl. bspw. Schmeichel, Vohs & Baumeister, 2003) und *Stereotype Threat* mediierenden Effekten legt einen Zusammenhang jedoch nahe (vgl. *Divided-Attention Hypothesis*, Abschnitt 2.3). Es gibt jedoch auch Befunde, die darauf hindeuten, dass sich eine stark ausgeprägte Selbstkontrolle positiv auf den Umgang mit *Stereotype Threat* auswirken kann. So wirkt sie sich durch Leistungssteigerung moderierend auf *Stereotype-Threat*-Effekte aus (vgl. Inzlicht, Aronson, Good & McKay, 2006).

Die hier aufgeführten Faktoren machen deutlich, dass *Stereotype Threat* ein äußerst komplexes Phänomen ist, dessen Auftreten und Ausprägung von einer Vielzahl individueller Variablen abhängig ist. Trotz umfangreicher internationaler Forschung auf diesem Gebiet existieren jedoch noch immer Faktoren, deren Einfluss und Wirkungsweise weiterer Klärung bedürfen. Dazu zählt beispielsweise der Grad der *Akkulturation* bei Individuen mit Migrationshintergrund (vgl. Rosencrantz, 1994 zit. in Davis, Aronson & Salinas, 2006). Deaux et al. (2007) haben zum Beispiel Unterschiede in der Ausprägung von *Stereotype Threat* bei karibischen Migrant*innen erster und zweiter Generation beobachtet. Nicht zuletzt weisen auch die Ergebnisse von Inzlicht et al. (2006) darauf hin, dass habituell stigmatisierte Gruppen mit der Zeit Strategien entwickeln, mit negativen Stereotypen umzugehen und sie zu verarbeiten. Auch Steele, Spencer und Aronson bemerken:

Some groups have considerable experience dealing with negative stereotypes about them [...] as a result, they may have evolved rather effective individual and collective strategies for deflecting this threat [...] in contrast, other groups may not have evoked such strategies, or any collective capacity to use them, so that among their members, those who identify more with the group gain a bit more susceptibility to the negative stereotype without gaining much on the way of defenses to combat it (Steele et al., 2002: 396).

Es sind jedoch nicht nur individuelle Faktoren, die eine auslösende oder moderierende Rolle einnehmen. *Task Difficulty*, das Schwierigkeitsniveau eines Tests, und *Test Diagnosticity*, die Erwartung einer Bewertung, gelten als grundlegende Voraussetzung für die Evokation von *Stereotype-Threat*-Effekten. Es herrscht im Allgemeinen Einigkeit darüber, dass ein Test an die Leistungsgrenze von Personen heranreichen oder diese überschreiten muss, um *Stereotype Threat* auszulösen. Einen empirischen Nachweis für die moderierende Rolle des Schwierigkeitsgrades erbrachten beispielsweise Neuville und Croizet (2007). Wahrscheinlich werden fähigkeitsbezogene Stereotype vor allem dann aktiviert, wenn ein Test besonders anspruchsvoll erscheint. Nicht ohne Grund werden im Rahmen von Experimenten auf diesem Gebiet in der Regel besonders anspruchsvolle Tests verwandt.

Short of a task being overwhelmingly difficult, stereotype threat effects have consistently been greatest for more difficult tasks. [...]. [W]e have striven to make the tests in all of our ST research difficult and frustrating. [...]. We assume that the stereotype not even come to mind on easier tests, or if it does, one's good performance can refute its relevance (Steele et al., 2002: 391f.).

Steele et al. geben zu bedenken, dass reale Prüfungen wie Abschlussklausuren, Eingangstests oder Eignungsprüfungen ebenfalls einen in der Regel hohen Schwierigkeitsgrad haben. Ein die persönlichen Fähigkeiten exorbitant übersteigender Schwierigkeitsgrad führt allerdings zum Gegenteil. Personen können in so einem Fall den Test als unmöglich ablehnen und ein Versagen auf einen externen *Locus of Control* attribuieren, wodurch *Stereotype Threat* eliminiert wird. Spencer, Iserman, Davies und Quinn (2001, zit. in Steele, Spencer & Aronson, 2002) konnten jedoch nachweisen, dass selbst bei von der Schwierigkeit der Aufgaben her einfachen Tests *Stereotype-Threat*-Effekte auftreten können, wenn die kognitive Belastung anderweitig erhöht wird. Dies kann zum Beispiel durch Zeitdruck oder hohe Relevanz für die Zukunft geschehen.

Von großer Bedeutung ist zudem die Erwartung einer Evaluation. Es hat sich gezeigt, dass *Stereotype-Threat*-Effekte vor allem dann auftreten, wenn Personen eine Form der Bewertung erwarten (vgl. bspw. Steele, 1995; Steele, 1997; Aronson et al., 1998; Steele, 1999; Aronson et al., 1999). Dabei scheint es in erster Linie um die *Erwartung* der Leistungsbewertung zu gehen: „[...] [M]erely portraying the test as diagnostic of that ability is enough to bring the stereotype to mind [...]" (Steele et al., 2002: 393). Das positive Selbstbild, zentrales Element der *Social Identity Theory*, ist nur dann in Gefahr, wenn die Leistung in einer für das Individuum bedeutsamen Domäne bewertet wird. Zugleich ruft eine erwartete Evaluation Stereotype über Intelligenz und Kompetenz wach. Die Bewertung der Leistung impliziert auch die reale Möglichkeit eines Versagens und weckt somit die Befürchtung, negative Stereotype zu bestätigen. Hinzu kommt: Je wichtiger ein Test zu sein scheint, zum Beispiel als Zugangsvoraussetzung für ein Studium, desto weniger Signale bedarf es, um *Stereotype-Threat*-Effekte hervorzurufen (vgl. Danaher & Crandall, 2008; Schmader, Forbes, Zhang & Mendes, 2009). Davies, Spencer, Quinn und Gerhardstein (2002) haben den Nachweis erbracht, dass *Stereotype-Threat*-Effekte sogar ohne einen Hinweis auf die Diagnostizität eines Tests evoziert werden können. Zu diesem Zweck ließen sie Probandinnen TV-Werbespots mit stereotypen Rollenbildern (Experimentalgruppe) oder neutralen Darstellungen (Kontrollgruppe) sehen. Tatsächlich schnitten Frauen, die stereotypkonforme Werbespots gesehen hatten, in einem Mathematiktest schlechter ab als die Probandinnen der Kontrollgruppe. Begriffe wie *Task Difficulty* oder *Test Diagnosticity* suggerieren, dass *Stereotype Threat* ein Phänomen ist, das ausschließlich in Testsituationen auftritt. Zu diesem Eindruck hat zweifelsohne auch die Tatsache beigetragen, dass in der empirischen Forschung beinahe ausnahmslos auf Leistungstests zur Messung von *Stereotype-Threat*-Effekten zurückgegriffen wurde. Tatsächlich nahm man zu Beginn an, dass *Stereotype Threat* hauptsächlich, wenn nicht sogar einzig, in Testsituationen auftritt (vgl. bspw. Steele, 1999; Steele & Aronson, 1995).

Ergebnisse neuerer Forschungsarbeiten kommen zu unterschiedlichen Ergebnissen. Während Jamieson und Harkins (2010) zu dem eindeutigen Schluss kommen, dass eine Bewertungserwartung notwendig ist, stellen andere Arbeiten diese Annahme ernsthaft infrage (vgl. bspw. Yeung & von Hippel, 2008). Rydell, Rydell und Boucher (2010) haben zum Beispiel demonstriert, dass *Stereotype Threat* auch Lernprozesse von bedrohten Individuen negativ beeinflusst (vgl. auch Rydell, Shiffrin, Boucher, Van Loo & Rydell, 2010). Ihre Experimente nähren damit nicht nur Zweifel an der Notwendigkeit einer zu erwartenden direkten Evaluation (z.B. durch Feedback oder Noten), sondern zeigen auch, dass *Stereotype Threat* über Testsituationen hinaus wirkt und Bildungsprozesse auf einer breiteren Ebene beeinflusst. Die über lange Zeit angenommene Beschränkung von *Stereotype Threat* als ausschließlich situatives Leistungshemmnis in Prüfungssituationen (*Situational Predicament*) (vgl. Aronson et al., 1998; Steele et al., 2002) muss folglich überdacht werden. Der hier fokussierte Englischunterricht bzw. der Tertiärspracherwerb nimmt in diesem Zusammenhang insofern eine besondere Position ein, als er Schüler*innen konstanten potenziellen Bewertungssituationen aussetzt. Nicht nur im Falle von schriftlichen Leistungsüberprüfungen, sondern auch bei jeder mündlichen Aussage.

2.3 Mediierende Faktoren – Ursachen der Leistungsminderung unter Stereotype Threat

Ebenso wie den moderierenden Faktoren galt das wissenschaftliche Interesse schon früh der Frage nach den vermittelnden Prozessen. *Stereotype Threat* ist ein abstraktes, d.h. nicht direkt empfindbares Konstrukt, das jedoch reale Gefühle hervorrufen kann, welche die beobachtbare Leistungsminderung letztlich bewirken. Jedoch fand man erst Ende der 1990er Jahre erste Hinweise auf die Mechanismen, durch die *Stereotype Threat* seine Wirkung entfaltet. Einen einzigen Hauptmechanismus scheint es nicht zu geben. Vielmehr handelt es sich um ein Zusammenspiel affektiver, kognitiver und motivationaler Faktoren, deren Auftreten und Wirkungsgrad individuellen und situativen Differenzen unterliegt.

Steele und Aronson (1995) vermuteten zunächst, dass Angst (*Anxiety*) oder zumindest Erregung (*Arousal*) der zwischen *Stereotype Threat* und Leistungsdekrement vermittelnde Prozess ist. Grund für diese Angst sei die Befürchtung, negative Stereotype über die Eigengruppe zu bestätigen. In Verbindung mit der in Testsituationen ohnehin vorherrschenden Anspannung und Ängstlichkeit, die sich generell negativ auf Testperformanz auswirken (vgl. bspw. Cassady & Johnson, 2002), erhöht *Stereotype Threat* den situativen Druck und verschlechtert die Performance. Im Anschluss an ihre Experimente durchgeführte Erhebungen der Angstgefühle bei Proband*innen, fanden jedoch keine Hinweise darauf (vgl. Steele & Aronson, 1995: 801f.; Aronson et al., 1999: 32ff. & 35ff.). Eine große Anzahl neuerer Arbeiten scheinen die mediierende Wirkung von Anspannung und Angst unter *Stereotype Threat* jedoch deutlich zu belegen (vgl. bspw. Abrams et al., 2008; Ben-Zeev, Fein & Inzlicht, 2005; Blascovich et al., 2001; Bosson, Haymovitz & Pinel, 2004; Osborne, 2001, 2007; Spencer et al., 1999). Blascovich et al. (2001) konnten bei Afroamerikaner*innen unter *Stereotype Threat* einen durchschnittlich schneller ansteigenden und insgesamt höheren Blutdruck im Vergleich zur

Kontrollgruppe während eines ‚Intelligenztests' beobachten. In einem Experiment von Murphy, Steele und Gross (2007) zeigten Frauen unter *Stereotype Threat* eine erhöhte Herzfrequenz sowie Schweißabsonderung an den Handflächen. Die Ergebnisse beider Experimente deuten auf eine höhere Anspannung oder Angst in der Prüfungssituation hin. Trotz des objektiv gemessenen Unterschieds zwischen Experimental- und Kontrollgruppe zeigten sich in einem Selbstberichts-Fragebogen keine Differenzen in der von den Proband*innen wahrgenommenen Anspannung. Dies könnte erklären, warum Steele und Aronson ursprünglich ebenfalls keine Hinweise auf eine erhöhte Anspannung oder Angstgefühle finden konnten. Brodish und Devine (2009) haben den Zusammenhang von *Performance-Avoidance Goals* (vgl. Elliot, 1999) und *Anxiety* unter *Stereotype Threat* untersucht. Sie fanden heraus, dass die Motivation, Versagen vermeiden zu wollen, zu erhöhter *Anxiety* und in der Folge zu Leistungsdekrementen führt.

Die Angst, negative Stereotype zu bestätigen, steht auch in der *Divided-Attention Hypothesis* im Mittelpunkt (vgl. Maass & Cadinu, 2003). Es wird jedoch angenommen, dass sie nicht die eigentliche Ursache für die Minderleistung ist. Es wird stattdessen vermutet, dass stereotypbezogene Gedanken zu Ablenkung führen und kognitive Kapazitäten in Anspruch nehmen, die für die Bearbeitung von Testaufgaben benötigt werden. Schmader und Johns (2003) nehmen an, dass *Stereotype Threat* sich negativ auf die Fähigkeit auswirkt, sich auf eine Sache zu konzentrieren (*Executive Attention*, vgl. Engle, 2002). Die negativen Auswirkungen ablenkender Gedanken auf das Arbeitsgedächtnis unter *Stereotype Threat* sind empirisch vielfach nachgewiesen worden (vgl. Beilock & Carr, 2005; Beilock, Rydell, & McConnell, 2007; Cadinu et al., 2005; Hess, Emery & Queen, 2009; Schmader & Johns, 2003; Steele & Aronson, 1995: 802ff.; Yeung & von Hippel, 2008; Abbildung 2.6). Popham und Hess (2015) fanden Anzeichen dafür, dass eher junge als alte Menschen davon betroffen sind. Aus welchen Gründen sich die Ursachen für Leistungsdekremente bei jungen und alten Menschen unterscheiden, ist allerdings ungeklärt und bedarf weiterer Forschung. Das Bemühen, das Stereotyp eines altersbedingt schlechten Gedächtnisses nicht bestätigen zu wollen, könnte bei älteren Menschen zu einer konzentrierteren Arbeitsweise führen. Popham und Hess (ebd.) konnten beobachten, dass alte Proband*innen zwar langsamer, dafür aber genauer arbeiteten. Leistungsdekremente wären in diesem Fall wahrscheinlich weniger auf das Arbeitsgedächtnis, als vielmehr auf eine verhältnismäßig langsame Bearbeitung von Aufgaben zurückzuführen.

Forschung aus dem Bereich der Neurowissenschaften scheint die zentrale Rolle kognitiver Kapazitäten als mediierende Kraft zu bestätigen. Krendl, Richeson, Kelley und Heatherton (2008) untersuchten neurale Prozesse bei Frauen während eines Mathematiktests unter Threat- und No-threat-Bedingungen. Während bei Frauen in der Kontrollgruppe die zerebrale Aktivität in Hirnregionen, die mit der Verarbeitung von Mathematik in Verbindung gebracht werden, anstieg, zeigten Frauen unter *Stereotype Threat* eine vermehrte Aktivität in Bereichen, die mit Selbstkontrolle, Verarbeitung affektiver Informationen und sozialem Feedback assoziiert werden. Wraga, Helt, Jacobs und Sullivan (2007) fanden ebenfalls Leistungsdekremente und Anzeichen für abweichende Hirnaktivität in einem mentalen Rotationstest bei Frauen unter *Stereotype Threat* (für einen Überblick zu neurobiologischen Forschungsarbeiten im Bereich *Stereotype Threat* vgl. Mendes & Jamieson, 2012: 58). In die gleiche Richtung weist die zuvor

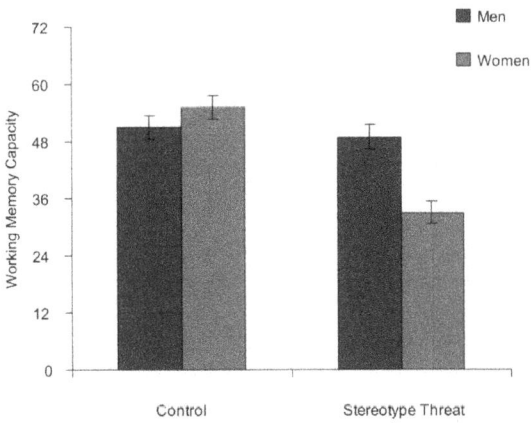

Abbildung 2.6: Arbeitsgedächtnis bei Frauen und Männer unter threat- vs. no-threat-Bedingungen (Schmader, 2010: 15).

erwähnte Arbeit von Inzlicht, McKay und Aronson (2006), die eine durch selbstregulatorisches Verhalten ausgelöste kognitive Selbsterschöpfung (*Ego Depletion*) bei besonders stigmabewussten Individuen unter *Stereotype Threat* nachweisen konnten. Die Vermutung liegt nahe, dass *Stigma Consciousness* in ganz besonderem Maße ablenkende Gedanken hervorruft, da die Erwartungshaltung stigmabewusster Individuen hinsichtlich einer stereotypbasierten Behandlung durch andere außergewöhnlich hoch ist. Weitere Belege für die mediierende Rolle von *Depletion* durch Selbstregulation fanden Johns, Inzlicht und Schmader (2008). In vier Experimenten konnten sie nachweisen, dass Individuen unter *Stereotype Threat* spontan versuchten, Anzeichen von Angst zu kontrollieren. Eine erhöhte Emotionsregulation und verminderte Testperformanz waren die Folge. Es sind jedoch nicht nur ablenkende Gedanken, die kognitive Ressourcen in Anspruch nehmen, sondern auch der Versuch, diese zu unterdrücken (*Thought Suppression*). Logel, Iserman, Davies, Quinn und Spencer (2009) konnten in einer Reihe von Experimenten zum einen beweisen, dass *Thought Suppression* kognitive Ressourcen unter *Stereotype Threat* (ebd.: 301ff.) begrenzt, zum anderen, dass *Thought Suppression*, *Stereotype Threat* und Leistungsdekremente in einem direkten Zusammenhang stehen (ebd.: 303ff.).

Aufgrund der Fülle an Belegen für die mediierende Rolle ablenkender Gedanken und der daraus folgenden Verminderung kognitiver Kapazität, stellt die *Divided-Attention Hypothesis* den wahrscheinlich vielversprechendsten Erklärungsansatz dar. Mit dem Beginn der Forschung zur moderierenden Rolle von *Ego Depletion* ist ein wichtiger Schritt unternommen worden, die lange Zeit angenommene Beziehungsstruktur zwischen ablenkenden Gedanken und *Stereotype Threat* zu erklären. Weitergehende Forschung auf diesem Gebiet erscheint daher notwendig und aussichtsreich. Auch Keller (2008) sieht in erhöhter mentaler Belastung den bislang überzeugendsten empirischen Befund und nennt verschiedene Ursachen dafür, wie „z.B. Aktivierung stereotyper

Wissensinhalte; Aktivierung von Wissensinhalten mit Bezug zu Versagensangst; Unterdrückung unerwünschter Gedanken; übermäßige Konzentration auf die Abläufe der
Aufgabenbearbeitung; Suche nach Erklärungen für möglichen Misserfolg" (Keller,
2008: 91). Trotz dieser eindeutigen Befunde lassen sich Auswirkungen von *Stereotype
Threat* auch bei automatisierten Prozessen, wie zum Beispiel sensomotorischen Tätigkeiten, nachweisen, bei denen kognitive Kapazitäten nur in geringem Maße benötigt
werden und deren Auslastung deshalb nicht ursächlich Leistungsdekremente sein können (vgl. Beilock et al., 2006).

Einen weiteren Ansatz zur Erklärung von Leistungsminderungen unter *Stereotype
Threat* sehen Maass und Cadinu (2003) in der übermäßigen Vorsicht bei der Bearbeitung von Testaufgaben, einer, in den Worten von Maass und Cadinu, *Shift Towards
Caution*. Ebenso weisen die Ergebnisse der Studie von Keller und Dauenheimer (2003)
auf eine überhöhte Vorsicht unter *Stereotype Threat* bei Schüler*innen hin. Die Erwartung einer Evaluation bzw. eines direkten Feedbacks kann in Verbindung mit dem
Wunsch keine Fehler zu begehen unter anderem dazu führen, dass Proband*innen überhaupt keinen Lösungsversuch unternehmen. Auch die Tatsache, dass Proband*innen
unter *Stereotype Threat* bemüht sind, besonders genau zu arbeiten und deshalb mehr
Zeit benötigen (vgl. Popham & Hess, 2015), könnte ein Hinweis auf eine übermäßige
Vorsichtshaltung sein. Jamieson und Harkins (2009) haben zudem beobachtet, dass Proband*innen unter *Stereotype Threat* auf ihnen vertraute Lösungswege zurückgreifen,
selbst wenn eine andere Vorgehensweise mehr Erfolg verspricht. Im Unterschied zu den
zuvor genannten Theorien werden Leistungsdekremente nicht nur durch die Angst vor
Fehlern ausgelöst, sondern durch eine geringere Bereitschaft mit der Beantwortung einer Frage oder dem Lösungsversuch einer Aufgabe ein Risiko einzugehen (*Risk-taking
Behavior*, vgl. bspw. Atkinson, 1957). Seibt und Förster (2004) überprüften die Hypothese, dass negative Stereotype zu einer präventionsfokussierten Aufmerksamkeit führe.
Tatsächlich bewirkte die Salienz eines negativen Stereotyps eine erhöhte Aufmerksamkeit und Risikoaversion unter den Teilnehmer*innen. Dieses Verhalten förderte zwar
analytisches Denken und Genauigkeit, minderte jedoch gleichzeitig Kreativität und Ge-
schwindigkeit. Ein Automatismus hinsichtlich einer genaueren Arbeitsweise unter *Stereotype Threat* scheint allerdings nicht zu bestehen: „Taken together, the vigilant, risk-
averse processing style displayed by individuals in a prevention focus does not necessarily foster accuracy on difficult items" (Seibt & Förster, 2004: 54).

Als weiterer Mediator von *Stereotype Threat* gilt die *Performance Expectancy* o-
der genauer gesagt, eine geringe Erwartungshaltung betroffener Personen hinsichtlich
der eigenen Leistung. Stangor, Carr und Kiang (1998) haben den empirischen Nachweis
erbracht, dass eine geringe Erwartung, in einem Test gut abzuschneiden, wie eine selbsterfüllende Prophezeiung zu einer geringeren Testperformanz führt und setzen mit der
Ursachenklärung von *Stereotype-Threat*-Effekten an einem früheren Punkt der Bedrohungssituation an (vgl. auch Rosenthal, Crisp & Suen, 2007). Cadinu et al. (2003) konnten dieses Ergebnis bestätigen und darüber hinaus zeigen, dass positive Stereotype auf
die gleiche Weise einen Leistungsanstieg bewirken können.

Such a self-fulfilling cycle assumes (a) that ST reduces minority members' level of expectancy regarding task performance and (b) that reduced expectancies will produce a performance decrement. [...]. Because personal resources are often anchored to group-level expectations, ingroup-threatening information (e.g., „women are less competent in maths") may reduce personal expectancies about doing well (Maass & Cadinu, 2003: 258).

Während Keller und Dauenheimer (2003) in ihrer Studie keinerlei Anzeichen für eine mediierende Wirkung von Angst, Aufregung, Ruhe oder guter Laune finden konnten, zeigte sich, dass die Beschreibung des Tests als ‚gendergerecht' zu einem verminderten Gefühl der Niedergeschlagenheit (*Dejection*) unter Teilnehmer*innen der Kontrollgruppe führt. Eine daraufhin durchgeführte Regressionsanalyse offenbarte einen signifikanten Effekt von Niedergeschlagenheit auf die Testperformanz.

[...] controlling for the stereotype threat manipulation dejection was significantly related to performance ($\beta = -.41$, $t(33) = 2.50$, $p < .02$). Thus, dejection had a disrupting effect on test performance. Moreover, [...], when dejection was included in the regression analysis, the effect of the stereotype threat manipulation was reduced to nonsignificance ($\beta = .17$, $t(32) = 1.00$, $p = .32$) (Keller & Dauenheimer, 2003: 377).

Dieser Nachweis bleibt jedoch bislang der einzige. Niedergeschlagenheit aufgrund negativer Stereotype ist ähnlich wie die Erwartungshaltung wahrscheinlich ein relativ konstantes und omnipräsentes Phänomen, das auch in Situationen wirken kann, die nicht besonders oder akut bedrohlich sind, wie zum Beispiel Leistungstests.

Mit Bezug auf das *Mere-Effort Model* (vgl. Harkins, 2006) argumentieren Jamieson und Harkins (vgl. Jamieson & Harkins, 2007, 2009), dass Individuen Leistungsdekremente unter *Stereotype Threat* durch die Motivation hervorgerufen werden können, gute Leistungen zeigen zu wollen. Im Zuge gesteigerter Motivation und Bemühung (*Motivation* und *Effort*) würden Individuen zu vorschnellen und folglich undurchdachten Antworten neigen. Zugleich seien sie aber bemüht, falsche Antworten zu korrigieren, wenn sie Fehler bemerken, die korrekte Antwort wissen und ihnen die Möglichkeit zur Korrektur gegeben wird. In einer Reihe von Experimenten konnten Jamieson und Harkins erwartungskonform zeigen, dass Teilnehmer*innen unter *Stereotype Threat* bei begrenzter Bearbeitungszeit Leistungsdefizite im Vergleich zur Kontrollgruppe aufwiesen (vgl. Jamieson & Harkins, 2007: 548ff.), bei höherem Zeitlimit und der damit einhergehenden Möglichkeit zur Korrektur, diese Defizite jedoch ausgleichen konnten (vgl. ebd.: 550ff.). Die Experimente von Jamieson und Harkins werfen ein neues Licht auf *Stereotype Threat* mediierende Faktoren, allerdings bleiben sie bis dato der einzige Nachweis dieser Hypothese.

Während zwei Jahrzehnte der Forschung die leistungsmindernde Wirkung von *Stereotype Threat* hinlänglich unter Beweis gestellt haben, ist die Identifikation mediierender Faktoren relativ schwierig und hat häufig widersprüchliche Ergebnisse hervorgebracht. In einer Metaanalyse von 45 Experimenten konnten Pennington et al. keinen

‚Hauptmechanismus' identifizieren. Dies liegt sicherlich auch an der Diversität der sozialen Gruppen, den jeweiligen negativen Stereotypen und nicht zuletzt an unterschiedlichen Forschungsmethoden (vgl. Shapiro & Neuberg, 2007; Pennington, Heim, Levy & Larkin, 2016; für einen tabellarischen Überblick über Forschung zu Mediatoren sowie Ergebnisse vgl. ebd. 13ff.).

2.4 Situative und permanente Reaktionen auf Stereotype Threat

In Abschnitt 2.1 wurde *Stereotype Threat* mit der Tatsache in Verbindung gebracht, dass sich die Studienfachwahl bei Männern und Frauen unterscheidet und dass sich nicht nur weniger Menschen mit Migrationshintergrund für ein Studium entscheiden, sondern dass sie es auch mit höherer Wahrscheinlichkeit wieder abbrechen als Personen ohne Migrationshintergrund. Wenngleich die Bildungsbeteiligung und der Bildungserfolg von Menschen zweifelsohne von einer Vielzahl von Faktoren wie zum Beispiel sozioökonomischem Hintergrund oder der Bildungsnähe des Elternhauses determiniert werden, kommt den situativen und permanenten Konsequenzen von *Stereotype Threat* eine bedeutende Rolle zu. Leistungsdekremente in Tests oder Klausuren sind nur ein Aspekt des Wirkungsspektrums negativer Stereotype auf Leistung.

Das im Rahmen der bereits zuvor erwähnten *Social Identity Theory* und der *Self Categorization Theory* (vgl. Turner et al., 1987) postulierte Bedürfnis von Menschen, ein positives Selbstbild zu bewahren, wirkt auch in Situationen, in denen *Stereotype Threat* dieses positive Bild bedroht. Nicht zuletzt ist es der Druck, dem Individuen dadurch ausgesetzt sind, und dessen Folgen, die die Leistungsminderungen hervorrufen. Neben den durch *Stereotype Threat* verursachten leistungsmindernden Reaktionen, lassen sich auch Verhaltensweisen beobachten mit denen Individuen versuchen, das Selbstkonzept zu schützen. Steele, Spencer und Aronson nennen vier *Quick Defenses* (2002: 408ff.) als akute Reaktionen auf *Stereotype Threat*.

Brent Staples, Autor und Journalist bei der *New York Times*, hat es sich angewöhnt, nachts auf der Straße Melodien von Vivaldi zu pfeifen, um Stereotypen und Vorurteilen über Afroamerikaner*innen zu begegnen. Kontrastereotypisches Verhalten (*Counterstereotypic Behavior*) ist eine häufig zu beobachtende Strategie, die persönliche Relevanz von Stereotypen zu widerlegen. Individuen präsentieren sich dadurch als Subtyp einer sozialen Gruppe, auf den die negativen Stereotype nicht zutreffen. Steele et al. weisen jedoch darauf hin, dass kontrastereotypisches Verhalten „several limitations" (ebd.: 409) habe. Zum einen ist es stark situationsabhängig und bedarf ständiger Wiederholung in stereotyprelevanten Situationen. Zum anderen verhindert der durch die konstante Bemühung, das negative Stereotyp zu widerlegen, entstehende Druck eine stabile Identifikation mit der entsprechenden Domäne. Hinzu kommt, dass je weiter ein Individuum innerhalb einer Domäne aufsteigt, der Druck weiter zunimmt.

It is also a pressure that likely gets worse as one moves up in the domain. As more and more members of the negatively stereotyped group leave the domain, their smaller numbers reinforce the stereotype and its pressure […]. Moreover, in domains that involve increasingly difficult performance levels, such as all forms of schooling

[…], past success in the domain does not refute the relevance of the stereotype […] (Steele et al. 2002: 409).

Da kontrastereotypisches Verhalten Selbstregulation erfordert, ist zudem anzunehmen, dass es sich über *Ego Depletion* (vgl. Abschnitt 2.2 & 2.3) zudem negativ auf Leistung auswirkt und sich die schützende Wirkung ins Gegenteil verkehrt.

Diverse Studien konnten belegen, dass die Geschlechterkomposition einer Gruppe als Auslöser für *Stereotype Threat* dienen kann. Das ist zum Beispiel in sogenannten *Solo-Status Conditions* der Fall, in denen das bedrohte Individuum einziger Repräsentant einer sozialen Gruppe ist. Keller und Sekaquaptewa (2008) konnten unter solchen Umständen die mediierende Wirkung von Individualisierung (*Individuation*), d.h. einer Loslösung von der Gruppenidentität, beobachten. Vieles spricht dafür, dass es sich dabei um eine Reaktion zum Schutz eines positiven Selbstkonzepts handelt.

Steele und Aronson konnten schon vor Beginn im Rahmen der Initialstudie zu *Stereotype Threat* einen Schutzmechanismus beobachten, i.e. *Self-Handicapping*. Teilnehmer*innen dieser Studie gaben in Erwartung eines diagnostischen Tests an, in der vorangegangenen Nacht schlecht geschlafen zu haben und unter Konzentrationsschwäche zu leiden (vgl. Stelle & Aronson, 1995). *Self-Handicapping* (vgl. bspw. Jones & Berglas, 1978; Leary & Shepperd, 1986) in Form einer Attribution von Versagen auf zu wenig Schlaf, Konzentrationsschwäche oder Lerndefizite schützt das Fähigkeitsselbstkonzept. Keller (2002) konnte bei Proband*innen unter *Stereotype Threat* eine erhöhte Tendenz zum *Self-Handicapping* nachweisen. In einer Studie von Stone (2002) trainierten weiße Athleten weniger, um Leistungsdifferenzen zu rechtfertigen. Während *Self-Handicapping* offenbar ein gebräuchlicher Schutzmechanismus für das Selbstkonzept ist, ist die Datenlage zur mediierenden Wirkung von *Self-Handicapping* unter *Stereotype Threat* widersprüchlich. Während Keller (2002) Anzeichen dafür fand, konnten beispielsweise Keller und Dauenheimer (2003), Croizet und Claire (1998) und Stone et al. (1999) keine derartigen Effekte nachweisen. Langfristig kann aber auch diese Form der Reaktion auf *Stereotype Threat* kaum schützen. Eine auch für das Individuum glaubhafte konstante Attribuierung auf besondere Umstände wie Schlafmangel oder Lerndefizite ist unmöglich.

Eine weitere Möglichkeit, auf *Stereotype Threat* zu reagieren, ist, eine Domäne grundsätzlich zu meiden. Zur sogenannten *Domain Avoidance* gehört laut Steele et al. (2002) sowohl die Distanzierung von relevanten stereotypischen Eigenschaften oder Vorlieben (vgl. Pronin, Steele & Ross, 2004; Steele & Aronson, 1995: 802ff.) sowie von dem relevanten Fachgebiet. Die bereits zitierte Studie von Davies et al. (2002), in der Frauen stereotypkonforme oder neutrale Werbespots gezeigt wurden, konnte dieses Verhalten empirisch belegen. So zeigten Frauen nach dem Konsum stereotypkonformer Werbespots signifikant weniger Interesse an akademischen Abschlüssen, die unmittelbar oder auch nur mittelbar mit Mathematik in Verbindung stehen (vgl. auch Davies, Spencer & Steele, 2005; Murphy, Steele & Gross, 2007). „People seem to sense when they come under the possibility of being negatively stereotyped and […] respond by avoiding the premises" (Steele et al., 2002: 408). *Stereotype Threat* kann zudem zu einer *Belonging Uncertainty* (vgl. Walton & Cohen, 2007) führen, einer Unsicherheit von

Individuen in Bildungseinrichtungen ‚am richtigen Ort' zu sein. Kulturelle Stereotype und Selbststereotypisierung können dies infrage stellen. Es ist denkbar, dass dieses Gefühl vor allem an der Teilnahme an weiterführenden Bildungsgängen wie der Sekundarstufe II und der Universität hindert, deren Besuch freiwillig ist, und zu den Diskrepanzen hinsichtlich Geschlecht und Migrationshintergrund in bestimmten Bildungsgängen beiträgt.

Um ein positives Selbstkonzept in einer Domäne zu bewahren, zeigen Personen unter *Stereotype Threat* zudem die Tendenz, die enge Abhängigkeit zwischen Selbstkonzept und Leistung (vgl. bspw. Marsh, Byrne & Shavelson, 1988) zu schwächen oder weitestgehend zu lösen (*Disengagement*). Major, Spencer, Schmader, Wolfe und Crocker (1998) fanden im Rahmen eines Intelligenztests bei afroamerikanischen Student*innen schwächere Verbindungen zwischen Leistungsbewertung und Selbstwertgefühl als bei weißen Student*innen (vgl. auch Nussbaum & Steele, 2007). Zwar war dies generell der Fall, bei besonderer Betonung der Ethnizität der Teilnehmer*innen zeigten Proband*innen jedoch eine besondere Schwächung dieser Beziehung (Major et al., 1998: 42ff.). Steele et al. vermuten, dass *Domain Avoidance* und *Disengagement* häufig miteinander korrelieren, da die Vermeidung einer Domäne in vielen Fällen mit deren geringerer Bedeutung für die Selbstkonzeptgenese einhergehen dürfte. *Disengagement* sei eher bei relativ allgemeinen Bedrohungen wahrscheinlich, wie zum Beispiel negative Stereotype über Intelligenz, *Domain Avoidance* bei domänenspezifischen Stereotypen, wie im Falle von mathematischen Fähigkeiten bei Frauen (vgl. Steele et al., 2002). Allerdings kann *Disengagement* als Schutzmechanismus vermutlich vor allem dort funktionieren, wo andere Strategien wie *Domain Avoidance* oder *Self-Handicapping* nur begrenzt oder gar nicht wirken können, wie z.B. in der Schule. Weder ist es möglich, Misserfolge habituell auf besondere Umstände zu attribuieren, noch lässt sich eine Domäne dort dauerhaft vermeiden.

Stereotype Threat kann sich sogar über die stereotypisierte Domäne hinaus auch auf andere Bereiche des Lebens auswirken. Beim sogenannten *Stereotype Threat Spillover* (vgl. Inzlicht & Kang, 2010) wirkt sich die Bedrohung nicht nur auf die Performanz in der jeweiligen Domäne aus, sondern überdies auch auf Essverhalten, Aggressivität und Urteilsvermögen sowie auf die Fähigkeit, Entscheidungen zu fällen.

Am Beispiel der Studie von Davies et al. (2002) ist deutlich zu sehen, welche langfristigen Folgen *Stereotype Threat* haben kann. Zur Erinnerung: Probandinnen haben nach dem Konsum von Werbespots mit stereotypischen Frauenbildern weniger Interesse an Studienfächern gezeigt, die mit Mathematik in Verbindung stehen, als Probandinnen, die neutrale Werbespots sahen. Auch wenn diese Reaktion im Rahmen des Experiments lediglich als vorübergehende *Domain Avoidance* gedeutet wurde, zeigt sie doch, dass *Stereotype Threat* auch Einfluss auf weitreichende Entscheidungen hat. Die permanente Abwendung von einer Domäne und der damit einhergehende Bedeutungsverlust für die Selbstkonzeptgenese eines Individuums bezeichnen Steele und Aronson (vgl. Steele, 1997; Aronson et al., 1998; Steele, Spencer & Aronson, 2002) als *Disidentification* und treffen damit eine strikte Unterscheidung von *Disengagement* als ausschließlich situativer Reaktion. Die Motivation sehen sie allerdings in beiden Fällen im Schutz eines positiven Selbstkonzepts (vgl. Steele et al., 2002: 410). Ähnlich wie im Fall der *Domain Avoidance* hat *Disidentification* jedoch Grenzen. Aufgrund eines hohen gesellschaftlichen Stellenwertes, wie zum Beispiel bei schulischen und akademischen Domänen, ist eine vollkommene Loslösung im Hinblick auf die erheblichen Konsequenzen nur schwer vorstellbar. Steele et al. verweisen auf eine Studie von Major (1995, zit. in Steele et al. 2002). „[…] [D]isidentification did occur among her Black students. The form it took was for them to see their test performance and academic feedback as invalid assessments of their true intellectual ability" (Steele et al., 2002: 411). Zum Schutz ihres akademischen Selbstkonzepts verminderten sie die ansonsten große Bedeutung kriterialer Vergleichsinformation und institutioneller Leistungsrückmeldung als Quellen der Selbstkonzeptgenese, indem sie ihrer Eigenwahrnehmung mehr Bedeutung zumaßen. Eine derartige ‚partielle' *Disidentification* ist aufgrund der generell hohen Wirkung von Leistung (Marsh et al., 1988) und Rückmeldung (vgl. Felson, 2014) auf das Selbstkonzept jedoch nur wenig effektiv.

This disidentification did not work perfectly, however. They still retained some connection between their performance and their overall self-esteem, perhaps because of the social consequences of poor performance in the college environment or because they themselves just continued to value achievement in the larger scheme of things (Steele et al., 2002: 412).

Pronin, Steele und Ross (2004) fanden Hinweise darauf, dass sich eine *Disidentification* nicht nur in Bezug auf die Domäne vollziehen kann, sondern auch auf die soziale Gruppe oder spezifische Aspekte der sozialen Gruppe, die relevant für die Leistung in einer Domäne sind. Sie beobachten, dass Probandinnen mit hoher *Domain Identification* sich in einem Mathematiktest unter *Stereotype-Threat*-Bedingungen weniger mit ‚typisch femininen' Charakteristika identifizierten als unter no-threat-Bedingungen. Bei Probandinnen mit geringer *Domain Identification* gab es hingegen keine Unterschiede. So wirkt sich das Bemühen, eine *Domain Identification* aufrechtzuerhalten auf die Identifikation mit der Eigengruppe aus. Stereotypische Eigenschaften oder Tätigkeiten, die als relevant in Bezug auf die Bedrohung empfunden werden, verlieren ihre Bedeutung für das Selbstkonzept.

Rather than disidentifying with a valued domain of achievement or disidentifying globally with one's in-group, one can disidentify selectively—that is, disidentify with the aspects of one's in-group that are linked to disparagement in that domain, while continuing to identify with valued in-group characteristics that are not seen as linked to such disparagement (Pronin et al., 2004: 153).

Keller und Sekaquaptewa (2008) konnten beobachten, dass *Stereotype Threat* Probandinnen dazu bewegte, sich von ihrer sozialen Gruppe zu lösen und ihre individuelle Identität hervorzuheben, sodass gruppenbezogene negative Stereotype an Bedeutung verloren. Im Hinblick auf die Ergebnisse von Ellemers et al. (1997) ist es jedoch zweifelhaft, dass Individuen mit besonders hoher *Ingroup Identification* in der Lage sind, ihr Selbstkonzept auf diese Weise zu schützen. Keller und Sekaquaptewa bemerken zudem, dass die Domänenspezifität eines Stereotyps darüber bestimmen könnte, ob Individuen sich von der Gruppenidentität lösen oder nicht.

Self-construal may also be influenced differently depending on the particular social identity under threat, due to differences in perceived meaning or breadth of the threat to that social identity. For example, gender stereotypes about ability tend to be focused in specific performance domains (''women have poorer spatial ability skills than men''), whereas some racial stereotypes may be generalized across domains (''African Americans are poorer students than Whites''). [...]. [...] some social identifications may be perceived as particularly global and meaningful, and thus, once activated, may be less amenable to distancing under threat (Keller & Sekaquaptewa, 2008: 1050f.).

2.5 Kognitive Imbalance und Beeinträchtigung des Arbeitsgedächtnisses

Trotz Jahren intensiver Forschung zu moderierenden und mediierenden Faktoren im Bereich des *Stereotype Threat* fehlte es lange Zeit an einem globalen Verständnis der beteiligten Prozesse sowie deren Aus- und Wechselwirkungen, da vorzugsweise einzelne Variablen betrachtet wurden. Jedoch kann erst in der Gesamtschau ein genaues Bild von *Stereotype Threat* entstehen, das aufzuzeigen vermag, welche externen Einflussmöglichkeiten bestehen. Nur auf diese Weise ist es möglich, adäquate Interventionsmaßnahmen zu bestimmen, die Situation und Zielgruppe gerecht werden können. Das Ziel der Forschung kann schließlich nicht sein, Leistungsdekremente und deren Ursachen im Einzelnen lediglich nachzuweisen. Es müssen vielmehr effektive Wege gefunden werden, durch *Stereotype Threat* bedingte Nachteile auszugleichen. Dies kann jedoch *nur* unter Berücksichtigung der einflussreichen Moderatoren und Mediatoren und deren Beziehungen untereinander gelingen. Schmader, Johns und Forbes (2008) haben zwei Modelle entwickelt, welche zum ersten Mal die jeweils wichtigsten Faktoren auf den unterschiedlichen Ebenen miteinander in Beziehung setzen und deren Wirkung auf das Empfinden von *Stereotype Threat* darstellen: (1) Das Modell *Kognitiver Imbalance* (Abbildung 2.7) und (2) das *Integrated Process Model of Stereotype* (Abbildung 2.8).

2.5.1 Das Modell kognitiver Imbalance

Nach dem Verständnis von Schmader et al. (2008) wird *Stereotype Threat* von Situationen ausgelöst, „[...] that pose a significant threat to self-integrity, the sense of oneself as a coherent and valued entity that is adaptable to the environment" (Schmader, Johns & Forbes, 2008: 337). Diese Bedrohung der Selbstintegrität entsteht aus einer kognitiven Imbalance, in der Selbstkonzept und Erfolgserwartungen mit aktivierten kulturellen Stereotypen über geringe Leistungsfähigkeit in Konflikt stehen. Die kognitive Imbalance ist ein Stressor, der physische Stressreaktionen, (Selbst-)kontrolle, Interpretationsprozesse, affektive Reaktionen und Bewältigungsanstrengungen auslöst (vgl. Schader, Johns & Forbes, 2008). Grundsätzlich gehen Schmader et al. davon aus, dass in jeder Situation, in der *Stereotype Threat* auftritt, drei zentrale Konzepte aktiviert werden: (1)

Concept of Group (Konzept des Individuums bezüglich der Eigengruppe), (2) *Concept of Ability Domain* (Vorstellung von der Fähigkeitsdomäne) und (3) *Concept of Self* (allgemeines Selbstkonzept) (Abbildung 2.7).

Auslöser für die kognitive Imbalance und mithin das Empfinden von *Stereotype Threat* ist laut Schmader, Johns und Forbes jedoch weniger die Aktivierung dieser Konzepte, sondern aktivierte verhältnismäßige Beziehungen zwischen diesen Konzepten. Eine positive Beziehung drückt sich in einer gleich gerichteten Konzeptdefinition aus: ‚Meine Gruppe hat diese Fähigkeit'; ‚Ich bin wie meine Gruppe'; ‚Ich habe diese Fähigkeit'. In einer negativen Beziehung werden Konzepte hingegen in Opposition zueinander definiert: ‚Meine Gruppe hat diese Fähigkeit nicht'; ‚Ich bin nicht wie meine Gruppe'; ‚Ich habe diese Fähigkeit nicht'. Kognitive Imbalance entsteht situativ, wenn die Konzeptdefinitionen in ihrer positiven oder negativen Ausprägung nicht übereinstimmen und Individuen bemüht sind, diesen Zustand aufzulösen: ‚Meine Gruppe hat diese Fähigkeit nicht, ich bin wie meine Gruppe aber ich denke ich habe diese Fähigkeit.' Die bewertende Komponente der Konzeptdefinitionen unterliegt situativen Signalen und/oder der Ausprägung individueller Variablen (vgl. Abschnitt 2.2), welche die Empfänglichkeit für *Stereotype Threat* moderieren. Die durch *Stereotype Threat* ausgelöste Imbalance, so Schmader et al., entsteht durch die simultane Aktivierung von drei konzeptuellen Beziehungen. Erstens signalisieren Hinweise in der Umgebung (Pfad *a*) eine negative propositionale Beziehung zwischen dem Eigengruppenkonzept und dem Fähigkeitskonzept der Gruppe in der Domäne (‚Meine Gruppe hat diese Fähigkeit nicht'). Individuelle Unterschiede in *Stigma Consciousness* und/oder *Stereotype Endorsement* (Pfad *b*) können zu einer höheren Empfänglichkeit führen, da die negative Verbindung zwischen Gruppe und Fähigkeitskonzept stärker ist (*Stereotype Endorsement*) oder mit höherer Wahrscheinlichkeit aktiviert wird (*Stigma Consciousness*). Zweitens wird die Mitgliedschaft in der stigmatisierten Gruppe durch die Aktivierung einer positiven Verbindung zwischen Selbstkonzept und Gruppenkonzept (Pfad *f*) salient, wodurch sich das Individuum als Gruppenmitglied definiert. Dies kann beispielsweise in *Solo-Status Conditions* geschehen, in denen das Individuum einziger Repräsentant der Eigengruppe ist. Eine hohe *Ingroup Identification* erhöht die Wahrscheinlichkeit der Aktivierung (Pfad *e*). Drittens existiert eine positive Verbindung zwischen Selbst und Domäne (*Vanguard Hypothesis*). Ein hohes Fähigkeitsselbstkonzept des Individuums geht mit einer hohen *Self-Efficacy* (vgl. Bandura, 1994) und einer großen Erfolgsmotivation einher und verstärkt die Verbindung zwischen Selbst und Domäne (Pfad *d*). Situative Anhaltspunkte in Bezug auf *Ego Involvement*, wie zum Beispiel die Betonung einer persönlichen Relevanz, können eine zusätzliche Verstärkung bewirken (Pfad *c*). Schmader et al. gehen davon aus, dass alle drei Konzepte aktiviert werden müssen, um die *Stereotype Threat* auslösende kognitive Imbalance hervorzurufen.

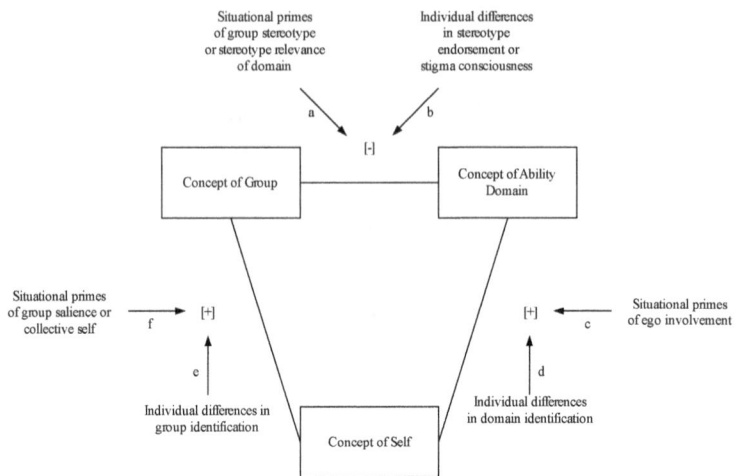

Abbildung 2.7: Stereotype Threat als kognitive Imbalance, ausgelöst durch situative und/oder individuelle Faktoren (Schmader, Johns & Forbes, 2008: 338; ergänzt um Pfadbezeichnungen).

2.5.2 Das Stereotype Threat-Prozessmodell

Das Prozessmodell bildet die durch *Stereotype Threat* ausgelösten Prozesse ab, die die Leistungsdekremente hervorrufen. Es unterliegt der Annahme, dass die Bedrohung der Selbstintegrität, die von *Stereotype Threat* vor oder während einer Performanzsituation ausgeht, eine Abfolge von Prozessen in Gang setzt, die Leistung bei verschiedenen Tätigkeiten negativ beeinflusst (vgl. Schmader, Johns & Forbes: 2008).

Schmader et al. stellen das Arbeitsgedächtnis als Primärressource für das effiziente Bearbeiten von Aufgaben, die eine koordinierte Informationsverarbeitung und zugleich eine Unterdrückung interferierender Informationen erfordern (Pfad *a*), in den Mittelpunkt des Modells und nehmen eine Struktur mit Mediatoren erster und zweiter Ordnung an, in der sich alle Mediatoren zweiter Ordnung auf das proximale Arbeitsgedächtnis auswirken, dessen Überlastung die Leistungsdekremente bewirkt. Einzige Ausnahme bilden automatisierte Prozesse, wie sensomotorische Tätigkeiten, die direkt von einem sekundären Mediator beeinflusst werden. Mediatoren zweiter Ordnung sind Prozesse, die in bedrohlichen Situationen mit hoher Wahrscheinlichkeit aktiviert werden und die kognitiven Ressourcen des Arbeitsgedächtnisses benötigen, physiologische Stressreaktionen (Pfad *b*) verbunden mit verstärkter Überwachung (Pfad *d*), die dazu dienen, die situativen Implikationen für das Selbst und die Eigengruppe zu identifizieren. Schmader et al. postulieren, dass die verstärkte Überwachung in Verbindung mit gesteigerter physiologischer Erregung in einem Stadium durch *Stereotype Threat* ausgelöster kognitiver Imbalance dazu führen kann, dass Individuen die Situation durch die übersteigerte Sensibilität derart verzerrt wahrnehmen, dass selbst geringste Anzeichen für die Relevanz eines Stereotyps negative Gedanken und Gefühle hervorrufen (Pfade *f, g, h).* Die Motivation, durch gute Leistung negative Stereotype zu widerlegen, führt zu einer aktiven Unterdrückung stereotypbezogener Gedanken und Sorgen in Bezug auf die Aufgabe und belastet auf diese Wiese ebenfalls das Arbeitsgedächtnis (Pfad *i*).

Schmader et al. postulieren drei Primärmechanismen, die durch direkte Auswirkung auf das Arbeitsgedächtnis für Leistungsdekremente verantwortlich sind: (1) eine physiologische Reaktion auf Stress (wie zum Beispiel *Anxiety*) (Pfad *c*), (2) eine erhöhte Wachsamkeit in Bezug auf endogene und exogene Anhaltspunkte oder Signale, die der Selbsteinschätzung innerhalb der Situation dienen (wie z.B. Bewertungserwartung, Gruppenzusammensetzung etc.) (Pfad *e*) und (3) eine aktive Bemühung, stereotypbezogene Gedanken und Ängste zu unterdrücken (*Divided* Attention, *Thought Suppression)* (Pfad *j*). Das Modell berücksichtigt zudem *Stereotype-Threat*-Effekte bei Aufgaben, die in keiner oder nur geringer Weise kontrollierter Verarbeitung bedürfen, wie zum Beispiel sensomotorische Tätigkeiten, bei denen Leistungsdekremente nicht über die Auslastung kognitiver Kapazitäten zu erklären sind (Pfad *m*).

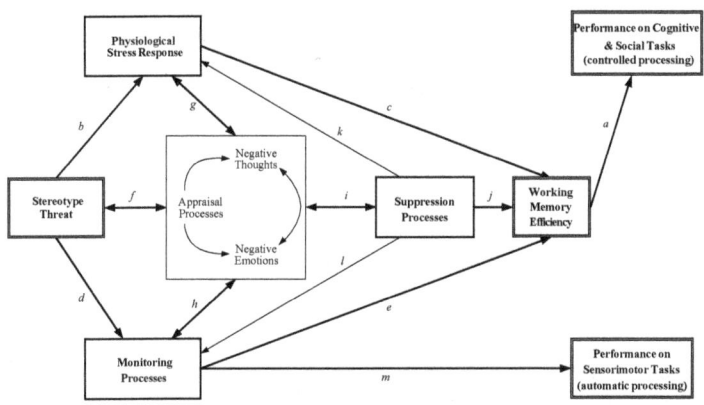

Abbildung 2.8: Integrated process model of stereotype threat effects on performance (Schmader, Johns & Forbes, 2008: 338).

2.6 Das Multi-Threat Framework

Wie bereits am Ende von Abschnitt 2.3 bemerkt, erschwert laut Pennington et al. (2016) die Vielfalt der Bedrohungen und die unterschiedlichen methodischen Herangehensweisen die metaanalytische Identifikation eines primären mediierenden Faktors. Auch Shapiro und Neuberg bemängeln im Hinblick auf die Vielfalt der Konzeptualisierungen von *Stereotype Threat* die verschiedenen Methoden der Messung und Evokation sowie unterschiedlichen Zielgruppen, dass *Stereotype Threat* als Sammelbegriff den Facettenreichtum nur unzureichend widerspiegelt und schlagen ein deutlich weiter gefasstes Rahmenwerk vor, das verschiedene Arten von *Stereotype Threat* differenziert betrachtet und abbildet (vgl. Shapiro, 2011; 2012; Shapiro & Neuberg, 2007).

A close look [...] reveals that "stereotype threat" often means quite different things to different researchers and that it often has been employed to describe and explain distinct processes and phenomena. Research has manipulated and measures stereotype threat in multiple ways while also being perhaps too consistent in the ways in which it has assessed the effects of stereotype threat and has selected groups to study. We believe that these features [...] emerge largely from an assumption that stereotype threat is a singular construct. That such an assumption may be wrong is implicit in the various ways in which stereotype threat has been characterized and defined (Shapiro & Neuberg, 2007: 112).

Innerhalb des *Multi-Threat Framework* (Tabelle 2.1) wird grundlegend zwischen Ziel (Selbst oder Eigengruppe) und Herkunft der Bedrohung (Selbst, Eigengruppenmitglieder, Fremdgruppenmitglieder) unterschieden, sodass sich insgesamt sechs zentrale Formen der Bedrohung ergeben: (1) Eine Bedrohung des individuellen Selbstkonzepts, (2) eine Bedrohung das Eigengruppenkonzepts, (3) eine Bedrohung der Reputation der eigenen Person innerhalb der Fremdgruppe, (4) eine Bedrohung der Reputation der Eigengruppe innerhalb der Fremdgruppe, (5) eine Bedrohung der Reputation der eigenen Person bei Mitgliedern der Eigengruppe und (6) eine Bedrohung der Reputation der Eigengruppe innerhalb der Eigengruppe. Shapiro und Neuberg betonen, dass es sich hierbei zwar um die zentralen *Stereotype Threats* handelt, sie jedoch annehmen, dass weitere existieren. Diese können sich entweder aus Kombinationen der sechs zentralen Bedrohungen oder deren Modifizierungen ergeben. Es scheint zweifelsohne plausibel, dass Situationen existieren, in denen Individuen das Gefühl haben, dass sowohl ihr Selbstkonzept als auch ihre Reputation innerhalb einer Fremdgruppe bedroht werden. Shapiro und Neuberg gehen außerdem davon aus, dass sich je nach Art der Bedrohung auch die Bedingungen unterscheiden, die *Stereotype Threat* auslösen. Zudem gäbe es Unterschiede hinsichtlich der Stärke der Bedrohung, der Moderatoren, der Mediatoren sowie der Kompensationsstrategien und Interventionsmöglichkeiten. Zum Empfinden der einzelnen Bedrohungen sind bestimmte individuelle Voraussetzungen nötig, die sich je nach Art der Bedrohung unterscheiden, sich allerdings auch überschneiden können, jedoch in ihrer Gesamtheit erfüllt sein müssen, um eine der *Stereotype-Threat*-Formen zu empfinden. So nehmen Shapiro und Neuberg beispielsweise an, dass zum Empfinden der Bedrohung des Selbstkonzeptes folgende Bedingungen erfüllt sein müssen: (a) eine Identifikation mit der entsprechenden Domäne; (b) ein Glauben daran, dass das Stereotyp auf die eigene Person zutreffen könnte; (c) eine Besorgnis über die Implikationen stereotyprelevanten Verhaltens für die Wahrnehmung der eigenen Person durch andere, (d) eine *Ingroup Identification* und (e) einen Glauben daran, dass stereotyprelevantes Verhalten mit der eigenen Person in Verbindung steht (für einen tabellarischen sowie ausführlichen Überblick über alle Bedrohungen und deren notwendige Bedingungen vgl. Shapiro & Neuberg, 2007: 114ff.). Mittlerweile existiert beachtliche empirische Evidenz, wenngleich nicht für alle sechs angenommenen Formen, die die Annahmen des *Multi-Threat Framework* zu bestätigen scheint (vgl. Carels et al., 2013; Jamieson & Harkins, 2010; Major, Eliezer & Rieck, 2012; Shapiro, Williams & Hambarchyan, 2012; Shapiro, 2011; Shapiro & Williams, 2012; Wout et al., 2008).

Das *Multi-Threat Framework* liefert Erklärungsansätze für beobachtete *Stereo-type-Threat*-Effekte, deren Ursachen zunächst im Dunkeln lagen. Die Annahme, dass Ursprung und Ziel der Bedrohung verschiedene Ebenen betreffen kann, impliziert, dass Individuen zwar weniger anfällig für *eine* Form der Bedrohung sein können, weil sie nicht alle notwendigen Bedingungen erfüllen, eine andere jedoch verspüren. So können beispielsweise Individuen mit geringer *Ingroup Identification* einerseits nicht von einem gruppenbezogenen *Stereotype Threat* betroffen sein (vgl. bspw. Wout et al., 2008), andererseits jedoch selbstbezogene Bedrohungen verspüren und umgekehrt genauso. So lassen sich anhand des *Multi-Threat Framework* auch Befunde wie die von Keller & Dauenheimer (2003) erklären, bei denen auch Teilnehmer*innen ohne hohe *Domain Identification* Leistungsabfälle unter *Stereotype Threat* zeigten. Individuen die aufgrund einer geringen *Domain Identification* unempfänglich für Bedrohungen des Selbstkonzepts sind, könnten beispielsweise besorgt darüber sein, was Mitglieder einer relevanten Fremdgruppe über sie denken. Zudem können sich Individuen in bestimmten Situationen auch simultanen Bedrohungen des Selbst und der Gruppe ausgesetzt sehen und somit unter einen verstärkten Druck durch *Stereotype Threat* geraten. So vermittelt das *Multi-Threat Framework* einen Eindruck von der Multikausalität *Stereotype Threat* bedingter Leistungsdekremente und wirft damit auch ein Licht auf die Problematik wirksamer Interventionsstrategien.

Tabelle 2.1: Sechs qualitativ unterschiedliche Stereotype Threats als Resultat der Schnittmengen zweier Dimensionen: Herkunft und Ziel der Bedrohung (Shapiro & Neuberg: 2007: 113, um Nummerierungen ergänzt).

	Target of the Threat	
Source of the Threat	*Self*	*Group*
Self	**(1) Self-Concept Threat** Fear that my behavior will confirm, **in my own mind**, that the negative stereotypes held of my group **are true of me.**	**(2) Group-Concept Threat** Fear that my behavior will confirm, **in my own mind,** that the negative stereotypes held of my group **are true of my group.**
Outgroup Members	**(3) Own-Reputation Threat (Outgroup)** Fear that my behavior will confirm, **in the minds of outgroup members**, that the negative stereotypes held of my group **are true of me,** and I will therefore be judged or treated badly by outgroup members.	**(4) Group-Reputation Threat (Outgroup)** Fear that my behavior will confirm, **in the minds of outgroup members**, that the negative stereotypes held of my **group are true of my group** and my group will therefore be judged or treated badly by outgroup members.
Ingroup Members	**(5) Own-Reputation Threat (Ingroup)** Fear that my behavior will confirm, **in the minds of ingroup members**, that the negative stereotypes held of my group **are true of me** and I will therefore be judged or treated badly by ingroup members.	**(6) Group-Reputation Threat (Ingroup)** Fear that my behavior will confirm, **in the minds of ingroup members**, that the negative stereotypes held of my **group are true of my group** and my group will therefore be judged or treated badly by ingroup members.

2.7 Synopsis

Nach einem Blick auf die Anfänge der *Stereotype-Threat*-Forschung mit der Arbeit von Steele und Aronson (1995), die geringere Leistungen und eine verminderte Bildungspartizipation von Afroamerikaner*innen zum Anlass nahmen, den Einfluss negativer kultureller Stereotype in Bezug auf intellektuelle Leistungsfähigkeit zu untersuchen, wurde die Wirkung von *Stereotype Threat* als eine von vielen psychologischen Bedrohungen, welche die Performanz von Mitgliedern verschiedener sozialer Gruppen negativ beeinflussen, umfassend dargestellt. Dabei wurde deutlich, dass *Stereotype Threat* kein Phänomen ist, das nur Mitglieder marginalisierter und habituell stigmatisierter sozialer Gruppen betrifft, wenngleich solche Gruppen aufgrund weit verbreiteter und internalisierter kultureller Stereotype wahrscheinlich anfälliger dafür sind. Darüber hinaus zeigen die Arbeiten von Keller und Dauenheimer (2003) sowie Huguet und Régner (2007), dass *Stereotype Threat* auch außerhalb des Labors unter ,realen' Bedingungen zu beobachten ist (für eine ausführliche Diskussion zu *Stereotype Threat* unter labor- vs. realen Bedingungen vgl. Aronson & Dee, 2012). Diese Erkenntnis unterstreicht die Bedeutung von *Stereotype Threat* als eine der Ursachen für die geringeren Leistungen bestimmter sozialer Gruppen in Bildungseinrichtungen und betont zugleich die Notwendigkeit einer intensiven Auseinandersetzung mit dem Thema im Kontext von Schule und Universität. Dies gilt umso mehr, da *Stereotype Threat* nicht nur ein situatives Leistungshemmnis darstellt, sondern auch negative Auswirkungen auf Lernprozesse zu beobachten sind (vgl. Rydell, Rydell & Boucher, 2010; Rydell et al., 2010). Als Auslöser dienen situative Signale, die entweder die Leistungsfähigkeit einer sozialen Gruppe direkt infrage stellen (z.B. Hinweise auf die Minderleistung sozialer Gruppen vor Testbeginn) oder die Relevanz eines Stereotyps indirekt hervorheben (z.B. Gruppenzusammensetzung, Verhalten anderer).

Folgend hat ein Überblick über moderierende Faktoren gezeigt, dass individuelle Prädispositionen, wie zum Beispiel die Identifikation mit einer Domäne, die *Ingroup Identification* oder das *Stigmabewusstsein*, die Anfälligkeit für *Stereotype Threat* maßgeblich bestimmen, zudem hat eine umfassende Darstellung der mediierenden Faktoren, wie *Anxiety*, *Shift-Towards Caution* und *Performance Expectancy*, einen Einblick in die tatsächlichen Mechanismen der Leistungsminderung gewährt. In diesem Zusammenhang weisen empirische Daten auf den großen Einfluss von *Depletion*, einer durch verschiedene Faktoren ausgelösten Überlastung kognitiver Kapazitäten, hin. Abschnitt 2.4 hat gezeigt, dass *Stereotype Threat* nicht nur kurzfristige Leistungsdekremente in Prüfungen zufolge haben und situatives Verhalten beeinflussen kann, sondern sich auch langfristig auf die Identifikation mit Domänen oder die Berufswahl auswirkt. Das Konzeptualisierungsmodell von *Stereotype Threat* als Zustand kognitiver Imbalance mit den drei Determinanten *Concept of Group*, *Concept of Ability Domain* und *Concept of Self*, und das *Stereotype-Threat-Prozessmodell*, in dessen Mittelpunkt das Arbeitsgedächtnis als zentraler Mediator steht, haben anschließend einen tiefgehenden Einblick in Voraussetzungen, Zusammenhänge und Abläufe von *Stereotype Threat* ermöglicht. Das *Multi-Threat Framework* schließlich vermittelt einen Eindruck von der Komplexität der verschiedenen Bedrohungen in Abhängigkeit von deren Herkunft und Ziel und erweitert das Blickfeld damit beträchtlich.

Stereotype Threat kann demzufolge das Selbstkonzept des Individuums oder der Eigengruppe sowie die Reputation des Individuums oder der Eigengruppe bedrohen, eine ‚kombinierte' Bedrohung ist ebenfalls möglich.

Wie zuvor erwähnt, muss die Ermöglichung der Prävention von Stereotype-Threat-Effekten ultimatives Ziel der Forschung sein. Aus diesem Grund wurden verschiedene Ansätze zur Vermeidung von Stereotype-Threat-Effekten vorgestellt und diskutiert. Es wurde deutlich, dass der Transfer von im Labor gewonnenen Erkenntnissen aufgrund der Komplexität ‚realer' Situationen nicht ohne Weiteres sinnvoll ist und dass wirksame Präventionsstrategien auf verschiedenen psychologischen und strukturellen Ebenen ansetzen müssen.

Nicht nur im Kontext von sozialer Kategorisierung, Stereotypen und Vorurteilen haben ethnizitätsbezogene Überzeugungen eine hohe Relevanz. Ethnizitätsbedingte physische Merkmale wie z.b. Hautfarbe sind unter Umständen nicht nur besonders salient und deshalb in vielen Wahrnehmungskontexten bedeutsam, die mit ihnen verbundenen Kategorien enthalten auch eine Fülle kultureller sowie individueller Stereotype. Es ist deshalb kaum verwunderlich, dass Mitglieder ethnischer Minderheiten sich in besonderem Maße von Stereotype Threat betroffen sehen. Während Steele und Aronson (1995) ein klares Negativbild zu kulturellen Stereotypen über Afroamerikaner*innen in den Vereinigten Staaten zeichnen, stellt sich die Frage, ob solche negativen generalisierten Überzeugungen über Personen mit Migrationshintergrund auch in der deutschen Gesellschaft derart verbreitet und internalisiert sind und in Form von Stereotype Threat die Leistungsfähigkeiten von Lernenden mit Migrationshintergrund nachhaltig beeinflussen.

From an observer's standpoint, the situations of a boy and a girl in the math classroom or of a Black student and a White student in any classroom are essentially the same. The teachers are the same; the textbooks are the same; and in better classrooms, the students are treated the same. Is it possible, then, that they could still experience the classroom differently, so differently in fact as to significantly affect their performance and achievement there? This is the central question (Steele, 1997: 613).

Am Ausgangspunkt dieses komplexen Geflechts von Faktoren und Mechanismen, die eine Vielzahl von Menschen daran hindern, ihr volles Leistungspotenzial zu entfalten, steht etwas, daran soll an dieser Stelle noch einmal erinnert werden, dessen Herkunft und Wahrheitsgehalt in der Regel unbekannt und zweifelhaft sind, das jedoch allen bekannt ist und nicht zuletzt von vielen geteilt und reproduziert wird: ein Stereotyp. Steele und Aronson ließen von Beginn ihrer Arbeit an nie Zweifel an der weiten Verbreitung negativer Stereotype über Afroamerikaner*innen aufkommen. Tatsächlich ist die Selbstverständlichkeit mit der sie vom negativen gesellschaftlichen Bild hinsichtlich der Leistungsfähigkeit von Afroamerikaner*innen berichten, Ausdruck der durchdringenden Präsenz dieses Stereotyps. Dass sich Menschen mit Migrationshintergrund auch in Deutschland mit gesellschaftlichen Negativbildern konfrontiert sehen, ist wohl unstrittig. Ob deren Inhalte und Verbreitung mit denen in den Vereinigten Staaten vergleichbar sind, ist Gegenstand des folgenden Kapitels.

3 Migranten in Deutschland: Stereotype und Selbstbild

Nicht erst seit den Anwerbeabkommen der 1950er und 60er Jahre ist Deutschland Ziel von Migrationsbewegungen. Wenning (1994, 1996) skizziert rund 200 Jahre Migrationsbewegungen „in der Region [...], die heute zur Bundesrepublik Deutschland zählt" (Wenning, 1994: 106). Von den Ostsiedlungsbewegungen und Glaubensflüchtlingen vor 1800 über Umsiedlung, Flucht und Vertreibung in der Folge des 2. Weltkrieges und Arbeitsmigration während des wirtschaftlichen Aufschwungs in den Nachkriegsjahren bis hin zu Flüchtlingen, Arbeitsmigrant*innen und Spätaussiedler*innen seit Beginn der 1990er Jahre, zeigt Wenning, dass sowohl Zu- als auch Abwanderung stets Teil der Geschichte waren und das bisweilen mit deutlich höherem Aufkommen als es gegenwärtig durchschnittlich der Fall ist. Nichtsdestoweniger hat das, was Wenning 1994 festhält, auch mehr als zwanzig Jahre danach nicht an Bedeutung eingebüßt.

Haben Wissenschaftler schon vor über einem Jahrzehnt versucht, deutlich zu machen, daß die Bundesrepublik Deutschland seit längerer Zeit mit Zuwanderung lebt [...], so wird die derzeitige Migrationssituation von den Medien sowie von den Vertretern (fast) aller politischen Parteien mit emotional stark negativ besetzten Bildern charakterisiert: „Asylantenflut", „das Boot ist voll", „unkontrollierter Zustrom von Ausländern", „Flüchtlingswelle", um nur die auffälligsten Beispiele zu nennen. Natürlich möchte niemand mit einem Boot kentern, von einer Welle fortgespült werden oder in einer Flut ertrinken. Werden solche Bilder zur Charakterisierung sozialer Situationen gebraucht, ist Vorsicht geboten [...] (Wenning, 1994: 106).

Statistiken zeigen in Wirklichkeit eine relativ konstante Migrationsbewegung nach Deutschland (vgl. Statistisches Bundesamt, 2016a) mit Spitzen lediglich Anfang der 1990 Jahre und ab dem Jahr 2014, also zu Zeiten des Balkankonfliktes und der Kriege in Afghanistan, im Irak und in Syrien. Dabei stammt die überwiegende Anzahl der Zuwanderer im letzten Jahrzehnt aus Mitgliedsstaaten der Europäischen Union, lediglich im Jahr 2015 bilden Menschen aus Syrien aufgrund des dort herrschenden Krieges die Hauptgruppe (vgl. Statistisches Bundesamt, 2016b).

Auch die Zahl der Menschen mit Migrationshintergrund in Deutschland ist über die letzten zehn Jahre stabil. Im Jahr 2015 lebten laut Mikrozensus 17,1 Mio. Menschen mit Migrationshintergrund[11] im engeren Sinn[12] in Deutschland und haben damit einen

---

[11]   Die Definition des Migrationshintergrundes lautet wie folgt: „Eine Person hat einen Migrationshintergrund, wenn sie selbst oder mindestens ein Elternteil die deutsche Staatsangehörigkeit nicht durch Geburt besitzt. Die Definition umfasst im Einzelnen folgende Personen: 1. zugewanderte und nicht zugewanderte Ausländer; 2. zugewanderte und nicht zugewanderte Eingebürgerte; 3. (Spät-)Aussiedler; 4. mit deutscher Staatsangehörigkeit geborene Nachkommen der drei zuvor genannten Gruppen (Statistisches Bundesamt, 2015: 4).

[12]   Zur Bevölkerung mit Migrationshintergrund im engeren Sinne gehören alle Zugewanderte und alle in Deutschland geborene Ausländer/-innen. Von den Deutschen mit Migrationshintergrund, die ihre deutsche Staatsangehörigkeit seit Geburt besitzen, haben nur jene mit Migrationshintergrund im engeren Sinne, die mit ihren Eltern oder einem Elternteil im selben Haushalt leben, weil nur dann die für die Zuordnung entscheidende Elterninformation vorliegt. Zur Bevölkerung

© Springer Fachmedien Wiesbaden GmbH, ein Teil von Springer Nature 2019
C. Helmchen, *Stereotype Threat im Englischunterricht*,
https://doi.org/10.1007/978-3-658-27527-3_4

Anteil von 21,0 Prozent an der Gesamtbevölkerung. 9,3 Mio. (11,5 Prozent) davon sind Menschen mit deutscher Staatsbürgerschaft, 7,8 Mio. davon sind Ausländer*innen, das entspricht 9,5 Prozent der Bevölkerung. Zwei Drittel aller Personen mit Migrationshintergrund (11,5 Mio. Menschen) haben eigene Migrationserfahrung, davon sind 6,4 Mio. Ausländer*innen. Die Mehrheit der Personen mit Migrationshintergrund stammt aus Europa und verteilen sich wie folgt auf einzelne Länder: Türkei (16,7 Prozent), Polen (9,9 Prozent), Russische Föderation (7,1 Prozent). Das einzige nichteuropäische Land, aus dem eine bedeutende Anzahl von Zuwanderern stammt ist Kasachstan mit 5,5 Prozent. Insgesamt stammen 36,5 Prozent aller Personen mit Migrationshintergrund aus Gastarbeiteranwerbestaaten (vgl. Statistisches Bundesamt, 2016c).

Selbst wenn also von ‚Flut‘, einem ‚vollen Boot‘ oder ähnlich dehumanisierenden Metaphern keine Rede sein kann, erleben die von Wenning kritisierten Aussagen von Politikern in letzter Zeit eine Renaissance und das nicht nur am sogenannten ‚rechten Rand‘ des politischen Spektrums. In Zeiten vermehrter Zuwanderung, aufgrund von Krieg, Vertreibung und wirtschaftlicher Not, entsteht offenbar in Teilen der Gesellschaft einmal mehr ein Gefühl des ‚Wir‘ und ‚Die‘, soziale Kategorien wie ‚Ausländer*in‘ oder ‚Migrant*in‘ gewinnen dadurch an Bedeutung, Eigen- und Fremdgruppen-Denken wird verstärkt und es entstehen Intergruppenkonflikte, die häufig mit Delegitimation und Abwertungen der Fremdgruppe einhergehen. Zu dieser Fremdgruppe gehören jedoch nicht nur Geflüchtete. Plötzlich finden sich auch Menschen mit Migrationshintergrund, die seit langer Zeit in Deutschland leben oder in diesem Land geboren sind, im Alltag erneut in dieser Gruppe wieder. Das in Teilen der Gesellschaft ohnehin häufig negative Bild von Menschen mit Migrationshintergrund wird beispielsweise durch Darstellungen in den Medien, rechten Populismus, aber auch durch tatsächliche Konflikte im Zusammenhang mit den verstärkten Migrationsbewegungen, die unzulässig verallgemeinert werden, am Leben gehalten und verstärkt. Diffuse Angst und Abneigung, die viele Menschen zu empfinden scheinen, sind relativ abstrakte Konstrukte, deren Ursprung sich in vielen Fällen kaum rational erklären lässt. Nicht nur in der Wissenschaft wird daher meist mangelnder Kontakt zu Mitgliedern der Fremdgruppe und mithin fehlendes Wissen über deren Mitglieder als Ursache genannt. ‚Wissen‘ über Ausländer*innen, Migrant*innen und Geflüchtete besitzen zwar alle, in der Regel handelt es sich hierbei allerdings um vornehmlich stereotypes Wissen. Was diese Art Wissen beinhaltet, woraus es sich speist und wie es sich erhält ist Gegenstand dieses Kapitels.

3.1 Stereotype – Eine kurze Einführung

Bis heute herrscht keine vollkommene Einigkeit über eine einheitliche Definition des Begriffes Stereotyp. Während neuere Definitionen zwar nicht mehr von einer zwangsläufigen Negativität von Stereotypen ausgehen, wenngleich Stangor (2000, 2009) mit

---

mit Migrationshintergrund im weiteren Sinne gehören zusätzlich jene Deutsche mit Migrationshintergrund, die ihre deutsche Staatsangehörigkeit seit Geburt besitzen und nicht (mehr) mit den Eltern im selben Haushalt leben. Sie sind ausschließlich durch die bislang nur 2005 und 2009 gestellten Zusatzfragen zum Migrationsstatus der nicht im Haushalt lebenden Eltern als Menschen mit Migrationshintergrund identifizierbar (Statistisches Bundesamt, 2016b).

einem Verweis auf die Forschungslage darauf hinweist, dass wir deutlich mehr negative als positive Stereotype generieren, existiert in Bezug auf die Details immer noch großer inhaltlicher Dissens. „There are tens if not hundreds of definitions in the literature [...]" (ebd.: 2). Ashmore und Del Boca (1981: 21) machen drei Kernpunkte in der Definition von Stereotypen aus, über die besonders starke Uneinigkeit herrscht: (1) Die Frage, ob Stereotype *per definitionem* negativ sind, (2) ob es sich bei Stereotypen um individuelle oder konsensuell geteilte Überzeugungen handelt und (3) ob Stereotype vor allem der Charakterisierung oder der Differenzierung dienen. Als im Allgemeinen anerkannter definitorischer Rahmen gilt jedoch: Stereotype sind kognitive Strukturen, welche die wahr- oder angenommenen Charakteristika sozialer Gruppen beinhalten. In anderen Worten: Stereotype sind eine Menge von Überzeugungen hinsichtlich der Eigenschaften von Gruppen von Individuen (vgl. bspw. Ashmore & Del Boca, 1981; Hamilton & Sherman, 1994; Stangor, 2000; Stangor, 2009; Stangor & Schaller, 1996): „[...] [W]e propose the following as the core meaning of the term "stereotype": *A set of beliefs about the personal attributes of a group of people.*" (Ashmore & Del Boca, 1981: 16; Hervorhebungen im Original), „[B]eliefs about the characteristics of groups of individuals [...]" (Stangor, 2000: 5), „[...] [S]tereotypes represent the traits that we view as characteristic of social groups, or of individual members of those groups and particularly those that differentiate groups from each other" (Stangor, 2009: 2).

Es herrscht Uneinigkeit bei der Frage, inwiefern Stereotype individuelle Phäno-mene oder Produkt gesellschaftlich kulturellen Konsens' sind. Unterschieden wird des-halb häufig zwischen den Begriffen ‚Stereotype', als Menge von Überzeugungen eines Individuums oder einiger weniger Individuen, und ‚kulturelle Stereotype', als Menge von Überzeugungen hinsichtlich Charakteristika, die einer sozialen Gruppe auf gesell-schaftlicher Ebene zugeschrieben werden, eine Art ‚kulturellen Wissens', wie es in der Einführung zu diesem Kapitel genannt wurde (vgl. Ashmore & Del Boca, 1981; Stangor, 2000, 2009; Stangor & Schaller, 1996).

Der individuelle Zugang geht auf sozialkognitive Ansätze in den Vereinigten Staa-ten zurück und geht davon aus, dass Individuen mit der Zeit und auf Basis ihrer Wahr-nehmung der Umwelt Überzeugungen in Bezug auf Charakteristika von für sie relevan-ten Gruppen in ihrer Umwelt ausbilden. In diesem Prozess werden beim direkten Auf-einandertreffen mit Personen Informationen über deren soziale Gruppen interpretiert, abgespeichert und im Bedarfsfall abgerufen. Das Zusammenspiel von neu erworbener und bestehender Information kann dabei zu einem Informationsbias führen. Das bedeu-tet, bestehende Stereotype haben einen Einfluss darauf, was wahrgenommen, wie es verarbeitet und was davon erinnert wird (vgl. Stangor & Schaller, 1996). Eine Vorstel-lung davon, wie diese Prozesse verlaufen, bieten die Modelle zur Eindrucksbildung von Brewer (1988) sowie Fiske und Neuberg (1990).

Der kulturelle Ansatz beruht auf der Annahme, dass die Gesellschaft ein Speicher von Informationen ist und dass Stereotype somit etwas wie kollektives Wissen über so-ziale Gruppen sind, das von den Mitgliedern einer Kultur geteilt wird. Konsens über die Charakteristika sozialer Gruppen rührt zum Teil daher, dass Menschen, die eine gemein-same Kultur teilen, ähnliche Kontakte zu Mitgliedern anderer Gruppen haben. „Because people's beliefs are based in part on their common perceptions of social behavior, they should have common stereotypes" (Stangor, 2000: 7 mit Bezug auf Gardner, 1994). So existieren Stereotype nicht nur im Kopf des Individuums, sondern sind strukturell verankerter Teil der Gesellschaft und werden indirekt durch Informationen gelernt, die von Eltern, Lehrern, Freunden, politischen und religiösen Führern und Massenmedien vermittelt werden (vgl. Stangor & Schaller, 1996). In vielen Fällen geschieht dies allein durch die Beobachtung des Verhaltens relevanter anderer gegenüber Mitgliedern von Fremdgruppen (vgl. Stangor, 2000). Eine besondere Rolle in diesem Erwerbsprozess kommt der Sprache zu. Worte können Gruppenmitglieder entweder schlicht bezeichnen oder besitzen einen ihnen inhärenten pejorativen Gehalt (z.B. ‚Frauen' vs. ‚Weiber'). Ebenso bedeutsam und das in immer weiter zunehmendem Maße ist der Einfluss von Medien (s. auch Abschnitt 3.4). Die Darstellungen von Individuen in den Medien beeinflussen die ‚Bilder in unseren Köpfen' maßgeblich. Diese Form der Übertragung von Stereotypen erreicht Millionen, wenn nicht gar Milliarden von Menschen und ist sowohl grenzen- als auch zeitlos. In modernen Gesellschaften sind Medien wie Literatur, Fernsehen, Filme, Zeitungen und sogar Aufkleber der größte ‚Transmitter' von Stereotypen (vgl. Stangor & Schaller, 1996). In den letzten Jahren haben zudem soziale Netzwerke eine enorm mächtige Präsenz und Position zur Verbreitung kultureller aber eben auch individueller Stereotype eingenommen, die gerade unter Jugendlichen andere Medien bereits verdrängt haben (vgl. Feierabend, Plankenhorn & Rathgeb, 2015: 11). Als Teil interindividueller Kommunikation, können sich individuelle Stereotype in kulturelle verwandeln (vgl. Stangor, 2000); soziale (Massen-)Medien werden diesen Prozess wahrscheinlich beschleunigen und verstärken.

3.1.1 Ethnizitätsbezogene Stereotype

Es existiert wohl kaum eine soziale Gruppe über die es nicht auch kulturelle Stereotype gibt. Selbst wenn wir uns bemühen, Individuen auch individuell zu betrachten, werden wir tagtäglich Menschen begegnen, die wir innerhalb von Bruchteilen von Sekunden kategorisieren und stereotypisieren. Wahrscheinlich sind es vor allem große soziale Gruppen und solche, die durch die sogenannten *primitive categories* (besonders saliente Stimulusdimensionen im Rahmen sozialer Kategorisierung wie Alter, Geschlecht und Hautfarbe/Ethnizität; vgl. Hamilton & Sherman, 1994: 7) determiniert werden, über die es die meisten Stereotype gibt, aus dem einfachen Grund, dass ‚alle' sie kennen und mit ihnen zu tun haben. Sie überwinden geographische und zeitliche Grenzen. Stereotype über Frauen und Männer, Senioren und Jugendliche oder Engländer und Italiener kennt wahrscheinlich jeder, ohne sie zwangsläufig zu teilen. Anders ist es gewiss mit den Fans des Fußballvereins Machhindra FC aus dem nepalesischen Kathmandu. In diesem Fall wäre es wohl eher die nationale Herkunft dieser Fußballfans, die stereotype Assoziationen aktiviert. Ethnizitätsbezogene Stereotype waren schon sehr früh Gegenstand der Forschung auf diesem Gebiet (vgl. bspw. Bastide & den Berghe, 1957; Bayton, 1941; Katz & Braly, 1933; Prothro & Melikian, 1954) und ethnizitätsbezogene Stereotype sind auch für diese Arbeit von besonderem Belang.

Die Wahrscheinlichkeit, dass Menschen ethnizitätsbezogene Stereotype hegen und diese auch regelmäßig aktiviert werden, ist im Hinblick auf die Kategorisierung bei der Eindrucksbildung (vgl. Brewer, 1988; Fiske, 1988; Fiske & Neuberg 1990), der *Social Identity Theory* und der Salienz herkunftsbedingter physischer Merkmale wohl relativ hoch. Ehrlich konstatiert: „No person can grow up in a society without having learned the stereotypes assigned to the major ethnic groups" (Ehrlich, 1973: 35).

Abgesehen von der Stereotypenbildung auf individueller und kultureller Ebene, schlägt Brigham (1971) für ethnizitätsbezogene Stereotype und Vorurteile eine weitere Möglichkeit vor. Bei der Analyse verschiedener empirischer Forschungsarbeiten zu Stereotypen über Afroamerikaner*innen bemerkte er, dass Befragte den ‚typischen' schwarzen Collegestudenten als ‚gesprächig', ‚intelligent', ‚glücklich', ‚fair', ‚freundlich' und ‚kultiviert' beschrieben, während Überzeugungen über ‚typische' Afroamerikaner*innen in der Regel deutlich negativer ausfielen. Diese resultierten anscheinend eher aus der Zuordnung zu sozial schwachen Schichten, da die Attribute für weiße Amerikaner*innen aus sozial schwachen Schichten denen für ‚typische' Afroamerikaner*innen glichen (‚ignorant', ‚faul', ‚laut', ‚dreckig') (vgl. Brigham, 1971: 20f.), es handelt sich folglich um eine Übertragung von Zuschreibungen aufgrund ähnlicher Gruppencharakteristika.

Hinsichtlich des Ursprungs von ethnizitätsbezogenen Stereotypen und Vorurteilen bei Kindern gibt es verschiedene Theorien. Dabei sind sich Kinder schon im Alter von vier bis fünf Jahren der sozialen Bedeutung von Hautfarbe und Ethnizität bewusst (vgl. Brigham, 1971). Vieles spricht für die Annahme, dass Kinder Vorurteile und Stereotype vor allem durch Beobachtung und Imitation von Bezugspersonen und Rollenvorbildern wie ihren Eltern erlernen (vgl. Bandura, 1971) und sie im Zeitverlauf als Einstellungen übernehmen. Weitere Faktoren wie Intergruppenkontakt (vgl. bspw. Wagner, van Dick, Pettigrew & Christ, 2003) und soziale Identität (vgl. Nesdale, 1999) tragen ebenfalls dazu bei. Es existieren sogar Hinweise darauf, dass interkulturelles Lernen, durch die Betonung kultureller Differenz, zu Bildung und Erhalt von Stereotypen und Vorurteilen beitragen könnte (für einen Überblick vgl. Levy & Hughes, 2009: 26ff.). Unabhängig davon, wie sich ethnizitätsbezogene Einstellungen bei Kindern generieren, sind Kinder sich der Existenz solcher Vorurteile und Stereotype schon früh bewusst und haben auch ein Verständnis von deren Bedeutung. Eine Studie mit Kindern zwischen sieben und zwölf Jahren mit mexikanischem Migrationshintergrund in den Vereinigten Staaten zeigt, dass hierfür vor allem die Sozialisation in Bezug auf Ethnizität durch die Eltern, deren Akkulturationsgrad und herkunftsbezogene Verhaltensweisen (Sprache, Essen, Bräuche) verantwortlich sind. Hier zeigt sich der Einfluss der Bedeutung von sozialen Gruppen für das Selbst, bzw. Eigen- und Fremdgruppenempfinden und dem damit einhergehenden Gefühl der Differenz in Bezug auf die Mehrheitsgesellschaft und deren Attribuierungsmuster (vgl. Quintana & Vera, 1999).

Die Messung oder Erhebung solcher Stereotype sowie deren gesellschaftliche Verbreitung sind allerdings besonders schwierig. Die beispielsweise von Katz und Braly (1933) benutzten Adjektivlisten, in denen Proband*innen Zustimmung oder Ablehnung in Bezug auf eine Gruppe signalisieren und die lange Zeit mehrheitlich zur Erhebung ethnizitätsbezogener Stereotype verwandt wurden, bergen entscheidende Nachteile. Hamilton und Trolier (1986) kritisieren ihre hohe Anfälligkeit für Effekte sozialer Erwünschtheit, einer Verzerrung des Antwortverhaltens von Probanden aus Furcht vor sozialer Ablehnung (vgl. bspw. Edwards, 1957) und *Impression Management* (vgl. bspw. Mummendey & Bolten, 1993; Tedeschi, 2013), dem Bemühen von Individuen, den Eindruck der eigenen Person auf andere zu kontrollieren. Nur wenige Menschen würden wahrscheinlich offen zugeben, dass sie Stereotype oder Vorurteile bezüglich Menschen anderer Herkunft hegen, in dem Bewusstsein, dass die Gesellschaft solche Einstellungen mehrheitlich ablehnt. Zudem zeigen Studien, dass gebräuchliche ethnizitätsbezogene Stereotype eine hohe Zeitstabilität aufweisen und dass ethnische Gruppen solche Stereotype auch für das Selbst akzeptieren (vgl. Brigham, 1971).

Als Alternative zur direkten Erhebung von Stereotypen dienen auf kognitive Prozesse ausgerichtete Methoden, welche die assoziative Stärke der Verbindung von Ethnizitätskonzepten und bestimmten Attributen messen, wie zum Beispiel *Lexical Decision Tasks* (vgl. Meyer & Schvaneveldt, 1971). Es existieren zwar verschiedene Formen dieses Tests, die grundlegende Idee ist jedoch, dass Probanden entscheiden müssen, ob es sich bei einem ihnen präsentierten Stimulus um ein Wort handelt oder lediglich um eine sinnlose Buchstabenfolge. Bei den tatsächlichen Worten handelt es sich um zum Teil arbiträr ausgewählte Begriffe, zum anderen Teil aber auch um Attribute, deren stereotype Assoziation mit einer sozialen Gruppe gemessen werden soll, sowohl positive als auch negative. Zeitgleich wird, zum Beispiel subliminal durch Bilder o.ä., ein bestimmtes Konzept salient gemacht (*Priming*), wie zum Beispiel Ethnizität. Anhand der gemessenen Reaktionszeit der Probanden werden Rückschlüsse auf besonders stark mit der Zielgruppe verbundene Attribute gezogen. Besonders schwierig ist die Messung von ethnizitätsbezogenen Stereotypen bei Kindern (für einen Überblick über verschiedene Methoden vgl. Levy & Hughes, 2009). In Instrumentarien wie dem *Preschool Racial Attitude Measure* (vgl. Williams, Best & Boswell, 1975) oder dem *Multi-Response Racial Attitude Measure* (vgl. Doyle & Aboud, 1995) werden Kinder gebeten, positive und negative Attribute an Mitglieder von Eigen- und Fremdgruppe zu vergeben. Die *Black/White Intergroup Attitude Scale* (Hughes, Bigler & Levy, 2007) misst ethnizitätsbezogene Stereotype in den verschiedenen Dimensionen Arbeit, Freizeit und Eigenschaften. Stereotype und Vorurteile werden dabei in klar voneinander getrennten Items gemessen (vgl. Hughes, Bigler & Levy, 2007; Levy & Hughes, 2009).

3.1.2 Das Stereotype Content Model

Das *Stereotype Content Model* (SCM) (Fiske et al. 2002) ist Resultat eines Paradigmenwechsels innerhalb der Stereotypenforschung. Im Fokus steht nicht länger der Inhalt von Stereotypen, sondern Stereotypisierungsprozesse, die, so die zugrundeliegende Annahme, systematischen, generalisierbaren Prinzipien folgen und hinsichtlich Zeit, Ort und Fremdgruppe stabil sind. Durch die Identifikation dieser Prinzipien ließe sich auch auf den Inhalt von Stereotypen schließen (vgl. ebd.). Eine Vielzahl von Forschungsarbeiten bestätigen die Validität des SCM (für einen Überblick vgl. Cuddy, Fiske & Glick, 2008). Mit Bezug auf Arbeiten zu Intergruppenverhalten und sozialer Wahrnehmung postulieren Fiske et al. (2002), dass Wärme (*Warmth*) und Kompetenz (*Competence*) zwei universale Dimensionen sozialer Wahrnehmung darstellen, die es dem Wahrnehmenden ermöglichen, Zielsetzungen (*Intent*) des Gegenüber in Bezug auf die Eigengruppe und die Effektivität, mit der diese Ziele verfolgt werden können (*Capability*), vorherzusehen. Diese Charakteristika korrespondieren laut Fiske et al. mit den Dimensionen Wärme und Kompetenz. Während die Wärme-Dimension Eigenschaften wie Freundlichkeit, Hilfsbereitschaft und Vertrauenswürdigkeit beinhaltet, werden

Eigenschaften wie Intelligenz, Fähigkeit und Effizienz der Kompetenz-Dimension zugeschrieben (vgl. Fiske, Cuddy & Glick, 2007). Das SCM-Verfahren lässt zwar keine eindeutige Zuordnung von bestimmten Adjektiven zu bestimmten sozialen Gruppen zu, wie es beispielsweise mit den von Katz und Braly (1933) entwickelten Adjektivlisten möglich ist, es eröffnet jedoch die Möglichkeit relationaler Rückschlüsse auf spezifische Inhalte durch Clusterbildung und verleiht durch den deutlich weiteren und offeneren Verortungsrahmen zugleich ein gehaltvolleres Bild der Wahrnehmung sozialer Gruppen. Störfaktoren, wie Polysemie oder interindividuelle oder interkulturelle Konnotationsdifferenzen, die bei Adjektivlisten vorkommen können, werden ausgeschlossen.

Auf dieser abstrakteren Ebene definieren Fiske et al. Wärme und Kompetenz so: „Stereotypes depict out-groups as competent to the extent that they are perceived as powerful and high status; stereotypes depict out-groups as relatively warm and nice to the extent that they do not compete with others" (Fiske, Cuddy, Glick & Xu, 2002: 882). Häufig ist die Gewichtung der Dimensionen ungleichgewichtig, d.h. besonders hoch in einer Dimension und besonders niedrig in der anderen, wodurch sich die Koexistenz positiver und negativer Stereotype über Gruppen erklären lässt. Hausfrauen erreichen typischerweise hohe Werte in der Wärme-Dimension und zugleich eher niedrige Werte in der Kompetenz-Dimension. Das umgekehrte Bild zeigt sich für reiche Menschen. Obdachlose erreichen hingegen in beiden Dimensionen nur niedrige Werte (vgl. ebd.: 80; Fiske, Cuddy, Glick & Xu, 2002: 78f.; Abbildung 3.2). Zwei innerhalb der Forschung zu Intergruppenbeziehungen bedeutende Variablen, Status und Konkurrenz, agieren dabei als Prädiktor.

We suggest that for subordinate, noncompetitive groups (e.g., elderly people), the positive stereotype of warmth acts jointly with the negative stereotype of low competence to maintain the advantage of more privileged groups. For high-status, competitive out-groups (e.g., Asians), the positive stereotype of their competence justifies the overall system but acts jointly with the negative stereotype of low warmth to justify the in-group's resentment of them (Fiske, Cuddy, Glick & Xu, 2002: 878f.).

Im Rahmen des SCM wird zudem davon ausgegangen, dass die Wahrnehmung von Wärme und Kompetenz emotionale und behaviorale Reaktionen gegenüber der jeweiligen Gruppe hervorrufen (Abbildung 3.1). Fiske et al. postulieren, dass als warm und inkompetent wahrgenommene Gruppen (z.B. Senioren) bedauert, als kompetent und kalt wahrgenommene Gruppen (z.B. Reiche) beneidet, als kalt und inkompetent wahrgenommene Gruppen (z.B. Obdachlose) verachtet und als kompetent und warm wahrgenommene Gruppen (z.B. die Eigengruppe) bewundert werden. Fiske et al. stufen Stereotype der warm/inkompetent-Dimension als paternalistisch ein. Sie kämen beispielsweise bei Stereotypen in Bezug auf Alter, Ethnizität, Geschlecht und Dialekt vor. Ein Beispiel hierfür ist ambivalenter Rassismus, der einerseits Inkompetenz und Faulheit unterstellt, andererseits jedoch paternalistische Einstellungen beinhaltet, wie das Bedürfnis zu helfen und die Empfindung von Mitleid.

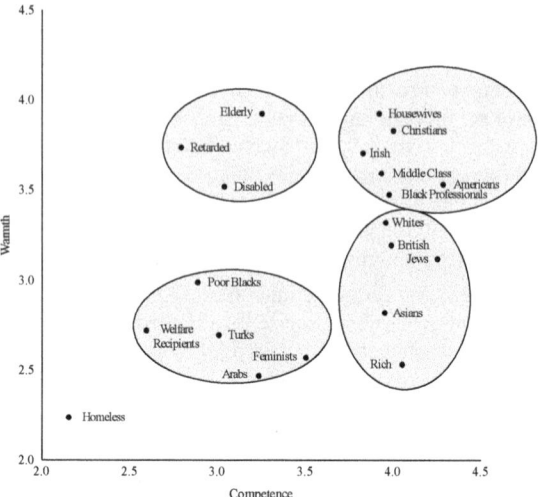

Abbildung 3.2: Scatter-Plot und Cluster Analyse hinsichtlich Wärme- und Kompetenz-Bewertungen von 20 Gruppen (Fiske, Cuddy & Glick, 2007: 80).

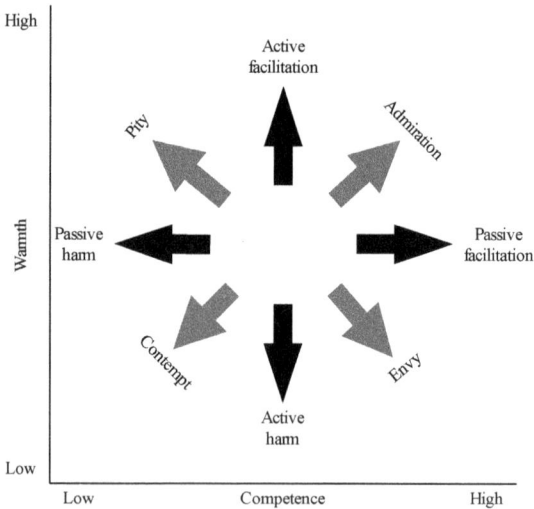

Abbildung 3.1: Schematische Darstellung emotionaler und behavioraler Reaktionen auf die Wahrnehmung von Wärme und Kompetenz (Fiske, Cuddy & Glick, 2007: 81).

Fiske et al. fanden zudem heraus, dass Gruppenstatus und Interdependenz reliable Prädiktoren für die wahrgenommene Wärme und Kompetenz ist. Sozialer Status korreliert mit empfundener Kompetenz, während intergruppale Konkurrenz mit als gering empfundener Wärme korreliert (Fiske, Cuddy, Glick & Xu, 2002).

3.2 Ethnische Stereotype in Deutschland

„We posit that western European countries have been developing a norm against blatant prejudice" (Pettigrew & Meertens, 1995: 73). Die Entwicklung solcher gesellschaftlichen Normen sozialer Unerwünschtheit führen dazu, dass offene Vorurteile kaum noch öffentlich geäußert werden (vgl. bspw. Taylor, Sheatsley & Greeley, 1978). Es bedeutet aber keinesfalls das Ende ihrer Existenz und gesellschaftlichen Verbreitung. Während offene Vorurteile rassistischer Natur wohl tatsächlich nur bei einem geringen Teil der Bevölkerung vorhanden sind, ist das, was Pettigrew und Meertens (vgl. 1995, 2001) mit *Subtle Prejudice* bezeichnen, deutlich weiter verbreitet. Während offene Vorurteile (*Blatant Prejudice*) laut Pettigrew und Meertens den Glauben an genetische Inferiorität und die Ablehnung von Kontakt im privaten sowie im beruflichen Umfeld beinhalten, drücken sich subtile Vorurteile (*Subtle Prejudice*) durch die Verteidigung traditioneller Werte, die Übertreibung kultureller Unterschiede durch grobe Stereotype und Ablehnung positiver Emotionen gegenüber der Fremdgruppe aus. Kessler et al. (vgl. Kessler et al., 2010) sehen die in der *Self Categorization Theory* postulierte Evaluation von Subgruppen im Vergleich zu einer übergeordneten Gruppe als Grund dafür. Sie beziehen sich dabei auf das *Ingroup Projection Model* (vgl. Mummendey & Wenzel, 1999), demzufolge Subgruppen ihre Attribute auf die Supragruppe projizieren. Die Wahrnehmung der Eigengruppe als besonders prototypisch führt zu einer positiven Bewertung der Eigen- und einer weniger positiven Bewertung der Fremdgruppe, die affektive und behaviorale Reaktionen auf die Fremdgruppe beinhaltet. Negative intergruppale Emotionen tragen zur Abwertung der Fremdgruppe bei. Die von Mitgliedern von Majoritäten empfundene, hohe Prototypizität bestimmt somit intergruppale Einstellungen gegenüber Migrant*innen. In diesem speziellen Fall, argumentieren Kessler et al., dass autochthone und allochthone Personen Teil der Gesellschaft als inklusiver Supragruppe sind.

[…] [P]erceived relative ingroup prototypicality not only predicted also causally influences intergroup emotions, prejudice and competitive behavior. Majority members perceived as immigrants are part of the whole society. However, this inclusion means that immigrants are evaluated according to the standards of the society, at least as they are perceived by the majority. Hence, our participants might have had in mind that 'we all live in Germany, but we are more typical Germans than you (the immigrants); therefore we feel negatively towards you and evaluate you negatively' (Kessler et al., 2010: 995).

Ausdrucksformen subtiler Vorurteile lassen sich nicht nur am rechten Rand des politischen Spektrums beobachten. Diese von Pettigrew und Meertens als moderne Form des Vorurteils bezeichneten Einstellungen sind weit weniger vom Stigma sozialer

Unerwünschtheit betroffen. Die Verteidigung traditioneller Werte und Betonung kultureller Unterschiede sind auch Markenzeichen politischen Konservativismus' und finden im Gegensatz zu offen rassistischen Vorurteilen relativ breite gesellschaftliche Akzeptanz. So verwundert es nicht, dass Zick et al. von einem weitverbreiteten Phänomen in Europa sprechen (vgl. Zick, Küpper & Hövermann, 2011; Zick, Pettigrew & Wagner, 2008). Verbale Verfehlungen von Politikern aus der vielzitierten ‚Mitte der Gesellschaft', wie die Rede von EU-Kommissar Günther Oettinger, in der er Chinesen als ‚Schlitzohren und Schlitzaugen' bezeichnete, die des Bundesministers für wirtschaftliche Zusammenarbeit und Entwicklung, Gerd Müller, der auf einem Parteikongress der CDU/CSU sagte, afrikanische Männer gäben ihr Geld für Alkohol, Suff, Drogen und Frauen aus oder Thilo Sarrazin (vgl. exemplarisch 2010), der jeglicher wissenschaftlicher Grundlage entbehrende rassistische Theorien (für eine Kritik vgl. Haller & Niggeschmidt, 2012) über die genetisch bedingte mindere Intelligenz von türkischen oder arabischen Migrant*innen aufstellt und in der Presse von „kleinen Kopftuchmädchen" spricht, stehen beispielhaft dafür. Ebenso beispielhaft für die latente Akzeptanz in Teilen der Gesellschaft ist die politische Konsequenzlosigkeit solcher Aussagen. Die gesellschaftliche Position und damit einhergehende Autorität solcher Personen verleiht entsprechenden Aussagen sogar noch eine Art Legitimation und scheinbare Substanz, die derartige kulturelle Stereotype weiter festigen. Auch die Ablehnung der Zugehörigkeit des Islams zu Deutschland bzw. der deutschen Gesellschaft wird in vielen Deutschen muslimischen Glaubens die Empfindung hervorrufen, selbst nicht dazuzugehören. Eine aktuelle Umfrage in Deutschland zeigt, dass beinahe 50 Prozent der Befragten Asylsuchende abwerten und knapp 20 Prozent muslimfeindliche Einstellungen zeigen (vgl. Zick, Küpper & Krause, 2016). Ob offen rassistische oder subtile Vorurteile, negative Einstellungen einer Gesellschaft in Bezug auf eine Gruppe sind nicht ausreichend, um *Stereotype Threat* auszulösen. Es bedarf spezifischer negativer Stereotype über eine soziale Gruppe, die ein Defizit von Gruppenmitgliedern in einer bestimmten Domäne nahelegen, wie z.B. geringere Intelligenz, mathematische oder athletische Fähigkeiten.

Steele und Aronson zeichnen von Beginn ihrer Arbeit an ein klares Bild der kulturellen Stereotype über Afroamerikaner*innen in den Vereinigten Staaten (lazy, poor, welfare, loser, inferior, flunk; vgl. Steele & Aronson, 1995: 802ff.), ohne jedoch an irgendeiner Stelle Quellen dafür heranzuziehen. Sie gehen offensichtlich von einer allgemeinen Bekanntheit solcher Zuschreibungen aus und stützen sich in ihren Experimenten wahrscheinlich auf Adjektivlisten, wie beispielsweise von Katz und Braly (1933) verwandt wurden. Forschung zu kulturellen Stereotypen anhand von Adjektivlisten, wie die von Katz und Braly, existieren auch hierzulande und reichen in Deutschland bis in die 1970er Jahre zurück (vgl. bspw. Mummendey et al., 1979; Mummendey, Bolten & Isermann-Gerke, 1982). Wenngleich diese Methode nicht nur aufgrund ihrer fehlenden theoretischen Fundierung und ihres Suggestionspotentials zurecht in der Kritik steht (vgl. Brigham, 1971; Devine & Elliot, 1995; Madon et al., 2001), liefert die große Anzahl an Forschungsarbeiten, die sich dieser Methode bedient haben, allerdings klare Zuordnungen von stereotypischen Eigenschaften in Bezug auf diverse Gruppen und über einen langen Zeitraum hinweg.

Mit dem eigentlichen Ziel, die Validität des *Bogus-Pipeline-Paradigmas*[13] (vgl. Jones & Sigall, 1971; Sigall & Page, 1971) nachzuweisen, ließen Mummendey et al. (vgl. 1979, 1982) Proband*innen verschiedene ethnische Gruppen („Deutsche", „Holländer", „Türken" bzw. „Türkische Gastarbeiter" und „Schwarzafrikaner"[14]; Mummendey et al., 1979: 3f.) anhand von Adjektiven beurteilen. Im ersten Experiment benutzten sie dazu eine Übersetzung der Adjektive von Sigall und Page (1971)[15]. Im zweiten Experiment wurden den Versuchspersonen elf Adjektive präsentiert, die mithilfe einer Voruntersuchung[16] ausgesucht worden waren. In beiden Versuchen dienten „Holländer" als Vergleichsgruppe, um mögliche Bias durch ein „negatives Deutschenbild" (Mummendey et al., 1979: 3) der befragten Studierenden berücksichtigen zu können. Neben der Bestätigung der Validität des *Bogus-Pipeline-Paradigmas*, vermitteln die Ergebnisse von Mummendey et al. einen Eindruck der Einstellungen in Bezug auf die untersuchten Gruppen zu Beginn der 1980er Jahre. Die befragten Studierenden der ersten Studie hielten „Türken" und „Schwarzafrikaner" beispielsweise für weniger fleißig, intelligent, progressiv und gebildet als „Holländer", Befragte der zweiten Studie (Vor- und Hauptuntersuchung) hielten „Türken" für ungebildeter, hinterhältiger, triebhafter, unsauberer, weniger zuverlässig und vertrauenswürdig.

Um das Problem der hohen Suggestivität von Adjektivlisten zu umgehen, haben Kahraman und Knoblich (2000) Stereotype über Deutsch-Türk*innen und Deutsche unter Studierenden mithilfe einer freien Produktionsaufgabe erhoben, bei der Proband*innen innerhalb einer festgelegten Zeit möglichst viele kulturelle Stereotype über eine Gruppe notieren. Dabei werden die Teilnehmer*innen gebeten, nicht ihre persönliche Meinung über eine Gruppe wiederzugeben, sondern ihr Wissen über gesellschaftliche Stereotype. Die Proband*innen listeten dabei zwar gleich viele negative Stereotype über Deutsche und Deutsch-Türk*innen auf, bei positiven Stereotypen trat jedoch ein starkes Ungleichgewicht auf. „Post-hoc-Tests zeigten, daß signifikant mehr positive

---

[13] Das Bogus-Pipeline-Paradigma ist ein experimentalpsychologischer Ansatz, um Reaktionstendenzen ‚sozialer Erwünschtheit' zu reduzieren, die häufig in sog. Paper & Pencil-Verfahren auftreten. Dabei wird Proband*innen suggeriert, dass der Wahrheitsgehalt ihrer Antworten überprüfbar sei, z.B. durch eine Maschine, die in der Lage ist, emotionale Reaktionen zu messen. Edward Jones und Harold Sigall (1971), Entwickler dieser Methode, maßen unter Anwendung des Bogus-Pipeline-Paradigmas in der Experimentalgruppe eine stärkere Ausprägung negativer Stereotype in Bezug auf Afroamerikaner*innen als in der Kontrollgruppe. „For whatever reason or reasons, subjects attached to the bogus device appear much more ready to express negative affect in experimental settings where one might normally expect the inhibition of such feelings, for instance, toward Negroes and the physically handicapped" (Jones & Sigall, 1971: 349). Die Validität des Bogus-Pipeline-Paradigmas wurde in verschiedenen Studien nachgewiesen (vgl. bspw. Alexander & Fisher, 2003; Jones & Sigall, 1971; Lowe, Windsor, Adams, Morris & Reese, 1986; Murray, O'Connell, Schmid & Perry, 1987, Sigall & Page, 1971).

[14] In Abgrenzung zu Afroamerikaner*innen, um eine Verzerrung aufgrund negativer Einstellungen zu US-Amerikaner*innen auszuschließen.

[15] Ursprünglich von Katz und Braly (1933). In dieser ersten Studie erwies sich jedoch unter anderem die mangelnde Übertragbarkeit der aus dem Englischen übersetzten Adjektive als problematisch.

[16] In einer Voruntersuchung wurden aus einer Liste von 44 Adjektiven mittels einfaktorieller Varianzanalysen 11 ausgesucht, die zwischen den drei Gruppen diskriminieren. (vgl. Mummendey, Bolten & Isermann-Gerken, 1982: 303).

Äußerungen zum deutschen Stereotyp gemacht wurden als zum türkischen Stereotyp" (Kahraman & Knoblich, 2000: 34). Dovidio, Mann und Gaertner beschreiben diese in ihrer Studie zu Stereotypen über Afroamerikaner*innen und weiße Amerikaner*innen ebenfalls gefundene Disparität so: „Blacks are not worse, but Whites are better" (Dovidio, Mann, & Gaertner, 1989: 88). In der Studie von Kahraman und Knoblich ließen sich mithilfe einer qualitativen Inhaltsanalyse 78 Prozent der genannten Stereotype über Deutsch-Türk*innen einer der folgenden Kategorien zuordnen: primitiv (18%), traditionsgebunden (18%), Gemeinschaft (17%), gefährlich (15%), Männerdominanz (10%) (vgl. Kahraman & Knoblich, 2000: 34).

Aktuellere Erhebungen zu kulturellen ethnizitätsbezogenen Stereotypen orientieren sich zum Teil an weiter gefassten und abstrakteren Konzepten, wie zum Beispiel Kompetenz, Traditionsgebundenheit, Nationalstolz, Religiosität etc., mit denen bestimmte stereotypische Konnotationen assoziiert sind. Ein Forschungsprojekt zu Auto- und Heterostereotypen von Deutschen und Türk*innen über die jeweilige Fremd- und Eigengruppe zeichnet ein in den Augen der Autoren positives Türk*innen-Bild deutscher Teilnehmer*innen (vgl. Baur, Cosan, Ossenberg, & Uslucan, 2016; Baur & Ossenberg, 2016, Tabelle 3.1). Auf den ersten Blick bestätigt sich dieser Eindruck zwar, ein Vergleich mit deutschen Autostereotypen unter Berücksichtigung des *Stereotype Content Model* lässt dieses positive Bild meines Erachtens jedoch in einem anderen Licht erscheinen. Interessant und bedeutungsvoll an dieser Studie ist weniger die explizite Nennung positiver Eigenschaften, sondern vielmehr das, was nicht genannt wird. Die von Baur und Ossenberg (2016) erhobenen Heterostereotypen von Deutschen über Türk*innen bewegen sich ausschließlich entlang der Wärme-Dimension des SCM. Die befragten Teilnehmer*innen verorten Türk*innen stereotypisch demnach vor allem innerhalb der warm/inkompetent-Dimension ähnlich wie nach dem SCM typischerweise Hausfrauen, Senioren, Haushaltshilfen sowie geistig und körperlich behinderte Menschen eingeordnet werden (vgl. Fiske, Cuddy, Glick & Xu, 2002; Fiske, Cuddy & Glick, 2007). Fiske et al. bemerken in diesem Zusammenhang: „Positive stereotypes of low-status groups' warmth may come at the cost of these groups' [sic] being perceived as incompetent and safely subordinate (i.e., as posing no competitive threat)" (Fiske, Cuddy, Glick & Xu, 2002: 899). Autostereotype der Deutschen bewegen sich hingegen vorwiegend genau innerhalb der Kompetenz-Dimension. Diese Interpretation der Studienergebnisse von Baur und Ossenberg deckt sich teilweise mit den Resultaten von Eckes (2002) und Asbrock (2010) zu kulturellen Stereotypen über verschiedene soziale Gruppen unter Anwendung des SCM. In beiden Studien zeigt sich, dass Immigranten im Allgemeinen, Türken, Muslime und Schwarze (im Vergleich zu Asiaten, Juden und Deutschen) ebenso wie Arbeiter, Hausfrauen oder Arbeitslose, als wenig(er) kompetent wahrgenommen werden. Solche Ergebnisse sind im Übrigen auch in den Vereinigten Staaten zu beobachten, in denen Türk*innen und Araber*innen ebenfalls nur geringe Werte in der Kompetenz-Dimension erreichen (vgl. Fiske, Cuddy & Glick, 2007: 80) und lassen vermuten, dass es sich dabei um kulturelle Stereotype handelt, die in im weiteren Sinn ‚westlichen Gesellschaften' verbreitet sind. Wie in Abschnitt 3.1.2 erwähnt, gewährt das SCM-Verfahren durch dessen weiter gefassten Verortungsrahmen ein gehaltvolleres Bild der Wahrnehmung sozialer Gruppen, da keine Festlegung auf einzelne,

Tabelle 3.1: Die 20 meistgenannten Heterostereotype von Deutschen über Türken und Autostereotypen von Deutschen (Baur & Ossenberg, 2016: 5f., aus unterschiedlichen Tabellen entnommen und zusammengefügt).

Heterostereotype der Deutschen über Türken		Autostereotype der Deutschen	
Antwort	**Prozent**	**Antwort**	**Prozent**
religiös	49,46	pünktlich	52,44
familienorientiert	49,31	bürokratisch	38,47
heimatliebend	46,03	trinkfreudig	36,56
traditionsgebunden	45,72	diszipliniert	35,87
gastfreundlich	45,19	pflichtbewusst	35,49
nationalstolz	40,00	ordentlich	33,81
stolz	38,39	fleißig	32,67
Zusammengehörigkeitsgefühl	31,06	zuverlässig	28,39
gesellig	27,78	gute Organisatoren	28,32
freundlich	27,48	gründlich	28,09
kinderlieb	25,11	zielstrebig	27,93
gute Hausfrauen	24,73	sparsam	26,25
emotional	23,12	gute Ärzte	25,80
impulsiv	20,83	arbeitsfreudig	25,41
selbstbewusst	20,15	gute Wissenschaftler	24,19
großherzig	19,92	gute Techniker	24,12
konservativ	19,31	umweltbewusst	23,51
großzügig	18,39	fernsehbegeistert	22,97
kameradschaftlich	17,86	fortschrittlich	22,98
höflich	17,78	geizig	22,51
N=1322		N=1322	

in ihrer Anzahl begrenzten, Adjektive geschieht. Zugleich erlaubt die Beziehungsstruktur innerhalb von und zwischen den Clustern auch Rückschlüsse auf spezifische stereotype Inhalte (Abbildung 3.3; Abbildung 3.4; für exakte Werte s. Tabelle 3.2). In beiden Studien wurden Kompetenz und Wärme anhand der gleichen Items gemessen. Beim Vergleich beider SCMs zeigt sich eine hohe Stabilität der Gruppenzuordnungen in Bezug auf beide Dimensionen in einem Zeitraum von acht Jahren.

Auffällig sind in beiden Studien die ebenfalls geringen Werte innerhalb der Wärme-Dimension. Die Ergebnisse der Studie von Baur und Ossenberg (2016) legen ein anderes Bild über Türk*innen in diesem Aspekt nahe. Ursächlich hierfür könnte ein Subgruppen-Effekt sein, der beim SCM auftritt. Fiske et al. (2002) konnten beobachten, dass zwei Subgruppen von Afroamerikaner*innen (‚*poor Blacks*' und ‚*Black professionals*') in zwei sich deutlich voneinander unterscheidenden Clustern verortet wurden. ‚*Poor Blacks*' befanden sich im kalt/inkompetent-Cluster, ‚*Black Professionals*' im kalt/kompetent-Cluster. Ein ähnlicher Effekt ist auch beim Vergleich der hier präsentierten drei Studien anzunehmen. Während Baur und Ossenberg Stereotype über Türk*innen in der Türkei erhoben haben, zeigen die Daten von Eckes (2002) und Asbrock (2010) Einstellungen gegenüber sozialen Gruppen in Deutschland, d.h. Türk*innen sowie türkischstämmige Menschen, die in Deutschland leben. Es ist anzunehmen,

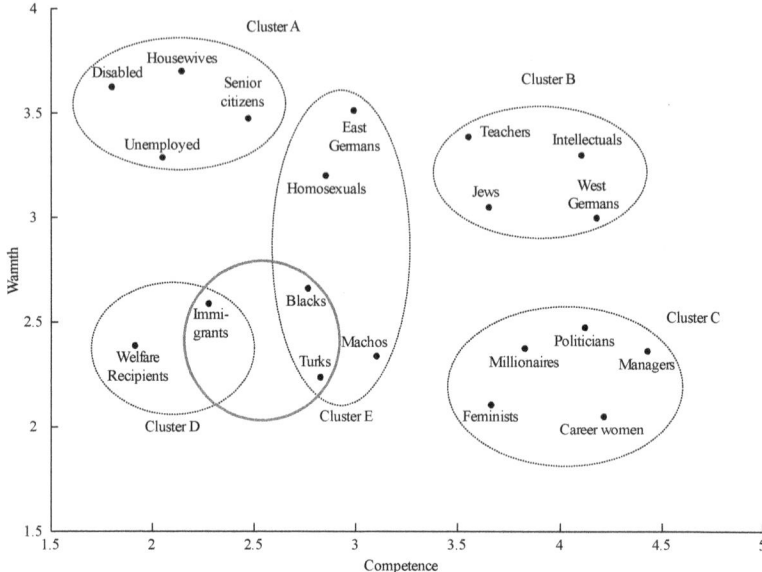

Abbildung 3.3: Cluster sozialer Gruppen in Abhängigkeit von Wärme und Kompetenz Ratings (Eckes, 2002: 109; Hervorhebung hinzugefügt).

dass die Wahrnehmung von in der Türkei lebenden Türk*innen auch aufgrund der größeren Distanz und deshalb geringerem Kontakt von der Wahrnehmung der Deutsch-Türk*innen abweicht, unter Umständen z.b. von Urlaubserfahrungen geprägt ist. Zugleich ist die Wahrscheinlichkeit von Intergruppenkonflikten, schlechten Erfahrungen oder durch Mediendarstellungen negativ geprägten Einstellungen in Bezug auf Deutsch-Türk*innen höher und könnte ebenfalls ursächlich für das insgesamt negativere Bild von Deutsch-Türk*innen sein.

Deutsch-Türk*innen werden, wie die Daten aller drei Erhebungen zeigen, ebenso wie Türk*innen, als wenig kompetent wahrgenommen, zudem erreichen sie auch nur geringe Werte in der Wärme-Dimension. Dies gilt darüber hinaus für Muslime im Allgemeinen und die weniger spezifische Gruppe der Ausländer*innen. „The study also revealed that Turks, Muslims, and foreigners are similarly stereotyped as cold and incompetent. This supports previous findings showing that Turks are perceived as the typical foreigners in Germany […]" (Asbrock, 2010: 80). Auch die von Fiske et al. nachgewiesene Korrelation zwischen geringem sozialem Status und geringer wahrgenommener Kompetenz lässt die Verortung der drei Gruppen (Türk*innen, Muslime und Ausländer*innen) vor dem Hintergrund des durchschnittlich geringeren sozialen Status von Personen mit Migrationshintergrund aus nichtwestlichen Staaten (vgl. bspw. De Groot & Sager, 2010) plausibel erscheinen.

Gewiss begründet in der Tatsache, dass Personen mit türkischem Migrationshintergrund vor Personen mit polnischem oder russischem Migrationshintergrund die größte Migrant*innen-Gruppe in Deutschland darstellen (vgl. Statisches Bundesamt, 2016), fokussieren Studien zu Einstellungen über Migrant*innen im engeren und weiteren Sinn beinahe ausschließlich diese Gruppe. Dabei zeichnen alle Studien das Bild einer traditionszugewandten und religiös orientierten Gruppe mit geringen bildungs-, fähigkeits- und berufsbezogenen Kompetenzen, die vor dem Hintergrund deutscher Autostereotype rückständig wirkt.

Während Studierende in den Experimenten von Mummendey et al. (1979, 1982) zu Beginn der 1980er Jahre angaben, ‚Türken' seien weniger fleißig, intelligent, progressiv und gebildet als ‚Holländer', gaben Studierende zu Beginn der 2000er Jahre an, dass ‚primitiv' eines der meist verbreiteten kulturellen Stereotype über türkischstämmige Personen sei. Autostereotype über Deutsche lassen sich hingegen vor allem innerhalb der Kompetenz-Dimension (exemplarisch hier Kahraman & Knoblich, 2000: 34; ordentlich (16%), leistungsorientiert (16%), rational (13%) und wohlhabend (12%)) verorten. Das Bild geringer Kompetenz in ihren unterschiedlichen Ausprägungen zeichnet

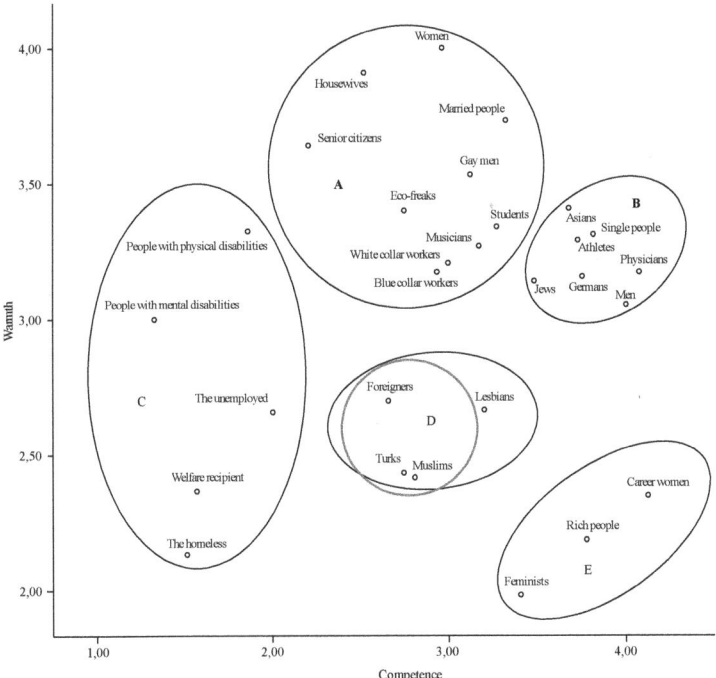

Abbildung 3.4: Cluster sozialer Gruppen in Abhängigkeit von Wärme zu Kompetenz-Ratings (Asbrock, 2010: 78; Hervorhebung hinzugefügt).

Tabelle 3.2: Durchschnittswerte von Wärme und Kompetenz Ratings verschiedener sozialer
Gruppen (Asbrock, 2010: 79).

	Warmth		Competence		
	M	SD	M	SD	t
Cluster A					
Women	4.00	0.55	2.89	0.69	11.37*
Housewives	3.93	0.65	2.57	0.88	12.21*
Senior Citizens	3.58	0.64	2.17	0.65	16.13*
Eco-Freaks	3.33	0.75	2.71	0.75	6.82*
White-collar workers	3.19	0.43	2.96	0.55	3.79*
Blue-collar workers	3.15	0.55	2.91	0.74	3.08
Gay men	3.45	0.60	3.11	0.63	4.10*
Musicians	3.28	0.57	3.12	0.65	1.65
Students	3.32	0.54	3.19	0.78	1.30
Married people	3.70	0.60	3.29	0.62	5.93*
Cluster B					
Men	2.98	0.67	4.04	0.67	-12.18*
Jews	3.09	0.69	3.39	0.66	-2.97
Physicians	3.13	0.70	4.15	0.73	-12.65*
Germans	3.08	0.73	3.70	0.71	-6.43*
Single people	3.27	0.58	3.79	0.54	-6.14*
Asians	3.39	0.59	3.59	0.67	-2.31
Athletes	3.24	0.58	3.67	0.62	-5.52*
Cluster C					
The homeless	2.18	0.62	1.53	0.59	8.52*
Welfare recipients	2.41	0.62	1.62	0.62	11.59*
The unemployed	2.64	0.54	2.01	0.66	10.59*
People with mental disabilities	3.00	0.81	1.38	0.57	17.06*
People with physical disabilities	3.32	0.66	1.89	0.73	14.90*
Cluster D					
Muslims	2.50	0.73	2.75	0.64	-2.73
Turks	2.51	0.78	2.65	0.73	-1.73
Foreigners	2.69	0.71	2.58	0.67	1.32
Lesbian women	2.68	0.77	3.07	0.60	-4.41*
Cluster E					
Career women	2.47	0.62	4.14	0.63	-16.86*
Rich people	2.28	0.65	3.86	0.91	-13.12*
Feminists	2.08	0.66	3.46	0.82	-13.89*

Note. df = 81. *p < .05 (Bonferoni adjusted)

sich auch in den Studien von Eckes (2002) und Asbrock (2010) sowie Baur und Ossenberg (2016) ab, in denen türkischstämmigen Personen nur geringe bildungs- und fähigkeitsbezogene Kompetenzen zugeschrieben werden.

In Anbetracht der zuvor erwähnten Studienergebnisse von Eckes (2002) und Asbrock (2010), die zeigen, dass türkischstämmige Menschen als prototypische ‚Ausländer' wahrgenommen werden und sich folglich mit den Gruppen ‚Muslime' und ‚Ausländer' in einem Kompetenz- und Wärme-Cluster befinden, ist anzunehmen, dass ähnliche kulturelle Stereotype auch über diese Gruppen zu erwarten sind, sofern es sich
nicht um Ausländer*innen bzw. Migrant*innen aus Prestige-Herkunftsländern, wie beispielsweise den Vereinigten Staaten, England, Japan, Schweden o.ä., handelt.

In den Vereinigten Staaten ist ein ähnliches Bild zu konstatieren. Türk*innen und Araber*innen werden dort in einem vergleichbar gelagerten Kompetenz- und Wärme-Cluster verortet wie (Deutsch)-Türk*innen, Muslime und Ausländer*innen in Deutschland. Zudem werden ihnen ähnliche Kompetenz-Werte zugeordnet wie armen Afroamerikaner*innen[17] (vgl. Fiske, Cuddy & Glick, 2006; Fiske, Cuddy, Glick & Xu, 2002; Abbildung 3.5). Ergebnisse dieser Studien lassen vermuten, dass die von Steele und Aronson (vgl. bspw. Steele & Aronson, 1995) beschriebenen Stereotype über Afroamerikaner*innen Rückschlüsse auf Stereotype über die hinsichtlich der Kompetenz-Dimension identisch verorteten Gruppen in Deutschland zulassen.

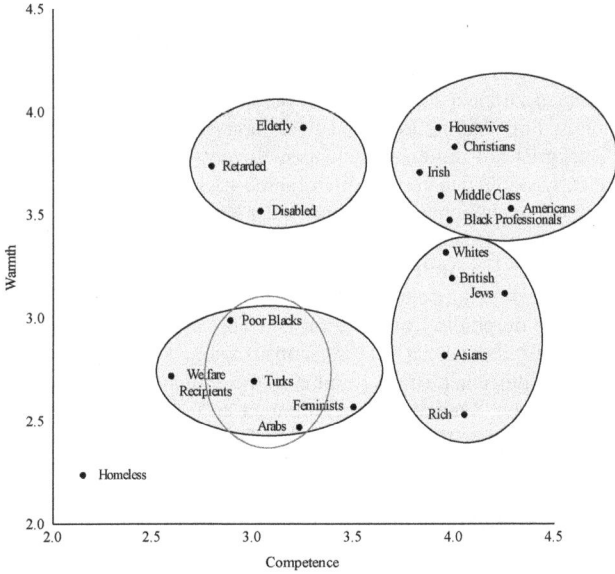

Abbildung 3.5: Cluster sozialer Gruppen in Abhängigkeit von Wärme- und Kompetenz-Ratings (Fiske, Cuddy & Glick, 2006: 80; Hervorhebung hinzugefügt).

3.2.1 Das Migrant*innenbild in den Medien

Eine besondere Bedeutung bei der Verbreitung und Perpetuierung kultureller Stereotype kommt den Medien zu; ihnen dabei lediglich eine Vermittlerrolle zuzugestehen, wäre jedoch zu kurz gegriffen. Medien sind nicht nur Vermittler von kulturellen Stereotypen,

---

[17] Afroamerikaner*innen bilden die sozioökonomisch schwächste Gruppe in den Vereinigten Staaten und sind weit überdurchschnittlich von Armut betroffen. Sie haben das insgesamt geringste Durchschnittseinkommen. Zur Zeit lebt ca. 27% der Afroamerikaner*innen unterhalb der Armutsgrenze (vgl. Proctor, Semega & Kollar, 2016). Im Jahr 2013 befanden sich nur 23% der afroamerikanischen Bevölkerung in der oberen Hälfte der Vermögensverteilung (vgl. Boshara, Emmons & Noeth, 2015).

sie sind zugleich Spiegel, Erhalter und Erschaffer gesellschaftlichen Wissens. Trotz der im wissenschaftlichen Diskurs unstrittigen Bedeutung medialer Inhalte auf Einstellungen von Personen ist deren Einfluss auf Stereotype und Vorurteile weder Teil von Modellen im Bereich sozialer Kognition (vgl. Appel, 2008), noch ist deren Wirkungsweise hinreichend empirisch erforscht (vgl. Weber-Menges, 2005).

Von Bedeutung sind in diesem Zusammenhang die in den Modellen von Brewer (1988) sowie Fiske & Neuberg (vgl. 1990 u.a.) genannten Konzepte der Verfügbarkeit und Zugänglichkeit von Stereotypen. Medien verbreiten kulturelle Stereotype und machen sie mental verfügbar. Die durch wiederkehrende mediale Darstellungen bedingte häufige Aktivierung und die daraus resultierende zeitliche Unmittelbarkeit zwischen den Aktivierungen führt zudem zu einer hohen kognitiven Zugänglichkeit stereotyper Inhalte (*Relative Accessibility*; vgl. bspw. Oakes, Turner und Haslam, 1991). Stereotypkonforme Darstellungen scheinen zudem kulturelles und individuelles Wissen zu bestätigen und führen so zu einer Festigung von bereits bestehenden Stereotypen. All dies trägt nicht nur zu ihrer Verbreitung und Erhaltung bei, sondern fördert zudem einen vermehrten Rückgriff auf die entsprechenden Stereotype in Alltagssituationen. Während soziale Netzwerke in den vergangenen Jahren stark an Bedeutung gewonnen haben und somit zu einem wichtigen und ob mangelnder Kontrollmechanismen sowie weitgehender Anonymität der Benutzer zugleich höchst bedenklichen und besorgniserregenden Transmitter kultureller Stereotype und Vorurteile geworden sind, ist das Fernsehen nach wie vor das meist genutzte Medium in Deutschland (vgl. ARD, 2016) und schafft bei Rezipient*innen durch die Kombination von Ton und Bild besonders explizite und somit nachhaltige Eindrücke zur Realitätskonstruktion. Paulus (2007) schreibt dazu: „Dem fotografisch-filmischen Bild kommt eine wesentliche Bedeutung in der diskursiven Strukturierung von Realitätswahrnehmungen zu" (Paulus, 2007: 16). Bonfadelli (2007) sieht in Massenmedien ebenfalls eine Quelle für Realitätskonstruktion und spricht in diesem Zusammenhang von „indirekten Erfahrungen" (Bonfadelli, 2007: 95) der Rezipient*innen, die deren Vorstellungen in Form von Stereotypen strukturieren, die sich wiederum zu affektiv aufgeladenen Vorurteilen verfestigen.

Die Darstellung von Ausländer*innen und Migrant*innen in den Medien ist seit langer Zeit im wissenschaftlichen Blickfeld (vgl. bspw. Delgado, 1972; Ruhrmann & Kollmer, 1987), wenngleich sich Sozial- und Medienwissenschaften erst ab Mitte der 1990er Jahre dem Thema vermehrt zuwendeten (vgl. Ruhrmann, 2007). Müller (2005, vgl. auch Bonfadelli, 2007: 109ff.) betrachtet in einer Synopse quantitative und qualitative Forschungsarbeiten, die ab den 1970er Jahren entstanden sind. Dabei wird deutlich, dass Berichterstattungen Ausländer*innen und Migrant*innen negativ verzerrt dargestellt werden, „[...] was Wirkungen entfaltet, sowohl auf die Deutschen als auch auf die Minderheitenangehörigen" (Müller, 2005: 84, vgl. auch Weber-Menges, 2005: 133ff.). Insgesamt besonders negativ werden Asylbewerber*innen, Migrant*innen aus der nichteuropäischen sog. ‚Dritten Welt', (Deutsch-)Türk*innen und Migrant*innen aus den Balkanländern porträtiert. Unter anderem Ausschlaggebend dafür ist laut Geiger (1985, zit. in Müller, 2005) eine auf kommerziellen Erfolg hin ausgerichtete Berichterstattung der Printmedien, die „[...] bei ihren Lesern erfolgreich an bereits vorhandene „kulturrassistische" Vorurteile anknüpfen [können], die schon Generationen alt [sind] und immer erneuert [werden]. Die Sprache [zeigt] dabei den Ausländer als

»minderwertig und bedrohlich«" (Müller, 2005: 103). Schorb, Echtermeyer, Lauber und Eggert (2003) haben verschiedene Fernsehformate auf ihr Migrant*innenbild untersucht und konstatieren

Die Herkunftskultur ausländischer Menschen spielt in den analysierten Genres nur selten eine Rolle. In den Fällen, in denen die Herkunftskultur angesprochen wird, geschieht dies vor dem Hintergrund der vermeintlich rückständigen ausländischen Kultur bezüglich traditioneller Auffassungen und Geschlechterrollen (Schorb et al., 2003: 32).

In den letzten 20 Jahren hat sich darüber hinaus ein neues Fernseh-Format entwickelt, in dem das Spiel mit ethnischen Stereotypen im Zentrum steht, die sogenannte Ethno-Comedy (vgl. bspw. Keding & Struppert, 2006; Koch, 2008; Kotthoff, 2004, 2009, 2010; Kotthoff & Stehle, 2014). Diese hat das Potential, vermehrt junges Publikum zu erreichen, nicht nur aufgrund des darauf ausgerichteten Formats, sondern auch ob der zusätzlichen Verbreitung auf Videokanälen im Internet, das bei jungen Menschen auf dem ersten Platz bei der Mediennutzung steht (vgl. Behrens, Rathgeb, Feierabend & Plankenhorn, 2016). So tragen solche Sendungen zur Verbreitung und Festigung kultureller Stereotype vor allem unter Jugendlichen bei und bergen auch die Gefahr von Autostereotypisierung unter Jugendlichen mit Migrationshintergrund. So konstatiert Koch (2008), dass Jugendliche sich an stereotypisch überzeichnet dargestellten Figuren orientieren.

Die Protagonisten dieser Art Comedy, wie z.B. Erkan und Stefan, Kaya Yanar alias „Hakan" und Bülent Ceylan alias „Hassan", verkörpern oft vermeintlich prototypische Migrant*innen, die sich in der Regel durch stereotypes Verhalten, Bildungsferne und mangelhafte Deutschkenntnisse auszeichnen. Der Darstellung der Figuren als ‚bildungsferne junge Männer' wohne zwar ein möglicher Diskriminierungseffekt inne, so Kotthoff und Stehle (2014), dieser könne, z.B. durch Hyperstilisierung, jedoch auch so dargeboten werden, dass er durchschaubar sei. Der in der Ethno-Comedy regelmäßig verwandte Ethnolekt *Kiezdeutsch* oder *Kanak Sprak* beinhaltet beispielsweise die Benutzung falscher Genera, Präpositionen oder Partizipien, besondere Diskursmarker (z.B. Alter, Ey, Digger) sowie falsche Kollokationen oder Possessivkonstruktionen (vgl. ebd.). Durch die Komposition von stereotypem Verhalten, Aussehen und bildungsferner Sprache repräsentiert die Figur das „[…] Klischeebild des bildungsfernen Migranten […]" (ebd.: 10). Von Kotthoff und Stehle ausgesuchte Benutzer-Kommentare zu dem Video zeigen, dass die Figur von einigen als authentisch wahrgenommen wird und Stereotype und Vorurteile bestätigt. Dies zeigt nicht nur, dass das Konzept des *Overdoing Culture* (vgl. Kotthoff, 2004) Potential besitzt, kulturelle Stereotype und Vorurteile zu festigen und zu verbreiten, sondern auch, dass solche vollkommen überzeichneten Figuren gängigen Stereotypen entsprechen. Das Spiel mit ethnischen Stereotypen funktioniert nur, weil Menschen ebensolche Figuren erwarten und sich über ihre scheinbare Typizität lustig machen. Sie können deshalb zugleich als Spiegel kultureller Stereotype interpretiert und als erhaltende Kraft klassifiziert werden.

Vor dem Hintergrund der hohen Stabilität kultureller Stereotype (vgl. Abschnitt 3.1) ist es kaum verwunderlich, dass auch mediale Bilder von Ausländer*innen und Migrant*innen im Allgemeinen gleichbleibend sind. Nicht zuletzt spiegeln sich dort kulturelle Stereotype und Vorurteile, die auch Journalist*innen, Produzent*innen und Drehbuchschreiber*innen kennen und unter Umständen teilen. Ausnahmslos jede der hier angeführten Studien zum Thema Darstellung von Migrant*innen und Ausländer*innen in der Nachrichtenberichterstattung, betont den in der Darstellung dominanten Bezug zu Kriminalität und kultureller Rückständigkeit. Dies betrifft insbesondere die Berichterstattung und Darstellung von türkischstämmigen Migrant*innen.

3.3 Ethnische Stereotype im Bildungssystem

W: Das ist nicht nur die Sprache, es gibt Schüler, die können einfach über bestimmte Grenzen nicht denken, ne? So, ohne dass ich das jetzt bewerte. Mario zum Beispiel, das merkt man nicht, dass das ein Kroate ist, ja? Georgios, ja bei dem merkt man es, dass er Grieche ist und der hat auch immense Probleme, der wird jetzt abbrechen müssen, bei Boris merkt man es ja, aber das ist nicht sehr symptomatisch. Linda zum Beispiel ist auch ein Mädchen, was immense sprachliche Probleme hat, Verständnisprobleme auch, die wird auch abbrechen müssen.

I: Die ist Griechin, ne?

W: Die ist Griechin. Anna, das merkt man nicht, dass sie Kroatin ist, ne? Die Sprachentwicklung ist eben optimal bei ihr gewesen, ne? Bei Pedro, das ist ganz schwierig, der ist ein halber Indio, und das ist also ganz schwierig, und bei der Brasilianerin merkt man es eigentlich auch nicht, obwohl sie aussprachemäßig Probleme hat, aber so von ihrer Herangehensweise und von ihrem Denken merkt man das nicht.

(Auszug aus einem Gespräch unter Lehrer*innen. Weber, 2005: 73f.)

Bevor tiefer auf die Mechanismen eingegangen wird, die zu Verbreitung und Erhalt negativer Stereotype in Deutschland beitragen, sollen in einem kurzen Exkurs Studien zu ethnischen Stereotypen bei Lehrkräften präsentiert werden, die im Kontext dieser Arbeit von besonderem Belang sind. Insgesamt ist in diesem Bereich noch großer Forschungsbedarf zu konstatieren. Laut einer Umfrage von Foroutan et al. (2015) glauben rund 30 Prozent der Jugendlichen und Erwachsenen in Deutschland, dass muslimische Eltern generell weniger bildungsorientiert sind als autochthone Eltern, ca. 10 Prozent konnten sich nicht entscheiden. Dass Lehrer*innen diese und die im vorangegangenen Abschnitt genannten Stereotype kennen und auch von ihnen beeinflusst werden, ist unzweifelhaft. Auch für die Lehrer*innen ‚W' und ‚I' steht Herkunft und Leistung offenbar in einem direkten Zusammenhang, unabhängig davon, ob „man" das „merkt" oder nicht. In Anbetracht der aus der hohen gesellschaftlichen Durchdringung kultureller Stereotype und der großen Bedeutung von Ethnizität als sozialer Kategorie resultierenden Wirkungsmacht ethnizitätsbezogener Stereotype muss Bewusstmachung, Anregung zur Reflexion und gezielte Intervention im Bereich von auf Stereotypen beruhenden Leistungserwartungen Anliegen der Professionsforschung und (Aus-)Bildung von Lehrer*innen sein, um herkunftsbezogene Ungleichbehandlung zu verhindern. Es ist anzunehmen, dass durch Pygmalion-Effekte ausgelöste oder verstärkte Leistungsdisparitäten zu verstärkter, schulbezogener *Stigma Consciousness* unter Schüler*innen und *Stereotype-Threat*-Effekten führt. Weber (2005) konstatiert:

> Ethnisierungsprozesse sind in der deutschsprachigen Auseinandersetzung um Migration und deren soziale Folgen eng mit Geschlechterkonstruktionen verknüpft. Solche Diskurse machen nicht vor der Schultür halt. Die Identifizierung und Beurteilung ethnischer und zugleich geschlechtlicher Besonderheiten allochthoner SchülerInnen seitens ihrer Lehrkräfte gehören zum Schulalltag. In den Alltagstheorien der Lehrerinnen und Lehrer bilden sich in hohem Ausmaß die „klassischen" Vorstellungen von einer »türkischen« Familienstruktur und einer familiären Geschlechtererziehung ab [...] (Weber, 2005: 74f.).

Einstellungen von Lehrkräften gegenüber Schüler*innen mit Migrationshintergrund lassen sich zum einen aus Bildungsbiographien schließen, in denen von Zweifeln an der Leistungsfähigkeit und Pauschalisierungen berichtet wird (vgl. Dietrich, 2001; Kolinsky, 2000), zum anderen aus Untersuchungen wie der von Sprietsma (2013), in der Grundschullehrer*innen Aufsätze von Viertklässler*innen präsentiert wurden, die mit deutschen und türkischen Namen versehen waren. Aufsätze, die vorgeblich von türkischstämmigen Schüler*innen geschrieben worden waren, wurden signifikant schlechter bewertet als Aufsätze von vermeintlich autochthonen Schüler*innen, wenngleich mit geringen Effekten. Bei einer Irrtumswahrscheinlichkeit von (α = .10) fand Sprietsma ein Korrekturbias bei 13,6 Prozent der Teilnehmer*innen. Lorenz et al. (2016) berichten ebenfalls von systematischen Verzerrungen in den Erwartungshaltungen von Lehrer*innen aufgrund von Geschlecht sowie sozialer und ethnischer Herkunft. Im Unterrichtsfach Deutsch konnten sie negativ verzerrte Erwartungen gegenüber Schüler*innen mit türkischem Migrationshintergrund nachweisen. Schüler*innen mit osteuropäischem Migrationshintergrund wurden hingegen im Fach Mathematik systematisch überschätzt.

Dass sich ethnische Verzerrungen in den Lehrererwartungen je nach Herkunftsgruppe unterscheiden, verweist auf gruppenspezifisch variierende ethnische Stereotype. Die Unterschätzung von türkisch-stämmigen Kindern im sprachlichen Bereich lässt außerdem vermuten, dass sich die bestehenden ethnische Stereotype an sozial geteiltem Wissen orientieren. So könnten sich die Stereotype der Lehrkräfte aus Forschungsergebnissen speisen, die in den Medien verbreitet wurden. Beispielsweise ergeben die Befunde aus PISA in Bezug auf Kinder mit einem türkischen Zuwanderungshintergrund ein Muster, welches in seiner Richtung den in der vorliegenden Studie belegten Lehrererwartungen entspricht (Lorenz et al. 2016: 104).

Ergebnisse einer qualitativen Studie von Kratzmann und Pohlmann-Rother (2012) zeigen von ethnischen Stereotypen geprägte Haltungen bei Erzieher*innen. Diese beziehen sich vor allem auf fehlende Deutschkenntnisse, mangelnde Integration sowie geringe Unterstützung und Kommunikationsbereitschaft der Eltern. Auch hier zeigten

Proband*innen solche Einstellungen nur vereinzelt. Kratzmann und Pohlmann-Rother führen diesen Umstand unter anderem auf die Problematik sozialer Erwünschtheit zurück. Die Verweigerung der Teilnahme zweier Erzieher*innen bekräftigt diese Vermutung. Es ist zudem anzunehmen, dass sich Pädagog*innen des wissenschaftlichen und öffentlichen Diskurses zu ethnischer Vielfalt bewusst sind und sich in vielen Fällen bemühen, ihre Einstellungen sowie Handlungsweisen zu kontrollieren, wie zum Beispiel bei der Korrektur von Klassenarbeiten etc. Eine Studie von Sievers (2009) zeigt jedoch, dass Lehrer*innen Schüler*innen mit Migrationshintergrund als ,ethnisch Andere' wahrnehmen und ,kulturelle Ursachen' zur Begründung von Schulleistungen heranziehen. Weber (2005) legt dar, dass darüber hinaus auch kompetenzbezogene stereotypische Erwartungshaltung hinsichtlich der Eltern einen Einfluss auf die wahrgenommene Kompetenz und deren Entwicklungsmöglichkeiten bei Schüler*innen mit Migrationshintergrund hat. In einem Interview offenbart der Oberstufenkoordinator eines Aufbaugymnasiums stereotypisches Denken in Bezug auf mangelnde bildungsbezogene Kompetenzen in türkischstämmigen Familien und erklärt so Minderleistungen bei Schüler*innen mit türkischem Migrationshintergrund:

Also das ist der Sprung von so einer Agrarkultur, und viele Mütter können ja auch nicht richtig Deutsch, also haben sie gar keine Unterstützung zu Hause. Die deutschen Kinder kennen dann vielleicht noch einen Onkel, den sie anrufen können, wenn sie in der eigenen Familie keinen haben, aber irgendwie können die sich unterstützen. Da gibt es so ein System, wie man etwas macht, Nachhilfestunden kann man ja kaufen, ne? Und das ist bei den Türken anders. Wo ist denn der türkische Papi, der in Mathematik helfen kann? Oder sprachlich, ne? (Weber, 2005: 76f.)

Auch hier wird ein Bild einer generell rückständigen Gesellschaft gezeichnet (Agrarkultur) mit insgesamt geringem Bildungsstand (Familie kann Schüler*innen nicht unterstützen) in der Bildung auch nur einen geringen Stellenwert innehat, im Gegensatz zu autochthonen Familien (Nachhilfestunden kann man kaufen – das ist bei den Türken anders).

Auch Fröhlich, Martiny, Deaux und Mok (2016) kommen bei einer Befragung unter Lehramtsstudierenden zu kulturellen Stereotypen in Bezug auf Deutsche, Deutsch-Türk*innen und Deutsch-Italiener*innen zu einem entsprechenden Ergebnis. Deutsch-Türk*innen gelten nach Ansicht der Befragten stereotypisch als besonders wenig kompetent. Dazu gehören u.a. die Aspekte Bildung, stereotypische Berufe, Einstellung zu Arbeit, Arbeitsumfeld und Sprachfähigkeiten. In dieser Kompetenz-Dimension nannten Proband*innen lediglich 3 positive Stereotype, im Gegensatz zu 32 negativen. Im Vergleich dazu nannten die Befragten 32 positive und 2 negative Stereotype hinsichtlich der Kompetenz von Deutschen sowie 3 positive und 5 negative für Deutsch-Italiener*innen. Die Ergebnisse spiegeln laut Fröhlich et al. nicht nur Eigengruppenfavorisierung der deutschen Teilnehmer*innen wider, sondern auch eine differenzierte stereotype Wahrnehmung unterschiedlicher Migrantengruppen (vgl. auch Sprietsma, 2013).

In einer weiteren Studie machten Fröhlich et al. zudem folgende bedeutende Entdeckung: Je negativer die Einschätzung bildungsbezogener Kompetenz ausfällt, desto eher wird diese geringe Kompetenz auf internale Ursachen attribuiert und mithin als ‚wahr' empfunden. Im Rahmen der Studie haben Lehramtsstudierende, die vermehrt negative Stereotype bezüglich der Kompetenz von Migrantengruppen aufwiesen, größeres Einverständnis mit Aussagen gezeigt, die die Verantwortung für die geringere Performanz bei den Gruppen selbst sahen. Die Attribuierung geringer bildungsbezogener Performanz auf internale Ursachen war bei Deutsch-Türk*innen stärker als bei Deutsch-Italiener*innen (vgl. Fröhlich, Martiny, Deaux, & Mok, 2016: 568ff. bzw. 571ff.). „Unfavorable stereotypes about competence were positively associated with internal attributions ($r = .59$, $p < .001$) and negatively associated with external attributions for this group ($r = -.32$, $p = .018$)" (ebd.: 81). Diese Ergebnisse sprechen für eine doppelte Bürde zumindest für türkischstämmige Schüler*innen, leistungsmindernde Effekte durch *Stereotype Threat* und zu erwartende Pygmalion-Effekte. Durch geringere externale Attribuierung (wie z.B. auf das Bildungssystem, Lehrer*innen etc.) weisen Lehrer*innen zudem die eigene Verantwortung und Einflussmöglichkeit von sich. Fröhlich et al. haben in der Erhebung zwar zwischen internal/stabilen (z.B. Intelligenz) und internal/variablen (z.B. Anstrengung) Ursachen unterschieden, die Items jedoch im Nachhinein zusammengefasst. Eine getrennte Abbildung hätte eine differenziertere Darstellung negativer Stereotype über die Gruppen erlaubt und Aufschluss darüber gegeben, worin die Teilnehmer*innen der Studie die Hauptursachen für die geringere Kompetenz sehen, wie z.B. in mangelndem Fleiß und geringeren Bildungsaspirationen oder in mangelnder Intelligenz und Fähigkeiten. Eine Attribuierung auf variable Ursachen ist hinsichtlich der von Lehrer*innen empfundenen Bereitschaft und Möglichkeit zu intervenieren mit Sicherheit günstiger.

Es ist somit kaum verwunderlich, dass Kinder und Jugendliche mit Migrationshintergrund in Bildungseinrichtungen solche negativen Einstellungen wahrnehmen. Kurban und Tobin (2009) konnten zeigen, dass türkischstämmige Kinder im Kindergarten die Empfindung haben, von deutschstämmigen Kindern nicht gemocht zu werden. In einer Studie von De Florio-Hansen (2011) gaben 10 der 30 befragten Jugendlichen an, dass Lehrer*innen negative Einstellungen gegenüber türkischstämmigen Schüler*innen besitzen. Inwieweit Schüler*innen sich durch Lehrer*innen diskriminiert fühlen, variiert dabei stark in Bezug auf die Herkunft und ist bei Schüler*innen türkischer und arabischer Herkunft am stärksten ausgeprägt (Baier et al., 2010; Abbildung 3.6).

Insgesamt ist zu konstatieren, dass Einstellungen gegenüber Personen mit türkischem Migrationshintergrund vor allem bezüglich mangelnder bildungsbezogener Kompetenzen über die letzten 30-40 Jahre stabil geblieben sind. Solche Stereotype hinsichtlich mangelnder Kompetenzen zeigen sich auch bei Lehrer*innen. Zudem geben verschiedene Untersuchungen Anlass zur Vermutung, dass (Deutsch-)Türk*innen prototypisch für weitere allochthone Gruppen (‚Ausländer*innen', ‚Migrant*innen', ‚Muslime') stehen und wahrscheinlich eine Übertragung von Stereotypen über Deutsch(-)Türk*innen auf diese Gruppen stattfindet. Dass das gesellschaftliche Bild über (Deutsch-)Türk*innen derart unverändert geblieben ist, lässt sich unter anderem auf die hohe Stabilität von ethnischen Stereotypen und nach wie vor geringen Intergruppenkontakt zurückführen, sicherlich aber auch auf in den Medien transportierte Bilder sowie tatsächliche Leistungen im Bereich schulischer, beruflicher und universitärer Bildung.

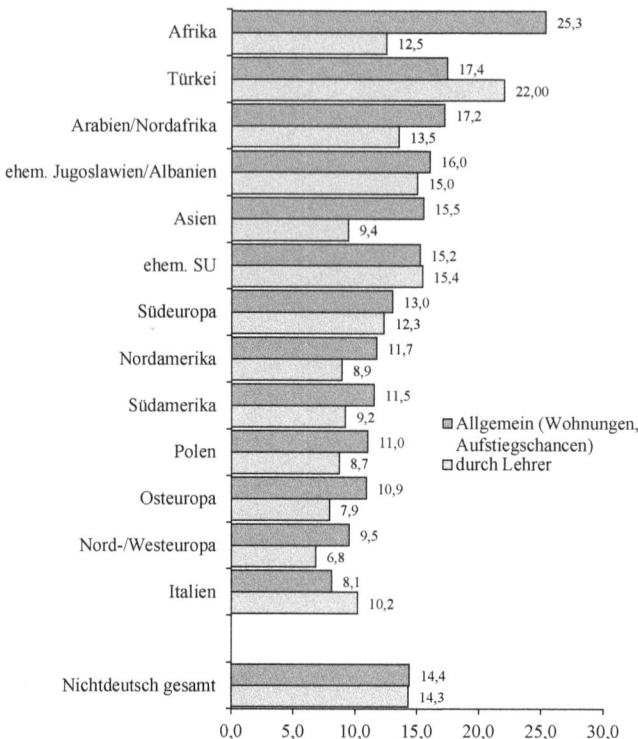

Abbildung 3.6: Wahrnehmung von Diskriminierung nach Migrationshintergrund / Herkunftsland bei Jugendlichen der 9. Klasse (Baier et al., 2010: 64).

3.4 Das projizierte Selbstbild von Migrant*innen

Zu Beginn dieses Abschnitts sei an das bereits an anderer Stelle erwähnte Zitat von
Ehrlich erinnert: „No person can grow up in a society without having learned the stereotypes assigned to the major ethnic groups" (Ehrlich, 1973: 35). Das gilt selbstverständlich nicht nur für die autochthone Mehrheit, sondern auch für Mitglieder der einzelnen
ethnischen Gruppen. Auch im Hinblick auf *Self-Stereotyping, Ingroup-Stereotyping*
(vgl. Brown & Turner, 1981; Turner, 1982), d.h. der Akzeptanz kultureller Stereotype
für das Selbst und die Eigengruppe, und *Self-fulfilling Prophecies* (vgl. bspw. Merton,
1948; Watzlawick, 1984), d.h. in diesem Falle stereotypkonformes Verhalten, sowie damit zusammenhängend schließlich *Stereotype Threat* ist die Frage von Interesse, wie
sich Personen mit Migrationshintergrund von der autochthonen Mehrheitsgesellschaft
wahrgenommen fühlen. Dabei geht es wohlgemerkt nicht um Autostereotype, d.h. Stereotype, die ein Gruppenmitglied über die Eigengruppe besitzt, sondern um solche, von

denen Gruppenmitglieder überzeugt sind, dass andere Gruppen sie haben. Dass Ethnizität im alltäglichen Leben eine bedeutende Rolle spielt, ist eine Erfahrung, die die meisten Ausländer*innen und Migrant*innen schon einmal gemacht haben. Insgesamt haben 23 Prozent der Menschen mit Migrationshintergrund in Deutschland schon einmal Diskriminierungserfahrungen in der Öffentlichkeit gemacht, 21 Prozent berichten von Diskriminierung am Arbeitsplatz und 13 Prozent im Bildungsbereich (vgl. Antidiskriminierungsstelle des Bundes, 2016). Solche Durchschnittswerte verschleiern jedoch, dass es Gruppen in Deutschland gibt, die sich deutlich häufiger mit diskriminierendem Verhalten konfrontiert sehen. Zum Beispiel geben 60,3 Prozent der Personen mit türkischem Migrationshintergrund an, bereits Diskriminierung in Beruf, Schule und Universität erfahren zu haben (vgl. Uslucan, 2014), etwas über 15 Prozent[18] (Abbildung 3.7) geben an, innerhalb der vorangegangenen 12 Monate von Lehrer*innen ungerecht benotet worden zu sein (vgl. Salentin, 2008). Tatsächliche Diskriminierung lässt auf Stereotype und Vorurteile bei Diskriminierenden schließen, da sie häufig deren Beweggrund darstellen. Empfundene Diskriminierung muss jedoch nicht zwangsläufig mit tatsächlicher Diskriminierung einhergehen. Skrobanek (2007) konstatiert, dass „[...] Menschen nicht nur auf die objektiven Gegebenheiten einer Situation [reagieren], sondern auch (und bisweilen hauptsächlich) auf die Bedeutung, die diese Situation für sie hat bzw. auf die Interpretationen, die sie an die Situation anlegen" (Skrobanek, 2007: 269).

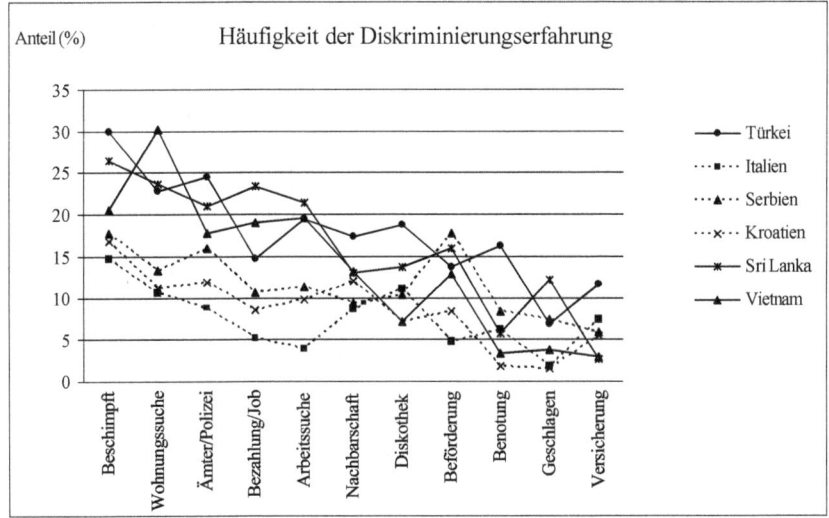

Abbildung 3.7: Häufigkeit von Diskriminierungserfahrungen in Prozent (Salentin, 2008: 518).

---

[18]   Vor dem Hintergrund, dass alle Altersstufen bis hin zu Rentner*innen befragt wurden und es sich hier um Durchschnittswerte handelt, ist 15% als relativ hoher Wert anzusehen.

Salentin (2008) sieht in der subjektiven Wahrnehmung von Diskriminierung zudem „[…] einen Integrationsindikator neben der Partizipation an gesellschaftlichen Gütern wie Bildung, Arbeit, Einkommen und anderen […], denn sie bildet die wahrgenommene Akzeptanz durch die Mehrheitsbevölkerung ab" (Salentin, 2008: 515).

Eine qualitative Studie von Hammeran, Baspinar und Simon (2007) gibt genaue Einblicke in das Selbstbild türkischstämmiger Migrant*innen und deren Wahrnehmung von Heterostereotypen über die Eigengruppe. Es wird darin nicht nur deutlich, dass sich die Befragten als nicht von der Mehrheitsgesellschaft anerkannt und nicht vollkommen heimisch fühlen. Sie schließen aus, jemals ‚Deutsche' werden zu können, unabhängig von der Staatsangehörigkeit. Dabei machen die Teilnehmer*innen der Studie dies vor allem an der physischen Salienz des Migrationshintergrundes und dem Familiennamen fest. Die Autoren fassen zusammen, dass es vor allem das Misstrauen und die Vorurteile der Mehrheitsgesellschaft seien, die ein ‚Wir-Gefühl' unmöglich mache, es zeigt sich demnach ein ausgeprägtes Gefühl von Eigen- und Fremdgruppe bei türkischstämmigen Migrant*innen. Zudem nehmen auch türkischstämmige Personen die eigene Prototypizität für die Kategorie Ausländer*in bzw. Migrant*in wahr und bemerken, dass das Bild autochthoner Deutscher undifferenziert ist und sich vor allem an religiöser Zugehörigkeit orientiert. So würden Muslime als homogene Gruppe wahrgenommen, während bei Christen anhand anderer Charakteristika unterschieden werde. Hier kommt ganz klar die Empfindung einer Undurchlässigkeit gesellschaftlicher Strukturen zum Ausdruck, also der mangelnden Möglichkeit sozialer Mobilität, aber implizit auch der Wunsch, dazuzugehören, was autochthon Deutsche sogar lächerlich fänden (für ähnliche Befunde vgl. auch King, 2007).

In Anbetracht dieser Aussagen erklärt sich die Eigen- und Fremdgruppen-Perspektive auch im Verhältnis zu autochthonen Deutschen. Hammeran et al. schreiben dazu:

Die beiden jüngeren Befragtengruppen [14-19-Jährige und 20-29-Jährige] sind sich […] in ihrem Selbstverständnis einig und definieren dies klar und entschieden: Man ist Türke/Türkin. Zaghafte Versuche, sich zum Deutschen zu erklären, gehen im Gelächter der Gruppe unter. Hier reproduziert sich die alltägliche Erfahrung der Türken und Türkinnen in Deutschland: Die Frage nach dem Selbstverständnis ist bereits falsch gestellt, denn sie erlaubt keine freien Antwortmöglichkeiten (Hammeran et al., 2007: 127).

Auch die Konfrontation mit gängigen Stereotypen und auf Einzelvorkommnissen beruhende Verallgemeinerungen erleben die Befragten im alltäglichen Leben. Türk*innen würden *per se* als gewalttätig, kriminell und bildungsfern wahrgenommen. Für diese stereotypen Bilder, so die Befragten, seien zum großen Teil auch die Medien verantwortlich. Darstellungen von türkischstämmigen Menschen in Unterhaltungssendungen erleben die Befragten als stereotypreproduzierend und auf eine stereotype Erwartungshaltung autochthon deutscher Rezipienten ausgerichtet. Hier nehmen die Teilnehmer*innen vor allem den Fokus auf Rückständigkeit, Primitivität und geringe Kompetenzen wahr. Darstellungen von türkischstämmigen, erfolgreichen Personen werden hingegen als Ausnahmen empfunden. Es zeigt sich klar die projiziert stereotype

Wahrnehmung von geringer Kompetenz und mangelndem Erfolg. Gegenteilige Darstellungen werden als absolute Ausnahme empfunden.

Im Gegenzug bemühen sich die Teilnehmer*innen um ein positives Bild des Selbst und der Eigengruppe. Im Bewusstsein der Undurchlässigkeit gesellschaftlicher Strukturen scheint eine unbedingte Zugehörigkeit zur Mehrheitsgesellschaft unmöglich. Alternativ betonen die Befragten die Mitgliedschaft in der Eigengruppe und bemühen sich um eine positive Neubewertung, die unter den Umständen, dies klingt auch in den Interviewaussagen der Teilnehmer*innen an, nur bedingt möglich scheint. Tajfel (1974) bemerkt, dass eine Neubewertung nur von begrenzter Wirkung für ein positives Selbstbild ist, da sie zwar innerhalb der Eigengruppe erfolgversprechend ist, weil alle Gruppenmitglieder Interesse an einer positiven Bewertung haben, eine positive Neubewertung durch Fremdgruppen jedoch unwahrscheinlich ist. Folge der verstärkten Hinwendung zur Eigengruppe kann zudem die Akzeptanz negativer Stereotype für die Eigengruppe und mithin für das Selbst sein. Hammeran et al. sehen in diesen Aussagen vor allem ein Zeichen für die Auseinandersetzung mit der eigenen Identität und dem Versuch, diese klar zu definieren (vgl. Hammeran et al., 2007: 134). Auch Gümen und Herwartz-Emden bemerken dazu:

Identitätsstiftende Zugehörigkeitsgefühle und Grenzziehungsprozesse zwischen »Wir-Gruppe« und »Sie-Gruppe« sind Ausdruck komplexer Prozesse, die sowohl gesellschaftspolitische als auch psychosoziale Dimensionen von Migration und Einwanderung umfassen. In diesem Sinne wirken die verschiedenen Formen von *Stereotypen, die zwischen Gruppen unterschiedlicher Herkunft gebildet werden, die* Fremdheitserfahrungen von Zugewanderten und die juristisch festgelegte *Abgrenzungspolitik* zwischen dem «Eigenen« und dem »Fremden« im bundesdeutschen Kontext auf die Identitätsbildungsprozesse von Individuen ein (Gümen & Herwartz-Emden, 1996: 181).

Insgesamt ist eine von beiden Seiten ausgehende, stark in Eigen- und Fremdgruppe differenzierende Wahrnehmung und Haltung zu konstatieren, wenngleich die Ablehnung durch die autochthone Mehrheitsgesellschaft auch kaum eine Alternative zulässt. In ihrer Gesamtheit perpetuieren und verstärken die genannten Faktoren die Empfindung, Türk*in bzw. Migrant*in und nicht Teil der deutschen Gesellschaft zu sein.

Quantitative Studien wie beispielsweise die von Skrobanek (2007) oder Erol (2008) bestätigten eine dahingehende Interpretation der Daten von Hammeran et al. Erol kategorisiert anhand eines Fragebogens ca. 70 Prozent der teilnehmenden Schüler*innen mit türkischem Migrationshintergrund als 'türkisch orientiert'. In der Studie von Skrobanek zeigen ungefähr 90 Prozent der Jugendlichen mit türkischem Migrationshintergrund eine besonders starke Identifikation mit der Eigengruppe, rund ein Viertel der Befragten zeigt Tendenzen von (Re)ethnisierung. 34 Prozent fühlen sich persönlich und als Gruppe stark bzw. sehr stark diskriminiert. 61 Prozent empfinden die Gruppengrenzen als besonders undurchlässig, haben also die Empfindung, dass es schwierig oder unmöglich sei, als 'Deutsche' wahrgenommen oder behandelt zu werden. Eine Untersuchung der Westfälischen Wilhelms-Universität zufolge haben 51 Prozent der türkischstämmigen Menschen in Deutschland das Gefühl, ‚Bürger zweiter Klasse' zu sein und 54 Prozent meinen, dass sie niemals Teil der deutschen Gesellschaft sein könnten. 24 Prozent fühlten sich als Teil einer Gruppe, die in Deutschland diskriminiert wird (vgl. Pollack, Müller, Rosta, & Dieler, 2016). Diese Empfindung korreliert positiv mit der wahrgenommenen Diskriminierung von Selbst und Eigengruppe. Die Wahrnehmung der Gruppengrenzen als wenig oder vollkommen undurchlässig und eine empfundene individuelle Diskriminierung verstärken wiederum die Identifikation mit der Eigengruppe. Eine hohe *Ingroup Identification* in Kombination mit wahrgenommener persönlicher und gruppenbezogener Diskriminierung führt schließlich zu (Re)ethnisierungstendenzen unter den befragten Jugendlichen mit türkischem Migrationshintergrund (vgl. ebd.). Bei der von Skrobanek ebenfalls untersuchten Gruppe der jugendlichen Aussiedler*innen unterscheidet sich das Bild deutlich. In dieser Gruppe identifizieren sich nur 33 Prozent besonders stark mit der Eigengruppe, nur 12 Prozent berichten von häufiger persönlicher Diskriminierung und 27 Prozent von häufiger gruppenbezogener Diskriminierung. 50 Prozent der befragten jugendlichen Aussiedler*innen empfinden die Gruppengrenzen als undurchlässig. Skrobanek sieht die Ursache hierfür in verschiedenen Faktoren. Zum einen weist er darauf hin, dass ein Großteil der jugendlichen Aussiedlerinnen nicht in Deutschland geboren ist und weniger Diskriminierungserfahrungen gemacht hat. Zum anderen bemerkt er, dass die Kategorie ‚Aussiedler*in' keine reale gruppenspezifische Kategorie darstellt, wie es zum Beispiel bei ‚türkisch' der Fall ist. Vielmehr handele es sich dabei um einen *terminus iuridicus* zur Markierung eines Status, der verschiedene Gruppen wie ‚Pol*innen', ‚Kasach*innen' ‚Russ*innen' beinhalte (vgl. ebd. 277ff.).

3.5 Synopsis

Deutschland ist seit langer Zeit ein von Einwanderung geprägtes Land. Laut letztem Zensus (vgl. Statisches Bundesamt, 2016) haben rund 21 Prozent der Bevölkerung einen Migrationshintergrund im engeren Sinne. Trotz der Tatsache, dass Migrant*innen nicht erst seit kurzem Teil der Gesellschaft sind, hegen viele Deutsche ohne Migrationshintergrund negative Stereotype und Vorurteile gegenüber dieser Gruppe. Wenngleich offene Vorurteile (*Blatant Prejudice*) aus Gründen sozialer Unerwünschtheit kaum noch geäußert werden, sind subtile Vorurteile (*Subtle Prejudice*) ein weit verbreitetes Phänomen.

Die Differenzierung in Eigen- und Fremdgruppe, in ‚Wir' und ‚Sie' bezogen auf einen Migrationshintergrund ist in der Wahrnehmung vieler Bürger*innen, unabhängig vom Migrationshintergrund, fest zementiert. Berichterstattung im Zuge der Fluchtbewegungen aus dem afrikanischen und arabischen Raum, die auf Naturkatastrophen-Metaphorik zurückgreift und Äußerungen von Politiker*innen, die propagieren, dass das ‚Boot' voll sei und folglich unterzugehen drohe, kreieren diffuse Ängste vor den ‚Anderen' und befördern Intergruppenkonflikte. So wird die Grenze zwischen Eigen- und Fremdgruppe einmal mehr gezogen, Stereotype und Vorurteile gewinnen einmal mehr an Bedeutung im Rahmen sozialer Wahrnehmung. Dies gilt auch für Migrant*innen die seit langer Zeit in Deutschland leben oder in diesem Land geboren sind.

Dass Einstellungen gegenüber Ausländer*innen und Migrant*innen sehr ähnlich sind, zeigen Untersuchungen, die sich am *Stereotype Content Model* (SCM) orientieren. In verschiedenen Studien ordneten Proband*innen 'Ausländer', 'Migranten', 'Türken' und 'Muslime' ähnlich geringe Werte in Bezug auf Wärme (d.h. Freundlichkeit, Hilfsbereitschaft, Vertrauenswürdigkeit etc.) und Kompetenz (d.h. Intelligenz, Fähigkeit, Effizienz etc.) zu. Ob ihrer Methodik zwar in der Kritik stehend, zeigen ältere Studien, die Adjektivlisten zur Erhebung von kulturellen Stereotypen nutzen, ebenfalls dahingehende Ergebnisse. Insgesamt zeigt eine Vielzahl verschiedener Studien, die in einem Zeitraum von über 30 Jahren entstanden, eine hohe Stabilität ethnizitätsbezogener Stereotype und so verwundert es nicht, dass solche Stereotype weder vor Lehramtsstudierenden, noch vor Klassen- und Lehrerzimmern haltmachen. In der Studie von Weber (2005) wird deutlich, dass Lehrer*innen auch biologistisch bzw. kulturalistische Erklärungsmuster für den Schulerfolg von Schüler*innen mit Migrationshintergrund heranziehen.

Einen großen Beitrag zur Verbreitung, Erhaltung und auch Erschaffung kultureller Stereotype leisten die Medien. Diverse Untersuchungen zeigen, dass das Migrant*innen-Bild in den Medien negativ verzerrt ist. Dies gilt sowohl für Nachrichten, in denen Ausländer*innen und Migrant*innen besonders häufig im Kontext von Kriminalität und (kultureller) Rückständigkeit erscheinen, als auch für Unterhaltungssendungen, in denen Migrant*innen mit ebendiesen Eigenschaften zum gängigen Klischee erhoben werden.

Die am häufigsten untersuchte Gruppe ist die der türkischstämmigen Migrant*innen. Dies liegt sicherlich zum einen darin begründet, dass Türkischstämmige die größte Migrant*innen-Gruppe in Deutschland bilden, zum anderen gelten türkischstämmige Migrant*innen in der Wahrnehmung vieler autochthoner Deutscher als prototypische Migrant*innen. Ein türkischstämmiger Migrant bringt es auf den Punkt: „Für die Deutschen, für alle ohne Migrationshintergrund, sind alle Schwarzhaarigen Türken, egal, ob das Nordafrikaner, Libanesen oder sonst was sind. Man bleibt immer Türke" (Hammeran et al., 2007: 128). Bei dieser Gruppe zeigt sich auch, dass Migrant*innen ein sehr klares Bild projizierter Stereotype über die Eigengruppe haben. Befragte einer qualitativen Studie bemerken, dass türkischstämmige Menschen in der gesellschaftlichen Wahrnehmung als kriminell gelten und nur selten mit hochqualifizierten Berufen und Erfolg in Zusammenhang gebracht werden. Zudem empfinden sie die deutsche Gesellschaft als undurchlässig und schließen aus, jemals 'Deutsche/r' sein zu können. Die empfundene Unmöglichkeit, eine nicht-stereotypisierte soziale Identität annehmen zu können, ist im Hinblick auf *Stereotype-Threat*-Effekte besonders kritisch. Unter anderem aus dieser Empfindung resultiert miteinander einhergehend eine Abgrenzung zur Fremd- und eine starke Hinwendung zur Eigengruppe bei ca. 90 Prozent der türkischstämmigen Migrant*innen, die, so zeigt die Studie von Skrobanek (2007), Tendenzen zur (Re)ethnisierung hervorrufen kann. Allerdings ist nicht nur das projizierte Selbstbild negativ geprägt. In einer Arbeit von Aicher-Jakob (2010) zu Identitätskonstruktionen türkischstämmiger Jugendlicher gaben die Teilnehmer*innen bei der Frage danach, was 'typisch türkisch' sei, bis auf eine Ausnahme ausschließlich negative Eigenschaften wie Macho-Gehabe und Aggressivität an, wenngleich die Befragten nicht alle dieselben Zuschreibungen vornahmen (vgl. ebd.: 108f.). Es ist allerdings sehr wahrscheinlich, dass es sich bei den Angaben um von ihnen erworbene Stereotype der Mehrheitsgesellschaft handelt, in der diese Jugendlichen aufgewachsen sind.

In den vorangegangenen Abschnitten zu Fremd- und Selbstbild von Migrant*innen wird immer wieder deutlich, dass ihnen im Allgemeinen nur geringe Kompetenzen zugeschrieben werden, dies gilt vor allem für bestimmte, vornehmlich muslimisch geprägte, Herkunftsregionen. Diese Stereotype gleichen Zuschreibungen, mit denen sich Afroamerikaner*innen und Menschen lateinamerikanischer Herkunft in den Vereinigten Staaten konfrontiert sehen. Es sind eben jene kulturellen Stereotype, die dort für *Stereotype-Threat*-Effekte und die dadurch ausgelösten Leistungsdekremente verantwortlich gemacht werden. Es ist folglich davon auszugehen, dass auch in Deutschland solche Effekte auftreten, möglicherweise aber nicht alle Migrant*innengruppen gleichermaßen betreffen. Dennoch, sie könnten einen Anteil an den schulischen Leistungsdifferenzen zwischen autochthonen und allochthonen Schüler*innen haben. Diese Arbeit soll einen Beitrag zur Klärung dieser Hypothese leisten.

4 Zwischenfazit und Vorstellung des Forschungsmodells

Wie in Kapitel 1 dieser Arbeit deutlich geworden ist, sind die Ursachen für Leistungs-diskrepanzen bei Schüler*innen mit Migrationshintergrund vielfältiger Natur. Erst das Zusammensetzen dieses Puzzles, das aus einigen wenigen großen und vielen kleinen Teilen zu bestehen scheint, kann ein vollständiges Bild vermitteln und einem holisti-schen Ansatz zur Überwindung dienen. Wenngleich der Einfluss des sozioökonomi-schen Status die bei Weitem größte Wirkungskraft zu haben scheint, stellt die Gesamt-heit anderer Variablen ebenfalls eine bedeutende Einflussgröße dar. Die Erforschung dieser Variablen ist auch deshalb von Bedeutung, weil auch bei Kontrolle des sozioöko-nomischen Status für einige Gruppen weiterhin Leistungsdefizite zu konstatieren sind.

Im Rahmen dieser Arbeit wird postuliert, dass *Stereotype Threat* einer dieser Fak-toren ist und sich langfristig auf die Gesamtnoten, speziell auf die Note im Fach Eng-lisch, auch stellvertretend für andere fremdsprachliche Fächer, auswirkt. Es ist umfäng-lich dargestellt worden, welch bedeutende Rolle ethnizitätsbezogene Stereotype im so-zialen Miteinander einnehmen. Dies gilt sowohl für die Wahrnehmung des Selbst durch andere als auch für die individuelle Selbstwahrnehmung und Selbstverortung in sozialen Gefügen. Dass Stereotype über Migrant*innen häufig negative Inhalte haben und dass diese nicht selten auf Intelligenz, Kompetenz und Leistung referieren zeigen die in Ka-pitel 3 präsentierten Studien. Es sind speziell diese Stereotype, die zum Erleben von *Stereotype Threat* bei Schüler*innen mit Migrationshintergrund führen und in der Folge Leistungsdekremente bewirken können.

Die große Anzahl an Forschungsarbeiten zum Thema *Stereotype Threat* zeigt, wie stark die Auswirkungen negativer Stereotype in Testsituationen sein können. Auch in der Bundesrepublik sind solche Versuche ‚erfolgreich' durchgeführt worden (vgl. Kap. 3). Langfristige Wirkungen sind hingegen vor allem in Bezug auf die (nachlassende) Identifikation mit einer bestimmten Domäne, damit zusammenhängende Berufswün-sche oder die Arbeitsmotivation bekannt (vgl. Abschnitt 2.4). Ein Nachweis der Aus-wirkung auf schulische Leistung, d.h. auf Zensuren, die einen längeren Zeitraum und ein größeres Spektrum bewerten, ist bisher nicht erfolgt und methodisch schwierig, schließlich handelt es sich bei *Stereotype Threat* um eine situative Bedrohung. Infolge-dessen sind Langzeitwirkungen bisher nur wenig erforscht. Es sind aber Zensuren, an denen Erfolg und Misserfolg im Bildungssystem gemessen wird und die einen maßgeb-lichen Einfluss auf den Bildungsgang eines Menschen ausüben. Aus diesem Grund wäre ein Hinweis auf *Stereotype-Threat*-Effekte auf dieses Kriterium ein bedeutsamer Schritt und würde zeigen, dass sich einzelne situative Bedrohungen und daraus folgende Leis-tungsdekremente auch in schulischer Leistung niederschlagen. Schließlich gilt es, ge-ringere Leistungen von Menschen mit Migrationshintergrund im Bildungssystem zu er-klären. Studien unter Laborbedingungen können lediglich Annahmen in Bezug auf Ef-fekte in der Realität zulassen. Da sich also *Stereotype-Threat*-Effekte in langfristigen Leistungsbewertungen nicht direkt messen lassen, gilt es folglich, das komplexe und mehrschichtige latente Konstrukt ‚*Stereotype Threat*' anhand manifester Einzelfaktoren zu erfassen und deren Wirkung auf Leistung zu untersuchen, um Hinweise auf das Wir-ken von *Stereotype Threat* finden zu können.

© Springer Fachmedien Wiesbaden GmbH, ein Teil von Springer Nature 2019
C. Helmchen, *Stereotype Threat im Englischunterricht*,
https://doi.org/10.1007/978-3-658-27527-3_5

Schmader, Johns und Forbes (2008) konzeptualisieren *Stereotype Threat* als Modell kognitiver Imbalance, die sich durch die unterschiedliche Ausprägung äußerlich-situativer Faktoren und individuell-inhärenter Prädiktoren konstituiert und die Wirkung von *Stereotype Threat* begünstigt (vgl. Abschnitt 2.5.1). Demnach sind Anzeichen in der Umgebung, die eine Gruppenmitgliedschaft salient machen, situative Anzeichen für die Stereotyprelevanz und persönliche Relevanz der Situation die äußeren Einflussfaktoren, während Ausprägungen von *Stigma Consciousness* bzw. *Stereotype Endorsement, Ingroup Identification* und *Domain Identification* die individuelle Empfänglichkeit für *Stereotype Threat* bedingen. Daher sind Individuen, die sich besonders stark mit der Eigengruppe identifizieren, ein hohes akademisches Selbstkonzept in der jeweiligen Domäne aufweisen und zudem der Überzeugung sind, dass Stereotype eine bedeutende Rolle dabei spielen, wie andere Menschen sie wahrnehmen und mit ihnen umgehen, in außerordentlichem Maße ‚anfällig' für *Stereotype-Threat*-Effekte, die sich in Situationen kontextueller Relevanz manifestieren.

Bei Individuen, die als anfällig zu klassifizieren sind, sind situative Leistungsdekremente zu erwarten, die sich auch in Gesamtleistungen niederschlagen müssten. Dass jeder einzelne dieser Faktoren situativ eine verstärkende Wirkung auf die Empfindung von *Stereotype Threat* hat, ist empirisch nachgewiesen worden (vgl. Kapitel 2), ihre längerfristige Wirkung und ihr Zusammenspiel ist hingegen bislang nicht Gegenstand empirischer Forschung gewesen und soll hier untersucht werden.

In dieser Studie werden Schüler*innen des Jahrgangs 10 befragt. Dies geschieht aus zwei Gründen. Zum einen sind die Item-Formulierungen der Messkonstrukte zum Teil relativ komplex, sodass sie jüngeren Schüler*innen unter Umständen Probleme bereiten könnten. Zum anderen sollte die Erhebung vor der letzten Selektionsphase stattfinden, um ein weites Spektrum innerhalb der Schülerschaft abzudecken und die Stichprobe dahingehend nicht zu beschränken. Um theoretisch denkbare Unterschiede zwischen Stadtteilschulen und Gymnasien feststellen zu können, werden in beiden Schulformen Daten erhoben.

4.1 Ableitung der Hypothesen

Im Fokus dieser Arbeit steht die Auswirkung von *Stereotype Threat* auf die Leistungen im Tertiärspracherwerb Englisch bei Schüler*innen mit Migrationshintergrund. Hierfür gibt es primär zwei Gründe. Diese liegen zum einen in spracherwerbstheoretischen Annahmen und so im Fach selbst und zum anderen in der Untersuchungsgruppe begründet. Englisch (und Fremdsprachenunterricht im Allgemeinen) nimmt eine gesonderte Rolle im Vergleich zu anderen Schulfächern ein. Die komplexe Verbindung zwischen inhaltlichem Gehalt und formaler Korrektheit stellt eine besondere Herausforderung und mithin einen Stressor dar. Dies gilt selbstverständlich auch für schriftliche Äußerungen. Die Bedeutung einer angstfreien Lernumgebung für einen erfolgreichen Spracherwerb (*Affective-Filter-Hypothesis*, vgl. Krashen, 1981; vgl. auch Dulay & Burt, 1977) ist unumstritten. Gleichzeitig gilt *Anxiety* als einer der Hauptfaktoren, die für Leistungsdekremente unter *Stereotype Threat* verantwortlich sind (vgl. Abschnitt 2.3 & 2.5.2). Durch *Stereotype Threat* hervorgerufene Angstgefühle wären demnach in der Lage,

Schüler*innen zu behindern, sowohl im Hinblick auf die Performanz in Testsituationen als auch in Bezug auf den Spracherwerb im Allgemeinen.

Von noch größerer Bedeutung ist in diesem Zusammenhang jedoch, dass das Empfinden von *Stereotype Threat* in besonderem Maße mit dem Identitätskonzept von Menschen verbunden ist. Neben der Identifikation mit einer stereotypisierten Gruppe ist es die Bedeutung einer Domäne für das Selbstkonzept, die für *Stereotype Threat* empfänglich macht. Der schulische Tertiärspracherwerb stellt für Schüler*innen mit Migrationshintergrund auf verschiedenen Ebenen eine Besonderheit dar. Zum einen sind die Fremdsprachen – neben Sport, Musik und Kunst – das Fachgebiet, in dem Erfolgsaussichten in geringstem Maße von der Beherrschung der deutschen (Bildungs-)Sprache abhängig sind. Der gemeinsam voranschreitende Erwerb und die gemeinsame Verwendung der Fremdsprache sorgen für ähnliche Voraussetzungen im Vergleich zu Schüler*innen ohne Migrationshintergrund, wobei die Nähe der eigenen zur zu erlernenden Sprache selbstverständlich ebenfalls eine Rolle spielt. Zum anderen sind Sprachen und mehrsprachige Kompetenzen für Schüler*innen mit Migrationshintergrund realitätskonstituierende Elemente (in der im Rahmen der Hauptuntersuchung zu dieser Arbeit erhobenen Stichprobe sind beispielsweise 86,4 Prozent bilingual, 15,5 Prozent sprechen zwei weitere Sprachen außer Deutsch, 0,8 Prozent drei weitere Sprachen[19]) und Teil ihrer Identität. Forschung zur Bedeutung der Mehrsprachigkeit in der Identitätgenese von jugendlichen Migrant*innen zeigt dies deutlich. Hu (2011) berichtet beispielsweise von der großen Rolle emotionaler und identitätsbezogener Gesichtspunkte im Fremdsprachenunterricht bei mehrsprachigen Jugendlichen. Krumm (2009, 2013) (vgl. auch Melo-Pfeifer & Helmchen, 2018) konnte anhand von Sprachenportraits zeigen, dass ein Großteil von Kindern und Jugendlichen mit Migrationshintergrund die eigene Identität mehrsprachig konstruiert und dass „[a]lle Sprachen [...] ihren biographisch wichtigen Ort in der Lebensgeschichte [der Befragten haben]" (ebd.: 233). Sprache, so Krumm, sei ein zentrales identitätsstiftendes Element in personaler, sozialer und kultureller Dimension, bedeutsam für das Selbstkonzept und somit konstitutiv für die Offenheit für Zweitsprachen. Diese identitätsstiftende Bedeutung beschränkt sich nicht nur auf die Muttersprache(n), sondern schließt bei mehrsprachigen Kindern und Jugendlichen auch institutionell erworbene bzw. weiterentwickelte Sprachen mit ein. „Die Konstanten in mehrsprachigen Biographien zeichnen sich in diesen Sprachporträts deutlich ab: [...] eine bedeutende Rolle spielt der schulische Unterricht, sowohl der Fremdsprachenunterricht als auch der Unterricht in den Herkunftssprachen und der Unterrichtssprache Deutsch" (ebd.: 243).

In der Spracherwerbsforschung wird unter Verweis auf die Identitätsrelevanz von Sprache auf die in sprachlichen Domänen in besonderem Maße leistungsdeterminierende Rolle des Selbstbilds hingewiesen (für einen Überblick vgl. Csizér & Magid, 2014). Es überrascht deshalb nicht, dass Lehrer*innen berichten, dass Schüler*innen mit Migrationshintergrund sich im Spracherwerb in der Regel mehr zutrauen, stark mit der Sprache experimentieren, sich freier und offener äußern sowie motivierter und mutiger sind als in anderen Fächern. Zudem fiele es ihnen häufig leichter, Englisch zu lernen als Schüler*innen ohne Migrationshintergrund, besonders in Bezug auf die

---

[19] Exklusive institutionell erworbener Sprachen.

Aussprache (vgl. Paulick & Groot-Wilken, 2009). Rück (2009) konnte zeigen, dass migrationsbedingt Mehrsprachige den Erwerb einer Fremdsprache deutlich positiver einschätzen als monolinguale Lerner*innen. Ergebnisse aus der Spracherwerbsforschung untermauern diese Einschätzung von Lehrer*innen. Mehrsprachige Schüler*innen weisen unter anderem Vorteile in Bezug auf *Metalinguistic Awareness* (vgl. bspw. Jessner, 1999, 2008) sowie im Hinblick auf *Lernstrategien* (vgl. bspw. Nayak, Hansen, Krueger, & McLaughlin, 1990) auf.

Es ist daher anzunehmen, dass die meisten Schüler*innen mit Migrationshintergrund relativ hohe Kompetenzüberzeugungen im fremdsprachlichen Bereich und eine entsprechend hohe *Domain Identification* aufweisen, durchschnittlich höher als dies in anderen Fächern oder auch bei monolingualen Schüler*innen der Fall sein dürfte. Diese Annahme wird gleichwohl in dem Bewusstsein getroffen, dass dies nicht für Sprecher*innen aller Herkunftssprachen der Fall sein muss. Die gesellschaftliche und persönliche Wertschätzung der nicht-deutschen L1 mag hierbei durchaus eine Rolle spielen. Nichtsdestoweniger ist davon auszugehen, dass mehrsprachige Kompetenzen zum Identitäts- bzw. Selbstkonzept der meisten Schüler*innen mit Migrationshintergrund gehören, ein Umstand, der sie zugleich anfälliger für *Stereotype Threat* und seine leistungsmindernden Prozesse macht (vgl. Abschnitt 2.2).

Um einen Vergleich zu ermöglichen, wurden ebenfalls Daten für die Fächer Mathematik und Deutsch erhoben.

Da diese Arbeit das Ziel verfolgt, mithilfe eines Strukturgleichungsmodells (Abbildung 4.1) die Bedeutung der von Schmader et al. (2008) als individuelle Hauptfaktoren definierten Prädiktoren für Schulleistung und deren Zusammenspiel zu überprüfen und zudem ein differenziertes Bild in Bezug auf individuelle Aspekte wie Herkunft, Migrationsgeneration, sozioökonomischer Hintergrund etc. zu erstellen, teilen sich die Hypothesen in zwei Gruppen, wobei die erste die Ausprägung der Prädiktoren in Bezug auf die Hintergrundvariablen aufgreift (Abschnitt 4.1.1), während sich die zweite Hypothesen-Gruppe auf das Strukturgleichungsmodell bezieht (Abschnitt 4.1.2, 4.1.2.1 & 4.1.2.2). Die Grundlagen zur Hypothesenbildung liegen zum einen in der Forschung zu *Stereotype Threat*, nehmen allerdings auch Bezug auf die in Kapitel 2 und 3 dargelegten Theorien und Erkenntnisse.

Es ist anzumerken, dass während im Hinblick auf die Forschungsliteratur anzunehmen ist, dass *Stigma Consciousness* die Empfindung von *Stereotype Threat* begünstigt und auch regelmäßig und dauerhaft zu Leistungseinbußen führt, diese Annahme bei den anderen beiden Faktoren nicht mit der gleichen Sicherheit gemacht werden kann. Dies liegt zum einen in der Betrachtung nicht-situativer Leistungsbewertung begründet, zum anderen existieren empirische Befunde, die unterschiedliche Schlussfolgerungen zulassen.

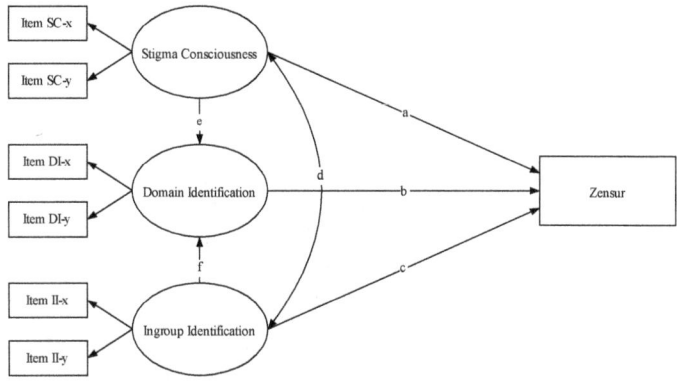

Abbildung 4.1: Strukturgleichungsmodell zur Wirkung Stereotype Threat begünstigender individueller Prädiktoren (vereinfachte Darstellung).

4.1.1 Die Bedeutung von Hintergrundvariablen für Domain Identification, Stigma Bewusstheit und Ingroup Identification.

H₁   *Die Ausprägung der Stigma Consciousness, der Ingroup Identification und der Domain Identification in der Domäne Englisch ist abhängig von der Herkunftsregion.*

In den Vereinigten Staaten sind es bestimmte Gruppen, i.e. Afroamerikaner*innen und Lateinamerikaner*innen, die in besonderem Maße von *Stereotype Threat* betroffen sind. Die in Kapitel 3 dargelegten theoretischen und empirischen Erkenntnisse geben Anlass zur Vermutung, dass auch in Deutschland bestimmte Herkunftsgruppen besonders von negativer Stereotypisierung und mithin *Stereotype Threat* betroffen sind, z.B. abhängig vom jeweiligen Gruppenstatus in der Gesellschaft. Dies gilt beispielsweise auch für die Wahrnehmung von Diskriminierung in der Schule (vgl. Abschnitt 3.2.1). Es ist darüber hinaus anzunehmen, dass die relative Gruppengröße Einfluss auf die Identifikation mit der Gruppe hat (vgl. bspw. Brewer, 1991; Brewer, Manzi, & Shaw, 1993), ebenso wird die Identifikation mit der Herkunftskultur wahrscheinlich auch durch kulturelle (vgl. bspw. Ward & Rana-Deuba, 1999) oder religiöse (vgl. bspw. Brewer, 1999) Analogien bzw. Differenzen zur Mehrheitsgesellschaft beeinflusst. Eine hohe Ausprägung beider Faktoren begünstigt die Wirkung von *Stereotype Threat*.

Auch in Bezug auf die *Domain Identification* sind Unterschiede zu erwarten. Wenngleich in dieser Arbeit davon ausgegangen wird, dass Schüler*innen mit Migrationshintergrund generell eine stärkere Identifikation mit der Domäne Englisch aufweisen, sollten Schüler*innen, die aus Ländern stammen, in denen Englisch eine besondere Bedeutung etwa als Amtssprache innehat oder bei denen zuhause Englisch gesprochen wird, eine nochmals höhere Identifikation mit der

Domäne vorweisen. Zudem zeigen Schulleistungsstudien, dass es Unterschiede in den Leistungen im Fach Englisch in Bezug auf Herkunftsregionen gibt. Diese könnten ebenfalls allgemeine Unterschiede in der *Domain Identification* bewirken.

$H_{1.1}$ *Die Ausprägung der Domain Identification, der Stigma Consciousness, und der Ingroup Identification ist abhängig von der Herkunftskonstellation*

Es ist wahrscheinlich, dass die in Schulleistungsstudien und Bildungsstatistiken zutage tretenden Leistungsunterschiede in Bezug auf die Herkunftskonstellation[20] sich aufgrund der gegenseitigen Abhängigkeit von Selbstkonzept und Leistung auch in der *Domain Identification* niederschlagen. Zudem weisen die Ergebnisse der PISA-Studie (OECD, 2006) auf insgesamt höhere[21] schulische Selbstkonzepte unter Migrant*innen hin. Es ist allerdings denkbar, dass diese sich mit der Zeit, d.h. auch über Generationen hinweg, denen ihrer autochthonen Mitschüler*innen annähern.

Weiterhin ist anzunehmen, dass sich eine fortschreitende Akkulturation auch auf die *Ingroup Identification* und die *Stigma Consciousness* auswirken. Empirische Untersuchungen (vgl. bspw. Diehl & Schnell, 2006) lassen die Vermutung zu, dass das Zugehörigkeitsempfinden zur Mehrheitsgesellschaft innerhalb von Migrantenfamilien mit der Zeit zunimmt und die Bedeutung der allochthonen Eigengruppe in diesem Zuge abnimmt. Ein zunehmendes Empfinden, der Mehrheitsgesellschaft anzugehören, dürfte zudem Auswirkungen auf die *Stigma Consciousness* haben, da die Wahrnehmung von Diskriminierung die Wahrnehmung, einer diskriminierten Gruppe bzw. Minderheit anzugehören, voraussetzen sollte.

$H_{1.2}$ *Es existieren Unterschiede in Bezug auf Ingroup Identification Stigma Consciousness und Domain Identification zwischen Schüler*innen an Stadtteilschulen und Gymnasien.*

Stadtteilschule und Gymnasium unterscheiden sich in Bezug auf die drei Prädiktorvariablen in verschiedener Hinsicht. Unterschiede in der *Ingroup Identification* und *Stigma Consciousness* könnten sich durch die im Vergleich zur Stadtteilschule unterschiedlichen Zusammensetzungen der Schülerschaft ergeben. Die Anzahl der Schüler*innen mit Migrationshintergrund an Stadtteilschulen ist deutlich höher als an Gymnasien, teilweise stellen sie die Mehrheit. Durch den Verlust an Kontrast verliert die Kategorie ‚Migrationshintergrund' an Salienz und somit kontextueller Relevanz (vgl. bspw. Brewer, 1988; Fiske & Neuberg,

---

[20]   Wie eingangs erwähnt, wird neben der Herkunftsregion erfasst, in welcher Generation sie in Deutschland leben und in welchen Ländern beide Elternteile bzw. die Großeltern geboren sind. Erfasst werden folgende Konstellationen: im Ausland geboren, ein Elternteil im Ausland geboren, beide Elternteile im Ausland geboren, beide Elternteile in Deutschland geboren.

[21]   Begriff ist im wissenschaftlichen Diskurs üblich und wird hier deshalb so verwandt. Gemeint ist hier ein positiv ausgeprägtes Selbstkonzept.

1990). An Gymnasien sind Schüler*innen mit Migrationshintergrund wiederum stark unterrepräsentiert, wodurch deren Herkunft ein in besonderem Maße salientes Merkmal darstellt. Darüber hinaus ist es möglich, dass es durch die Kombination aus negativen Stereotypen und den hohen Bildungsansprüchen am Gymnasium zu einer *Belonging Uncertainty* (vgl. Abschnitt 1.2 & 2.4) von Schüler*innen an Gymnasien kommt. Auswirkungen auf die Sensibilität gegenüber Anzeichen von Diskriminierung sind dann insgesamt wahrscheinlich.

Es ist zudem anzunehmen, dass Unterschiede hinsichtlich der *Domain Identification* existieren. Solche Differenzen könnten sich beispielsweise aus dem unterschiedlichen gesellschaftlichen Status von Stadtteilschule und Gymnasium, einer stärkeren Leistungsorientierung und Leistungsniveau am Gymnasium und dadurch höherem Leistungsdruck ergeben. Gleichzeitig bestehen auf dem Gymnasium ein größerer Leistungsdruck und eine größere Wahrscheinlichkeit sozialer Aufwärtsvergleiche, mit möglichen negativen Folgen für die *Domain Identification*.

$H_{1.3}$ *Schüler*innen mit Migrationshintergrund weisen eine höhere Domain Identification im Fach Englisch auf, als Schüler*innen ohne Migrationshintergrund.*

Im Rahmen dieser Arbeit wird angenommen, dass *Stereotype-Threat*-Effekte besonders im Fach Englisch (stellvertretend auch für andere sprachliche Fächer) auftreten. Abgesehen von anderen, fachinhärenten Faktoren, wird vermutet, dass Schüler*innen mit Migrationshintergrund aufgrund ihrer zumeist vorhandenen Mehrsprachigkeit eine im Vergleich zu anderen Fächern höhere *Domain Identification* bzw. ein höheres sprachliches Selbstkonzept aufgrund sprachlicher Kompetenzüberzeugungen vorweisen, wodurch das Auftreten von *Stereotype-Threat*-Effekten begünstigt wird.

$H_{1.4}$ *Stigma Consciousness, Ingroup Identification, Domain Identification sind unabhängig vom sozioökonomischen Status.*

In allen Studien, in denen der sozioökonomische Status kontrolliert wurde, zeigt sich, wenngleich mit Ausnahme einiger bestimmter Herkunftsgruppen, eine deutliche Reduzierung des Zusammenhangs zwischen Migrationshintergrund und geringerer Leistung. Ziel dieser Arbeit ist es unter anderem, die auch bei Kontrolle des sozioökonomischen Status weiterhin auftretenden Unterschiede zu erklären. *Stereotype Threat* trifft alle Mitglieder einer sozialen Gruppe, unabhängig von deren sozioökonomischem Status, sofern dieser nicht der eigentliche Auslöser solcher Effekte ist. Deshalb wird hier zudem die Hypothese überprüft, dass die Ausprägung der Prädiktoren unabhängig vom sozioökonomischen Status (operationalisiert durch den Bildungsstand der Eltern) ist.

4.1.2　Die Bedeutung von Domain Identification, Stigma Consciousness und Ingroup Identification für Leistung

H_2　*Es existiert ein positiver Zusammenhang zwischen Domain Identification und Leistung.* (Pfad b[22])

Während es als gesichert gilt, dass sich eine hohe *Domain Identification* in einer situativen Bedrohung mit hoher Wahrscheinlichkeit negativ auf die Leistungsfähigkeit auswirkt (vgl. Abschnitt 2.2), ist im Hinblick auf die Motivations- und Selbstkonzeptforschung im Allgemeinen und den *Self-Enhancement*-Ansatz (vgl. Helmke & van Aken, 1995) im Speziellen langfristig eher von einem positiven Einfluss auf Leistung auszugehen. Dabei ist zu berücksichtigen, dass es auch im Rahmen der Forschung zu *Stereotype Threat* Hinweise darauf gibt, dass die leistungsmindernde Wirkung der *Domain Identification* nicht uneingeschränkt gilt, sondern beispielsweise vom Schwierigkeitsgrad eines Tests abhängig ist. Die hier betrachteten Gesamtleistungen und -zensuren beinhalten jedoch Anteile, die nicht unter besonderem Leistungsdruck und dem damit verbundenen Stress zustande kommen.

$H_{2.1}$　*Stigma Consciousness und Leistung stehen in einem negativen Verhältnis.* (Pfad a)

Die Erwartung, dass negative Stereotype eine Rolle bei der Bewertung von Leistung spielen, bildet die Grundvoraussetzung für *Stereotype-Threat*-Effekte. Je stärker diese *Stigma Consciousness* ausgeprägt ist, desto stärker sollten Individuen die leistungsmindernden Faktoren (vgl. Abschnitt 2.3) verspüren und desto stärker sollte Leistung darunter leiden, mit entsprechenden Effekten in der Zensur. Als Teil des ‚größeren' Konstruktes *Stereotype Threat* gibt es zudem Hinweise darauf, dass sich *Stigma Consciousness* auch direkt negativ auf Leistung auswirken kann (vgl. Brown & Pinel, 2003; Abschnitt 2.2). Auslöser, d.h. negative Stereotype, und mediierende Prozesse sind in beiden Fällen die gleichen.

$H_{2.2}$　*Es existiert ein Zusammenhang zwischen Ingroup Identification und Leistung.* (Pfad c)

Eine starke Identifikation mit der Eigengruppe erhöht die Wahrscheinlichkeit des Auftretens von *Stereotype Threat*, da ein für die Selbstkonzeptgenese bedeutender Aspekt des Selbst bedroht wird. Sogenannte *High Identifiers* sind im Allgemeinen eher besorgt, das negative Stereotyp repräsentativ für die Eigengruppe zu bestätigen (vgl. Davis, Aronson und Salinas 2006; Schmader, 2002), neigen deutlich stärker zu Selbststereotypisierung (vgl. Simon und Hamilton, 1994) und sind auch in Bedrohungssituationen in hohem Maße loyal gegenüber der Eigengruppe (vgl. Spears, Doosje und Ellemers, 1997), was das Empfinden von *Stereotype Threat* ebenfalls begünstigt. Allerdings gibt es Anzeichen, dass eine starke Identifikation mit der Eigengruppe, unter der Voraussetzung einer positiven

---

[22]　vgl. Abbildung 4.1

Einstellung zu dieser Gruppe, *Stereotype-Threat*-Effekte abmildern kann (Oyserman, Harrison & Bybee, 2001) (für einen Überblick vgl. Abschnitt 2.2). Die als gering empfundene Möglichkeit sozialer Mobilität unter Migrant*innen (vgl. Bertelsmann Stiftung, 2009) könnte in einigen Migrant*innen-Gruppen zu einem stark ausgeprägten Ethnozentrismus mit einhergehender positiver Neubewertung der Eigengruppe geführt haben, der die Bedrohung durch negative Stereotype abmildern könnte (vgl. Ng, 1978; Vaughan, 1978).

$H_{2.3}$ *Die Effekte der Stigma Consciousness, Ingroup Identification und Domain Identification auf Leistung sind unabhängig von Kontextmerkmalen.*

Ebenso wie in der ersten Hypothesengruppe soll gezeigt werden, dass die Effekte auch bei Berücksichtigung von Kontextmerkmalen (Geschlecht, Bildungshintergrund der Eltern, Deutsch als Familiensprache etc.) signifikant bleiben und somit eine von ihnen unabhängige Wirkkraft besitzen.

4.1.2.1 Die Beziehung zwischen Domain Identification, Stigma Consciousness und Ingroup Identification

$H_{2.4}$ *Ingroup Identification und Stigma Consciousness korrelieren positiv miteinander.* (Pfad d)

Pinel (1999) postuliert, dass *Stigma Consciousness* relativ unabhängig von der *Ingroup Identification* ist. Wie stark der Zusammenhang allerdings ist, soll hier überprüft werden. Selbst wenn eine hohe *Ingroup Identification* nicht zwingend zu einer erhöhten *Stigma Consciousness* führt, gibt es doch Grund zur Annahme, dass sie dadurch zumindest begünstigt wird. Für Personen mit einer hohen *Ingroup Identification* hat die Gruppenmitgliedschaft eine starke Bedeutung für die soziale Identität, einhergehend mit dem Bedürfnis, dass diese Gruppe positiv bewertet wird (*Social Identity Theory,* vgl. Tajfel 1974; Tajfel & Turner, 1986). Im Fall einer negativen Stereotypisierung wird somit ein zentraler Teil des Selbst angegriffen. Personen mit einer hohen *Ingroup Identification* neigen zudem dazu, sich als besonders repräsentativ für die Eigengruppe zu empfinden und sind im Zweifel weniger schnell bereit, andere soziale Identitäten anzunehmen (vgl. Spears, Doosje und Ellemers, 1997). Zugleich scheint plausibel, dass Personen, die der Überzeugung sind, dass ihre Gruppenzugehörigkeit für andere im negativen Sinn besonders relevant ist, sich stärker mit ihrer Gruppe solidarisieren bzw. identifizieren.

$H_{2.5}$ *Stigma Consciousness und Domain Identification stehen in einem negativen Verhältnis.* (Pfad e)

Es ist anzunehmen, dass sich eine erhöhte *Stigma Consciousness* nicht nur negativ auf Leistung, sondern auch auf die *Domain Identification* auswirkt, so wie dies im Rahmen der Forschung zu *Stereotype Threat* postuliert wird. Aronson und Inzlicht (2004) sowie Massey et al. (2003) fanden Hinweise auf negative

Effekte der *Stigma Consciousness* auf das akademische Selbstkonzept. Da beide Konzepte (*Domain Identification* und Selbstkonzept) in hohem Maße identisch sind, sind auch hier negative Effekte denkbar. Eine erhöhte Erwartung, vor dem Hintergrund der Gruppenzugehörigkeit und den damit verbundenen negativen Stereotypen wahrgenommen und bewertet zu werden, könnte zu einer Form des Disengagements führen, mit negativen Auswirkungen auf die Identifikation mit der Domäne (vgl. Abschnitt 2.4).

$H_{2.5.1}$ *Es existiert ein Mediationseffekt von Stigma Consciousness auf Leistung über Domain Identification.* (Pfad e – b)

Unter der Annahme, dass *Stigma Consciousness* zu einer Art *Disengagement* (vgl. Abschnitt 2.4) führt, ist zu erwarten, dass *Stigma Consciousness* nicht nur einen direkten negativen Effekt auf Leistung hat, sondern auch einen indirekten. Ein durch Disengagement vermindertes Selbstkonzept, könnte geringere Leistungen zur Folge haben, da Proband*innen geringere Erfolgserwartungen haben (*Performance Expectancy*, vgl. Abschnitt 2.3), sich weniger zutrauen und der Domäne weniger Bedeutung beimessen.

4.2 Messkonstrukte

Zur Datenerhebung wurde ein mehrteiliger Fragebogen entwickelt (s. Anhang), dessen drei Hauptkomponenten die in Schmader et al. (2008) postulierten individuellen Prädiktoren abbilden. Hierzu wurden das *Domain Identification Measure* (DIM) (Smith & White, 2001), des *Multigroup Ethnic Identity Measure*[23] (MEIM) (Phinney, 1992), der *Stigma Consciousness Questionnaire* (SCQ) (Pinel, 1999) sowie drei Items zu *Stereotype Endorsement* (Schmader et al., 2004) aus dem englischen Original ins Deutsche übersetzt und für diese Arbeit adaptiert. Als Leistungsindikatoren werden die letzten Gesamtzensuren[24] der drei Hauptfächer Deutsch, Englisch und Mathematik erhoben. Zusätzlich werden eine Reihe weiterer Merkmale erfasst sowie demographische Daten ermittelt, um die Stichprobe in Detailanalysen differenziert betrachten zu können. Der Fragebogen ist in zwei Teile aufgeteilt. Der erste Teil enthält den DIM für die Fächer Mathematik, Deutsch und Englisch.

Im Anschluss erfolgt die Abfrage des Migrationshintergrunds über Geburtsland der Schüler*innen, Geburtsland der Mutter und des Vaters und Geburtsland der Großeltern. Der Terminus Migrationshintergrund ist in vielen Studien unterschiedlich definiert worden (vgl. Kapitel 1). Hier soll ein relativ weit gefasster Rahmen gelten, der sich bis in die dritte Generation erstreckt. Einen Migrationshintergrund hat folglich, wer zumindest einen im Ausland geborenen Eltern- oder Großelternteil hat. Während sich

---

[23] Das ursprünglich hierfür vorgesehene *Inclusion of Ingroup in Self Measure* (IIS) (Tropp & Wright, 2001) erwies sich im Rahmen der Pilotierungsphase als ungeeignet und wurde deshalb durch das MEIM ersetzt. Dementsprechend fehlen für das MEIM Pilotierungsdaten. Die Daten für das IIS werden hier nicht berichtet.

[24] Zu deren Eignung als Leistungsmesser im Allgemeinen und im Rahmen dieser Arbeit vgl. Abschnitt 4.2.5.

Faktoren wie z.b. der sozioökonomische Hintergrund mit der Zeit nivellieren können, ist eine saliente Gruppenzugehörigkeit (hier zur Gruppe der Schüler*innen mit Migrationshintergrund) aufgrund von Namen, physischer Merkmale oder bestimmter Kleidung unter Umständen von langer Dauer und unterscheidet autochthone und allochthone Schüler*innen für Lehrer*innen sichtbar voneinander; das ist auch den Schüler*innen mit Migrationshintergrund bewusst. Unabhängig davon kann auch die Bedeutung des Migrationshintergrundes für die Identität eines Individuums über Generationen hinweg andauern und es folglich anfällig für *Stereotype-Threat*-Effekte machen. In diesem Zusammenhang ist interessant, ob die Ausprägung der Prädiktoren abhängig von der Zugehörigkeitsdauer zur Gesellschaft ist.

Der zweite Teil des Fragebogens enthält jeweils unterschiedliche Instrumentarien für Schüler*innen mit und ohne Migrationshintergrund. Der Fragebogen für Schüler*innen mit Migrationshintergrund enthält das MEIM und den SCQ, während der Fragebogen für Schüler*innen ohne Migrationshintergrund im Anschluss an den DIM andere – hier nicht weiter relevante – Items beinhaltet. Die Proband*innen sollten, wenn überhaupt, möglichst spät herausfinden, dass es sich um unterschiedliche Fragebögen handelt, zum einen, um die Konzentration nicht durch Diskussionen zu beeinflussen, zum anderen, um mögliche Auswirkungen auf das Antwortverhalten der Proband*innen zu minimieren. Beide Versionen schließen mit der Abfrage der demographischen Daten.

4.2.1 Stigma-Consciousness Questionnaire

Das Konstrukt der *Stigma Consciousness* basiert auf der empirisch gesicherten Annahme, dass Mitglieder stereotypisierter Gruppen die Empfindung haben, dass ihre Gruppenmitgliedschaft Auswirkungen auf den Umgang anderer mit ihnen hat. Diese Empfindung kann durch situative Umstände ausgelöst werden. In einer Studie neigten Frauen in Erwartung, von sexistischen Männern bewertet zu werden, dazu, schlechte Leistungen auf Diskriminierung zu attribuieren. Proband*innen asiatischer oder afroamerikanischer Herkunft schrieben ihr Versagen ebenfalls auf die Prüfer*innen, wenn ihnen vor Testbeginn mitgeteilt wurde, dass ein Teil der Prüfer*innen schon einmal Personen entsprechender Herkunft diskriminiert hatte (vgl. Ruggiero & Taylor, 1997). Pinel (1999) geht davon aus, dass es zudem konstante individuelle Unterschiede in der Erwartung stereotypgeleiteter Behandlung durch andere gibt. Dies gelte beispielsweise für Gruppenmitglieder, die kaum oder sehr viel Kontakt zu Outgroups haben und sich folglich selten oder häufig mit Stereotypen konfrontiert sehen.

Stigma Consciousness sei dabei unabhängig von *Ingroup Identification*, kollektiver Unzufriedenheit, Bevorzugung oder Benachteiligung oder Selbststereotypisierung, die Erwartung, auf Basis von Stereotypen bewertet zu werden reiche aus, so Pinel. Obwohl äußerst ähnlich, seien *Stereotype Threat* und *Stigma Consciousness* nicht vollkommen gleichzusetzen. *Stereotype Threat* unterscheide sich vor allem in der Annahme, dass betroffene Personen besorgt sind, negative Stereotype zu bestätigen, während *Stigma Consciousness* sich auf die Erwartung bezieht, auf Basis von Stereotypen behandelt zu werden (vgl. Pinel, 1999). So führt/e ein hohes Level an *Stigma Consciousness* zu einer erhöhten Anfälligkeit in Bezug auf *Stereotype Threat*, das insgesamt jedoch ein breiter gefasstes Konzept mit weiteren Einflussvariablen, von denen *Stigma Conscious-ness* nur eine ist, darstellt. Dass *Stigma Consciousness* auch allein Leistungsdekremente bewirken kann, scheint wahrscheinlich. Pinel argumentiert, dass *Stigma Consciousness* „invasive thoughts" (Pinel, 1999: 115) hervorrufen könne, worunter die Konzentration leide. Forschung zu *Ego Depletion* (vgl. Abschnitt 2.2) lässt diese Folgerung plausibel erscheinen. Hier wird allerdings auch die Nähe zu *Stereotype Threat* noch einmal deutlich.

Der aus zehn Items bestehende Fragebogen umfasst zum einen phänomenologi-sche Erfahrungen in der Interaktion mit der Outgroup (z.B. „I almost never think about the fact that I am a female when interacting with men"), zum anderen Überzeugungen, wie die Outgroup die Ingroup sieht (z.B. „Most men have problems viewing women as equals") (vgl. Pinel, 1999: 115). Darüber hinaus bildet der SCQ eine allgemeiner ge-fasste, nicht auf die relevante Outgroup bezogene Komponente (‚Stereotypes about women have not affected me personally'; ‚My being female does not influence how people act with me'). Eine Hauptachsenanalyse mit Varimax-Rotation ergab lediglich einen Faktor mit einem Eigenwert > 1 und einem Anteil an der Gesamtvarianz von 24 Prozent. Die Faktorladungen der Items liegen zwischen .33 und .65. Zudem weist der SCQ mit α = .74 eine relativ hohe interne Konsistenz auf. Eine weitere Erhebung zur Kreuzvalidierung ergab vergleichbare Ergebnisse. Zur Überprüfung der Konvergenz-, Diskriminanz- und Konstruktvalidität wurde eine weitere Studie ($n = 86$) unter der An-nahme durchgeführt, dass (a) Frauen mit einem hohen Level an *Stigma Consciousness* besorgt sind, wie andere sie sehen und dass sie (b) eine hohe Achtsamkeit in Bezug auf Sexismus vorweisen, dass (c) *Stigma Consciousness* relativ unabhängig vom Zugehö-rigkeitsgefühl zur Eigengruppe und (d) vom Selbstbild ist. Hierzu bearbeiteten die Pro-band*innen neben dem SCQ die *Self-Consciousness Scale* (Fenigstein, Scheier & Buss, 1975), die *Modern Sexism Scale* (Swim, Aikin, Hall & Hunter, 1995), zwei Versionen des *Personal Attributes Questionnaire* (PAQ / PAQ-stereotypes) (Spence, Helmreich & Stapp, 1974, 1975), den *Male-Female Relations Questionnaire* (Spence, Helmreich & Sawin, 1980) und die *Attitude Towards Women Scale* (Spence, Helmreich & Stapp, 1973) (für einen Überblick s. Tabelle 4.1). Entsprechend den Annahmen zeigten sich mittlere Korrelationen mit der *Public-Self-Consciousness Scale* sowie der *Modern Se-xism Scale*. Diese Ergebnisse sprechen zum einen dafür, dass *Stigma Consciousness* mit der Besorgnis, wie andere einen wahrnehmen sowie einer erhöhten Achtsamkeit in Be-zug auf diskriminierendes Verhalten einhergeht. Zum anderen zeigen die insgesamt mo-deraten Korrelationen, dass es sich hier dennoch um im Kern unterschiedliche Konzepte handelt. Eine ebenfalls mittlere Korrelation mit dem *Male-Female Relations Question-naire* gibt zudem Anlass zur Vermutung, dass Personen mit einem erhöhten Niveau an *Stigma Consciousness* sich eher in eigengruppentypische Rollen einfügen (vgl. Pinel, 1999: 116ff.). Dies könnte bedeuten, dass diese Individuen mit höherer Wahrscheinlich-keit zu Akzeptanz von Stereotypen und zu Selbststereotypisierung neigen, wenngleich die nicht-signifikante Korrelation mit dem Personal-Attributes Questionnaire, speziell der Stereotypvariante, in der Proband*innen u.a. bewerten sollen, inwieweit ‚typische' Adjektive auf die eigene Person zutreffen, diese Vermutung nicht stützt. Ein Zusam-menhang zwischen beiden Konzepten ist bislang nicht empirisch überprüft worden. Der

Tabelle 4.1: Korrelationen des SCQ (Frauen) mit verschiedenen anderen Messinstrumenten (n = 86) (PAQ, n = 77) (Pinel, 1999: 118) (nur oben erwähnte Messinstrumente sind aufgeführt).

Messinstrument	SCQ
Modern Sexism Scale	-.28**
Private Self-Consciousness	.12
Public Self-Consciousness	.36*
Self-Perceived Instrumentality (PAQ-self)	-.01
Self-Perceived Expressivity (PAQ-self)	-.11
Instrumentality of Typical Male (PAQ-stereotypes)	-.14
Expressivity of Typical Female (PAQ-stereotypes)	.05
Male-Female Relations Questionnaire	.27*
Attitudes Towards Women Scale	-.06

$* p < .05$ $** p < .01$

Nachweis eines Zusammenhangs könnte jedoch Aufschluss über die Rolle des von
Schmader et al. (2008) als moderierende Variable vorgeschlagenen Stereotype Endorsement geben und bedürfte deshalb einer Überprüfung, die hier allerdings ebenfalls
nicht vollzogen werden kann.

Um sicherzustellen, dass der SCQ auch auf andere Gruppen reliabel anwendbar
ist, speziell auch für Personen, denen eine Gruppenmitgliedschaft nicht anzusehen ist,
hat Pinel eine modifizierte Version für homosexuelle Frauen und Männer entworfen und
ebenfalls hinsichtlich ihrer Konstrukt- und Diskriminanzvalidität überprüft ($n = 63$). Als
Vergleichsinstrumente wurden in dieser Studie erneut beide Versionen der *Self-Consciousness Scale* (Fenigstein et al., 1975), ein Fragebogen zu ‚Vertrauen in Menschen'
(Rosenberg, 1957; Schuessler, 1982), um auszuschließen, dass es sich bei *Stigma
Consciousness* vielmehr um ein generelles Mistrauen gegenüber anderen handelt, sowie
drei Instrumente zur Messung der Diskriminierungswahrnehmung (Pinel, 1999), ver-
wendet. Ebenso wie der SCQ für Frauen, zeigte der SCQ für homosexuelle Frauen und
Männer eine hohe interne Konsistenz ($\alpha = .81$) sowie einen Faktor mit einem Eigenwert
> 1 und Faktorladungen zwischen .25 und .71. Auch hier zeigten sich moderate Korre-
lationen mit der *Self-Consciousness Scale* sowie mit der Wahrnehmung diskriminiert zu
werden (für einen Überblick s. Tabelle 4.2), wobei Proband*innen mit hoher *Stigma
Consciousness* weniger zwischen Diskriminierung auf individueller bzw. gruppaler
Ebene zu unterscheiden schienen. Wenngleich nicht-signifikant ($F (1, 25) = 3.89, p <
.06$), lässt dieses Ergebnis die Vermutung zu, dass Personen mit hoher *Stigma Consci-
ousness* tendenziell dazu neigen, allgemeine Diskriminierung der Eigengruppe auch auf
die eigene Person zu beziehen. Die Annahme, *Stigma Consciousness* könne ein generelles Mistrauen gegenüber anderen widerspiegeln, bestätigten sich hingegen nicht (vgl.
Pinel, 1999: 119f.).

Pinel (1999) konnte zudem nachweisen, dass *Stigma Consciousness* ein gruppen-
differenziertes Phänomen und keine generelle Disposition darstellt. Das Niveau an
Stigma Consciousness in Bezug auf eine Gruppenmitgliedschaft lässt keine unbedingten

Tabelle 4.2: Korrelationen des SCQ (homosexuelle Frauen und Männer) mit verschiedenen anderen Messinstrumenten (n = 63) Diskriminierungswahrnehmung
(Selbst) (n = 62) Diskriminierungswahrnehmung (Gruppe) (n = 61) (Pinel, 1999:
120) (nur oben erwähnte Messinstrumente sind aufgeführt).

Messinstrument	SCQ
Trust in people	-.16
Private Self-Consciousness	.33**
Public Self-Consciousness	.33**
Group discrimination	
Lesbians	.34**
Gay men	.33**
Gay men and lesbians	.50**
Personal discrimination	.57**

* $p < .05$ ** $p < .01$

Rückschlüsse auf die *Stigma Consciousness* bezüglich einer anderen Gruppenmitgliedschaft zu (vgl. ebd.: 120ff.). Darüber hinaus fand Pinel Hinweise darauf, dass bestimmte
Gruppen tendenziell eher zu einer erhöhten *Stigma Consciousness* neigen als andere
Gruppen. So weisen beispielsweise homosexuelle Männer ein durchschnittlich höheres
Niveau an *Stigma Consciousness* auf als homosexuelle Frauen, allerdings nicht signifikant ($F(1, 48) = 3.02$, p < .09), dasselbe gilt für Schwarze im Vergleich zu Weißen sowie
für Personen unterschiedlichen Geschlechts, hier auch signifikant ($F(1, 218) = 11.08$, p
< .01) bzw. ($F(1, 340)$ 173.30, $p < .01$) (vgl. ebd.: 124). Auffällig ist hier, dass es an-
scheinend die für den Wahrnehmungsprozess bedeutenden *Primitive Categories* sind,
entlang derer sich solche Gruppenunterschiede stärker manifestieren. Selbst wenn Pinel
nachweisen konnte, dass eine ‚sichtbare' Gruppenzugehörigkeit keinesfalls Voraussetzung für *Stigma Consciousness* ist (vgl. ebd.: 116ff.), ist dieses Resultat plausibel. Eine
sichtbare Gruppenzugehörigkeit geht höchstwahrscheinlich mit häufigerer Diskrimini-
rungserfahrung und folglich erhöhter *Stigma Consciousness* einher (vgl. ebd.). So ist es
denkbar, dass Personen, die ihre Gruppenmitgliedschaft nicht verbergen können, z.B.
aufgrund physischer Merkmale wie z.B. der Hautfarbe, viel eher dazu neigen, eine Behandlung auf Basis der Gruppenmitgliedschaft zu erwarten.

Dass die Überzeugung auf der Basis einer Gruppenmitgliedschaft bewertet bzw.
behandelt zu werden (i.e. *Stigma Consciousness*) und die Befürchtung negative Stereotype über die Eigengruppe in relevanten Situationen zu bestätigen (*Stereotype Threat*)
zusammenhängen, ist evident. Wie auch Schmader et al. (2008) habe ich zu Beginn
dieses Abschnitts argumentiert, dass es sich bei *Stigma Consciousness* um ein eigenes
Konstrukt und zugleich um einen Teil eines größeren Konstruktes handelt. In der Tat
sind beide äußerst eng miteinander verbunden und zweifelsohne stellt *Stigma Consciousness* eine ganz besonders wirkungsreiche Variable im Gesamtkonstrukt dar. Es ist
deshalb davon auszugehen, dass sich auf *Stereotype Threat* zurückzuführende Effekte
im Rahmen dieser Arbeit vor allem in der Beziehung von *Stigma Consciousness* und
Zensuren zeigen. Pinel (1999, 124ff.) konnte nachweisen, dass Frauen mit einer hohen

Stigma Consciousness, in der Erwartung gegen einen Mann antreten zu müssen, stereo-typ-irrelevante Domänen (Sachliteratur, der menschliche Körper) im Gegensatz zu ste-reotypisch männlichen (Autos, Militär) in einem Ratespiel bevorzugten, als wenn sie glaubten, es handele sich um eine weibliche Kontrahentin ($F(1, 75) = 1.09, p < .04$). Während Pinel dieses Ergebnis auf die *Stigma Consciousness* der Probandinnen zurück-führt, ließe es sich ebenso vor dem Hintergrund der *Stereotype-Threat*-Theorie interpre-tieren. Die Teilnehmerinnen waren unter Umständen besorgt, negative Stereotype in Bezug auf Frauen und deren Wissen über Autos bzw. Militär zu bestätigen und wende-ten sich deshalb von der Domäne ab, i.e. *Domain Avoidance* (vgl. Abschnitt 2.4). Ebenso fand Pinel Hinweise auf die mediierende Rolle von *Performance Expectancy* (vgl. ebd.: 125f.), der auch im Rahmen von *Stereotype Threat* einige Bedeutung zu-kommt (vgl. Abschnitt 2.3). Obschon *Stereotype Threat* ausnahmslos jede Person be-treffen kann, gibt das Konzept der *Stigma Consciousness* eine Antwort darauf, warum bestimmte Gruppen und bestimmte Individuen besonders stark von diesem Phänomen betroffen sind und es keiner ‚besonderen Bedrohung', wie sie etwa in Laborexperimen-ten zur Anwendung kommt, bedarf. Es ist nicht allein die Existenz negativer Stereotype, es ist vielmehr die Frequenz der Begegnung mit Stereotypen und die daraus erwach-sende Empfindung, dass die Mitgliedschaft in einer Gruppe und die zugehörigen Attri-bute bestimmend für den Umgang anderer mit der eigenen Person sind. Die sehr um-fangreiche Validierung mit verschiedenen Gruppen hat gezeigt, dass es sich beim *Stigma-Consciousness Questionnaire* um ein äußerst reliables Instrument zur Erfassung der *Stigma Consciousness* in klarerer Abgrenzung zu anderen, auch teilweise überlap-penden, Konzepten handelt.

In dieser Arbeit kommt eine ins Deutsche übersetzte Version zur Anwendung, die beiden Versionen des SCQ (‚Frauen' / ‚Homosexuelle') gleicht, jedoch der Zielgruppe angepasst wurde. Beide Dimensionen (relevante Outgroup / allgemein) wurden erhalten (‚Die meisten LehrerInnen beurteilen SchülerInnen nicht anhand ihrer Herkunft'; ‚Mein Migrationshintergrund hat keinen Einfluss darauf wie andere Menschen mit mir umge-hen'), um sowohl ein schulbezogenes als auch ein globales Stigmabewusstsein zu erfas-sen. Zudem wurde die Likert-Skala von ursprünglich 7 auf 5 Stufen gekürzt, um den SCQ an den DIM anzupassen und somit den Fragebogen insgesamt zu vereinfachen. Folglich liegen das Minimum der Skala bei 10 und das Maximum bei 50 Punkten.

4.2.2 Multigroup Ethnic Identity Measure

Für das ursprünglich vorgesehene *Inclusion of Ingroup in Self Measure* kommen ersatz-weise Items aus der Subskala (*Affirmation and Belonging*) des *Multigroup Ethnic Iden-tity Measure* (MEIM) (Phinney, 1992) zum Einsatz, die bereits an anderer Stelle zur Messung von *Ingroup Identification* und deren Einfluss auf *Stereotype Threat* verwandt wurden (vgl. Armenta, 2010) und hier als Indikatoren für *Ingroup Identification* dienen sollen. Phinneys Entwicklungsstudie zeigt für die betreffende Subskala des MEIM bei High-School Schüler*innen ($n = 417$) eine relativ hohe interne Konsistenz ($\alpha = .75$) (Armenta berichtet von $\alpha = .89$) und allgemein hohe Ladungen aller Items, zwischen .296 und .718 (vgl. Phinney, 1992). Die Proband*innen waren im Alter von $M = 16.5$ und entsprechen somit der für diese Untersuchung ausgewählten Altersgruppe.

Insgesamt handelt es sich um 9 Items, die sowohl affektive Aspekte (‚I feel good about my cultural or ethnic background') berücksichtigen als auch die Hinwendung und Wertschätzung in Bezug auf kulturelle Charakteristika (‚I have spent time trying to find out more about my own ethnic group, such as history, traditions and customs'; ‚I participate in cultural practices of my own group, such as special food, music or customs'). Dem MEIM wurde ein Item hinzugefügt (‚Ich würde mich bezeichnen als...'), dass die herkunftsbezogene Identität erfassen soll. Möglich waren dabei vier Kategorien, zum Beispiel: ‚deutsch'; ‚chinesisch'; ‚deutsch-chinesisch'; ‚chinesisch-deutsch'. Zusätzlich wurde dem IIS ein weiteres Item hinzugefügt, das die Verbundenheit mit der Outgroup, d.h. Schüler*innen ohne Migrationshintergrund erheben soll.

4.2.3 Stereotype-Endorsement-Items

Als vierte und letzte Variable enthält der Fragebogen drei Items zur Messung von Stereotype Endorsement, dem Grad, zu dem Individuen Stereotype über die Eigengruppe akzeptieren und in das Selbstkonzept integrieren. Schmader, Johns und Barquissau (2004) haben in einem Experiment nachweisen können, dass der Glaube an das jeweilige Stereotyp nicht nur die Testperformanz negativ beeinflusst, sondern auch das Bedürfnis verstärkt, gute Ergebnisse zu erzielen. Es könnte der dadurch entstehende Druck sein, der die Leistungsdekremente bewirkt.

Die von Schmader et al. entworfenen Items zur Messung von Stereotype Endorsement zeigen eine hohe interne Konsistenz (α = .88). Zudem zeigt eine Regressionsanalyse, dass die Tendenz, an den Wahrheitsgehalt von Stereotypen über die Eigengruppe zu glauben, mit Legitimitätsüberzeugungen in Bezug auf Statusunterschiede bzw. gesellschaftliche Differenzstrukturen zusammenhängt (β = .31, p < .05.). Darüber hinaus zeigen sich, wenn auch in relativ geringem Maß, Zusammenhänge mit Erfolgserwartungen (r = -.21, p < .05), Selbstwertgefühl (r = -.26, p < .05) und Bildungsoptimismus (r = -.26, p < .05) (vgl. Schmader et al., 2004: 838ff. & 842ff.).

Die Bedeutung von Stereotype Endorsement ist umstritten (vgl. Abschnitt 2.2), dennoch ist es Teil des – der Grundkonzeption des Fragebogens zugrundeliegenden – Modells von Schmader et al. (2008) und soll deshalb auch hier Berücksichtigung finden. Die entsprechenden drei Items wurden in deutscher Übersetzung in den Fragebogen übernommen.

4.2.4 Domain Identification Measure

Der DIM wurde speziell zur Untersuchung von *Stereotype-Threat*-Effekten entwickelt. Die ursprüngliche Version wurde für die Fächer Mathematik und Englisch konzipiert, ist laut Smith und White jedoch für jede andere Domäne adaptierbar. Das Messinstrument basiert auf Steeles (1997) Definition, dass sich mit einer Domäne identifizierende Personen diese als attraktiv, wichtig und erfolgversprechend erachten sowie Aufwertung, Anerkennung und Belohnung erwarten. Ebenfalls in Anlehnung an Steele (vgl. ebd.) gehen Smith und White davon aus, dass die *Domain Identification* eine hohe Stabilität aufweist, ebenso wie dies beim Selbstkonzept der Fall ist. Unter Berücksichtigung der Forschungsliteratur zu *Stereotype Threat* wurde ein Fragebogen mit 20 Items für die Bereiche Mathematik, Englisch und Wissenschaft im Allgemeinen entworfen. Diese enthalten kognitiv-evaluative („I have always done well in X'; „I get good grades in X') sowie affektive („How much do you enjoy X-related subjects?') Aspekte, dimensionale und soziale Vergleiche („X is one of my best subjects'; „Compared to other students, how good are you at X?') und identitätkonstituierende Komponenten („How much is X to the sense of who you are?'). Zudem wird anhand zweier Items die Bedeutung der Domäne für das Selbst („How important is it to you to be good at X?') und für berufliche Ambitionen („How likely would you be to take a job in a X related field?') erhoben. Somit beinhaltet das DIM auf der einen Seite selbstkonzepttypische Aspekte, umfasst aber auch affektive Komponenten, die eher Teil von Interesse und Motivation sind.

An der Validierungsstudie nahmen insgesamt 1143 Universitätsstudent*innen teil. Dabei wiesen alle Skalen eine hohe interne Konsistenz auf (Mathematik α = .93; Englisch α = .90; Wissenschaft im Allgemeinen α = .75). Eine Faktoranalyse mit Varimax-Rotation ergab die erwarteten drei Faktoren mit jeweils hohen Inter-Item-Korrelationen bei Ladungen zwischen .30 und .89. Für die Bereiche Mathematik und Englisch lagen diese zwischen .64 und .89 sowie .52 und .86 (Tabelle 4.3). Alle drei Teile zeichnen sich zudem durch eine hohe interne Konsistenz aus.

Eine Test-Retest-Reliabilitätsanalyse mit 96 zufällig ausgewählten Teilnehmer*innen der ersten Studie ergab für die Bereiche Mathematik und Englisch ebenfalls hohe Korrelationen von r = .89 (Mathematik) und r = .56 (Englisch). Items zur allgemeinen Identifikation zeigten sich nur wenig reliabel (r = .26) und wurden deshalb aus dem Fragebogen entfernt. Smith und White führten zudem eine Analyse in Bezug auf die Validität des Fragebogens durch. Dabei wurden Student*innen mit niedrigen (< 23) und hohen (> 34) Skalenwerten und folglich angenommener niedriger und hoher Identifikation mit der Domäne ausgewählt. Wie erwartet zeigten Proband*innen mit hoher Identifikation signifikant bessere Leistungen ($t(78)$ = 3.48, p < .001) in einem Mathematiktest als Proband*innen mit geringer Identifikation (M = 10.19, SD = 4.21 vs. M = 7.32, SD = 3.13). Die Skala eignet sich demnach zur Leistungseinschätzung von Proband*innen.

In einer weiteren Untersuchung wurde zudem sichergestellt, dass der Fragebogen tatsächlich Identifikation und nicht Fähigkeitseinschätzungen der Proband*innen misst. Hierzu wurden Angaben zu Motivation, Leistungsbereitschaft und Einschätzungen der Proband*innen hinsichtlich der Testschwierigkeit in Bezug auf die *Domain Identification* untersucht. Während gering und stark identifizierte den Test als gleich schwierig wahrnahmen ($t(76)$ = .716, p = .48) zeigten stark identifizierte Proband*innen eine höhere Motivation ($t(76)$ = .256, p < .01) und wiesen eine höhere Leistungsbereitschaft auf ($t(76)$ = .2.35, p < .01). Auch die statistische Kontrolle der wahrgenommenen Testschwierigkeit erbrachte keine Änderungen.

Um weiterhin auszuschließen, dass der DIM die Identifikation mit einer Domäne misst und nicht nur geschlechtsspezifische Unterschiede, wurden partielle Korrelationen für den DIM-Mathematik-Scores und die Ergebnisse des Mathematiktests unter Kontrolle des Geschlechts berechnet. Auch unter Kontrolle des Geschlechts der Proband*innen lässt sich die Performanz mithilfe des DIM-Scores verlässlich vorhersagen ($r(94)$ =

.32). Ferner zeigt sich, dass die durchschnittlichen DIM-Scores unter gering und stark identifizierten Proband*innen sich in Bezug auf das Geschlecht nur wenig voneinander unterscheiden (für ausführliche Daten vgl. Smith & White, 2001).

Für diese Arbeit wurden die Subskalen für Mathematik und Englisch des finalen DIM vollständig übernommen und ins Deutsche übersetzt[25]. Zudem wurde eine Subskala für das Fach Deutsch hinzugefügt, die im Übrigen mit dem Wortlaut der anderen Skalen übereinstimmt. Das jeweilige DIM besteht aus 9 Items, wovon 1 Item negativ formuliert ist. Den Items geht eine Seite mit Instruktionen zur Bearbeitung voraus, in der auch gesondert auf den Umgang mit negativ formulierten Items hingewiesen wird, die sich in der Pilotierung teilweise als problematisch erwiesen hatten. Am Ende eines jeweiligen Bogens folgte die Abfrage der letzten Zeugniszensur.

Tabelle 4.3: Faktorenanalyse mit Varimax-Rotation für das DIM für die Bereiche Mathematik, Englisch und Wissenschaft im Allgemeinen (Smith & White, 2001: 1047).

Type of Item and Item Number	Factor 1: Math	Factor 2: English	Factor 3: General Academics
Math items			
2	.89	-.14	-.04
5	.87	-.06	-.03
7	.87	-.02	-.10
8	.72	.32	-.15
11	.21	.15	.40
12	.84	-.15	.11
14	.75	-.22	.06
15	.65	-.19	.08
17	.64	-.04	.34
19	.85	.04	.02
English items			
1	-.10	.82	.06
3	-.21	.86	.05
4	.01	.82	.12
6	-.04	.74	.06
13	-.21	.77	.16
18	.02	.52	.42
20	-.06	.82	.09
General Academics items			
9	-.05	.38	.80
10	.07	.14	.67
16	-.0008	.07	.84

Note. $N = 1,143$. Item 11 was dropped from the final DIM scale.

---

[25]   Die finale Version des DIM ist nicht öffentlich zugänglich und wurde von Jessi Smith digital zur Verfügung gestellt.

4.2.5 Zensuren als Leistungsindikatoren

Im Rahmen dieser Arbeit werden die letzten Zeugniszensuren in den Fächern Mathematik, Deutsch und Englisch als Indikatoren für Leistung verwandt. Bei der Verwendung von Zensuren als Leistungsmesser stellen sich unweigerlich Fragen nach der Reliabilität von Zensuren sowie der Reliabilität sogenannter *Self-reported Grades*, die in der Forschung immer wieder Anwendung finden. Dickhäuser und Plenter (2005) haben in einer Untersuchung Angaben von Schüler*innen zur Zensur in der letzten Klassenarbeit und zur Zeugnisnote im Fach Mathematik mit Lehrerangaben verglichen. Wenngleich die Zensuren im Mittel leicht überschätzt wurden (bei Klassenarbeiten 0.10, bei Zeugniszensuren 0.09 Notenstufen) zeigten sich hohe Korrelationen zwischen den Angaben von Schüler*innen und Lehrer*innen. Für die Klassenarbeit betrug die Korrelation (r = .90) und für die Zeugniszensur (r = .88). Die Richtigkeit der Selbstangaben war dabei unabhängig von Geschlecht, Selbstkonzept und mathematischer Leistung der Schüler*innen.

Problematischer ist die generelle Objektivität und Reliabilität von Schulnoten zur Kompetenzmessung, die häufig als unzulänglich kritisiert worden sind (vgl. Ingenkamp, 1995). Langfeldt und Tent (1999) bemerken, dass die Leistungsbeurteilung auch immer von individuellen pädagogischen und diagnostischen Fähigkeiten, Bewertungstendenzen (Strenge oder Tendenz zur Mitte) und anderen Faktoren, wie z.B. eine negative Erwartungshaltung von Lehrer*innen gegenüber Schüler*innen mit Migrationshintergrund, wie sie zuletzt von Bonefeld et al. (2017) (vgl. auch Bonefeld & Dickhäuser, 2018) festgestellt wurden, abhängt. Langfeldt und Tent (1999) stellen jedoch weiterhin fest, dass die meisten Leistungsbewertungen sich nur in geringem Maße voneinander unterscheiden, dies gilt auch bei der Betrachtung von Zweiturteilen.

Die „*Retest-Reliabilität*" gemittelter Schulnoten liegt in der Grundschule von Jahr zu Jahr bei r > .8. Sie bleibt mir r bis zu .8 für einen Zeitraum von drei Jahren beachtlich hoch, so daß relativ gute Vorhersagen getroffen werden können. Bei Einzelnoten und auf der Sekundarstufe fallen die Werte meist niedriger aus [...]. Auf Gymnasien werden Fremdsprachen und Sport am relativ stabilsten beurteilt (r um .5 zwischen fünftem und dreizehntem Schuljahr) (ebd., 1999: 75).

In der vorliegenden Arbeit werden solche ‚Messfehler' von Leistung innerhalb des Strukturgleichungsmodells indes kontrolliert, da Varianzanteile im Indikator, die nicht durch die latente Variable verursacht werden, in den Fehlertermen berücksichtigt werden. Aus diesem Grund stellen Verzerrungen, die auf andere Faktoren als die hier gemessenen zurückzuführen sind, kein Problem dar.

Allerdings stehen auch die in Schulleistungsstudien verwandten Mittel zur Kompetenzmessung in der Kritik. Keßler und Paulick bemerken beispielsweise im Hinblick auf PISA und TIMSS, dass in erster Linie Lesekompetenz gemessen wurde und stellen fest, dass dies für eine genaue Beurteilung unzureichend ist. Sie fordern einen Blick auf weitere Kompetenzbereiche (vgl. Keßler & Paulick, 2010). Rindermann (2006) wirft zudem die Frage auf, was internationale Schulleistungsstudien tatsächlich messen und kritisiert, dass es vor allem die Intelligenz sei, die dort erhoben werde (für eine Gegen-darstellung vgl. Prenzel, Walter & Frey, 2007). Dirks (2012) kritisiert die Genregebun-denheit von Texten für Leseverständnisaufgaben, deren Bekannt- oder Unbekanntheit für den Rezipienten Einfluss auf die erfolgreiche Bearbeitung hat. Aus sozialtheoreti-scher Perspektive „[…] gelingt es [weder PISA noch DESI], textbezogene pragmati-sche, hermeneutisch und nomologisch inferierte ‚Tiefen'-Kenntnisse entsprechend des sozialtheoretischen „state-of-the-art" zu erfassen" (ebd.: 6). Meist dominiert, so Dirks, „das Testen deklarativer Wissensbestände im Rahmen textbezogener Sinngehalte zulas-ten prozeduralen Könnens, dessen Erfassung vergleichsweise aufwändigerer Auswer-tungsverfahren bedarf" (ebd.). Darüber hinaus kritisiert sie die Untergliederung der An-forderungsstrukturen. In PISA und DESI werden Lesekompetenzen relativ beliebig bei Ausbildungs- oder Bildungskompetenzen verortet, Subskalen werden analytisch nicht ausreichend voneinander getrennt und sind in ihrer Einteilung theoretisch nicht fundiert. Eine „fehlende Unterscheidung zwischen (Lese-)Verstehen und Erklären" (ebd.: 8) be-mängelt sie ebenso sehr wie die „Vermischung textspezifischer Sinnebenen" (ebd.: 9). Mit der „Unvereinbarkeit zwischen input-basiertem Testkonstrukt und output-basierter Kompetenzmessung" (ebd.: 10) sieht Dirks ein für die Pädagogische Psychologie fun-damentales Gütekriterium missachtet. Auf Itemebene beanstandet sie terminologische und kategoriale Unschärfen: „So hat es z.T. den Anschein, dass nicht die inhalts- und formbezogenen Lesekompetenzen der Schüler, sondern ihre *Test*-Kompetenzen getestet werden" (ebd.: 11). Insgesamt bescheinigt Dirks den Leistungstests eine mangelnde bil-dungs- und sozialwissenschaftliche Orientierung, zugunsten eines kognitionspsycholo-gischen Fokus, der Erkenntnisse der Text- und Pragmalinguistik weitgehend ignoriert. Als Folge sieht sie eine „wenig fundierte Ausdifferenzierung des Textbegriffs […], ob-wohl diese beim Leseverständnis eine zentrale Rolle spielen" (ebd.: 17). Neben dieser fundierten inhaltlichen Kritik, spielt beispielsweise auch die Testmotivation (vgl. Er-wartungs-Wert-Modell, Eccles et al., 1983) eine bedeutende Rolle im Hinblick auf Re-sultate in Leistungstests. Green et al. (2001) konnten nachweisen, dass Testmotivation als einflussreichste Variable 50 Prozent der Varianz in Testresultaten erklären kann.

Trotz der berechtigten Kritik an Schulnoten, stellen Hintergrundvariablen wie Spe-zifika von Itemkonstruktionen in einmaligen Kompetenztests, mangelnde Abdeckung verschiedener Kompetenzbereiche oder eine besondere Testmotivation dort kein Prob-lem dar. Vor allem aber ist es das Ziel dieser Arbeit, dort Hinweise auf die Wirkung negativer Stereotype zu finden, wo sie über Erfolg und Misserfolg im Bildungssystem entscheiden, weshalb es unumgänglich ist, dessen Systemlogik anzunehmen und inner-halb des dort gültigen Bezugsrahmens zu forschen. Beispielhaft dafür stehen Studien, die Effekte der Nutzung sogenannter Social Networks auf Schulleistungen untersucht haben (für einen metanalytischen Überblick vgl. Marker, Gnambs, & Appel, 2017). Die Erhebung von Kompetenz mittels eines sich vom Schulalltag abhebenden Tests würde nicht nur im vorangegangenen Abschnitt erwähnten Problematiken aufwerfen, fraglich wäre auch, ob nicht vielmehr auf den Test oder den bzw. die Testleiter*in bezogene Effekte gemessen würden.

Darüber hinaus ist es nicht Ziel dieser Arbeit, tatsächliche Kompetenzunterschiede zu messen, wie dies in Schulleistungsstudien regelmäßig geschieht. Eine derartige Mes-sung von Kompetenzunterschieden war auch nie Ziel der Forschung im Bereich des

Stereotype Threat. Im Fokus stand stets Leistung oder *Academic Achievement*, wie es in der US-amerikanischen Forschung bezeichnet wird. Dass von *Stereotype Threat* betroffene Individuen schlechtere Leistungen zeigen, so die zentrale Idee, ist nicht auf mangelnde Kompetenz zurückzuführen, sondern auf vermindertes *Risk-taking*, eine geringere *Performance Expectancy*, ablenkende Gedanken etc. So wurden beispielsweise für die zuvor zitierten Studien von Steele und Aronson solche Individuen ausgewählt, die eine vergleichbar hohe Punktzahl im *Scholastic Aptitude Test* (SAT) und somit auch vergleichbare Kompetenzen aufwiesen.

4.3 Methodisches Vorgehen und Analyseverfahren

Zur empirischen Überprüfung des im vorangegangenen Abschnitt vorgestellten Strukturgleichungsmodells wurden in einem Zeitraum von anderthalb Jahren insgesamt $n =$ 1184 Schüler*innen befragt. Den Empfehlungen von Weiber und Mühlhaus folgend, wurden im Rahmen einer Pilotierungsstudie die übersetzten und adaptierten Versionen der Messinstrumente zunächst anhand von explorativen Faktoren- sowie Reliabilitätsanalysen überprüft und entsprechend der Ergebnisse modifiziert. Dieser Prozess wurde für die Erstellung eines Strukturgleichungsmodells mit hoher Modellgüte (vgl. Abschnitt 4.3.7) wiederholt und erweitert, um eine endgültige Auswahl der eingehenden Messinstrumente sowie deren Indikatoren treffen zu können (vgl. Weiber & Mühlhaus, 2014: 130). In den folgenden Abschnitten werden zunächst die jeweiligen statistischen Verfahren vorgestellt, die zur Güteevaluation der Messinstrumente und Indikatoren verwandt wurden. Im Anschluss erfolgt die Darstellung der Ergebnisse aus Pilotstudie und Hauptuntersuchung.

Für die Erstellung der statistischen Analysen und des Strukturgleichungsmodells wurden IBM SPSS (Vers. 22.0.0.0) und AMOS (Vers. 23.0.0.0) verwandt.

4.3.1 Fehlende Werte

Fehlende Werte, sog. *Missing Values*, sind ein omnipräsentes Problem empirischer Wissenschaften. Ihnen kommt bei der Strukturgleichungsmodellierung jedoch eine besondere Bedeutung zu, da die Erstellung eines Strukturgleichungsmodells eine vollständige Datenmatrix voraussetzt. Das Ersetzen fehlender Werte bspw. durch Mittelwerte[26] oder Mediane hat einen Einfluss auf die im Strukturgleichungsmodell berechneten Schätzwerte und kann so zu verzerrten oder unbrauchbaren Schätzern führen (vgl. Weiber & Mühlhaus, 2014). Es existieren drei unterschiedliche Arten fehlender Werte: (1) *Not missing at random* (NMAR), ein systematischer Ausfall, dessen Grund der wahre, aber unbeobachtete Wert selbst ist, (2) *Missing completely at random* (MCAR), ein vollkommen zufälliges Auftreten fehlender Werte, das weder von der Variable selbst noch einer anderen abhängig ist und *(3) Missing at random* (MAR), bei der fehlende Werte auf eine andere Variable zurückzuführen sind, jedoch nicht auf die Variable selbst (vgl. ebd.). Im Rahmen dieser Arbeit wurden fehlende Werte mithilfe der *Full-Information-Maximum-Likelihood-Methode* (FIML) ersetzt, die effiziente Schätzwerte produziert und

---

[26] Soweit nicht anderweitig gekennzeichnet ist mit Mittelwert das arithmetische Mittel gemeint.

auch bei einer etwaigen Verletzung der als Voraussetzung geltenden Normalverteilung sowie der MCAR- bzw. MAR-Annahme konsistente Resultate mit geringsten Verzerrungen erzielt (für einen Überblick zu verschiedenen Verfahren der Schätzung fehlender Werte sowie deren Vor- und Nachteile vgl. bspw. Collins, Schafer & Kam, 2001; Lüdtke, Robitzsch, Trautwein & Köller, 2007).

4.3.2 Reliabilität und Trennschärfe

Zur Beurteilung der Reliabilität der Indikatoren wurden *Cronbachs Alpha* und die *Item-to-Total-Korrelationen* erhoben.

Cronbachs Alpha (vgl. Cronbach, 1951; Formel 4.1) ist ein weit verbreitetes Gütemaß, besitzt jedoch gewisse Eigenschaften, aufgrund derer sich die Berücksichtigung weiterer Kriterien empfiehlt. Zum einen variiert die Interpretation von Cronbachs Alpha teils stark. Während Schmitt (1996) bei eindimensionalen Konstrukten mit geringer Indikatorenanzahl schon $\alpha > .49$ für ausreichend befindet, gibt DeVellis (2017) in seinem Überblick $\alpha \geq .70$ als akzeptable Untergrenze an. Entsprechend definiert DeVellis: $\alpha \leq .60$ = inakzeptabel; $\alpha > .60$ = unerwünscht; $\alpha > .65$ = akzeptabel; $\alpha > .70$ = respektabel; $\alpha > .80$ = sehr gut (vgl. ebd. 2017: 95f.). Problematisch ist weiterhin, dass Cronbachs Alpha mit der Anzahl der Indikatoren steigt, d.h. Skalen mit wenigen Items weisen systematisch geringere α-Werte auf, und dass sehr starke Korrelationen zwischen den Items, die auf eine inhaltliche Deckungsgleichheit zurückzuführen sind, auch zu hohen α-Werten ($> .85$) führen können (vgl. Cortina, 1993).

Formel 4.1: Formel zur Berechnung von Cronbachs Alpha.

$$\alpha = \frac{N \times \bar{r}}{(1 + (n - 1) \times \bar{r})}$$

N = Anzahl der Items

Ein weiterer Indikator für die Güte und ggf. den Ausschluss einzelner Indikatoren ist die Item-to-Total-Korrelation, man spricht hier auch von der Trennschärfe (vgl. bspw. Nunnally & Bernstein, 1994), die Auskunft über den Varianzanteil eines Indikators an dem gemeinsamen Faktor gibt, d.h. wie gut von einem einzelnen Item auf die Skala geschlossen werden kann. Indikatoren mit einer hohen Item-to-Total-Korrelation weisen dementsprechend eine höhere Reliabilität auf als Indikatoren mit einer geringen. Bei Items mit einer Item-to-Total-Korrelation zwischen .30 und .50 spricht man von einer mittleren, bei Werten $> .50$ von einer hohen Trennschärfe (vgl. Bortz & Döring, 2006). Zaichkowsky (1985) empfiehlt beispielsweise, Items mit einer Item-to-Total-Korrelation von ≤ 0.5 zu löschen. Im Rahmen dieser Arbeit wird die korrigierte Item-to-Total-Korrelation verwandt, da sie zu insgesamt deutlicheren Ergebnissen führt (vgl. Weiber & Mühlhaus, 2014).

4.3.3 Explorative Faktorenanalyse

Die *explorative* (auch *exploratorische*) *Faktorenanalyse* (EFA) hilft zu ermitteln, welche latenten Konstrukte anhand der manifesten, d.h. der beobachteten, Variablen gemessen werden. Als Anhaltspunkt hierfür dienen die Korrelationen zwischen den Indikatoren. Korrelieren zwei Indikatoren stark miteinander, d.h. verfügen sie über einen großen Anteil an gemeinsamer Varianz, kann auf einen gemeinsamen Faktor geschlossen werden.

Im Gegensatz zur konfirmatorischen Faktorenanalyse (vgl. Abschnitt 4.3.4) eignet sich die EFA nicht, um Hypothesen zu überprüfen, da keine expliziten Annahmen hinsichtlich der Zahl der latenten Konstrukte (Faktoren), deren Beziehung untereinander sowie die Zuordnung der manifesten Variablen zu diesen Konstrukten existieren (Moosbrugger & Kelava, 2012; Sedlmeier & Renkewitz, 2013) Nichtsdestoweniger spiegelt sich im Erkenntnisinteresse und der daraus hervorgehenden Item-Auswahl fraglos eine implizite Annahme in Bezug auf die Anzahl und Struktur der Faktoren wider.

Neben der Möglichkeit, Erkenntnisse über die Item-Faktor-Strukturen einer Auswahl von Indikatoren zu gewinnen, dient die EFA vor allem der Daten- bzw. Dimensionsreduktion. Das Ziel ist es, die Item-Anzahl ohne einen Informationsverlust zu reduzieren. Korrelieren zwei Indikatoren hoch miteinander, verfügen also über einen großen Anteil an gemeinsamer Varianz, enthalten sie auch zum Teil dieselbe Information. Die EFA konstruiert daraus eine ‚neue Variable', den Faktor, der die Information der Indikatoren möglichst gut repräsentiert. Anstelle der Messwerte der einzelnen Indikatoren, kann der Faktorwert verwandt werden, ohne einen großen Informationsverlust hinnehmen zu müssen (vgl. ebd.).

4.3.3.1 Extraktionsverfahren und Rotation

Unter den verschiedenen Verfahren, Faktoren aus der Datenstruktur zu extrahieren, sind vor allem die *Hauptkomponentenanalyse* (*Principal Component Analysis*) (PCA) und die *Hauptachsenanalyse* (*Principal Axis Factor Analysis*) (PFA) von Bedeutung. Während die PCA vor allem der Dimensionsreduktion dient und die gesamte Varianz der beobachteten Variablen einbezogen wird, d.h. auch Messfehler, gibt die Hauptachsenanalyse Aufschluss über Antwortverhalten und Korrelationsstruktur. Damit die extrahierten Faktoren als latente Variablen verstanden werden können, die den Informationsgehalt der einzelnen Items möglichst gut repräsentieren, wird in der PFA nicht die gesamte Varianz, sondern die um Messfehler bereinigte wahre Varianz betrachtet.

Für den Fall, dass mehr als ein Faktor extrahiert wird, geben Rotationsverfahren Aufschluss über die Beziehungsstrukturen zwischen den Faktoren und darüber, welche Indikatoren besonders hoch auf welchem Faktor laden, d.h. sie helfen bei der inhaltlichen Interpretation der Faktoren (vgl. Maltby, Day & Macaskill, 2011). Während bei unrotierten Faktorlösungen alle Indikatoren möglichst hoch auf allen Faktoren laden, wird durch das Rotationsverfahren eine sogenannte Einfachstruktur erzeugt, bei der die Indikatoren möglichst hoch auf einem und möglichst niedrig auf den anderen Faktoren laden (für eine ausführliche Beschreibung der Faktorrotation vgl. bspw. Thompson,

2004: 38ff.). Weithin werden Indikatoren mit Faktorladungen > .3 bzw. > .4 als für einen Faktor bedeutungsvoll angesehen (vgl. bspw. Brown, 2006; Maltby, Day & Macaskill, 2011). Die in den Sozialwissenschaften am meisten verwandte Form ist die orthogonale Rotation (*Varimax*). Oft geschieht dies jedoch wohl deshalb, weil sie in Programmen wie SPSS voreingestellt ist und sich Anwender der Unterschiede zwischen den einzelnen Möglichkeiten der Faktorrotation nicht bewusst sind (vgl. Brown, 2006). Die verschiedenen Grundannahmen bezüglich *orthogonaler* (rechtwinkliger) und *obliquer* (schiefwinkliger) Rotation sind jedoch von hoher Bedeutung für die Interpretation der Beziehung zwischen den Faktoren. Während bei einer orthogonalen Rotation davon ausgegangen wird, dass die Faktoren unabhängig voneinander sind, wird bei einer obliquen Rotation angenommen, dass die Faktoren miteinander in Verbindung stehen (Maltby et al., 2011; Sedlmeier & Renkewitz, 2013).

Da es sich hier nach Übersetzung und Adaptierung der Items um quasi ‚neue' Messinstrumente handelt, wurden in der Pilotstudie zunächst explorative Faktorenanalysen durchgeführt, um deren einfaktorielle Struktur ohne eine *a priori* Festlegung zu überprüfen und ggf. erste Modifikationen vorzunehmen. Zu diesem Zweck wurde jeweils (ausgenommen IIS) eine Hauptachsenanalyse mit obliquer Rotation (Promax) durchgeführt, da hier, sollte mehr als ein Faktor extrahiert werden, eine Korrelation zwischen den Faktoren zu erwarten wäre.

Zur Bestimmung der Stichprobeneignung zur Durchführung einer explorativen Faktorenanalyse wurden jeweils das *Kaiser-Meyer-Olkin-Kriterium* (KMO) errechnet und der *Bartlett-Test* auf Sphärizität durchgeführt. Beide enthalten Informationen über die Zusammengehörigkeit der Variablen. Der KMO-Wert sollte einen Wert > 0.6 aufweisen. Der Bartlett-Test prüft die Nullhypothese, dass in der Population kein Zusammenhang zwischen den Variablen besteht. Die H0 sollte folglich abgelehnt werden.

4.3.4 Konfirmatorische Faktorenanalyse

Während das Ziel der explorativen Faktorenanalyse darin liegt zu ‚erforschen', wie viele und welche Faktoren sich in einer Sammlung von Items verbergen, geht es bei der *konfirmatorischen Faktorenanalyse* (KFA) darum zu überprüfen, wie gut die Items bzw. Indikatoren ein latentes Konstrukt repräsentieren. Hierbei werden folglich keine Faktoren aus den Daten extrahiert, sondern die Struktur, d.h. die Beziehung zwischen Indikator und latentem Konstrukt, von vornherein festgelegt. Anhand von Parameterschätzungen kann die theoretisch und sachlogisch postulierte Beziehung zwischen manifester und latenter Variable überprüft werden. Hohe Faktorladungen sind ein Anzeichen dafür, dass ein Item einen dahinterliegenden Faktor gut repräsentiert. In der Literatur werden verschiedene Schwellenwerte angegeben, bei deren Unterschreitung Items ausgeschlossen werden sollten. Bagozzi und Baumgartner (1994) raten bei Faktorladungen < 0.4 zu einem Ausschluss, Bortz und Döring (2006) fordern mit > 0.6 einen deutlich strengeren Schwellenwert.

Die zugrundeliegende Annahme ist das Vorhandensein von Zusammenhängen zwischen manifesten Variablen, die auf einen gemeinsamen Faktor zurückzuführen sind; man spricht in diesem Fall von einem Faktor 1. Ordnung. Es besteht jedoch auch die Möglichkeit, dass die beobachteten Variablen verschiedene Aspekte eines wiederum übergeordneten Konzeptes abbilden, sich inhaltlich dennoch unterscheiden; in diesem Fall spricht man von einem Faktor 2. Ordnung auf den die Faktoren 1. Ordnung laden. Diese Subdimensionen eines Faktors korrelieren dann stark miteinander (Abbildung 4.2).

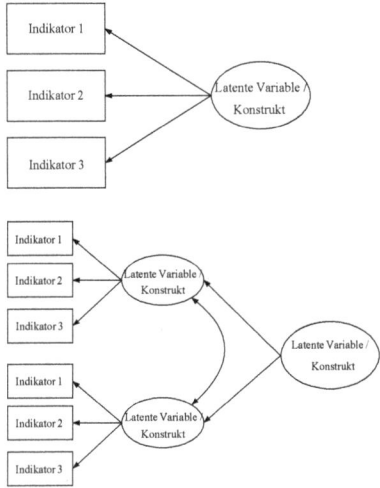

Abbildung 4.2: Faktorenmodell 1. Ordnung (oben) und 2. Ordnung (unten).

Konfirmatorische Faktorenanalysen dienen jedoch nicht nur zur Überprüfung der Indikatorgüte, sie sind auch integraler Bestandteil von Strukturgleichungsmodellen mit latenten Variablen. Auf ihrer Grundlage werden die Schätzwerte für die latenten Konstrukte und deren Beziehungen untereinander berechnet.

Im Rahmen der Hauptuntersuchung dieser Arbeit wurden zusätzlich zu den explorativen Faktorenanalysen auch konfirmatorische Faktorenanalysen durchgeführt, um die Eignung aller Indikatoren zur Abbildung des jeweiligen Konstrukts bzw. die Güte der einzelnen Messmodelle für die Erstellung eines Strukturgleichungsmodells mit einem guten Model-fit, einer weiteren Prüfung zu unterziehen. Diese wurden im Zuge der Entwicklung der originalen Messinstrumente aufgrund anderer Zielsetzungen nicht durchgeführt. Eine kombinierte Anwendung beider Verfahren, i.e. explorative und konfirmatorische Faktorenanalyse, wird zur Erstellung von Strukturgleichungsmodellen jedoch dringend empfohlen (vgl. Weiber & Mühlhaus, 2014). Nur unter Berücksichtigung aller Gütekriterien sowie theoretischer Erwägungen kann eine abschließende Entscheidung über Verbleib oder Ausschluss einzelner Items bzw. Indikatoren getroffen werden. Die einzelnen Konstrukte werden im Hinblick auf die einfaktoriellen Strukturen der originalen Instrumente, die hohe Wahrscheinlichkeit, dass es sich bei den zusätzlichen Faktoren i.d.R. um Scheinfaktoren handelt und eine einfaktorielle Struktur auch theoretisch

anzunehmen ist, als einfaktorielle Konstrukte geschätzt, bei denen die einzelnen Indikatoren jeweils nur auf ein Konstrukt laden und voneinander unabhängige Fehlerterme
besitzen (vgl. Baumgartner & Homburg, 1996). Die Indikatorreliabilitäten werden in
AMOS als quadrierte Faktorladungen (*Squared Multiple Correlations*) ausgegeben und
hier auch so verwandt. Die für konfirmatorische Faktorenanalysen beispielsweise von
Schumacker und Lomax (2010) empfohlene Mindestgröße der Stichprobe von > 400
bzw. 10–20 Fälle pro Variable ist in dieser Stichprobe erreicht.

4.3.5 Mediatormodelle

Neben konfirmatorischen Faktorenanalysen bilden Pfadanalysen den zweiten Bestand-
teil linearer Strukturgleichungsmodelle. Sie bieten, anders als Regressionsanalysen, die
Möglichkeit, Wechselbeziehungen zwischen latenten Konstrukten und nicht nur direkte,
sondern auch indirekte Effekte zu untersuchen (vgl. auch Abschnitt 4.3.6). Indirekte
Effekte, auch Mediatoreffekte (Abbildung 4.3), werden über eine andere Variable, den
Mediator, vermittelt. Dieser Mediator ist dann sowohl unabhängige als auch abhängige
Variable zugleich. Dabei gibt es zwei Arten der Mediation: Die *vollständige Mediation*,
bei der der Effekt der unabhängigen auf die abhängige Variable unter Berücksichtigung
des Mediators vollkommen verloren geht, und die *teilweise* oder *partielle Mediation*,
bei der sich der direkte Effekt von der unabhängigen auf die abhängige Variable verringert und zum Teil durch den Mediator geschieht.

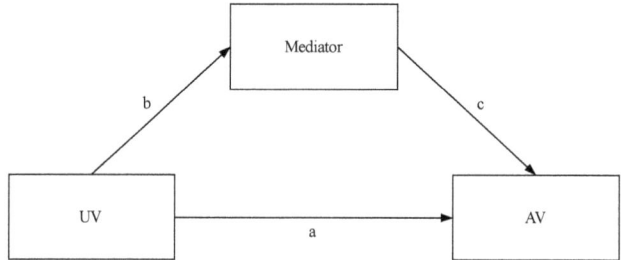

Abbildung 4.3: Mediatormodell: a = direkter Effekt, b – c= Mediatoreffekt,
b – c + a = totaler Effekt.

Die Existenz eines Mediatoreffekts setzt voraus, dass signifikante Zusammenhänge zwischen den einzelnen Variablen existieren, d.h. ein direkter Effekt von einer
unabhängigen auf eine abhängige Variable besteht, die unabhängige Variable einen Effekt auf die Mediatorvariable und die Mediatorvariable wiederum einen Effekt auf die
abhängige Variable hat. Verringert sich bei einer Mediatoranalyse der Effekt der unabhängigen Variable auf die abhängige oder verschwindet der Effekt gänzlich, kann auf
einen Mediationseffekt geschlossen werden. Als Summe aus direktem (a) und indirek-
tem Effekt (b – c) ergibt sich der totale Effekt (b – c + a).

4.3.6 Strukturgleichungsmodelle

Bei einem Strukturgleichungsmodell (vgl. exemplarisch Abbildung 4.4) handelt es sich nicht um einen einzigen statistischen Test, sondern um eine ganze Reihe zusammenhängender statistischer Verfahren zur Kausalanalyse, die zu den strukturüberprüfenden multivariaten Analysemethoden gehören. Anhand von Strukturgleichungsmodellen können komplexe Zusammenhänge zwischen manifesten und latenten Variablen und deren Ausprägungen untersucht werden (vgl. Kline, 2016; Weiber & Mühlhaus, 2014).

SGM überführen ein theoretisch formuliertes Beziehungsgefüge zwischen Variablen in eine formale Gleichungsstruktur. Dieses Beziehungsgefüge wird als *Strukturmodell* bezeichnet und spiegelt die Ursache-Wirkungsbeziehung der betrachteten Variablen wider. [...]. SGM nehmen dabei eine *kausale Interpretation* der Beziehung zwischen unabhängigen und abhängigen Variablen vor (Weiber & Mühlhaus, 2014: 9, Hervorhebungen im Original).

Hierbei ist allerdings anzumerken, dass der Kausalitätsbegriff mit Vorsicht zu betrachten ist. Kausalitäten sind empirisch weder mit letzter Gewissheit zu überprüfen noch zu beweisen. Durch die Gesamtbetrachtung von theoretischer und sachlogischer Beziehung sowie statistischer Abhängigkeit der Variablen kann jedoch auf Kausalitätsgefüge geschlossen werden. Selbstverständlich sind monokausale Beziehungen dabei höchst unwahrscheinlich, in der Regel sind Modulationen einer abhängigen Variable multikausal, d.h. auf verschiedene unabhängige Variable zurückzuführen. In der Praxis ist es jedoch kaum vorstellbar, alle möglichen Einflussvariablen zu kennen und zu erheben. Diese nicht durch die im Modell definierten Prädiktorvariablen erklärte Varianz in den abhängigen Variablen wird bei der Strukturgleichungsmodellierung stets als Fehlervariable einbezogen, sodass beispielsweise Messfehler und alle anderen Einflüsse auf die abhängigen Variablen kontrolliert werden können, die nicht auf die tatsächlich beobachteten zurückzuführen sind (vgl. ebd.; Sedlmeier & Renkewitz, 2013). Dadurch lassen sich genauere Schätzwerte in Bezug auf die Zusammenhänge errechnen.

Der Vorteil von Strukturgleichungsmodellen gegenüber anderen multivariaten Analyseverfahren liegt darin, dass mehrere manifeste und latente Variable, d.h. mehrere Kausalhypothesen, gleichzeitig geschätzt werden können. Im Gegensatz zur klassischen Regressionsanalyse, die eine Definition der Variablen *entweder* als Prädiktor *oder* als Kriterium voraussetzt, können bei der Strukturgleichungsanalyse einzelne Variablen sowohl als abhängige als auch als unabhängige in das Modell eingehen. Zudem ist es möglich, deren Wechselwirkung zu untersuchen. Unabhängige Variablen werden als exogen, abhängige Variable als endogen bezeichnet. Variablen, die sowohl unabhängig als auch abhängig sind, werden als Mediatorvariable bezeichnet.

Ein weiterer Vorzug der Strukturgleichungsanalyse ist die Möglichkeit, latente Variablen, d.h. nicht direkt messbare Konstrukte, hier z.B. *Stigma Consciousness*, einzubeziehen, während in die klassische Regressionsanalyse oder die Korrelationsanalyse

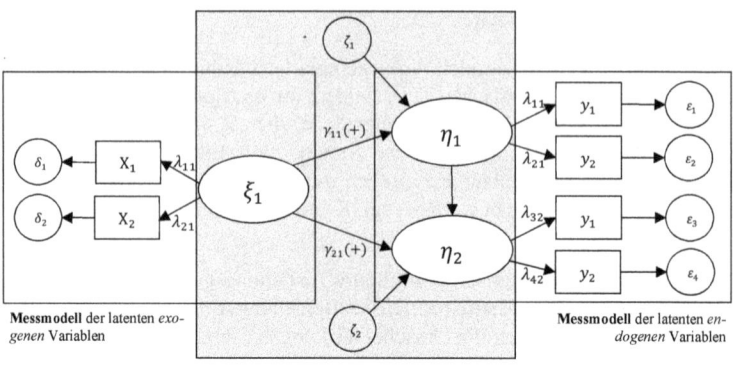

(1)   Direkt beobachtete (Mess-)Variablen (x und y) werden in Kästchen dargestellt, latente Variablen durch Ellipsen und Messfehlervariablen durch Kreise gekennzeichnet.

(2)   Eine *kausale* Beziehung zwischen zwei Variablen (Kausalpfad) wird immer durch einen geraden Pfeil dargestellt. (→)

(3)   Ein Kausalpfeil hat seinen Ursprung immer bei der verursachenden (unabhängigen) Variablen und seinen Endpunkt immer bei der abhängigen Variablen.

(4)   Ein Kausalpfeil hat immer nur *eine* Variable als Ursprung und *eine* Variable als Endpunkt

(5)   Je-desto-Hypothesen beschreiben kausale Beziehungen zwischen latenten Variablen, wobei die „Je-Komponente" *immer* die verursachende (ξ, η) Variable benennt und die „Desto-Komponente" die kausal abhängige (η) Größe darstellt.

(6)   Der Einfluss von Störgrößen (Messfehlervariablen) wird ebenfalls durch Pfeile dargestellt, wobei der Ursprung eines Pfeils immer von der Störgröße ausgeht.

(7)   Nicht kausal interpretierte *Beziehungen* werden immer durch gekrümmte Doppelpfeile dargestellt und sind *nur* zwischen latenten exogenen Variablen (ξ-Variable) oder zwischen den Messfehlervariablen ($\delta, \varepsilon, \zeta$) zulässig. (↔)

(8)   Ein vollständiges Strukturgleichungsmodell besteht *immer* aus mindestens *zwei* Messmodellen und *einem* Strukturmodell.

Abbildung 4.4: Pfaddiagramm und allgemeine Konstruktionsregeln für ein vollständiges Strukturgleichungsmodell (Weiber & Mühlhaus, 2014: 46, Hervorhebungen im Original).

nur manifeste Variablen eingehen können. Solche latenten Variablen können zwar nicht direkt, aber über geeignete Messinstrumente bzw. Indikatoren erfasst werden.

Die im Rahmen von Strukturgleichungsmodellen berechneten Regressionsgewichte (β) sind als Effektstärken zu interpretieren. In Abhängigkeit von der Forschungsdisziplin existieren unterschiedliche Einschätzungen dazu, ab wann ein Regressionsgewicht einem kleinen, mittleren oder großen Effekt entspricht. Eine einheitliche Festlegung existiert nicht. Während Chin (1998) mit Bezug auf eine Studie zur individuellen IT-Nutzung bei $\beta = .19$ von einem kleinen, $\beta = .33$ von einem moderaten und $\beta = .67$ von einem substantiellen Effekt spricht, geben Hair, Ringle und Sarstedt (2011) zu bedenken, dass anderweitig bereits Werte um $\beta = .20$ als hoch bewertet werden. In der sozialwissenschaftlichen Forschung werden tendenziell auch Werte unter $\beta = .20$ als bedeutungsvoll interpretiert (vgl. bspw. Gonzalez-Pienda et al., 2002; Papi, 2010; Rau, 2016; Tseng & Schmitt, 2008). Dieser Interpretation schließt sich auch diese Arbeit aus folgenden Gründen an: Zum einen summieren sich auch verhältnismäßig kleine direkte

Effekte im Falle einer Mediation über andere Variablen zu substantiellen totalen Effekten, zum anderen ist in der Gesamtbetrachtung – neben den starken Effekten besonders einflussreicher Variablen wie z.b. dem sozioökonomischen Hintergrund – auch die Summe der Effekte kleinerer Einflussvariablen bedeutsam.

Wie alle statistischen Analyseverfahren haben Strukturgleichungsmodelle gewisse theoretische Anwendungsvoraussetzungen. Weiber und Mühlhaus (2014) raten unter anderem zu einer *a priori* Überprüfung der multivariaten Normalverteilung der erhobenen Daten sowie der Diskriminanz- und Konvergenzvalidität bzw. Faktorreliabilität der einzelnen Messinstrumente (für einen Überblick vgl. Weiber & Mühlhaus, 2014: 127ff.). Darüber hinaus müssen Strukturgleichungsmodelle verschiedene Gütekriterien erfüllen, um verlässliche Schätzwerte produzieren zu können. Dabei wird eine Kombination verschiedener Kriterien empfohlen (vgl. Hu & Bentler, 1999).

4.3.6.1 Prüfung auf Normalverteilung

Ebenso wie beim Einsatz der FIML-Methode (vgl. Abschnitt 4.3.1) gilt eine Normalverteilung der Daten als Voraussetzung zur Erstellung eines Strukturgleichungsmodells, da bei der Parameterschätzung auch hier die *Maximum-Likelihood-Methode* Anwendung findet. Aus diesem Grund werden die Daten auf univariate (*Kolmogorov-Smirnov-Test* (KS-Test) bzw. *Shapiro-Wilk-Test* (SW-Test)) sowie multivariate Normalverteilung (*Mardia's Coefficient*[27]) der Indikatoren geprüft.

Es ist hierbei jedoch anzumerken, dass die Normalverteilung der Daten zwar als Voraussetzung gilt, sich die im Rahmen der Strukturgleichungsmodellierung in der Regel angewandte ML-Methode allerdings relativ robust gegenüber moderaten Verletzungen dieser Annahme zeigt (vgl. Wentura & Pospeschill, 2015). Gao, Mokhtarian und Johnston (2008) kommen in einer Zusammenschau verschiedener Analysen zur Verlässlichkeit von Parameterschätzungen bei Verletzungen der Normalverteilung sogar zu dem Schluss, dass bei Stichprobengrößen > 600, keine signifikanten Verzerrungen der Schätzer zu erwarten sind. Darüber hinaus ist anzumerken, dass sich die Strukturgleichungsmodellierung in der psychologischen Forschung weitreichend etabliert hat, obwohl Abweichungen von der Normalverteilung in psychologischen Daten eher die Regel als eine Ausnahme darstellen (vgl. Micceri, 1989). Häufig werden solche Anwendungsvoraussetzungen sowie deren Verletzung einfach ignoriert (vgl. West, Finch, & Curran, 1995), sie sollen hier zur vollständigen Dokumentation des Vorgehens jedoch berichtet werden.

4.3.6.2 Prüfung auf Diskriminanzvalidität

Diskriminanzvalidität ist dann gegeben, wenn sich die Messungen verschiedener Konstrukte signifikant voneinander unterscheiden, sich also klar voneinander abgrenzen. Da die hier zur Anwendung kommenden Instrumente voneinander äußerst unterschiedliche

---

[27]   Mardia's Coefficient wird in AMOS durch den C.R.-Wert (Critical Ratio) repräsentiert, der im Folgenden benutzt wird.

Konzepte messen, wurde auf eine Prüfung der Diskriminanzvalidität anhand des *Fornell/Larcker-Kriteriums* verzichtet. Eine explorative Faktorenanalyse mit orthogonaler Rotation (Varimax) zeigt bereits sehr deutlich, dass es keinerlei Überschneidungen bei den Faktorladungen gibt (s. Appendix iii). Weiber und Mühlhaus (2014) bezeichnen dies als einen guten Indikator für das Vorliegen von Diskriminanzvalidität.

4.3.6.3 Prüfung auf Konvergenzvalidität

Konvergenzvalidität ist dann gegeben, wenn die Messungen eines Konstrukts mit unterschiedlichen Methoden übereinstimmen. Weiber und Mühlhaus (ebd.) weisen darauf hin, dass die Konvergenzvalidität aufgrund der Schwierigkeit, unterschiedliche Messmethoden für dasselbe Konstrukt zu finden, und des Aufwandes bei der Erhebung nur selten überprüft wird. Als Anhaltspunkt für das Vorhandensein konvergenter Validität schlagen Fornell und Larcker (1981) die Betrachtung der Faktorreliabilitäten der einzelnen Konstrukte vor, die Werte > .5 annehmen sollten, ab $\text{Rel}(\xi_j) \geq .6$ kann von einer guten Reliabilität ausgegangen werden. Da AMOS keine Faktorreliabilitätswerte ausgibt, wurden diese aus den aus der konfirmatorischen Faktorenanalyse hervorgehenden standardisierten Regressionsgewichten der einzelnen Indikatoren berechnet (vgl. Weiber & Mühlhaus, 2014: 151; vgl. auch Bagozzi & Yi, 1988: 80; Formel 4.2).

Formel 4.2: Formel zur Berechnung der Faktorreliabilität.

$$\text{Rel}(\xi_j) = \frac{(\sum \lambda_{ij})^2 \phi_{jj}}{(\sum \lambda_{ij})^2 + (\sum 1 - \lambda_{ij}^2)}$$

λ_{ij} =   geschätzte Faktorladung

Φ_{jj} =   geschätzte Varianz der latenten Variable ξ_j

$1 - \lambda_{ij}^2$ =   geschätzte Varianz der zugehörigen Fehlervariablen

4.3.7 Modellgütekriterien

Zur Evaluation der Güte eines Strukturgleichungsmodells werden verschiedene sogenannte Fit-Indizes verwandt (für einen Überblick über Indizes und Cut-Off Werte (Tabelle 4.4). Anhand dieser Indizes wird überprüft, ob sich das vor dem theoretischen und sachlogischen Hintergrund formulierte Hypothesensystem anhand der erhobenen Daten bestätigen lässt (vgl. Weiber & Mühlhaus, 2014). Im Folgenden werden die in der einschlägigen Literatur (vgl. z.B. Homburg & Baumgartner, 1995; Hu & Bentler, 1995, 1999) zumeist genannten statistischen Verfahren sowie deren Cut-Off-Werte vorgestellt. Es ist allerdings anzumerken, dass die tatsächliche Aussagekraft solcher Güte- bzw. der Cut-Off-Schwellen von einigen Wissenschaftlern infrage gestellt wird (vgl. Barrett, 2007).

    Mit dem von Bentler (1990) entwickelten *Comparative Fit Index* (CFI) wird überprüft, ob das theoretische Modell besser auf die Datenstruktur passt als das

Independence Model, in dem alle manifesten Variablen als im statistischen Sinn voneinander unabhängig betrachtet werden, d.h. es besteht kein Zusammenhang zwischen den Variablen und jeder Indikator erklärt nur sich selbst (Geiser, 2011; Weiber & Mühlhaus, 2014). Der CFI ist normiert und kann Werte zwischen 0 und 1 annehmen. Je stärker sich der Wert 1 annähert, desto höher ist die Modellgüte. In der Literatur werden verschieden hohe Schwellwerte genannt, die nicht unterschritten werden dürfen. Homburg und Baumgartner (1995) sprechen bei einem Wert $\geq .90$ von einem guten Model-Fit, Hu und Bentler (1999) geben diesen Schwellenwert mit $\geq .95$ an.

Der *Tucker-Lewis-Index* (Tucker & Lewis, 1973) (TLI, auch *Non-Normed-Fit-Index* (NNFI)) überprüft ebenfalls die Fit-Indizes des theoretischen Modells im Vergleich zum Independence Model. Im Gegensatz zum CFI kann der TLI Werte > 1 annehmen. Dies ist ein Hinweis darauf, dass im theoretischen Modell mehr Parameter als notwendig spezifiziert wurden, wodurch es zu einem sogenannten *overfitting* kommt (vgl. Weiber & Mühlhaus, 2014). Für den TLI gilt ebenfalls ein Schwellenwert von $\geq .90$ bzw. $\geq .95$, je nach Quelle.

Der *Root-Mean-Square-Error-of-Approximation* (RMSEA) (Steiger, 1990; Steiger & Lind, 1980) ist ein Maß zur Prüfung, wie gut sich ein Modell der Realität annähert. Im Gegensatz zu CFI und TLI steigt die Modellgüte mit sinkendem RMSEA-Wert. Browne und Cudeck (1993) definieren Werte von $\leq .08$ als akzeptabel, Werte von $\leq .05$ als gut. Hu und Bentler (1999) bezeichnen Werte $\leq .06$ als Indikator für einen guten Model-Fit.

Das *Standardized-Root-Mean-Square-Residual* (SRMR) basiert auf dem *Root Mean Square Residual* (RMR). Er wird definiert als durchschnittliche Abweichung zwischen den Residuen der beobachteten und geschätzten Varianzen und Kovarianzen. Von einem Wert von 0 (perfekter Model-Fit) ausgehend, sinkt die Modellgüte mit steigendem SRMR. Während einige Autoren Werte $\leq .10$ als akzeptabel definieren (vgl. bspw. Homburg, Klarmann, & Pflesser, 2008), werden auch teils deutlich geringere Werte von $\leq .08$ und $\leq .05$ als Cut-Off-Kriterium angegeben (vgl. bspw. Geiser, 2011; Hu & Bentler, 1999).

Der Chi-Quadrat-Test gehört zu den inferenzstatistischen Gütekriterien (vgl. Weiber & Mühlhaus, 2014). Er ist ein Maß für die Differenz zwischen empirischer und modelltheoretischer Varianz-Kovarianz-Matrix. Je geringer der χ^2-Wert, desto geringer ist die Abweichung und desto besser der Model-Fit. Der Chi-Quadrat-Test reagiert als Maß des Gesamtmodells allerdings auch sensibel auf Probleme von Modellteilen, Nichtnormalverteilung und Stichprobengröße. Es wird empfohlen, den χ^2-Wert in Bezug zu den Freiheitsgraden zu setzen (χ^2/df) (vgl. Weiber & Mühlhaus, 2014). In der Literatur werden für χ^2/df Cut-Off-Werte von ≤ 3 bzw. ≤ 2.5 genannt (Homburg & Baumgartner, 1995; Homburg & Giering, 1996). Bei großen Stichproben (n > 250) werden insbesondere CFI, TLI und SRMR als Gütekriterien empfohlen (vgl. Weiber & Mühlhaus, 2014).

Tabelle 4.4: Übersicht zu verschiedenen Evaluationsmaßen für die Modellgüte mit gängigen Cut-Off-Werten.

Kriterium	Schwellenwert für guten Model-Fit	Quelle
CFI	≥ .90 (akzeptabel)	Homburg & Baumgartner (1995)
	≥ .95 (gut)	Hu & Bentler (1999)
RMSEA	≤ .08 (akzeptabel)	Browne & Cudeck (1993)
	≤ .05 (gut)	Browne & Cudeck (1993)
	≤ .06 (gut)	Hu & Bentler (1999)
SRMR	≤ .10 (akzeptabel)	Homburg, Klarmann & Pflesser (2008)
	≤ .08 (akzeptabel)	Hu & Bentler (1999)
	≤ .05 (gut)	Geiser (2011)
TLI	≥ .90 (akzeptabel)	Homburg & Baumgartner (1995)
	≥ .95 (gut)	Hu & Bentler (1999)
χ^2/df	≥ 3	Homburg & Giering (1996)
	≥ 2.5	Homburg & Baumgartner (1995)

5 Pilotstudie

Trotz der umfangreichen Validierungen und der teils hervorragenden Güte der originalen Messinstrumente wurde der für diese Arbeit verwandte Fragebogen umfassend pilotiert, um eine vergleichbare Qualität der ins Deutsche übersetzten Versionen der einzelnen Instrumente sicherzustellen. Dies geschah vornehmlich aus zwei Überlegungen: (1) Es handelt sich hier um Übersetzungen englischsprachiger Items aus dem amerikanischen Raum. Probleme könnten sowohl bei der Formulierung der Items sowie bestimmten kulturellen bzw. sprachlichen Konzepten auftreten. Beispielhaft dafür steht die im amerikanischen Raum übliche Verwendung des Begriffes ,Race', der im deutschen Sprachraum insbesondere aus historischen Gründen anders besetzt ist. Zugleich ist die in diesem Falle gebräuchliche Übersetzung ,mit Migrationshintergrund' unter Umständen hinderlich für das leichte Verständnis der Items. (2) Alle originalen Messinstrumente wurden für Erwachsene (zumeist Student*innen) entwickelt und auch an diesen getestet. Diese Tatsache spiegelt sich in der teils komplexen Struktur der Items, dies gilt insbesondere für invers formulierte Items, wider. Teilnehmer*innen der Hauptuntersuchung dieser Arbeit sind Schüler*innen mit Migrationshintergrund des Jahrgangs 10 an Stadtteilschulen und Gymnasien. Aufgrund der zu erwartenden großen Heterogenität in Bezug auf die Deutschkenntnisse muss sichergestellt werden, dass die Proband*innen keine großen Verständnisschwierigkeiten bei der Bearbeitung zeigen.

5.1 Stichprobe und Vorgehen

Die Pilotierung fand in zwei Phasen an vier Hamburger Stadtteilschulen statt. Insgesamt nahmen $N = 358$ Schüler*innen aus fünf Klassen des Jahrgangs 10 ($n = 327$) und zwei Klassen des Jahrgangs 9 ($n = 31$) teil. 5 Proband*innen wurden aufgrund ungültiger Fragebögen von der Untersuchung ausgeschlossen. $N = 182$ waren weiblichen und $n = 170$ männlichen Geschlechts, ein*e Proband*in hat keine Angaben zum Geschlecht gemacht. Die Proband*innen waren zwischen 14 und 18 Jahren alt ($M = 15.45$, $SD = 1.126$), 51 Proband*innen machten keine Angabe zu ihrem Alter. $N = 191$ hatten einen Migrationshintergrund, $n = 162$ hatten keinen Migrationshintergrund[28].

Die Datenerhebungen wurden von zuvor instruierten Versuchsleiter*innen durchgeführt, die selbst jedoch keine Kenntnisse hinsichtlich der genauen Ziele der Untersuchung hatten. Nach Verteilung des ersten Teils wurden die Instruktionen laut vorgelesen und etwaige Verständnisschwierigkeiten geklärt. Die Schüler*innen wurden zudem gebeten, zwischendurch auftretende Fragen leise mit den Versuchsleiter*innen zu klären.

---

[28] Zur Erhebung des Migrationshintergrundes wurde in der Pilotierung (1) nach dem Migrationshintergrund, (2) nach dem eigenen Geburtsland sowie den Geburtsländern von Mutter und Vater gefragt. Für die Hauptuntersuchung wurde zudem das Geburtsland der Großeltern erhoben, um auch Migrationshintergründe in der 3. Generation zu berücksichtigen. Die Abfrage der Geburtsländer geschah auch zum Zweck der Differenzierung nach Herkunftsregionen sowie der Berücksichtigung von Fällen mit nur einem allochthonen Elternteil, da diese in verschiedenen Schulleistungsstudien bessere Ergebnisse erzielt haben als Schüler*innen mit beidseitigem Migrationshintergrund.

© Springer Fachmedien Wiesbaden GmbH, ein Teil von Springer Nature 2019
C. Helmchen, *Stereotype Threat im Englischunterricht*,
https://doi.org/10.1007/978-3-658-27527-3_6

An der Erhebung nahmen sowohl Schüler*innen mit als auch ohne Migrationshintergrund teil, um die Bedeutung des Migrationshintergrundes für die Untersuchung nicht vorab salient zu machen. Den Teilnehmer*innen wurde mitgeteilt, es gehe um das Thema „Chancengleichheit von Schüler*innen an Stadtteilschulen und Gymnasien". Die Proband*innen wurden aufgefordert, sich nach Beendigung des ersten Teils den zweiten Teil abzuholen. Bei dieser Gelegenheit wurde der zweite Abschnitt (für Proband*innen mit bzw. ohne Migrationshintergrund), entsprechend der Angabe auf die Frage – „Hast du einen Migrationshintergrund?" – auf der letzten Seite, zugeteilt. Nach Beendigung des gesamten Fragebogens wurden die Proband*innen gebeten, den Raum ruhig und zügig zu verlassen, um andere nicht zu stören oder zu beeinflussen. Nach Abschluss der Erhebung wurden die Proband*innen über die tatsächlichen Ziele der Studie aufgeklärt.

5.2 Stigma-Consciousness Questionnaire

Insgesamt haben $n = 186$ Schüler*innen den SCQ komplettiert (5 fehlend). Eine Hauptachsen-Faktorenanalyse mit orthogonaler Rotation ($KMO = .793$, Sphärizität $\chi^2(45) = 511.378$, $p = .000$) ergab zunächst drei Faktoren mit einem Eigenwert > 1. Dieses Ergebnis steht in starkem Kontrast zu den Ergebnissen von Pinel (1999), bei deren verschiedenen Messungen mit unterschiedlichen Gruppen jeweils nur ein Faktor extrahiert wurde. Die interne Konsistenz des Fragebogens ist jedoch relativ hoch ($\alpha = .80$) und entspricht der von Pinel in beiden Versionen gemessenen. Die Löschung keines der Items hätte diesen Wert erhöht. Der Faktorenanalyse entsprechend ist die Trennschärfe der Items mit Werten zwischen .330 und .625 insgesamt als relativ unbefriedigend zu bewerten.

Eine Boxplot-Analyse zeigt einige auffällige Fälle, jedoch keine Ausreißer. Eine Stichprobenbereinigung um die auffälligen Fälle erbrachte somit auch keine Änderung bei der Extraktion der Faktoren. Bei einer Betrachtung der Häufigkeitsverteilungen zeigt sich jedoch eine zweigipflige Verteilung der Items (5) und (7) an zwei der vier Schulen (Abbildung 5.1). Dabei handelt es sich um invers formulierte Items, deren komplexe Struktur zu mangelnder Klarheit geführt haben kann. Einen Zusammenhang mit der Deutschzensur, als Indikator für sprachliche Kompetenzunterschiede, existiert allerdings nicht ($p > .997$ bzw. $p > .497$). Eine Hauptachsen-Faktorenanalyse mit orthogonaler Rotation unter Auslassung der Items 5 und 7 ($KMO = .745$, Sphärizität $\chi^2(28) = 256.999$, $p = .000$) ergibt zwei Faktoren mit einem Eigenwert > 1 und einem Anteil an der Gesamtvarianz von 49,6 Prozent. Dabei laden alle positiv formulierten Items höher auf dem ersten, alle negativ formulierten Items höher auf dem zweiten Faktor (Tabelle 5.1). Demnach könnte es sich hierbei um einen Scheinfaktor handeln, der auf eine ähnliche Item-Schwierigkeit zurückzuführen ist (vgl. Bernstein & Teng, 1989; Nunnally & Bernstein, 1994). Eine auf einen Faktor begrenzte Hauptachsen-Faktorenanalyse unter Berücksichtigung aller Items (KMO = .793, Sphärizität $\chi^2(45) = 511.378$, $p = .000$) zeigt durchgehend mittlere bis hohe Ladungen (Tabelle 5.2) und stützt so die Vermutung, dass es sich bei den Faktoren 2 und 3 um Scheinfaktoren handelt, die ohne inhaltliche Bedeutung sind. Die durchgehend hohe interne Konsistenz spricht zudem gegen eine Löschung der betreffenden Items. Beide Items wurden entsprechend verändert und positiv formuliert. Dies gilt auch für die Items (2) und (9), deren Formulierungen ebenfalls unnötig komplex schienen.

Es ist weiterhin denkbar, dass die Items (1), (2) und (7), die nicht explizit auf Lehrer*innen hinweisen, eine allgemeiner gefasste *Stigma Consciousness* erfassen und so einen weiteren Faktor hervorbringen.

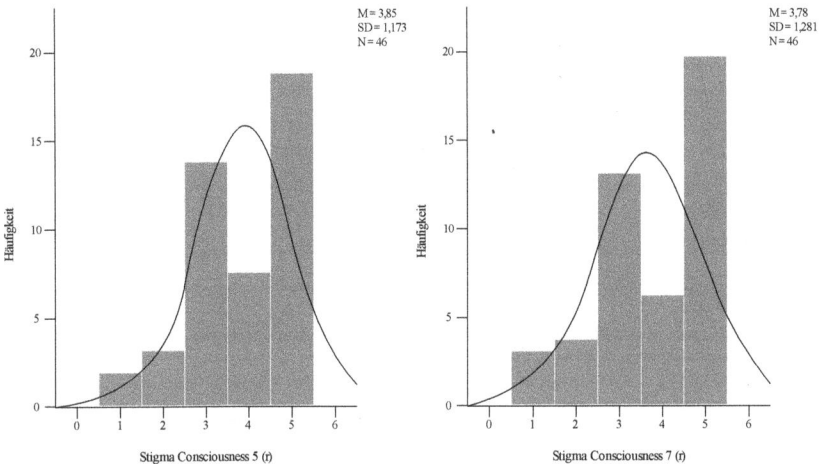

Abbildung 5.1: Bsp.: Antwortverteilung der Items 5 & 7 in Schule 2.

Tabelle 5.1: Rotierte Faktorenmatrix (ohne Items 5 & 7) (Hauptachsen-Faktorenanalyse mit obliquer Rotation) (n = 168).

Item	Faktor	
	1	2
(1) Stereotype über Migranten treffen mich nicht. (r)	.084	.433
(2) Ich mache mir nie Gedanken darüber, ob mein Verhalten als typisch für meinen Migrationshintergrund gesehen wird. (r)	-.143	.703
(3) Im Unterricht habe ich das Gefühl, dass Lehrkräfte alles, was ich tue/sage, mit meinem Migrationshintergrund in Verbindung bringen.	.489	.099
(4) Die meisten Lehrkräfte behandeln Schüler/Innen mit Migrationshintergrund nicht anhand ihrer Herkunft. (r)	.258	.323
(6) Ich denke beinahe nie daran, dass ich einen Migrationshintergrund habe, wenn ich mit Lehrkräften rede. (r)	.161	.340
(8) Die meisten Lehrkräfte haben mehr ausländerfeindliche Gedanken, als sie in Wirklichkeit zugeben.	.840	-.130
(9) Ich glaube, dass Lehrkräften häufig zu Unrecht vorgeworfen wird, Schüler/innen mit Migrationshintergrund schlechter zu behandeln. (r)	.042	.408
(10) Die meisten Lehrkräfte haben ein Problem damit, Schüler/innen mit Migrationshintergrund als gleichgestellt anzusehen.	.744	.089

Tabelle 5.2: Faktorenmatrix mit Begrenzung auf einen Faktor (Hauptachsen-Faktorenanalyse) (n = 168).

Item	Faktor 1
(1) Stereotype über Migranten treffen mich nicht. (r)	.383
(2) Ich mache mir nie Gedanken darüber, ob mein Verhalten als typisch für meinen Migrationshintergrund gesehen wird. (r)	.365
(3) Im Unterricht habe ich das Gefühl, dass Lehrkräfte alles, was ich tue/sage, mit meinem Migrationshintergrund in Verbindung bringen.	.519
(4) Die meisten Lehrkräfte behandeln Schüler/Innen mit Migrationshintergrund nicht anhand ihrer Herkunft. (r)	.520
(5) Mein Migrationshintergrund hat keinen Einfluss darauf, wie Lehrkräfte mit mir umgehen.	.769
(6) Ich denke beinahe nie daran, dass ich einen Migrationshintergrund habe, wenn ich mit Lehrkräften rede. (r)	.556
(7) Mein Migrationshintergrund hat keinen Einfluss darauf, wie andere mit mir umgehen	.721
(8) Die meisten Lehrkräfte haben mehr ausländerfeindliche Gedanken, als sie in Wirklichkeit zugeben.	.527
(9) Ich glaube, dass Lehrkräften häufig zu Unrecht vorgeworfen wird, Schüler/innen mit Migrationshintergrund schlechter zu behandeln. (r)	.354
(10) Die meisten Lehrkräfte haben ein Problem damit, Schüler/innen mit Migrationshintergrund als gleichgestellt anzusehen.	.613

5.3 Stereotype-Endorsement-Items

Insgesamt haben n = 191 Schüler*innen die drei Items zu *Stereotype Endorsement* bearbeitet. Eine Hauptkomponentenanalyse mit obliquer Rotation (*KMO* = .510, *Sphärizität* $\chi^2(3)$ = 71.684 p = .000) ergibt einen Faktor mit einem Eigenwert > 1 und einem Anteil von 52,74 Prozent an der Gesamtvarianz. Dabei laden Items (1) und (2) sehr hoch auf diesem Faktor (.873 bzw. .868), während das dritte Item nur eine schwache (-.259) Ladung aufweist. Gemeinsam zeigen die drei Items somit eine sehr geringe interne Konsistenz (α = .26), die sich durch Löschung des dritten Items auf α = .71 erhöhen würde. Auch die Item-to-Total-Korrelationen zeigen durchgehend als schlecht zu bewertende Werte < .30. Auch hier spricht das Ergebnis für Verständnisprobleme durch eine negative Formulierung. Eine zweite Hauptkomponentenanalyse mit obliquer Rotation *KMO* = .500, *Sphärizität* $\chi^2(3)$ = 69.861, p = .000) der ersten beiden Items ergibt wiederum nur einen einzigen Faktor, diesmal mit einem Anteil an der Gesamtvarianz von 77,82 Prozent. Beide Items laden mit .882 auf dem Faktor. Eine Umformulierung des Items ist in diesem Fall jedoch wenig zweckmäßig, da es sich inhaltlich um eine Wiederholung der ersten beiden Items handelt.

5.4 Domain Identification Measure

Insgesamt haben $n = 351$ Schüler*innen die drei unterschiedlichen *Domain Identification Measures* für Mathematik, Deutsch und Englisch komplettiert. Aus Gründen der Übersichtlichkeit werden die Ergebnisse der einzelnen Domänen separat berichtet.

5.4.1 DIM Mathematik

Eine Hauptachsen-Faktorenanalyse für das DIM Mathematik (Stichprobeneignung nach *Kaiser-Meyer-Olkin*[29] = .918, *Bartlett-Test auf Sphärizität*[30] $\chi^2(36) = 2235.979$, $p = .000$) ergab zwei Faktoren mit einem Eigenwert > 1, die gemeinsam 66,37 Prozent der Gesamtvarianz erklären. Dabei laden die ersten vier Items sowie Item (9) deutlich stärker auf dem ersten, die übrigen vier Items deutlich stärker auf dem zweiten Faktor (Tabelle 5.3). Da sich Items (1), (2), (3), (4) und (9) auf Schulleistungen und Items (5), (6), (7) und (8) auf die persönliche Bedeutung des Faches beziehen, ist dieses Ergebnis so nachvollziehbar. Sowohl die persönliche Beziehung bzw. Einstellung zu einer Domäne als auch Erfolg sind Teil der *Domain Identification* (vgl. Abschnitt 2.2).

Das DIM Mathematik weist darüber hinaus eine sehr hohe interne Konsistenz auf ($\alpha = .92$). Dieses Ergebnis hätte durch die Löschung keines der Items verbessert werden können. Zudem zeigen alle Indikatoren eine korrigierte Item-to-Total-Korrelation von $> .5$, wenngleich Item (8) mit .508 nur sehr geringfügig über dem Grenzwert liegt.

5.4.2 DIM Deutsch

Eine Hauptachsen-Faktorenanalyse für das DIM Deutsch (*KMO* = .885, *Sphärizität* $\chi^2(36) = 1261.875$, $p = .000$) ergab ebenfalls zwei Faktoren mit einem Eigenwert > 1 und einem Anteil an der Gesamtvarianz von 51,02 Prozent. Ebenso wie beim DIM Mathematik laden die Items (1), (2), (3), (4) und (9) stärker auf dem ersten Faktor, wohingegen die Items (5), (6), (7) und (8) stärker auf dem zweiten Faktor laden (Tabelle 5.3).

Das DIM Deutsch weist eine hohe interne Konsistenz auf ($\alpha = .84$), auch hier hätte die Löschung keines der Items eine Verbesserung ergeben. Bis auf Item (7) (.439) zeigen alle Indikatoren eine korrigierte Item-to-Total-Korrelation von $> .5$.

---

[29]   Im Folgenden *KMO*.
[30]   Im Folgenden *Sphärizität*.

Tabelle 5.3: Mustermatrix der DIMs Mathematik und Deutsch (Hauptachsen-Faktoren-analyse mit obliquer Rotation) (n = 351).

Item	Faktor	
	1	2
(1) Mathematik ist eines meiner besten Fächer.	.782	.173
(2) Ich war schon immer gut in Mathematik.	.456	.300
(3) Ich bekomme in Mathematik immer gute Noten.	.945	-.061
(4) Ich schneide in Mathematikarbeiten immer schlecht ab.	.846	-.103
(5) Wie gerne magst du Dinge, die mit Mathematik zu tun haben?	.088	.789
(6) Wie gerne würdest du später beruflich mit Mathematik zu tun haben?	-.063	.916
(7) Wie sehr ist Mathematik Teil von dir / deiner Persönlichkeit?	-.021	.821
(8) Wie wichtig ist es dir, gut in Mathematik zu sein?	.246	.328
(9) Verglichen mit deinen Mitschüler/innen, wie gut bist du in Mathematik?	.823	.103

Item	Faktor	
	1	2
(1) Deutsch ist eines meiner besten Fächer.	.699	.179
(2) Ich war schon immer gut in Deutsch.	.496	.184
(3) Ich bekomme in Deutsch immer gute Noten.	.960	-.145
(4) Ich schneide in Deutscharbeiten immer schlecht ab. (r)	.684	-.062
(5) Wie gerne magst du Dinge, die mit Deutsch zu tun haben?	.182	.581
(6) Wie gerne würdest du später beruflich mit Deutsch zu tun haben?	-.097	.810
(7) Wie sehr ist Deutsch Teil von dir / deiner Persönlichkeit?	-.056	.624
(8) Wie wichtig ist es dir, gut in Deutsch zu sein?	.259	.370
(9) Verglichen mit deinen Mitschüler/innen, wie gut bist du in Deutsch?	.747	.032

5.4.3 DIM Englisch

Eine Hauptachsen-Faktorenanalyse für das DIM Englisch (KMO = .937, Sphärizität $\chi^2(36) = 2539.55$, $p = .000$) ergab in diesem Fall lediglich einen Faktor mit einem Eigenwert > 1 und einem Anteil an der Gesamtvarianz von 63,69 Prozent (Tabelle 5.4). Es scheint, als trennten Schüler*innen im Fach Englisch nicht so sehr zwischen Schulleistungen und der abstrakteren Beziehungsebene mit der Domäne. Tatsächlich korrelieren beide Teilskalen im Fach Englisch stärker ($r = .770$, $p = .000$) als Deutsch ($r = .576$, $p = .000$) oder Mathematik ($r = .688$, $p = .000$). Es ist beispielsweise denkbar, dass im Fall von Englisch, viel stärker als bei Mathematik und Deutsch, schulische und außerschulische Welt verschmelzen, da Englisch durch Musik, Medien etc. eine größere Präsenz im Leben der Schüler*innen einnimmt als dies Mathematik und Deutsch tun, die unter Umständen viel stärker als bloße Schulfächer wahrgenommen werden. Bei einer Extraktion zweier fester Faktoren, zeigt sich allerdings in der Domäne Englisch erwartungsgemäß die gleiche Struktur wie in den Domänen Mathematik und Deutsch.

Auch das DIM Englisch weist eine sehr hohe interne Konsistenz auf (α = .94). Wiederum kann durch die Löschung keines der Items eine Verbesserung erreicht werden. Alle Indikatoren weisen eine Item-to-Total-Korrelation > .5 auf. Wenngleich diese Ergebnisse im Allgemeinen mit denen von Smith und White (2001) konformgehen, unterscheiden Schüler*innen anscheinend mehr zwischen den inner- und außerinstitutionellen Domänenbereichen als die Student*innen, die an der Erhebung von Smith und White teilgenommen haben. Unter Umständen haben Erwachsene eine globalere Vorstellung von Domänen und entkoppeln beide Bereiche deshalb nicht derart stark voneinander. Für Schüler*innen repräsentieren Mathematik und Deutsch eventuell vor allem Schulfächer, während Englisch einen höheren praktischen Weltbezug hat. Dies ist für die Messung der *Domain Identification* jedoch nicht nachteilig, beide Bereiche sind Teil des Konzepts. So zeigt eine auf einen Faktor begrenzte Extraktion auch für die Domänen Mathematik und Deutsch sehr hohe Ladungen aller Items (Tabelle 5.5). Es ist theoretisch anzunehmen, dass es sich bei inner- und außerschulischer Identifikation mit einer Domäne um miteinander stark korrelierende Faktoren handelt.

Tabelle 5.4: Faktorenmatrix des DIM Englisch (oben) und Mustermatrix mit Extraktion von zwei festen Faktoren (unten). (Hauptachsen-Faktorenanalyse mit obliquer Rotation) (n = 351).

Item	Faktor 1
(1) Englisch ist eines meiner besten Fächer.	.905
(2) Ich war schon immer gut in Englisch.	.798
(3) Ich bekomme in Englisch immer gute Noten.	.857
(4) Ich schneide in Englischarbeiten immer schlecht ab. (r)	.737
(5) Wie gerne magst du Dinge, die mit Englisch zu tun haben?	.844
(6) Wie gerne würdest du später beruflich mit Englisch zu tun haben?	.760
(7) Wie sehr ist Englisch Teil von dir / deiner Persönlichkeit?	.779
(8) Wie wichtig ist es dir, gut in Englisch zu sein?	.587
(9) Verglichen mit deinen Mitschüler/innen, wie gut bist du in Englisch?	.869

Item	Faktor 1	2
(1) Englisch ist eines meiner besten Fächer.	.794	.146
(2) Ich war schon immer gut in Englisch.	.698	.130
(3) Ich bekomme in Englisch immer gute Noten.	.960	-.067
(4) Ich schneide in Englischarbeiten immer schlecht ab. (r)	.848	-.083
(5) Wie gerne magst du Dinge, die mit Englisch zu tun haben?	.193	.710
(6) Wie gerne würdest du später beruflich mit Englisch zu tun haben?	-.053	.886
(7) Wie sehr ist Englisch Teil von dir / deiner Persönlichkeit?	.041	.804
(8) Wie wichtig ist es dir, gut in Englisch zu sein?	-.004	.638
(9) Verglichen mit deinen Mitschüler/innen, wie gut bist du in Englisch?	.779	.124

Tabelle 5.5: Faktorenmatrix für das DIM Mathematik und Deutsch bei einer auf einen Faktor begrenzten Extraktion (Hauptachsen-Faktorenanalyse) (n = 351).

Item	Faktor 1
(1) Mathematik ist eines meiner besten Fächer.	.895
(2) Ich war schon immer gut in Mathematik.	.704
(3) Ich bekomme in Mathematik immer gute Noten.	.821
(4) Ich schneide in Mathematikarbeiten immer schlecht ab. (r)	.695
(5) Wie gerne magst du Dinge, die mit Mathematik zu tun haben?	.780
(6) Wie gerne würdest du später beruflich mit Mathematik zu tun haben?	.730
(7) Wie sehr ist Mathematik Teil von dir / deiner Persönlichkeit?	.694
(8) Wie wichtig ist es dir, gut in Mathematik zu sein?	.528
(9) Verglichen mit deinen Mitschüler/innen, wie gut bist du in Mathematik?	.867

Item	Faktor 1
(1) Deutsch ist eines meiner besten Fächer.	.827
(2) Ich war schon immer gut in Deutsch.	.635
(3) Ich bekomme in Deutsch immer gute Noten.	.772
(4) Ich schneide in Deutscharbeiten immer schlecht ab. (r)	.599
(5) Wie gerne magst du Dinge, die mit Deutsch zu tun haben?	.639
(6) Wie gerne würdest du später beruflich mit Deutsch zu tun haben?	.549
(7) Wie sehr ist Deutsch Teil von dir / deiner Persönlichkeit?	.453
(8) Wie wichtig ist es dir, gut in Deutsch zu sein?	.560
(9) Verglichen mit deinen Mitschüler/innen, wie gut bist du in Deutsch?	.742

5.5 Zwischenfazit und Modifikationen

Insgesamt weisen alle für diesen Fragebogen adaptierten Versionen der einzelnen Messinstrumente (für einen Überblick s. Tabelle 6.7) sowohl hohe interne Konsistenzen (zwischen $\alpha = .71$ und $\alpha = .94$) als auch hohe Split-Half-Reliabilitäten (zwischen .81 und .92) auf. Von den ursprünglichen Instrumenten abweichende Faktorenstrukturen lassen sich entweder theoretisch nachvollziehen oder es handelt sich mit einiger Wahrscheinlichkeit um Methodenfaktoren, die auf invers formulierte Items zurückzuführen sind. Betreffende Items wurden entsprechend verändert.

Da zur Identifizierbarkeit[31] einer latenten Variablen in einem Strukturgleichungsmodell mindestens drei Indikatoren[32] benötigt werden, wurden die nach der Faktorenanalyse verbleibenden 2 Items für *Stereotype Endorsement* ersatzlos gestrichen.

---

[31]   Möglichkeit der Berechnung einer latenten Variable anhand manifester Indikatoren.

[32]   Es existieren zwar Möglichkeiten, auch mit weniger Indikatoren Berechnungen anzustellen, zu diesem Zweck muss jedoch die Fehlervarianz festgelegt werden. Diese kann beispielsweise auf 0 fixiert werden, wenn davon ausgegangen wird, dass ein Indikator ein Konstrukt fehlerfrei messen

Darüber hinaus wurde das Vorgehen während der Erhebung leicht geändert. Die Versuchsleiter*innen wurden angewiesen, vor Bearbeitungsbeginn speziell auf Schwierigkeiten invers formulierter Items einzugehen. Ein entsprechendes Beispiel wurde den Arbeitsinstruktionen hinzugefügt.

Wie zu Beginn dieses Kapitels dargelegt, wird im Rahmen dieser Arbeit vermutet, dass lebensweltliche Mehrsprachigkeit einen positiven Effekt auf die *Domain Identification* hat. Als zusätzliche Indikatoren zur Überprüfung dieser Vermutung, wurden fünf Items zu Sprachkompetenzen in einer nicht-deutschen Herkunftssprache hinzugefügt. Diese Items decken die Bereiche Hör- und Leseverstehen (‚Ich kann in einem Gespräch alles verstehen, was gesagt wird') sowie produktive Fähigkeiten im schriftlichen und mündlichen (‚Ich kann die Sprache sehr gut schreiben') Bereich ab. Für den Fall, dass Teilnehmer*innen mehr als eine L1 sprechen, wurden sie gebeten, Angaben zu der Sprache zu machen, in der sie die höheren Kompetenzen aufweisen.

Zur Vereinfachung des Fragebogens wurden bei allen Teilen, abweichend von den originalen Instrumenten, fünfstufige Likert-Skalen (‚Stimme überhaupt nicht zu' - ‚Stimme voll und ganz zu') verwandt.

---

kann. In anderen Fällen kann die Fehlervarianz geschätzt oder aus der Reliabilität des Indikators errechnet werden (Brown, 2006: 139). Es ist in diesem Fall jedoch weder davon auszugehen, dass das Konstrukt fehlerfrei gemessen werden kann, noch können sinnvoll begründete Schätzungen hinsichtlich der Indikatorreliabilität vorgenommen werden.

6 Hauptuntersuchung

In den folgenden Abschnitten werden die Ergebnisse der Hauptuntersuchung vorgestellt. Dabei werden zunächst alle Items einer erneuten Prüfung im Hinblick auf die Eignung zur Konstruktrepräsentation im Strukturgleichungsmodell unterzogen. Im Anschluss werden die konstruktspezifischen Ergebnisse detailliert berichtet und diskutiert. Zuletzt wird das Strukturgleichungsmodell schrittweise aufgebaut.

Die Hauptuntersuchung begann ein halbes Jahr nach der zweiten Pilotierungsphase und erstreckte sich über einen Zeitraum von ca. sechs Monaten. Zur Stichprobenakquise wurden alle hamburgischen Stadtteilschulen und Gymnasien in drei Wellen angeschrieben und um Teilnahme gebeten. Insgesamt haben sich 11 Schulen zu einer Teilnahme bereit erklärt, zwei haben jedoch im Verlauf der Erhebungsphase abgesagt, sodass die Datenerhebung an neun Hamburger Schulen stattfand, darunter fünf Stadtteilschulen und vier Gymnasien.

6.1 Stichprobe und Vorgehen

Insgesamt haben $n = 826$ Schüler*innen des Jahrgangs 10 den Fragebogen ausgefüllt. Davon besuchten $n = 511$ eine Stadtteilschule und $n = 315$ ein Gymnasium. 13 Proband*innen wurden aufgrund ungültiger[33] Fragebögen von der Untersuchung ausgeschlossen. Von $n = 813$ Schüler*innen waren $n = 380$ weiblichen und $n = 430$ männlichen Geschlechts, 3 Proband*innen machten keine Angabe zum Geschlecht. Die Proband*innen waren zwischen 14 und 19 Jahren alt ($M = 15.88$, $SD = .646$), 5 Proband*innen machten keine Angabe zu ihrem Alter. $n = 484$ hatten einen Migrationshintergrund, $n = 329$ hatten keinen Migrationshintergrund.

Das Erhebungsverfahren orientierte sich generell an der Pilotstudie. Die Datenerhebungen wurden von geschulten Versuchsleiter*innen durchgeführt, die selbst keine Kenntnisse hinsichtlich der Ziele der Untersuchung hatten. Nach Verteilung des ersten Teils wurden die Instruktionen laut vorgelesen und etwaige Verständnisschwierigkeiten geklärt. Es wurde hierbei speziell auf die Schwierigkeiten bei invers formulierten Items hingewiesen und dies an einem Beispiel erläutert. Die Schüler*innen wurden gebeten, zwischendurch auftretende Fragen leise mit den Versuchsleiter*innen zu klären. Auch in der Hauptuntersuchung wurde den Teilnehmer*innen vor Beginn der Erhebung mitgeteilt, es gehe um das Thema „Chancengleichheit von Schüler*innen an Stadtteilschulen und Gymnasien", um das Antwortverhalten der Teilnehmer*innen nicht zu beeinflussen. Die Teilnehmer*innen wurden aufgefordert, sich nach Beendigung des ersten Teils den zweiten Teil bei dem/der Versuchsleiter*in abzuholen. Der zweite Abschnitt (für Proband*innen mit bzw. ohne Migrationshintergrund) wurde entsprechend der Angabe auf die Frage – „Hast du einen Migrationshintergrund?" – auf der letzten Seite zugeteilt. Nach Beendigung des gesamten Fragebogens wurden die Proband*innen gebeten, den Raum ruhig und zügig zu verlassen, um andere nicht zu stören oder zu

---

[33] Ungültig bedeutet hier nicht oder kaum ausgefüllter Fragebogen oder mehrere bzw. jede Antwortmöglichkeit angekreuzt.

© Springer Fachmedien Wiesbaden GmbH, ein Teil von Springer Nature 2019
C. Helmchen, *Stereotype Threat im Englischunterricht*,
https://doi.org/10.1007/978-3-658-27527-3_7

beeinflussen. Nach Abschluss der Erhebung wurden die Proband*innen über die tatsächlichen Ziele der Studie aufgeklärt.

6.2 Pretest und faktoranalytische Prüfung Testinstrumente

Vor Beginn der Datenanalyse wurden alle Teile des Fragebogens noch einmal überprüft, um die Eignung der nach der Pilotierung veränderten oder hinzugefügten Items[34] sicherzustellen. Hierzu wurden wie in der Pilotierung Hauptachsenanalysen mit obliquer Rotation (Promax) (vgl. Abschnitt 4.3.3) durchgeführt und Cronbachs Alpha berechnet. Der endgültige Entschluss über den Eingang einzelner Items in das nachfolgende Strukturgleichungsmodell wird zudem unter Berücksichtigung der Ergebnisse konfirmatorischer Faktorenanalysen (vgl. Abschnitt 4.3.4) getroffen. Um eine Vergleichbarkeit der Daten für die weitere Analyse zu gewährleisten, wurden alle Items z-standardisiert[35] (Formel 6.1).

Formel 6.1: Formel zur Berechnung von z-Werten.

$$z_i = \frac{x_i - \bar{x}}{s}$$

x_i =   Stichprobenwert
$\bar{x}$ =   Mittelwert der Stichprobe
s =   Standardabweichung

Für die Erstellung des Strukturgleichungsmodells wurden zudem fehlende Werte im Datensatz ersetzt, die Normalverteilung der Daten überprüft und konfirmatorische Faktorenanalysen durchgeführt. Als Mittel der Güteprüfung der Messinstrumente schlagen Weiber und Mühlhaus (2014) zudem die Prüfung der Diskriminanz- und Konvergenzvalidität der Konstrukte vor, darauf soll hier ebenfalls jeweils kurz eingegangen werden.

6.2.1 Stigma-Consciousness Questionnaire

Der SCQ wurde nach der Pilotstudie umfangreich verändert. Insgesamt wurden 4 Items aufgrund ihrer hohen Komplexität umformuliert. Besonders invers formulierte Items schienen den Teilnehmer*innen Probleme zu bereiten.

---

[34]   Item-Formulierungen, die nicht im Fließtext erscheinen, sind den Tabellen für die EFA zu entnehmen.

[35]   Methode zur Umwandlung von mit verschiedenen Skalen erhobenen Daten (z.B. Temperatur in °C und °F), um eine direkte Vergleichbarkeit zu ermöglichen. Der z-Wert enthält Informationen über die Lage eines Wertes im Verhältnis zu den anderen, gemessen in Standardabweichungseinheiten. In z-transformierten Verteilungen beträgt der Mittelwert ($\bar{z}$) immer 0, die Standardabweichung (s_z) und dementsprechend die Varianz (s_z^2) betragen stets 1 (vgl. bspw. Sedlmeier & Renkewitz, 2013: 194).

In der Hauptstudie haben insgesamt $n = 475$ Schüler*innen mit Migrationshintergrund den SCQ komplettiert. Der SCQ war nicht Teil des Fragebogens für Schüler*innen ohne Migrationshintergrund.

Die interne Konsistenz des SCQ hat sich mit $\alpha = .83$ im Vergleich zur Pilotstudie leicht verbessert; bei den Stadtteilschulen liegt sie bei $\alpha = .80$, bei den Gymnasien sogar bei $\alpha = .87$. Die Löschung keines der Items hätte eine Verbesserung bewirkt. Die Item-to-Total-Korrelationen haben sich im Vergleich zur Pilotstudie erheblich verbessert und sind nun mit wenigen Ausnahmen insgesamt zufriedenstellend ($r = .307 - r = .692$), dies gilt insbesondere für die zuvor invers formulierten Items. Die verbleibenden invers formulierten Items weisen dementsprechend weiterhin geringere Trennschärfen auf als die übrigen, wobei die Items (1) und (2) den Grenzwert von .50 deutlich unterschreiten ($r = .283$ bzw. $r = 307$).

Eine Hauptachsen-Faktorenanalyse ($KMO = .866$; Sphärizität $\chi^2 (45) = 1636.447$, $p = .000$) ergibt in der Hauptuntersuchung 2 Faktoren mit einem Eigenwert > 1 und einem Anteil an der Gesamtvarianz von 42,52 Prozent. Dabei laden alle invers formulierten Items stärker auf dem zweiten Faktor (Tabelle 6.1). Die Reduzierung um einen Faktor im Vergleich zur Pilotstudie und die Tatsache, dass der zweite Faktor anscheinend auf die inverse Formulierung der Items (1), (2), (4) und (6) zurückzuführen ist, bestätigt noch einmal die zuvor geäußerte Vermutung, es könnte sich bei den Faktoren 2 und 3 um Scheinfaktoren ohne inhaltliche Bedeutung handeln. Dieses Ergebnis ist an Stadtteilschulen und Gymnasien identisch.

Tabelle 6.1: Rotierte Faktorenmatrix für den Stigma-Consciousness Questionnaire (Hauptachsen-Faktorenanalyse mit orthogonaler Rotation) (Varimax) (n = 475).

Item		Faktor 1	Faktor 2
(1)	Stereotype über Migranten treffen mich nicht. (r)	-.009	.372
(2)	Ich denke nie darüber nach, ob mein Verhalten mit meinem Migrationshintergrund in Verbindung gebracht wird. (r)	-.120	.544
(3)	Im Unterricht habe ich das Gefühl, dass Lehrkräfte alles, was ich sage/tue mit meinem Migrationshintergrund in Verbindung bringen.	.548	.224
(4)	Die meisten Lehrkräfte beurteilen Schüler/innen mit Migrationshintergrund nicht anhand ihrer Herkunft. (r)	.177	.317
(5)	Mein Migrationshintergrund hat einen Einfluss darauf, wie Lehrkräfte mit mir umgehen.	.624	.215
(6)	Ich denke beinahe nie daran, dass ich einen Migrationshintergrund habe, wenn ich mit Lehrkräften rede. (r)	-.044	.573
(7)	Mein Migrationshintergrund hat einen Einfluss darauf, wie andere Menschen mit mir umgehen.	.308	.397
(8)	Die meisten Lehrkräfte haben mehr ausländerfeindliche Gedanken, als sie in Wirklichkeit zugeben.	.747	-.101
(9)	Ich glaube, dass Lehrkräfte Schüler/innen mit Migrationshintergrund schlechter behandeln als Schüler/innen ohne Migrationshintergrund.	.930	-.160
(10)	Die meisten Lehrkräfte haben ein Problem damit, Schüler/innen mit Migrationshintergrund als gleichgestellt anzusehen.	.861	-.043

Die unter Berücksichtigung der insgesamt guten Reliabilität des SCQ in der Pilot-studie getroffene Entscheidung, komplexe Items umzuformulieren, erweist sich zwar als richtig, die im Rahmen der konfirmatorischen Faktorenanalyse errechneten quadrierten Ladungen der nach wie vor invers formulierten Items weisen allerdings R^2-Werte < 4 auf und sind im Hinblick auf einen guten Model-fit somit nicht zufriedenstellend. Die Items (1), (2) und (7), die sich nicht auf die Behandlung durch Lehrer*innen beziehen, sowie die Items (4) und (6) werden deshalb für das Strukturgleichungsmodell nicht ver-wandt. In Anbetracht dessen, dass inhaltlich ähnliche Items ohne inverse Formulierung hohe Indikatorreliabilitäten aufweisen, ist hier weiterhin eher von Verständnisproble-men bei einigen Schüler*innen als von einer inhaltlich bedingten mangelnden Reliabi-lität der Items auszugehen. Dennoch eignen sich diese Items deshalb nicht zur Kon-struktrepräsentation. Die Fit-Indizes für den SCQ sind unter Einbezug aller Items er-wartungsgemäß nicht zufriedenstellend (CFI = .891, RMSEA = .100, SRMR = .0616, TLI = .860, χ^2/df = 5.860), verbessern sich bei Löschung der Items (1), (2), (4), (6) und (7) jedoch deutlich und sind für die verbleibenden sieben Items mit Ausnahme des RMSEA insgesamt als sehr gut zu bewerten (CFI = .984, RMSEA = .116, SRMR = .0287, TLI = .945, χ^2/df = 7.476; Abbildung 6.1).

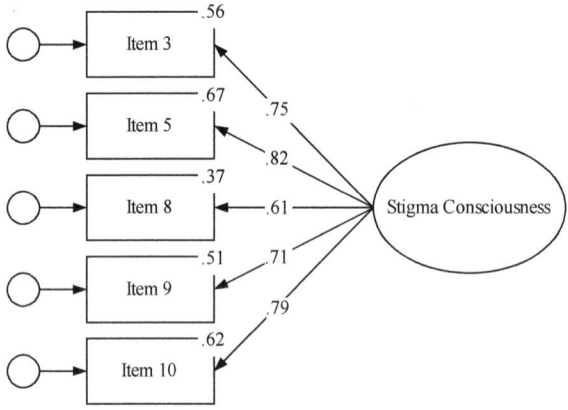

Abbildung 6.1: Stigma Consciousness (Items 3, 5, 8, 9 & 10).
(CFI = .984, RMSEA = .116, SRMR = .0215, TLI = .945, χ^2/df = 7.476)

Die für die Erstellung des Strukturgleichungsmodells erforderliche Annahme auf univariate Normalverteilung kann zwar im Hinblick auf die KS- bzw. SW-Testergeb-nisse nicht aufrechterhalten werden, auch hier bewegen sich die Werte der Indikatoren aber innerhalb der von West, Finch und Curran (1995) empfohlenen Grenzwerte für

Schiefe und Wölbung (< 2 bzw. < 7). Mardia's Maß[36] für multivariate Normalverteilung deutet auf eine leichte positive Kurtosis hin, die *Critical Ratio* (C.R.) beträgt 9.811. Nach Löschung der Items (1), (2), (4), (6) und (7) liegt die Faktorreliabilität mit 0.684 oberhalb des Grenzwertes von 0.5 und gibt somit keine Hinweise auf mangelnde Konvergenzvalidität.

6.2.2 Multigroup Ethnic Identity Measure

Die Subskala (*Affirmation* and *Belonging*) des *Multigroup Ethnic Identity Measure* (MEIM) (Phinney, 1992) besteht aus insgesamt 9 Items und war nicht Teil der Pilotierungsstudie (s. Abschnitt 4.2.2). Insgesamt haben n = 473 Schüler*innen mit Migrationshintergrund das MEIM komplettiert, er war nicht Teil des Fragebogens für Schüler*innen ohne Migrationshintergrund.

Das MEIM weist insgesamt eine relativ hohe interne Konsistenz auf (α = .820), die sich durch Löschung des Items (5) zwar nur gering, aber dennoch auf α = .823 verbessern würde. Es zeigen sich leichte Unterschiede zwischen Stadtteilschulen (α = .80) und Gymnasien (α = .85). Die hier gemessenen Reliabilitätswerte liegen somit insgesamt höher als die von Phinney aus der High-School-Stichprobe berichtete (α = .75) (vgl. ebd.: 165). Die Items (2), (4), (6), (7), (8) und (9) weisen alle Item-to-Total-Korrelationen > .50 und somit hohe Trennschärfen auf. Lediglich Item (5) zeigt mit r = .255 eine als sehr schlecht zu bewertende Trennschärfe.

Eine Hauptachsen-Faktorenanalyse (*KMO* = .863, *Sphärizität* $\chi^2(36)$ = 1289.413, p = .000) ergab 2 Faktoren mit einem Eigenwert > 1 und einem Anteil an der Gesamtvarianz von 42,06 Prozent. Dabei laden Items, die sich auf affektive Aspekte beziehen auf dem einen, Aspekte, die sich auf kulturelle Charakteristika beziehen, stärker auf dem anderen Faktor mit Ladungen zwischen .518 und .910 (Tabelle 6.2). Lediglich Item (5) „Ich verbringe viel Zeit mit Menschen anderer Herkunftskulturen" zeigt nur eine geringe Ladung von .312 und wird daher von der weiteren Analyse ausgeschlossen. Dieses Item entstammt der Subskala ‚*Other-group Orientation*' und wies bereits in Phinneys Studie nur eine geringe Ladung (wenngleich die höchste unter allen Items dieser Subskala) auf. Es zeigen sich keine signifikanten Unterschiede zwischen Stadtteilschulen und Gymnasien.

Die Ergebnisse der konfirmatorischen Faktorenanalyse schließen eine einfaktorielle Struktur ebenfalls aus und lassen an der Eignung der Items (1), (2) und (3) zweifeln, deren quadrierte Faktorladungen teils deutlich unterhalb des geforderten Grenzwertes von $R^2 \geq .4$ liegen. In Anbetracht der Formulierung der Items ist denkbar, dass diese weder eine affektive Komponente besitzen, noch die Hinneigung zu kulturellen Bräuchen und Traditionen erfassen, sondern – im Gegensatz zu den anderen Items – semantisch neutral sind und daher einen eigenen Faktor bilden. Sie eignen sich deshalb zugleich nicht zur Erfassung der Identifikation mit der Eigengruppe und kommen im Rahmen des Strukturgleichungsmodells nicht zur Anwendung. Das unter Einbezug der

---

[36] C.R.-Werte > 5 deuten auf eine Verletzung der Normalverteilungsannahme hin (vgl. Bentler, 2006).

verbleibenden fünf Items erstellte Messmodell weist einen sehr guten Model-Fit auf (CFI = .989, RMSEA = .064, SRMR = .0218, TLI = .978, χ^2/df = 3.004; Abbildung 6.2). Die anhand der standardisierten Regressionsgewichte errechnete Faktorreliabilität liegt mit einem Wert von .655 oberhalb des geforderten Grenzwertes und spricht für das Vorhandensein von Konvergenzvalidität.

Tabelle 6.2: Mustermatrix für das Multigroup Ethnic Identity Measure (Hauptachsen-Faktorenanalyse mit obliquer Rotation) (Promax) (n = 473).

Item	Faktor	
	1	2
(1) Ich versuche, z.B. durch Gespräche mit meinen Eltern, mehr über Geschichte, Traditionen und Bräuche meiner nicht-deutschen Herkunftskultur herauszufinden.	-.047	.635
(2) Ich habe eine klare Vorstellung von meiner nicht-deutschen Herkunftskultur und was sie für mich bedeutet.	.041	.666
(3) Ich denke viel darüber nach, wie mein Migrationshintergrund mein Leben beeinflusst.	-.050	.466
(4) Ich bin glücklich über meinen Migrationshintergrund.	.618	.020
(5) Ich verbringe viel Zeit mit Menschen aus anderen Herkunftskulturen.	.312	-.014
(6) Ich fühle mich mit meiner nicht-deutschen Herkunftskultur stark verbunden.	.536	.190
(7) Ich bin stolz auf meine nicht-deutsche Herkunftskultur.	.910	-.194
(8) Ich lege Wert auf Dinge, die mit meiner nicht-deutschen Herkunftskultur zu tun haben, wie z.B. Musik, Bräuche, spezielles Essen usw.	.518	.282
(9) Mein Migrationshintergrund bedeutet mir sehr viel	.751	.058

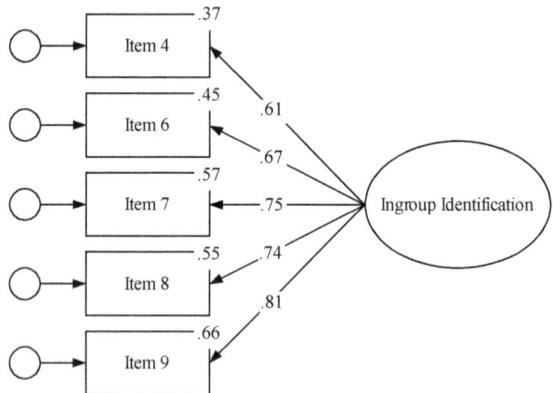

Abbildung 6.2: Ingroup Identification (Items 4, 6, 7, 8 & 9).
(CFI = .989, RMSEA = .064, SRMR = .0218, TLI = .978, χ^2/df = 3.004)

6.2.3 Domain Identification Measure

Insgesamt haben $n = 481$ Schüler*innen mit Migrationshintergrund das *Domain Identification Measure* für Mathematik, $n = 479$ für Deutsch und $n = 477$ für Englisch komplettiert. Da im Folgenden Schüler*innen mit Migrationshintergrund im Fokus stehen, werden die Ergebnisse nur für diese Schüler*innen berichtet. Insgesamt weichen die Ergebnisse für die Gesamtstichprobe aber nicht signifikant davon ab.

6.2.3.1 DIM Mathematik

Eine Hauptachsen-Faktorenanalyse für das DIM Mathematik ($KMO = .931$, *Sphärizität* $\chi^2(36) = 1211.835$, $p = .000$) ergibt zwei Faktoren mit einem Eigenwert > 1, die gemeinsam 72,33 Prozent der Gesamtvarianz erklären. Wiederum laden die Items (1), (2), (3), (4) und (9) stärker auf dem ersten, die Items (5), (6), (7) und (8) stärker auf dem zweiten Faktor (Tabelle 6.3). Die Faktoren korrelieren mit $r = .72$. Dieses Ergebnismuster ist sowohl bei den Stadtteilschulen als auch bei den Gymnasien mit vergleichbaren Ladungen zu beobachten. Das DIM Mathematik weist auch in der Hauptuntersuchung eine sehr hohe interne Konsistenz auf ($\alpha = .92$). Die Löschung keines der Items hätte diesen Wert verbessert. Es zeigen sich nur äußerst geringe Unterschiede zwischen den Stadtteilschulen ($\alpha = .92$) und den Gymnasien ($\alpha = .94$). Alle Items weisen eine Item-to-Total-Korrelationen > .50 und somit eine hohe Trennschärfe auf. Eine konfirmatorische Faktorenanalyse ergab für die meisten Indikatoren quadrierte Faktorladungen, die deutlich oberhalb des von Bagozzi und Baumgartner (1994) empfohlenen Mindestwerts von 0.4 liegen. Lediglich Item (8) (‚Wie wichtig ist es dir, gut in X zu sein?'), das auch im Rahmen der explorativen Faktorenanalyse die geringste Ladung aller Items aufweist, unterschreitet diesen Wert ($R^2 = .3$). Allerdings deutet sich auch hier die bereits in der explorativen Faktoranalyse zutage tretende zweifaktorielle Struktur des DIM an, die Items (6) und (7) laden mit $R^2 = .41$ und $R^2 = .43$ nur knapp über dem Schwellenwert. Dementsprechend erreicht das DIM Mathematik (ohne Item (8)) insgesamt nur als ‚befriedigend' zu *bezeichnende F*it-Werte, einige Gütemaße über- bzw. unterschreiten die Schwellenwerte sogar deutlich (CFI = .908, RMSEA = .164, SRMR = .0671, TLI = .872, $\chi^2/\mathrm{df} = 22.964$). Bei einer Aufteilung der Items nach innerschulisch (Items (1), (2), (3), (4) und (9)) und außerschulisch (Items (5), (6) und (7)) verbessern sich die Fit-Werte für die einzelnen Teile deutlich und sind insgesamt als gut, bzw. sehr gut zu bewerten (Teil I (Items 1, 2, 3, 4, 9): CFI = .995, RMSEA = .058, SRMR = .0160, TLI = .991, $\chi^2/\mathrm{df} = 2.626$; Abbildung 6.3) (Teil II (Items 5, 6, 7, 8): CFI = .996, RMSEA = .050, SRMR = .0146, TLI = .887, $\chi^2/\mathrm{df} = 3.047$). Beide Faktoren korrelieren dabei hoch miteinander ($r = .80$). Es ist deshalb denkbar, dass beide Faktoren Subkategorien eines übergeordneten Faktors 2. Ordnung darstellen.

Tabelle 6.3: Mustermatrix DIM Mathematik (Hauptachsen-Faktorenanalyse mit obliquer Rotation) (Promax) (n = 481).

Item	Faktor	
	1	2
(1) Mathematik ist eines meiner besten Fächer	.767	.188
(2) Ich war schon immer gut in Mathematik	.510	.271
(3) Ich bekomme in Mathematik immer gute Noten	.940	-.051
(4) Ich schneide in Mathematikarbeiten immer schlecht ab (r)	.852	-.104
(5) Wie gerne magst du Dinge, die mit Mathematik zu tun haben?	.227	.628
(6) Wie gerne würdest du später beruflich mit Mathematik zu tun haben?	-.020	.864
(7) Wie sehr ist Mathematik Teil von dir / deiner Persönlichkeit?	-.042	.850
(8) Wie wichtig ist es dir, gut in Mathematik zu sein?	-.002	.663
(9) Verglichen mit deinen Mitschüler/innen, wie gut bist du in Mathematik?	.818	.059

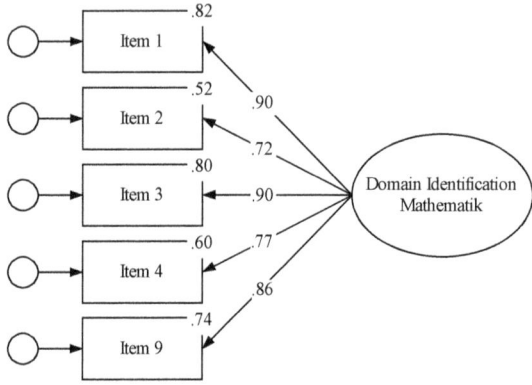

Abbildung 6.3: DIM Mathematik (Items 1, 2, 3, 4 & 9).
(CFI = .995, RMSEA = .058, SRMR = .0160, TLI = .991, χ^2/df = 2.626)

6.2.3.2 DIM Deutsch

Eine Hauptachsen-Faktorenanalyse für das DIM Deutsch (*KMO* = .909; *Sphärizität* $\chi^2(36)$ = 841.770, *p* = .000) ergab 2 Faktoren mit einem Eigenwert > 1, die gemeinsam 61,75 Prozent der Gesamtvarianz erklären. Wie anzunehmen, laden die Items (1), (2), (3), (4) und (9) stärker auf dem ersten, die Items (5), (6), (7) und (8) stärker auf dem zweiten Faktor (Tabelle 6.4). Auch hier korrelieren die Faktoren relativ stark miteinander (*r* = .62). Zwischen Stadtteilschulen und Gymnasien gibt es auch hier keine nennenswerten Unterschiede. Insgesamt zeigt sich eine mit dem DIM Mathematik vergleichbare Item-Faktor-Verteilung. Die interne Konsistenz liegt mit α = .87 im Vergleich zur Pilotstichprobe etwas höher. Auch hier hätte sich der Wert durch die Löschung einzelner Items nicht verbessert. Es zeigen sich leichte Unterschiede zwischen den Stadtteilschulen (α = .86) und den Gymnasien (α = .90). Alle Items weisen

Trennschärfen > .50 auf, lediglich die Werte der Items (6), (7) und (8) befinden sich mit $r = .447$ bzw. $r = .362$ und $r = .329$ darunter.

Die Ergebnisse der konfirmatorischen Faktorenanalyse bestätigen dieses Bild. Hier liegen die quadrierten Faktorladungen der Items (6), (7) und (8) deutlich unter dem vorgeschlagenen Grenzwert von 0.4. Dementsprechend unter- bzw. überschreiten die Fit-Werte durchgehend die als akzeptabel geltenden Schwellenwerte (CFI = .830, RMSEA = .163, SRMR = .1010, TLI = .716, χ^2/df = 22.701). Auch hier zeigen die getrennten Teile wiederum gute bis sehr gute Fit-Werte (Teil I (Items 1, 2, 3, 4, 9): CFI = .992, RMSEA = .067, SRMR = .0168, TLI = .983, χ^2/df = 4.610, vgl. Abbildung 6.4) (Teil II (Items 5, 6, 7, 8): CFI = .996, RMSEA = .050, SRMR = .0146, TLI = .987, χ^2/df = 3.047).

Tabelle 6.4: Mustermatrix für das DIM Deutsch (Hauptachsen-Faktorenanalyse mit obliquer Rotation) (Promax) (n = 479).

Item	Faktor 1	Faktor 2
(1) Deutsch ist eines meiner besten Fächer	.780	.117
(2) Ich war schon immer gut in Deutsch	.634	.126
(3) Ich bekomme in Deutsch immer gute Noten	.942	-.131
(4) Ich schneide in Deutscharbeiten immer schlecht ab (r)	.635	-.006
(5) Wie gerne magst du Dinge, die mit Deutsch zu tun haben?	.174	.689
(6) Wie gerne würdest du später beruflich mit Deutsch zu tun haben?	.000	.734
(7) Wie sehr ist Deutsch Teil von dir / deiner Persönlichkeit?	-.113	.757
(8) Wie wichtig ist es dir, gut in Deutsch zu sein?	.027	.542
(9) Verglichen mit deinen Mitschüler/innen, wie gut bist du in Deutsch?	.811	-.014

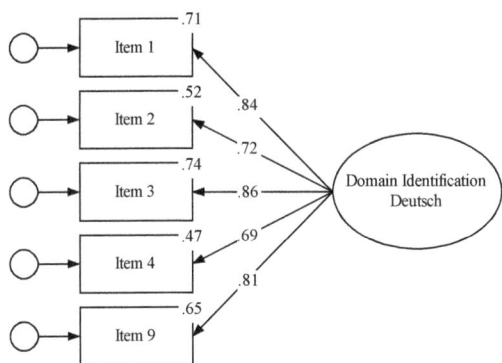

Abbildung 6.4: DIM Deutsch (Items 1, 2, 3, 4 & 9).
(CFI = .992, RMSEA = .067, SRMR = .0168, TLI = .983, χ^2/df = 4.610)

6.2.3.3 DIM Englisch

Eine Hauptachsen-Faktorenanalyse für das DIM Englisch (KMO = .930, *Sphärizität* $\chi^2(36)$ = 3283.430, p = .000) ergab einen Faktor mit einem Eigenwert > 1 und einem Anteil an der Gesamtvarianz von 60,31 Prozent. Die Items laden zwischen .568 und .894 auf dem Faktor (Tabelle 6.5). Hier zeigt sich allerdings ein Unterschied zwischen Stadtteilschulen und Gymnasien. Während die Faktorenanalyse über die gesamte Stichprobe sowie bei Stadtteilschulen zu einer 1-faktoriellen Lösung kommt, zeigen sich auf dem Gymnasium (n = 160) 2 Faktoren (KMO = .909, *Sphärizität* $\chi^2(36)$ = 1126.751, p = .000) mit einem Eigenwert > 1, die gemeinsam 69,55 Prozent der Gesamtvarianz erklären. Das Item-Faktor Verteilungsmuster sowie die einzelnen Ladungen sind mit denen des DIM für Mathematik und Deutsch vergleichbar. Die interne Konsistenz ist mit α = .93 sehr hoch und praktisch identisch mit der der Pilotstichprobe. Erwartungsgemäß weisen alle Item-to-Total-Korrelationen Werte > .50 auf, mit Ausnahme von Item (8), das mit r = .445 leicht darunter liegt. Es existieren keine signifikanten Unterschiede zwischen Stadtteilschulen und Gymnasien.

Ebenso wie beim DIM Mathematik zeigt der DIM Englisch durchgehend hohe quadrierte Faktorladungen > 4 (.53 - .84), lediglich Item (4) liegt nur knapp oberhalb des Grenzwertes (R^2 = .41). Item (8) lädt wiederum relativ schwach (R^2 = .33), analog zum Ergebnis der Hauptachsenanalyse, wenngleich die Ladung dort mit .568 noch als absolut akzeptabel zu bewerten ist. Anders als die Ergebnisse der explorativen Faktorenanalyse vermuten lassen, jedoch analog zu den DIM für Mathematik und Deutsch, sind die Fit-Werte für den DIM Englisch unter Einbezug aller Items mit Ausnahme des SRMR nicht akzeptabel (CFI = .891, RMSEA = .171, SRMR = .0683, TLI = .855, χ^2/df = 24.843), verbessern sich bei Betrachtung der einzelnen Teile allerdings deutlich (Teil I (Items 1, 2, 3, 4, 9): CFI = .991, RMSEA = .080, SRMR = .0180, TLI = .981, χ^2/df = 4.552; Abbildung 6.5) (Teil II (Items 5, 6, 7, 8): CFI = .998, RMSEA = .035, SRMR = .0091, TLI = .996, χ^2/df = 1.967). Auch hier korrelieren beide latenten Variablen sehr hoch miteinander (r = .82).

Tabelle 6.5: Faktorenmatrix für das DIM Englisch (Hauptachsen-Faktorenanalyse) (n = 477).

Item	Faktor 1
(1) Englisch ist eines meiner besten Fächer	.894
(2) Ich war schon immer gut in Englisch	.778
(3) Ich bekomme in Englisch immer gute Noten	.867
(4) Ich schneide in Englischarbeiten immer schlecht ab (r)	.580
(5) Wie gerne magst du Dinge, die mit Englisch zu tun haben?	.840
(6) Wie gerne würdest du später beruflich mit Englisch zu tun haben?	.763
(7) Wie sehr ist Englisch Teil von dir / deiner Persönlichkeit?	.771
(8) Wie wichtig ist es dir, gut in Englisch zu sein?	.568
(9) Verglichen mit deinen Mitschüler/innen, wie gut bist du in Englisch?	.855

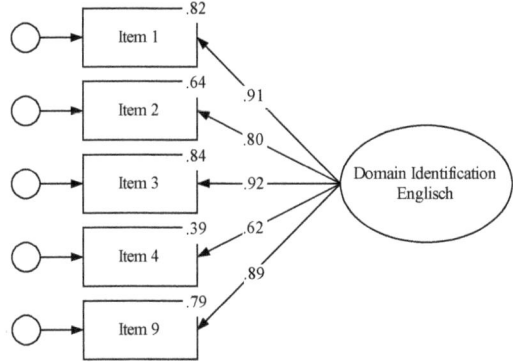

Abbildung 6.5: DIM Englisch (Items 1, 2, 3, 4 & 9).
(CFI = .991, RMSEA = .080, SRMR = .0180, TLI = .981, χ^2/df = 4.552)

6.2.3.4 Gesamtbetrachtung des DIM

Die Ergebnisse der explorativen Faktor- und Reliabilitätsanalysen entsprechen im Allgemeinen denen der Pilotstudie und bestätigen die Güte des Instruments in vollem Umfang. Alle Items zeigen durchschnittlich hohe bis sehr hohe Ladungen auf den jeweiligen Faktoren. Die internen Konsistenzen liegen mit $\alpha \geq .87 \leq .93$ ebenfalls im hohen bis sehr hohen Bereich.

Die Ergebnisse der konfirmatorischen Faktorenanalysen, die hier eine einfaktorielle Lösung vorgibt, bestätigen diese Ergebnisse jedoch nur zum Teil. In jedem Fall unterhalb des Grenzwertes liegen die quadrierten Faktorladungen im Fall von Item (8) (,Wie wichtig ist es dir, gut in X zu sein'). Eine Analyse der Häufigkeitsverteilung lässt vermuten, warum dies so ist. Die große Mehrheit aller Teilnehmer*innen gibt an, dass es ihnen wichtig ist, gut zu sein und zwar unabhängig von individueller Leistung oder Fachpräferenz. Entsprechend zeigt sich eine stark rechtsschiefe Verteilung bei Item (8) in allen Fächern, ganz besonders aber im Fach Englisch. Es ist denkbar, dass die Schüler*innen beinahe unabhängig von anderen Faktoren eine Notwendigkeit wahrnehmen, gute Leistungen in der Schule zu zeigen, beispielsweise im Hinblick auf sozialen Druck, den Zeugnisdurchschnitt, die Berufswahl bzw. -chancen etc. Eine dahingehende Vermutung äußern auch Steele et al. (2002) mit Bezug auf *Disidentification* und verweisen auf den hohen gesellschaftlichen Stellenwert bestimmter Domänen und damit einhergehende Restriktionen der Entkopplung von Domäne und Selbstkonzept (vgl. Abschnitt 2.4). Die Tatsache, dass die Verteilung bei Schüler*innen ohne Migrationshintergrund etwas ausgeglichener ist, gibt zudem Anlass zur Vermutung, dass Schüler*innen mit Migrationshintergrund einen stärkeren Bildungsenthusiasmus und eine größere Notwendigkeit von Bildung für den sozialen Aufstieg verspüren.

Ein gänzlich von den DIMs Mathematik und Englisch abweichendes Bild zeigt sich beim DIM Deutsch. Schon die explorative Faktorenanalyse zeigt eine eindeutig zweifaktorielle Struktur, wobei die Items noch deutlich stärker differenziert auf dem ersten oder dem zweiten Faktor laden, als dies beim DIM Mathematik der Fall ist. Auch die quadrierten Faktorladungen der konfirmatorischen Faktorenanalyse weisen hier ganz klar auf zwei Faktoren hin, die nicht auf Scheinfaktoren o.ä. zurückgeführt werden können. Die Annahme, dass die Items insgesamt ein einziges Konstrukt ‚Identifikation mit der Domäne Deutsch' repräsentieren, ist folglich und schlussendlich auszuschließen. Die Wahrnehmung der eigenen Leistung und die Identitätsrelevanz präsentieren sich hier als zwar miteinander verbundene Konzepte, die sich jedoch zugleich durch eine gewisse Eigenständigkeit auszeichnen. Zwar gelten nach Cohen (1988) Zusammenhänge bei Korrelationen > .5 als stark, unter der Annahme, dass es sich um Subkategorien eines einzigen Konzeptes handelt, wären höhere Korrelationen, wie hier bei den DIM Mathematik und Englisch zu beobachten, gleichwohl zu erwarten. Es ist vorstellbar, dass Englisch und in etwas geringerem Ausmaß auch Mathematik deutlicher als Domänen mit außerschulischer bzw. berufsrelevanter Bedeutung wahrgenommen werden, während Deutsch in außerschulischen Kontexten vor allem Alltagssprache ist und nicht im selben Maße als eigenständiges Fachgebiet gilt. Beispielsweise waren mehrere Schüler*innen unsicher, wie auf die Frage ‚Wie gerne würdest du später beruflich mit Deutsch zu tun haben' zu antworten sei. So zeigt sich auch in dieser Analyse deutlich, dass die inner- und außerschulische Wahrnehmung der Domänen Englisch und Mathematik stark miteinander verschmelzen, dafür sprechen auch die sehr hohen Korrelationen zwischen den Faktoren, während dies für das Fach Deutsch nicht im selben Maße zu gelten scheint.

In allen drei Fällen ist es dennoch denkbar, dass es sich bei beiden Faktoren um Subfaktoren eines Faktors 2. Ordnung handeln könnte, nicht zuletzt ist die Korrelation beider Faktoren auch im Fach Deutsch keinesfalls als gering zu bewerten. Es ist theoretisch plausibel, dass sich ein Faktor 2. Ordnung aus einer akademischen bzw. schulischen, einer berufsbezogenen und einer identiätstiftenden Dimension zusammensetzt. Diese Hypothese ist aufgrund der Notwendigkeit von mindestens drei Faktoren zur Modellidentifikation, d.h. Lösbarkeit des Gleichungssystems, sowie zur Parameterschätzung und dem Mangel an entsprechenden Items zur Repräsentation dieser Faktoren allerdings nicht überprüfbar.

Insgesamt weichen die Ergebnisse dieser Studie damit von den von Smith und White (2001) publizierten ab, die für die jeweiligen fachbezogenen Subskalen des DIM von klar einfaktoriellen Strukturen berichten, wenngleich die berufs- bzw. identitätsbezogenen Items auch dort etwas geringere Ladungen auf dem Faktor vorweisen als die auf Leistungswahrnehmung bezogenen, wodurch sich eine ähnliche Struktur auch dort andeutet. Dass Smith und White im Gegensatz zu den hier vorliegenden Daten trotzdem zu einfaktoriellen Lösungen gelangten, liegt vermutlich in zwei Aspekten begründet. Zum einen ist das DIM ausschließlich mit Student*innen überprüft worden, bei denen von einer stärker ausgeprägten Vorstellung hinsichtlich berufs- und identitätsbezogener Relevanz einer Domäne auszugehen sein dürfte. Das Erleben einer Domäne als Schulfach ist mit hoher Wahrscheinlichkeit auch mit der Wahrnehmung von Zwang verbunden, während die Studienfach- oder Berufswahl in der Regel freiwillig und interessenabhängig ist. Dass der Zusammenhang zwischen Leistungswahrnehmung, Identitätsrelevanz und Berufswünschen, die für die meisten Schüler*innen ohnehin noch sehr abstrakt sein werden, bei Student*innen deshalb stärker ausgeprägt ist, ist sehr wahrscheinlich. Zum anderen führen die strengeren Kriterien von KFA zu insgesamt niedrigeren

Ladungen und einer strikteren Item-Selektion. Dies geschieht auch im Hinblick auf einen möglichst guten Model-Fit, der bei EFA keine Rolle spielt.

Es ist folglich wahrscheinlich, dass sich das Konzept der *Domain Identification* bei Kindern und Jugendlichen von dem bei Erwachsenen beträchtlich unterscheidet und deshalb in Studien zu *Stereotype Threat* bei Kindern und Jugendlichen anders gefasst und dessen Einfluss anders bewertet werden muss. Vor dem Hintergrund dieser Ergebnisse werden neben Item (8), auch die Items (5) (Wie gerne magst du Dinge, die mit X zu tun haben?) (6) (Wie gerne würdest du später beruflich mit X zu tun haben?) und (7) (Wie sehr ist X Teil von dir / deiner Persönlichkeit?) nicht in das Strukturgleichungsmodell eingehen. Die Identifikation mit einer Domäne beinhaltet nach Steele (1997), deren Wahrnehmung als attraktiv, bedeutsam und erfolgsträchtig. Von großer Bedeutung ist zudem die Erwartung günstiger Resultate, wie zum Beispiel Belohnung in Form guter Zensuren. Diese Aspekte, mit Ausnahme der Bedeutsamkeit (zum betreffenden Item (8) s.o.), werden von den verbleibenden Items (1), (2), (3), (4) und (9) erfasst. Die Items (5), (6) und (7) gehen inhaltlich auf Arbeiten zur *Domain Avoidance* zurück, der persönlichen Distanzierung von einer Domäne in Bezug auf Selbstkonzept sowie Berufs- bzw. Karriereambitionen unter *Stereotype Threat* und spielen somit eine eher untergeordnete Rolle. Von tatsächlich hoher Bedeutung für die Identifikation mit einer Domäne als Einflussvariable im Rahmen von *Stereotype Threat* ist die Überzeugung, in einer Domäne besonders gut zu sein, und der damit zusammenhängenden Bedeutung für ein positives Selbstkonzept. In einschlägigen Studien (vgl. bspw. Aronson et al., 1999; Spencer, Steele und Quinn, 1999) wurde *Domain Identification* so auch lediglich mit zwei Items erfasst (,Math is important to me'; ,I am good at math').

Die Annahme einer univariaten Normalverteilung kann im Hinblick auf die KS- bzw. SW-Testergebnisse auch hier nicht aufrechterhalten werden. Die Werte der verbleibenden Indikatoren bewegen sich allerdings alle unterhalb der von West, Finch und Curran (1995) empfohlenen Grenzwerte von < 2 für Schiefe (Skew) und < 7 für Wölbung (Kurtosis). Mardia's Maß[37] für multivariate Normalverteilung deutet zwar auf eine leichte bis moderate positive Kurtosis hin, die *Critical Ratio* (C.R.) liegt bei 11.210 (DIM Mathematik), 21.511 (DIM Englisch) und 23.525 (DIM Deutsch). Angesichts der Robustheit der ML-Methode bei moderaten Verletzungen der Normalverteilung und der Größe der Stichprobe ist dies jedoch nicht weiter von Bedeutung.

Die Faktorreliabilitäten der DIMs Mathematik, Deutsch und Englisch (ohne Items (5), (6), (7) und (8)) liegen mit Werten von 0.827, 0.868 und 0.851 sehr deutlich über dem Grenzwert von 0.5 und geben somit keinen Hinweis auf mangelnde Konvergenzvalidität.

6.2.4 Sprachkompetenz-Selbstreport

Ebenfalls neu in der Hauptuntersuchung waren 5 Items zur selbsteingeschätzten Sprachkompetenz in einer nicht-deutschen L1. Diese Items sind nicht für das Strukturgleichungsmodell bestimmt und dienen hier der Überprüfung des postulierten Einflusses

---

[37] C.R.-Werte > 5 deuten auf eine nicht-Normalverteilung hin (vgl. Bentler, 2006).

der Mehrsprachigkeit auf die *Domain Identification* in Englisch, d.h. des Zusammenhangs zwischen der Ausprägung mehrsprachlicher Fähigkeiten und dem Ausmaß an Identifikation mit der Domäne Englisch. Insgesamt haben $n = 415$ Teilnehmer*innen diesen Teil des Fragebogens ausgefüllt.

Die Items weisen eine hohe interne Konsistenz von $\alpha = .87$, die sich durch die Löschung keines der Items verbessern würde. Alle Item-to-Total-Korrelationen weisen Werte $> .50$ und somit hohe Trennschärfen auf ($r = .573 - r = .809$).

Eine Hauptachsen-Faktorenanalyse ($KMO = .768$, *Sphärizität* $\chi^2(10) = 73.629$, $p = .000$) ergab einen Faktor mit einem Eigenwert > 1 und einem Anteil an der Gesamtvarianz von 59,59 Prozent. Dabei laden alle Items hoch zwischen .629 und .904 auf diesem Faktor (Tabelle 6.6).

Tabelle 6.6: Faktorenmatrix für die Sprachkompetenz-Selbstreport (Hauptachsen-Faktorenanalyse) (n = 416).

Item	Faktor 1
Sprachkompetenz Hörverstehen	.629
Sprachkompetenz Leseverstehen	.789
Sprachkompetenz produktiv mündlich	.776
Sprachkompetenz produktiv schriftlich	.736
Sprachkompetenz insgesamt	.904

6.2.5 Zwischenfazit und Modifikationen

Die im Rahmen der Hauptuntersuchung durchgeführten explorativen Faktoren- und Reliabilitätsanalysen entsprechen im Allgemeinen denen der Pilotierungsstudie. Die Messinstrumente zur Erfassung der *Domain Identification, Stigma Consciousness* und *Ingroup Identification* weisen ausnahmslos gute bis sehr gute Reliabilitätswerte auf, die Faktorladungen der einzelnen Items sowie deren Trennschärfe sind bis auf wenige Ausnahmen äußerst zufriedenstellend.

Wenngleich sich die im Rahmen der konfirmatorischen Faktorenanalysen errechneten Faktorreliabilitäten ausnahmslos deutlich oberhalb des Schwellenwerts befinden und somit ebenfalls als sehr gut zu bewerten sind, stellt die Mehrdimensionalität der Konstrukte ein Problem für die Erstellung des Strukturgleichungsmodells dar. Dies gilt nicht nur für Konstrukte, bei deren Messinstrumenten sich auch im Rahmen der EFA zweifaktorielle Strukturen andeuten. Auch die für den DIM Englisch im Rahmen der EFA errechnete einfaktorielle Lösung mit durchgängig hohen Faktorladungen kann durch die KFA nicht in vollem Umfang bestätigt werden.

Diese Mehrdimensionalität ist mit hoher Wahrscheinlichkeit primär auf zwei Ursachen zurückzuführen. Zum einen geben die hohen Korrelationen zwischen den Faktoren Anlass zur Vermutung, dass es sich um Konstrukte mit Faktoren 2. Ordnung handeln könnte, d.h. um Konstrukte, die sich aus verschiedenen Subkonstrukten zusammensetzen. Aufgrund der zu geringen Anzahl an Items zur verlässlichen Repräsentation der einzelnen Dimensionen im Rahmen einer KFA kann diese Hypothese allerdings nicht überprüft werden und sie können folglich auch nicht als solche in das Strukturgleichungsmodell eingehen. Zum anderen lassen die Daten die Vermutung zu, dass die verbliebenen invers formulierten Items einen auf semantische Ursachen zurückzuführenden Scheinfaktor bilden.

Diese Indikatoren, deren quadrierte Faktorladungen gegen eine Anwendung im Rahmen des Strukturgleichungsmodells sprechen, werden im Hinblick auf eine möglichst gute Konstruktrepräsentation konsequenterweise ausgeschlossen. Dabei handelt es sich um vier Indikatoren des DIM, fünf Indikatoren des SCQ und vier Indikatoren des MEIM. Es ist nach sorgfältiger theoretischer Abwägung (vgl. Abschnitt 6.2.1, 6.2.2 & 6.2.3) dennoch davon auszugehen, dass die verbleibenden Items die Konstrukte in ausreichendem Maß repräsentieren.

Eine Übersicht zu den verwandten Messkonstrukten, Skalen und Indikatoren findet sich in Tabelle 6.7.

Tabelle 6.7: Übersicht zu Messkonstrukten, Skalen und Indikatoren.

Konstrukt/Indikator	Quelle	Maß	Itemanzahl	Cronbachs Alpha	Faktor-Reliabilität
Domain Identification					
Domain Identification Measure Mathematik	Smith & White (2001)	Skala	5	.92	.827
Domain Identification Measure Deutsch	Smith & White (2001)	Skala	5	.88	.868
Domain Identification Measure Englisch	Smith & White (2001)	Skala	5	.93	.851
Ingroup Identification					
Multigroup Ethnic Identity Measure	Phinney (1992)	Skala	5	.82	.655
Herkunftsbezogene Identität		Index	1	-	-
Stigma Consciousness					
Stigma Consciousness Questionnaire	Pinel (1999)	Skala	7	.82	.684
Geschlecht					
Geschlecht	-	Einzelitem	1	-	-
Migrationshintergrund					
Migrationshintergrund	-	Einzelitem	1	-	-
Herkunft	-	Index	4	-	-
Schulform					
Schulform	-	Einzelitem	1	-	-
Schulleistung					
Gesamtzensur Mathematik	-	Einzelitem	1	-	-
Gesamtzensur Deutsch	-	Einzelitem	1	-	-
Gesamtzensur Englisch	-	Einzelitem	1	-	-
Sprache					
Gesprochene Sprachen	-	Index	3	-	-
Sprachgebrauch	-	Index	2	-	-
Sprachpräferenz	-	Index	3	-	-
Sprachkompetenz	-	Skala	5	.87	-
Sozioökonomischer Status					
Bildungsabschluss Eltern	-	Index	2	-	-

6.3 Konstruktspezifische Ergebnisse

Bevor im folgenden Kapitel eine Analyse der Gesamtzusammenhänge mittels des Strukturgleichungsmodells erfolgt, werden in diesem Abschnitt die Ergebnisse der einzelnen Konstrukte detailliert präsentiert und analysiert. Invers formulierte Items wurden für diese Analysen recodiert, sodass hohe Werte Ablehnung und niedrige Werte Zustimmung zur entsprechenden Aussage anzeigen.

Dabei wird die Stichprobe nach verschiedenen Faktoren wie z.B. Geschlecht, Schulform, sozioökonomischem Status, Migrationshintergrund, Herkunftsregion etc. differenziert, um ein möglichst exaktes Bild zeichnen zu können. Solche Einzelmerkmale innerhalb der Stichprobe, die hier anhand deskriptiver Statistiken und inferenzstatistischer Verfahren analysiert werden, können in dem Strukturgleichungsmodell, wenn überhaupt, nur bedingt berücksichtigt werden. Zudem sollen hier auch die Ergebnisse für diejenigen Items berichtet werden, die im Strukturgleichungsmodell aufgrund der dortigen Notwendigkeit einer einfaktoriellen Struktur nicht berücksichtigt werden können.

6.3.1 Stigma Consciousness

Die deskriptiven Statistiken für den SCQ zeigen, dass sich die Werte nah am theoretischen Mittel von 2.5 befinden. Lediglich die Items (1), (4) und (8) liegen etwas stärker ausgeprägt darüber. Auffällig sind jedoch die durchgehend erheblichen Standardabweichungen, die sich in einem Wertebereich zwischen $SD = 1.155$ und $SD = 1.343$ bewegen und auf eine starke Heterogenität in Bezug auf die *Stigma Consciousness* von Schüler*innen hinweisen (Tabelle 6.8). So liegen ca. zwei Drittel der Schüler*innen auf der 5-stufigen Likert-Skala in einem Bereich zwischen 1 und 4. Der Gesamtmittelwert der Skala liegt mit $M = 2.53$ ($SD = .228$) relativ genau auf dem theoretischen Mittel.

Die etwas deutlicher vom theoretischen Mittel abweichenden Werte bei den Items (1) und (4) zeigen, dass sich Schüler*innen mit Migrationshintergrund tendenziell von negativen Stereotypen angegriffen fühlen und dass sie eher der Überzeugung sind, dass ihr Migrationshintergrund eine Rolle bei der Behandlung durch andere spielt. Diese Werte sind jedoch unter Berücksichtigung der Problematik invers formulierter Items zu interpretieren. Allerdings zeigt sich diese Tendenz auch bei Items mit regulärer Formulierung. So weist der Mittelwert von $M = 2.91$ bei Item (8) auf eine tendenzielle Überzeugung von Schüler*innen hin, dass unter Lehrer*innen ein versteckter Rassismus existiert. Zudem haben sie tendenziell eher das Gefühl, dass Lehrer*innen Schüler*innen mit Migrationshintergrund schlechter behandeln als Schüler*innen ohne Migrationshintergrund (Item (9)).

Die hohen Standardabweichungen bei den einzelnen Items lassen sich vor allem auf Unterschiede zwischen einzelnen Gruppen zurückführen; so besteht ein signifikanter Unterschied zwischen Jungen ($M = 26.17$, $SD = 8.213$), die eine etwas höhere *Stigma Consciousness* aufweisen als Mädchen ($M = 24.53$, $SD = 7.872$), obschon mit einem sehr kleinen Effekt[38] des Geschlechts auf die *Stigma Consciousness* ($F(1, 471) = 4.909$, $p < .027$, *partielles* $\eta^2 = .010$). 2-seitige t-Tests zeigen, dass Jungen stärker davon überzeugt sind, dass alles, was sie tun oder sagen im Kontext ihres Migrationshintergrunds gesehen wird (Item (3); $t = 2.701$, p (2-seitig) $< .007$) und dass der Migrationshintergrund einen Einfluss darauf hat, wie Lehrer*innen (Item 5; $t = 3.391$, p (2-seitig) $< .001$) und andere Menschen im Allgemeinen (Item 7; $t = 2.590$, p (2-seitig) $< .010$) mit ihnen umgehen. Zudem spielt der Migrationshintergrund für Jungen eine etwas größere persönliche Rolle in der Interaktion mit Lehrer*innen (Item (6); $t = 2.166$, p (2-seitig) $< .031$).

Tabelle 6.8: Deskriptive Statistik zum Stigma-Consciousness Questionnaire (n = 482).

Item		M	SD
(1)	Stereotype über Migranten treffen mich nicht. (r)	2.80	1.294
(2)	Ich denke nie darüber nach, ob mein Verhalten mit meinem Migrationshintergrund in Verbindung gebracht wird. (r)	2.57	1.343
(3)	Im Unterricht habe ich das Gefühl, dass Lehrkräfte alles, was ich sage/tue mit meinem Migrationshintergrund in Verbindung bringen.	2.27	1.290
(4)	Die meisten Lehrkräfte beurteilen Schüler/innen mit Migrationshintergrund nicht anhand ihrer Herkunft. (r)	2.70	1.253
(5)	Mein Migrationshintergrund hat einen Einfluss darauf, wie Lehrkräfte mit mir umgehen.	2.28	1.307
(6)	Ich denke beinahe nie daran, dass ich einen Migrationshintergrund habe, wenn ich mit Lehrkräften rede. (r)	2.29	1.340
(7)	Mein Migrationshintergrund hat einen Einfluss darauf, wie andere Menschen mit mir umgehen.	2.54	1.303
(8)	Die meisten Lehrkräfte haben mehr ausländerfeindliche Gedanken, als sie in Wirklichkeit zugeben.	2.91	1.329
(9)	Ich glaube, dass Lehrkräfte Schüler/innen mit Migrationshintergrund schlechter behandeln als Schüler/innen ohne Migrationshintergrund.	2.57	1.231
(10)	Die meisten Lehrkräfte haben ein Problem damit, Schüler/innen mit Migrationshintergrund als gleichgestellt anzusehen.	2.44	1.155

---

[38] Hier wird das bei Varianzanalysen übliche und auch von SPSS ausgegebene Effektmaß *partielles* η^2 verwandt. η^2 gibt an, wie hoch die Varianzaufklärung, d.h. wie viel Prozent der Varianz in den beobachteten Werten auf den Faktor zurückgeht. Nach Cohen (1988) ist η^2 wie folgt definiert: $\geq$ 0,01 = kleiner Effekt; $\geq$ 0,06 = mittlerer Effekt; $\geq$ 0,14 = großer Effekt. Das *partielle* η^2 hat zwar einen leichten Bias, das dahingehend verlässlichere ω^2 setzt jedoch gleich große Sample in allen Gruppen voraus; diese Voraussetzung liegt hier nicht vor. Zudem ist der unkorrigierte Bias im *partiellen* η^2 vor allem bei kleinen Stichproben zu beobachten (vgl. Levine & Hullet, 2002) und stellt hier somit nur ein geringes Problem dar.

Deutlich stärker sind hingegen die Effekte der Herkunftsregion[39] auf die *Stigma Consciousness* der Schüler*innen ($F(7, 474) = 8.964$, $p = .000$, *partielles* $\eta^2 = .119$). Eine Post-hoc (Hochberg's GT2[40]) Analyse zeigt, dass es vor allem Schüler*innen mit türkischem, iranischem und, in merklich geringerem Ausmaß, afghanischem Migrationshintergrund sind, die eine im Vergleich zu anderen Gruppen überdurchschnittliche *Stigma Consciousness* aufweisen (das Gruppenmittel liegt hier bei $M = 25.39$, das theoretische Mittel der Skala liegt bei $M = 30$) (Abbildung 6.6). Alle drei Gruppen bewegen sich bei allen Items teils deutlich oberhalb des Durchschnitts und des theoretischen Mittels von $M = 2.5$ der einzelnen Items (Abbildung 6.7).

Der Blick auf Lage- und Streuungsmaße zeigt, dass sich die oberen drei Quartile, d.h. ca. die Hälfte der Schüler*innen mit iranischem, ghanaischem und türkischem Migrationshintergrund, oberhalb des Medians von $M = 25$ und des Mittelwerts von $M = 25.39$ befinden, während das Gegenteil bei Schüler*innen mit kasachischem oder russischem Migrationshintergrund und anderen, kleineren Gruppen der Fall ist. Rund die Hälfte der Schüler*innen mit türkischem oder iranischem Migrationshintergrund liegt insgesamt bei Werten über 30, ein Viertel weist hohe Werte zwischen 35 und knapp unter 50 auf (Abbildung 6.8). Diese Verteilung lässt sich ebenso in weiter gefassten Herkunftsregionen[41] beobachten ($F(4, 470) = 13.833$, $p = .000$, *partielles* $\eta^2 = .105$). Es sind vor allem Schüler*innen aus dem arabischen, maghrebinischen, türkischen und subsaharischen Raum, die deutlich höhere Durchschnittswerte in Bezug auf die *Stigma Consciousness* aufweisen und sich in den meisten Fällen signifikant von allen anderen Gruppen unterscheiden (Abbildung 6.9).

Ebenso zeigen sich signifikante Unterschiede zwischen Schüler*innen mit verschiedenen Herkunftskonstellationen ($F(3, 470) = 10.732$, $p = .000$, *partielles* $\eta^2 = .064$), wobei Schüler*innen mit zwei in Deutschland geborenen Elternteilen die geringste und Schüler*innen mit zwei im Ausland geborenen Elternteilen die höchste *Stigma Consciousness* aufweisen (Abbildung 6.10). Post-hoc Tests zeigen, dass sich vor allem Schüler*innen mit eigener Migrationserfahrung und solche mit zwei in Deutschland geborenen Elternteilen signifikant und deutlich von Schüler*innen unterscheiden, deren Eltern

---

[39] Verglichen werden die in dieser Stichprobe anteilsmäßig größten Herkunftsregionen: Türkei, Afghanistan, Russland, Balkan, Polen, Iran, Kasachstan (geordnet nach Gruppengröße). Der Balkan umfasst hier die Länder des ehemaligen Jugoslawiens, d.h. Bosnien-Herzegowina, Kosovo, Kroatien, die Republik Mazedonien, Montenegro, Serbien und Slowenien, sowie Albanien. Die (zumindest teilweise) geographisch zum Balkan gehörenden Länder Bulgarien, Griechenland und Rumänien sind hier nicht erfasst.

[40] Bei Post-hoc Tests für Gruppen-Vergleiche bei angenommener Varianzhomogenität und ungleichen Gruppengrößen werden in der Literatur je nach Ausmaß des Unterschieds *Gabriel's Pairwise Comparisons Test* (kleine Unterschiede) und *Hochberg's GT2* (große Unterschiede) empfohlen (vgl. bspw. Dunnett, 1980).

[41] **Arabischer, maghrebinischer Raum & Türkei:** Ägypten, Afghanistan, Algerien, Irak, Iran, Jemen, Libanon, Libyen, Marokko, Pakistan, Palästina, Syrien, Türkei, Tunesien; **Subsaharischer Raum:** Angola, Côte d'Ivoire, Ghana, Guinea-Bissau, Nigeria, Senegal, Somalia, Togo; **GUS-Staaten & Polen:** Armenien, Aserbaidschan, Kasachstan, Polen, Russland, Tadschikistan, Turkmenistan, Usbekistan, Weißrussland; **Südeuropäischer Raum:** Albanien, Bosnien-Herzegowina, Bulgarien, Griechenland, Italien, Kosovo, Kroatien, Portugal, Rumänien, Mazedonien, Montenegro, Serbien, Slowenien, Spanien.

in Deutschland geboren wurden (Hochberg's GT2: $p = .001$ bzw. $p = .000$). Sie weisen in allen Dimensionen des Stigma Consciousness Questionnaire unterdurchschnittliche Werte auf, während Schüler*innen mit zwei im Ausland geborenen Elternteilen bei allen Items deutlich überdurchschnittliche Werte aufweisen, dies gilt sowohl für das Stichprobenmittel als auch für das theoretische Mittel (Abbildung 6.11).

Des Weiteren besteht ein signifikanter Zusammenhang zwischen der herkunftsbezogenen Identität und der *Stigma Consciousness* der Schüler*innen mit einem robusten mittleren Effekt ($F(3, 445) = 20.086$, $p = .000$, *partielles* $\eta^2 = .120$). Die Schüler*innen unterscheiden sich in der herkunftsbezogenen Identität im Hinblick auf die Herkunftskonstellation, der Zusammenhang bleibt jedoch auch bei Kontrolle der Herkunftskonstellation signifikant, der Effekt bleibt dabei beinahe unverändert ($F(3, 434) = 19.795$, $p = .000$, *partielles* $\eta^2 = .119$). Die *Stigma Consciousness* steigt dabei mit geringer werdender Bedeutung einer deutschen Identität kontinuierlich an ($r = .332$, p (2-seitig) = .000). Dies gilt in der Tendenz für Schüler*innen aller Herkunftsregionen, wenngleich die Korrelation nicht in allen Fällen Signifikanzniveau erreicht.

Schüler*innen an Stadtteilschulen und Gymnasien unterscheiden sich insgesamt nur in geringem Maße voneinander. Schüler*innen an Stadtteilschulen weisen zwar eine etwas höhere durchschnittliche *Stigma Consciousness* auf ($M = 26.05$, $SD = 7.707$) als Schüler*innen an Gymnasien ($M = 24.10$, $SD = 8.648$), die Effekte sind jedoch gering ($F(1, 474) = 6.295$, $p < .012$, *partielles* $\eta^2 = .013$). Es ist hierbei allerdings anzumerken, dass während die Verteilung der *Stigma Consciousness* in Bezug auf Herkunftsregion und Herkunftskonstellation an der Stadtteilschule nicht von der Verteilung in der Gesamtstichprobe abweicht, Schüler*innen mit balkanischem Migrationshintergrund eine etwas höhere *Stigma Consciousness* aufweisen als die auf dem Gymnasium ($M = 28.38$, $SD = 9.431$ vs. $M = 22.53$, $SD = 7.3449$) ($t = 2.201$, p (2-seitig) < .034).

Für die fünf im Strukturgleichungsmodell zur Anwendung kommenden Items ergeben sich größtenteils die gleichen Verteilungen, ohne bedeutungsvolle Verschiebungen.

Mittelwert SCQ-Score

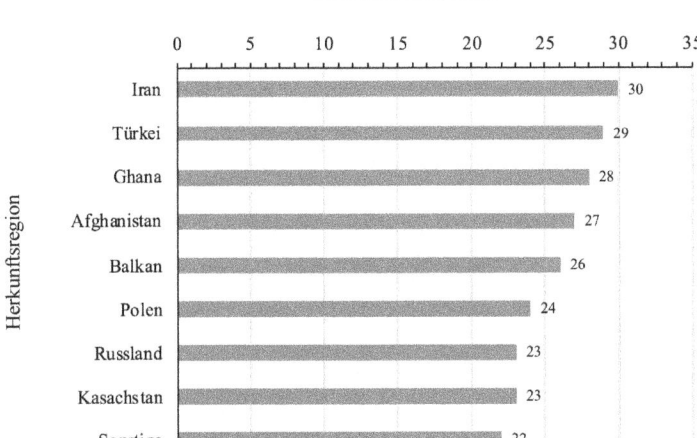

Abbildung 6.7: Stigma Consciousness nach Herkunftsregion.

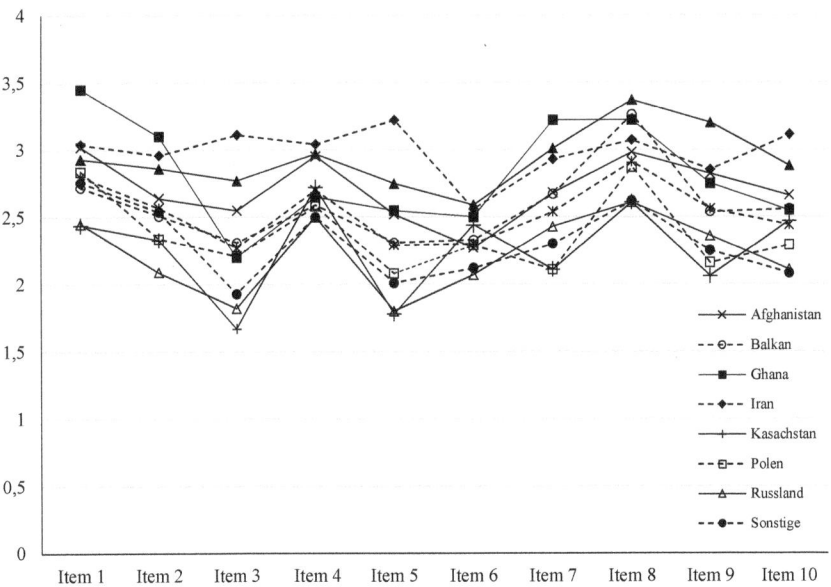

Abbildung 6.6: Mittelwerte SCQ-Items nach Herkunftsregion.

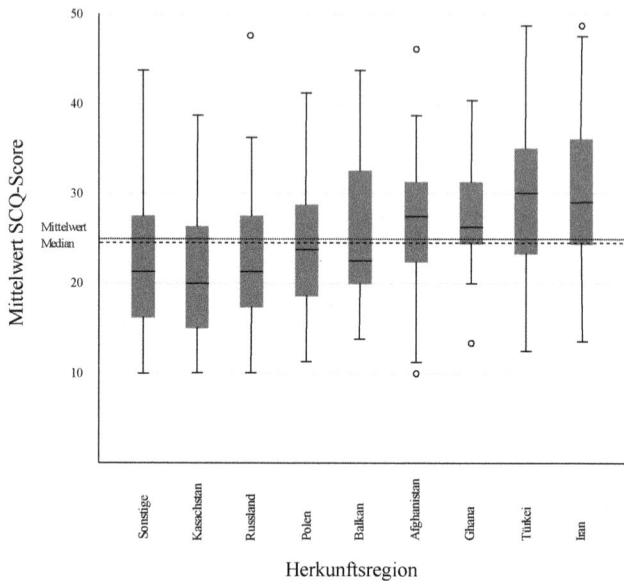

Abbildung 6.8: Boxplot SCQ-Score in Bezug auf Herkunftsregionen.

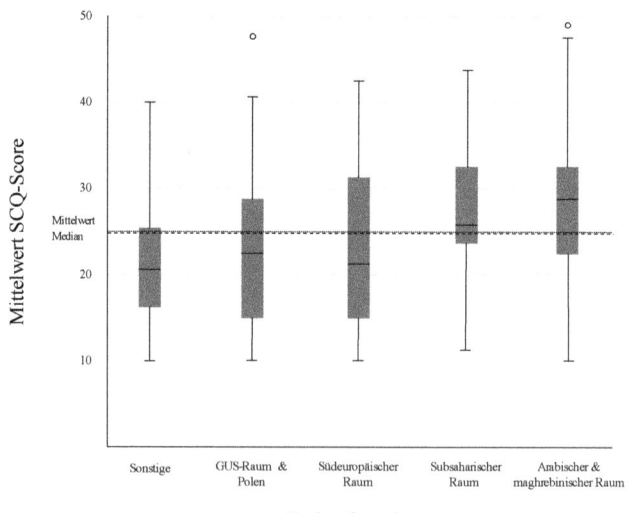

Abbildung 6.9: Boxplot SCQ-Score in Bezug auf Herkunftsregionen.

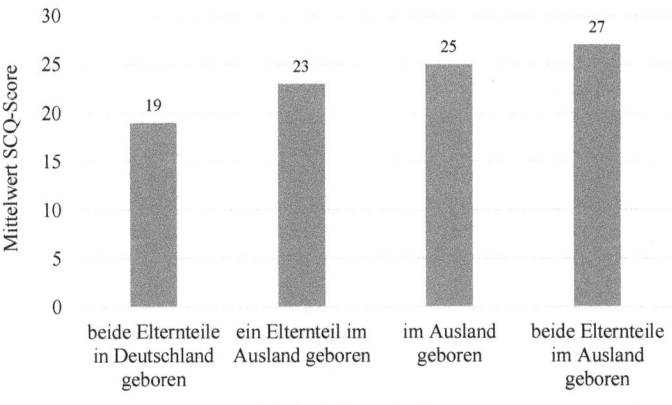

Abbildung 6.10: Stigma Consciousness nach Herkunftskonstellation.

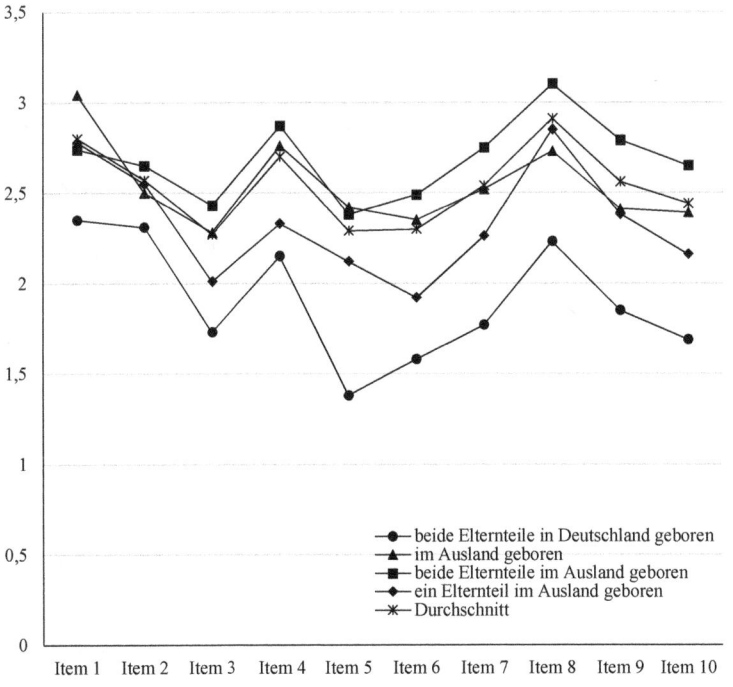

Abbildung 6.11: Mittelwerte SCQ-Items nach Herkunftskonstellation.

6.3.2 Ingroup Identification

Wie in den anderen Teilen des Fragebogens lässt sich mit Blick auf die durchweg hohen Standardabweichungen auch bei der Ingroup Identification auf ein sehr heterogenes Bild schließen. Insgesamt zeigen die Werte aber eine starke Identifikation mit der nicht-deutschen Herkunftskultur unter Schüler*innen mit Migrationshintergrund. Alle Werte befinden sich wesentlich über dem theoretischen Mittel von $M = 2.5$ (Tabelle 6.9). Besonders hohe Zustimmung zeigt sich in Bezug auf Items mit klar affektivem Gehalt (Items (4), (7) und (9)). Diese gefühlte Verbundenheit korrespondiert dabei anscheinend nicht vollkommen mit aktiven Bemühungen um ein tieferes Verständnis oder ‚Eintauchen' in diese Herkunftskultur (Items (1), (2) und (8)). Im Verhältnis relativ wenig beschäftigt Schüler*innen die Frage danach, welchen Einfluss der Migrationshintergrund auf ihr Leben hat (Item 3). Allerdings korreliert dieses Item nachvollziehbar relativ stark mit der *Stigma Consciousness* der Schüler*innen ($r = .352$, p (2-seitig) $= .000$). Insgesamt verfestigt sich aber so der Eindruck, dass sich die Ingroup Identification unter Schüler*innen vor allem affektiv ausdrückt und nicht unbedingt mit einer verstärkten Hinwendung oder Interesse in Bezug auf Bräuche, Traditionen etc. einhergeht. Im Gegenteil, diese Form der Identifikation mit der Eigengruppe ist tendenziell geringer ausgeprägt.

Geschlechtsbedingte Unterschiede zeigen sich lediglich bei den Items (1), (6) und (8). Mädchen zeigen ein stärkeres Interesse an herkunftskulturellen Bräuchen und Traditionen (Item (1) ($t = -2.576$, p (2-seitig) $< .010$) und fühlen sich diesen verbundener als Jungen (Items (6) und (8): $t = -2.306$, p (2-seitig) $< .022$ bzw. $t = -3.076$, $p < .002$). Der Unterschied in Bezug auf die gesamte Skala zwischen Jungen ($M = 29.27$, $SD = 6.659$) und Mädchen ($M = 30.45$, $SD = 6.159$) ist zwar signifikant, allerdings äußerst knapp ($t = -2.002$, p (2-seitig) $< .046$).

Auch in Bezug auf die Herkunftsregion sind die Unterschiede nur marginal. Die einzige Gruppe mit einer im Verhältnis etwas stärkeren Ingroup Identification sind Schüler*innen mit iranischem Migrationshintergrund. Hier sind es vor allem die Items (1), (2), (3) und (8), bei denen diese Schüler*innen Werte erzielen, die teils deutlich über dem Stichprobenmittelwert liegen und jenseits einer affektiven Komponente auf ein verstärktes Interesse für herkunftskulturelle Traditionen, Bräuche, Speisen etc. sowie eine vermehrte Auseinandersetzung mit dem Einfluss des Migrationshintergrunds auf das eigene Leben hinweisen. Signifikant unterscheiden sie sich jedoch nicht von den sonstigen Herkunftsregionen. Allerdings werden die Signifikanzgrenzen teils nur knapp überschritten, sodass es sich hier eher um Tendenzen handelt. Folglich sind die Gruppenunterschiede auch nur für den gesamten MEIM (mit Ausnahme von Item (5), das vollkommen gestrichen wurde) signifikant ($F(8, 463) = 3.011$, $p < .003$, *partielles* $\eta^2 = .049$), wobei sich die größten Gruppen nicht signifikant voneinander unterscheiden. Es sind vor allem Schüler*innen mit iranischem Migrationshintergrund die eine signifikant stärkere Identifikation als die kleinen (hier unter ‚sonstige' gefassten) Gruppen aufweisen (Hochberg's GT2: $p < .013$). Bei den in das Strukturgleichungsmodell einfließenden fünf Items zeigen sich keine signifikanten Differenzen zwischen den Gruppen.

Tabelle 6.9: Deskriptive Statistik zur Ingroup Identification.

Item	M	SD
(1) Ich versuche, z.b. durch Gespräche mit meinen Eltern, mehr über Geschichte, Traditionen und Bräuche meiner nicht-deutschen Herkunftskultur herauszufinden.	3.34	1.338
(2) Ich habe eine klare Vorstellung von meiner nicht-deutschen Herkunftskultur und was sie für mich bedeutet.	3.88	1.201
(3) Ich denke viel darüber nach, wie mein Migrationshintergrund mein Leben beeinflusst.	2.65	1.343
(4) Ich bin glücklich über meinen Migrationshintergrund.	4.45	.914
(6) Ich fühle mich mit meiner nicht-deutschen Herkunftskultur stark verbunden.	3.63	1.217
(7) Ich bin stolz auf meine nicht-deutsche Herkunftskultur.	4.11	1.088
(8) Ich lege Wert auf Dinge, die mit meiner nicht-deutschen Herkunftskultur zu tun haben, wie z.B. Musik, Bräuche, spezielles Essen usw.	3.81	1.251
(9) Mein Migrationshintergrund bedeutet mir sehr viel.	3.98	1.228

Sehr viel ausgeprägter sind hingegen die Unterschiede in Bezug auf die Herkunftskonstellation ($F(3, 468) = 18.370$, $p = .000$, partielles $\eta^2 = .105$) (Die Werte für den fünf Items umfassenden MEIM unterscheiden sich dabei kaum ($F(3,470) = 16.862$, $p = .000$, partielles $\eta^2 = .097$)). Während Schüler*innen mit eigener Migrationserfahrung und Schüler*innen mit zwei im Ausland geborenen Elternteilen eine hohe Identifikation mit der Herkunftskultur aufweisen ($M = 30.50$, $SD = 5.878$ bzw. $M = 31.04$, $SD = 5.926$), nimmt diese mit der Zeit, d.h. über die Generationen hinweg, ab. Bereits Schüler*innen mit nur einem im Ausland geborenen Elternteil weisen eine deutlich geringere Identifikation mit der Herkunftskultur auf ($M = 27.96$, $SD = 6.741$), Schüler*innen mit zwei in Deutschland geborenen Elternteilen weichen sogar erheblich ab ($M = 22.65$, $SD = 6.560$). Dieses Muster ist für alle Items mit wenigen und geringfügigen Abweichungen so zu konstatieren (Abbildung 6.12). Die Lage- und Streuungsmaße zeigen, dass sich bis auf Schüler*innen mit zwei in Deutschland geborenen Elternteilen das Gros aller Gruppenmitglieder deutlich oberhalb des theoretischen Mittels der Skala von $M = 20$ befindet. Rund die Hälfte der Schüler*innen mit zwei im Ausland geborenen Elternteilen und solche mit eigener Migrationserfahrung befinden sich in einem Wertebereich zwischen 25 und 35. Bei Schüler*innen mit zwei in Deutschland geborenen Elternteilen hingegen befinden sich das erste und ca. die Hälfte des zweiten Quartils, d.h. ca. 37,5 Prozent in der unteren Hälfte der Skala (Abbildung 6.13).

Ebenso signifikant ist der Zusammenhang zwischen herkunftsbezogener Identität und *Ingroup Identification*. Das gilt sowohl für den vollen MEIM ($r = .378$, $p = .000$) als auch für die fünf in das SGM einfließenden Variablen (r .381, $p = .000$), wobei die *Ingroup Identification* mit geringer werdender Bedeutung einer deutschen Identität ansteigt. Eine Varianzanalyse ($F(3, 441) = 35.455$, $p = .000$, partielles $\eta^2 = .207$) mit Posthoc Test zeigt, dass sich dabei vor allem Schüler*innen voneinander unterscheiden, bei denen entweder eine deutsche oder eine andere (nicht-deutsche) herkunftsbezogene

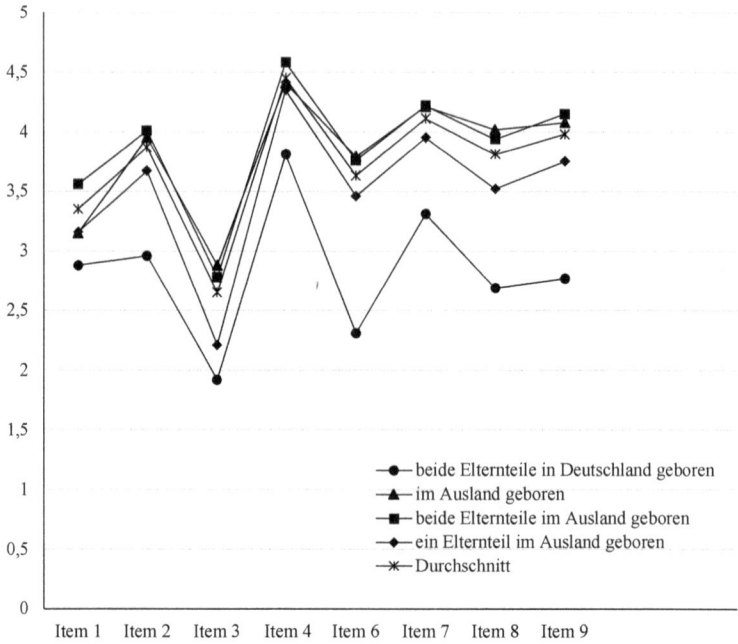

Abbildung 6.12: Mittelwerte MEIM-Items nach Herkunftskonstellation.

Identität im Vordergrund steht (Hochberg's GT2: p = .000 - .002). Schüler*innen, die sich vollkommen als ausländisch identifizieren unterscheiden sich dabei nicht von denen, die sich zumindest teilweise, wenn auch untergeordnet, als ‚deutsch' bezeichnen. Dieser Zusammenhang bleibt auch bei Kontrolle der Herkunftskonstellation signifikant ($F(3, 439)$ = 34.745, p = .000, $partielles$ η^2 = .202). Die hier angegeben Werte beziehen sich auf den kompletten MEIM; bei der fünf Items umfassenden Version weichen die Werte nur äußerst geringfügig davon ab.

Schüler*innen unterscheiden sich ebenfalls hinsichtlich ihrer Ingroup Identification unter Berücksichtigung der Familiensprache. Schüler*innen, die zuhause meistens Deutsch sprechen, identifizieren sich deutlich weniger mit der Herkunftskultur (M = 26.14, SD = 6.565) als Schüler*innen, die zuhause eine andere Sprache als Deutsch sprechen (M = 31.33, SD = 5.665). Der Effekt der Familiensprache auf die Identifikation mit der Herkunftskultur ist dabei relativ stark ($F(1, 443)$ = 63.817, p = .000, $partielles$ η^2 = .126). Auch hier gilt dies für alle Items des MEIM. Selbst bei Ausschluss von Schüler*innen mit zwei in Deutschland geborenen Elternteilen sowie von Schüler*innen mit nur einem im Ausland geborenen Elternteil, bei denen überwiegend Deutsch die Familiensprache ist, bleibt dieses Ergebnis signifikant, wenngleich mit geringerem Effekt ($F(1, 345)$ = 20.569, p = .000, $partielles$ η^2 = .056). Es ist demnach davon auszugehen, dass sowohl die Herkunftskonstellation als auch die Verwendung des Deutschen als Familiensprache Einfluss auf die *Ingroup Identification* hat.

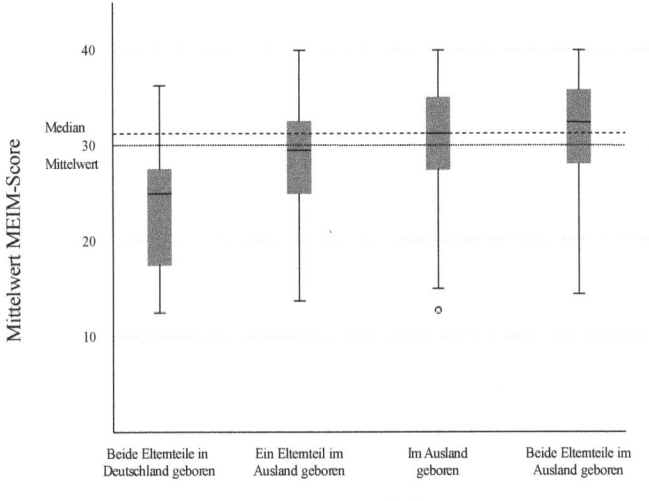

Abbildung 6.13: Boxplot MEIM-Score in Bezug auf Herkunftskonstellation.

6.3.3 Domain Identification

Das *Domain Identification Measure* für die Fächer Mathematik, Deutsch und Englisch wurde von allen Teilnehmer*innen unabhängig vom Migrationshintergrund ausgefüllt, sodass hier auch statistische Vergleiche zwischen den Gruppen, d.h. Schüler*innen mit und ohne Migrationshintergrund, angestellt werden können. Aufgrund fehlender Werte kommt es bei den einzelnen Stichprobengrößen zu geringfügigen Abweichungen (Tabelle 6.10). Aufgrund der Tatsache, dass die eindimensionale Repräsentation der Konstrukte hier keine Rolle spielt, werden im Folgenden auch die Ergebnisse der für das Strukturgleichungsmodell ausgeschlossenen Items präsentiert. Dort, wo es aufgrund der

Tabelle 6.10: Übersicht über die Stichprobenzusammensetzung.

DIM	total	w	m	fehlend	STS*	GYM*	ohne MH**	mit MH**
Mathematik	809	380	426	3	497	312	328	481
Deutsch	803	376	425	2	496	307	324	479
Englisch	799	371	426	2	492	307	322	477

* Stadtteilschule / Gymnasium
** Migrationshintergrund

anschließenden Abschnitte sinnvoll erscheint, werden die Ergebnisse für die kompletten und die verkürzten Messinstrumente gesondert berichtet.

6.3.3.1 Domain Identification Mathematik

Die deskriptiven Statistiken zur *Domain Identification* Mathematik zeigen, dass sich alle Werte, mit Ausnahme der Items (6) und (7) teils deutlich oberhalb des theoretischen Mittels von $M = 2.5$ befinden (Tabelle 6.11). Allerdings weisen alle Items relativ hohe Standardabweichungen auf. Für Item (1) bedeutet dies beispielsweise, dass sich rund zwei Drittel der Schüler*innen in einem Wertebereich von 1.58 und 4.25 befinden, ein weiteres Drittel befindet sich unterhalb bzw. oberhalb dieser Werte. Insgesamt ist also eine große Heterogenität bei der *Domain Identification* im Fach Mathematik zu konstatieren. Auffällig sind die im Vergleich besonders niedrigen Werte bei den Items (6) und (7), die sich auf eine berufliche Zukunft bzw. auf eine Identitätsrelevanz beziehen, und als einzige unterhalb des theoretischen Mittels liegen. Die Schüler*innen äußern sich hier also deutlich weniger positiv. Wie bereits in den Abschnitten 5.3 und 6.2 angedeutet, könnte dies darauf zurückzuführen sein, dass sich die innerschulische und außerschulische Bedeutung von Mathematik für Schüler*innen unterscheidet. Gut in Mathematik zu sein, bedeutet nicht unbedingt, dass es als identitätsrelevant oder als mögliches zukünftiges Betätigungsfeld wahrgenommen wird. Der ausgesprochen hohe Mittelwert in Verbindung mit einer im Vergleich relativ niedrigen Standardabweichung von Item (8) ist ein klarer Hinweis auf die hohe Bedeutung, die Leistung im Allgemeinen zugemessen wird, nur bedingt abhängig von Fachpräferenz und tatsächlicher sowie wahrgenommener Leistung.

Schüler*innen mit und ohne Migrationshintergrund unterscheiden sich insgesamt signifikant hinsichtlich ihrer Identifikation mit Mathematik, wobei Schüler*innen ohne Migrationshintergrund eine etwas höhere *Domain Identification* aufweisen (M_{DIM9} = 27.8; SD = 7.82 / M_{DIM5} = 16.55, SD = 5.16) als Schüler*innen mit Migrationshintergrund (M_{DIM9} = 26.30, SD = 8.15 / M_{DIM5} = 15.00, SD = 5.06). Diese Unterschiede sind signifikant ($F(1, 807) = 6.781, p < .009$, *partielles* η^2 = .008; für den 5 Items umfassenden DIM: $F(1, 807) = 17.934, p = .000$, *partielles* η^2 = .022). Es zeigt sich allerdings, dass sich dieser Unterschied auf die Wahrnehmung der eigenen Leistung beschränkt. So unterscheiden sich lediglich diese Items signifikant zwischen beiden Gruppen. Bei den nicht auf Schule bezogenen Items (5), (6) und (7), sowie bei Item (8), d.h. hinsichtlich der wahrgenommenen Wichtigkeit, gut in Mathematik zu sein, gibt es keine signifikanten Unterschiede zwischen Schüler*innen mit und ohne Migrationshintergrund. Aus diesem Grund unterscheiden sich auch die Effektgrößen für beide Skalen recht deutlich voneinander.

Hinsichtlich der Herkunftsregion bestehen zwischen den in dieser Stichprobe größten Gruppen keine signifikanten Unterschiede, allerdings zeigen Schüler*innen ghanaischer Herkunft die geringste Identifikation mit dem Fach Mathematik, Schüler*innen kasachischer Herkunft die höchste. Es existieren weiterhin keine signifikanten Unterschiede zwischen den Herkunftskonstellationen. Allerdings zeigen Schüler*innen, die selbst im Ausland geboren wurden, die höchste Identifikation mit dem Fach

Mathematik (M_{DIM9} = 28.02, SD = 7.874; M_{DIM5} = 16.13, SD = 4.644), während Schüler*innen mit zwei in Deutschland geborenen Elternteilen die geringste Identifikation zeigen (M_{DIM9} = 24.46, SD = 7.911; M_{DIM5} = 14.54, SD = 5.179). Auf Item-Ebene zeigen sich allerdings leichte Unterschiede in der Wahrnehmung der Wichtigkeit, gut in Mathematik zu sein $F(3, 478)$ = 2.858, $p < .037$, *partielles* $\eta^2 = .018$). Post-hoc Tests lassen erkennen, dass sich Schüler*innen, die selbst oder deren Elternteile beide im Ausland geboren sind, von Schüler*innen, deren Elternteile beide in Deutschland geboren sind, voneinander unterscheiden (Hochberg's GT2 $p < .026$ bzw. $p < .039$).

In Bezug auf den Bildungsstand sind ebenfalls nur geringe und zumeist nicht-signifikante Unterschiede zu konstatieren. Lediglich der Unterschied zwischen Schüler*innen, bei denen mindestens ein Elternteil ein Abitur besitzt, und Schüler*innen, bei denen mindestens ein Elternteil einen Realschulabschluss besitzt ist signifikant, dies gilt sowohl für das komplette als auch für das halbe DIM (Hochberg's GT2 $p < .026$ bzw. $p < .003$).

Schüler*innen beider Schulformen, d.h. Stadtteilschule und Gymnasium, unterscheiden sich nicht signifikant hinsichtlich der Identifikation mit Mathematik.

Tabelle 6.11: Deskriptive Statistiken und t-Test (2-seitig) DIM Mathematik auf Itemebene bei Schüler*innen mit und ohne Migrationshintergrund.

Item	MH*	M	SD	t	p	d**
(1) Mathematik ist eines meiner besten Fächer	ja	2.77	1.341	-3.618	.000	.26
	nein	3.12	1.306			
(2) Ich war schon immer gut in Mathematik	ja	2.80	1.140	-3.277	.000	.24
	nein	3.08	1.230			
(3) Ich bekomme in Mathematik immer gute Noten	ja	3.00	1.198	-3.761	.001	.27
	nein	3.32	1.181			
(4) Ich schneide in Mathematikarbeiten immer schlecht ab (r)	ja	3.14	1.180	4.449	.000	.31
	nein	3.51	1.189			
(5) Wie gerne magst du Dinge, die mit Mathematik zu tun haben?	ja	2.85	1.092	-1.956	.051	-
	nein	2.99	.972			
(6) Wie gerne würdest du später beruflich mit Mathematik zu tun haben?	ja	2.40	1.197	.483	.629	-
	nein	2.36	1.096			
(7) Wie sehr ist Mathematik Teil von dir / deiner Persönlichkeit?	ja	2.29	1.106	1.384	.167	-
	nein	2.19	1.021			
(8) Wie wichtig ist es dir, gut in Mathematik zu sein?	ja	3.76	1.058	.773	.440	-
	nein	3.70	.905			
(9) Verglichen mit deinen Mitschüler/innen, wie gut bist du in Mathematik?	ja	3.29	.972	-3.206	.001	.23
	nein	3.51	.969			

* Migrationshintergrund
** d_{Cohen} für Mittelwertunterschiede zweier verschieden großer Gruppen

6.3.3.2 Domain Identification Deutsch

Die deskriptiven Statistiken zur Identifikation mit der Domäne Deutsch (Tabelle 6.12) zeigen, dass die allgemeine Wahrnehmung der eigenen Leistung etwas höher ist als in Mathematik. Bei allen Items liegen die erhobenen Werte deutlich oberhalb des theoretischen Mittels von $M = 2.5$, zudem streuen die Werte in geringerem Ausmaß. Deutlich wird auch hier die Wichtigkeit für Schüler*innen, gut in Deutsch zu sein. Ungefähr zwei

Tabelle 6.12: Deskriptive Statistiken und t-Test (2-seitig) DIM Deutsch auf Itemebene bei Schüler*innen mit und ohne Migrationshintergrund.

Item	MH*	M	SD	t	p	d**
(1) Deutsch ist eines meiner besten Fächer	ja	3.26	1.009	-.171	.864	-
	nein	3.28	.972			
(2) Ich war schon immer gut in Deutsch	ja	3.18	1.037	-2.449	.015	.16
	nein	3.36	1.024			
(3) Ich bekomme in Deutsch immer gute Noten	ja	3.36	.957	-1.725	.085	-
	nein	3.48	.895			
(4) Ich schneide in Deutscharbeiten immer schlecht ab (r)	ja	3.57	1.001	2.409	.016	.17
	nein	3.74	.952			
(5) Wie gerne magst du Dinge, die mit Deutsch zu tun haben?	ja	3.23	.955	-.679	.497	-
	nein	3.28	.897			
(6) Wie gerne würdest du später beruflich mit Deutsch zu tun haben?	ja	3.14	1.102	2.026	.043	-.15
	nein	2.98	1.069			
(7) Wie sehr ist Deutsch Teil von dir / deiner Persönlichkeit?	ja	3.44	1.059	-.008	.993	-
	nein	3.44	1.098			
(8) Wie wichtig ist es dir, gut in Deutsch zu sein?	ja	4.12	.917	2.310	.021	-.16
	nein	3.98	.869			
(9) Verglichen mit deinen Mitschüler/innen, wie gut bist du in Deutsch?	ja	3.44	.794	-.797	.426	-
	nein	3.49	.792			

* Migrationshintergrund
** d_{Cohen} für Mittelwertunterschiede zweier verschieden großer Gruppen

Drittel der Werte liegen in einem Bereich zwischen 3.16 und 4.96, während die Zensuren an Stadtteilschulen und Gymnasien annähernd normalverteilt sind.

Schüler*innen mit und ohne Migrationshintergrund zeigen insgesamt keine signifikanten Unterschiede in der Identifikation mit Deutsch, dieses Ergebnis ist bei den Items zur Einschätzung der eigenen Leistung jedoch knapp (DIM$_9$: $F(1, 803) = .479$, $p = .489$; DIM$_5$: $F(1, 803) = 3.741$, $p = .053$). Bei den Items (2), (6) und (8) unterscheiden sich Schüler*innen mit und ohne Migrationshintergrund zwar signifikant voneinander, allerdings nur in geringem Maße. Hier zeigt sich, dass Schüler*innen mit Migrationshintergrund offenbar eher eine sich steigernde Entwicklung ihrer Leistungen in Deutsch wahrnehmen ($t = -2.449$, p (2-seitig) < .015), sich eher vorstellen können, später beruflich mit Deutsch zu tun haben zu wollen ($t = 2.026$, p (2-seitig) < .043) und eine stärkere Wichtigkeit wahrnehmen, gut in Deutsch zu sein ($t = 2.310$, p (2-seitig) < .023) als Schüler*innen ohne Migrationshintergrund. Während sich der Unterschied bei Item (2) vor allem auf Schüler*innen mit eigener Migrationserfahrung im Vergleich zu Schüler*innen mit einem in Deutschland geborenen Elternteil zurückführen lässt (Hochberg's GT2 p < .025; alle anderen Herkunftskonstellationen unterscheiden sich nicht signifikant voneinander), lassen sich bei den Items (6) und (8) keine signifikanten Unterschiede zwischen den Gruppen feststellen. Es ist denkbar, dass die Mehrsprachigkeit[42] der Schüler*innen mit Migrationshintergrund zu einem anderen Konzept von Sprache führt, bei dem verschiedene Sprachen als Werkzeuge in verschiedenen Kontexten wahrgenommen werden, d.h. in alltäglicher Kommunikation, in der Familie, in der

---

[42]   In dieser Stichprobe gaben 13,6% an, keine weitere Sprache außer Deutsch zu sprechen, 70,9% sprechen eine weitere Sprache, 14,7% zwei weitere Sprachen und 0,8% drei weitere Sprachen.

Schule etc. (vgl. bspw. Melo-Pfeifer & Helmchen, 2018). Man könnte in diesem Fall von einer Form der Sprachbedeutungsbewusstheit sprechen. Verbunden mit einer solchen Wahrnehmung steigt unter Umständen auch die Wichtigkeit, die dem Erlernen und Beherrschen einer Sprache beigemessen wird. Es ist anzunehmen, dass sich Schüler*innen mit einer anderen oder einer weiteren L1 als Deutsch der Bedeutung der deutschen Sprache in vielerlei Hinsicht stärker bewusst sind als Schüler*innen, deren einzige lebensweltlich erworbene und genutzte Sprache Deutsch ist.

Schüler*innen der anteilsmäßig größten Herkunftsregionen und mit verschiedenen Herkunftskonstellationen unterscheiden sich insgesamt nicht hinsichtlich ihrer Identifikation mit der Domäne Deutsch.

Weiterhin zeigt sich in dieser Stichprobe kein signifikanter Effekt des Bildungsstandes der Eltern oder der Schulform auf die Identifikation mit der Domäne.

6.3.3.3 Domain Identification Englisch

Ebenso wie in Deutsch, allerdings noch stärker ausgeprägt, zeigen die deskriptiven Statistiken in der Domäne Englisch eine allgemein positivere Wahrnehmung der eigenen Leistung und eine stärkere Identifikation mit der Domäne als in Mathematik. Wenngleich die Werte hier etwas stärker streuen als in der Domäne Deutsch, befinden sich alle deutlich oberhalb des theoretischen Mittels von $M = 2.5$ (Tabelle 6.13). Wie auch in den anderen beiden Domänen sticht die empfundene Wichtigkeit, gut in Englisch zu sein, deutlich hervor. Hier befinden sich rund zwei Drittel aller Werte in einem Bereich zwischen 3.23 und 5.0.

Schüler*innen mit und ohne Migrationshintergrund unterscheiden sich hingegen insgesamt und in allen Dimensionen der *Domain Identification* Englisch voneinander, wobei Schüler*innen mit Migrationshintergrund sich durchweg stärker mit der Domäne identifizieren ($M_{DIM9} = 32.47$, $SD = 8.089$; $M_{DIM5} = 17.95$, $SD = 4.851$) als Schüler*innen ohne Migrationshintergrund ($M_{DIM9} = 29.98$, $SD = 8.406$; $M_{DIM5} = 16.38$, $SD = 5.097$), d.h. sowohl in der Wahrnehmung der eigenen Leistung als auch in Bezug auf Identitätsrelevanz und berufliche Ambitionen. Dieser Unterschied ist signifikant ($F(1, 797) = 17.771$, $p = .000$, *partielles* $\eta^2 = .022$ bzw. $F(1, 799) = 19.140$, $p = .000$, *partielles* $\eta^2 = .023$). In sich ist die Gruppe der Schüler*innen mit Migrationshintergrund aber nicht weniger heterogen, die Standardabweichungen bewegen sich bei allen Items in einem ähnlichen Bereich wie bei Schüler*innen ohne Migrationshintergrund.

Ob die stärkere Identifikation mit der Domäne Englisch auf die Mehrsprachigkeit der Schüler*innen zurückzuführen ist, ist aufgrund der geringen Anzahl an Schüler*innen mit Migrationshintergrund, die keine weitere Sprache außer Deutsch sprechen, leider nicht überprüfbar. Es zeigt sich jedoch, dass die *Domain Identification* mit der Anzahl der gesprochenen Herkunftssprachen relativ konstant steigt (Tabelle 6.14). Eine Varianzanalyse ergibt zwar keine signifikanten Unterschiede zwischen den Gruppen, die *Domain Identification* korreliert jedoch signifikant leicht positiv mit der Anzahl der gesprochenen Sprachen ($r = .108$, $p = .009$). Dies kann als Hinweis darauf gewertet

Tabelle 6.13: Deskriptive Statistiken und t-Test (2-seitig) DIM Englisch auf Itemebene bei Schüler*innen mit und ohne Migrationshintergrund.

Item	MH*	M	SD	t	p	d**
(1) Englisch ist eines meiner besten Fächer	ja	3.58	1.210	5.053	.000	.36
	nein	3.14	1.258			
(2) Ich war schon immer gut in Englisch	ja	3.39	1.256	4.106	.000	.29
	nein	3.02	1.277			
(3) Ich bekomme in Englisch immer gute Noten	ja	3.63	1.078	3.916	.000	.28
	nein	3.32	1.147			
(4) Ich schneide in Englischarbeiten immer schlecht ab (r)	ja	3.75	1.093	2.078	.038	.15
	nein	3.59	1.094			
(5) Wie gerne magst du Dinge, die mit Englisch zu tun haben?	ja	3.78	1.125	3.598	.000	.26
	nein	3.48	1.178			
(6) Wie gerne würdest du später beruflich mit Englisch zu tun haben?	ja	3.27	1.236	2.482	.013	.17
	nein	3.06	1.178			
(7) Wie sehr ist Englisch Teil von dir / deiner Persönlichkeit?	ja	3.23	1.186	2.847	.005	.20
	nein	2.99	1.141			
(8) Wie wichtig ist es dir, gut in Englisch zu sein?	ja	4.27	.939	2.925	.004	.21
	nein	4.07	.981			
(9) Verglichen mit deinen Mitschüler/innen, wie gut bist du in Englisch?	ja	3.64	.992	4.100	.000	.29
	nein	3.35	.979			

* Migrationshintergrund
** d$_{Cohen}$ für Mittelwertunterschiede zweier verschieden großer Gruppen

werden, dass die Mehrsprachigkeit von Schüler*innen mit Migrationshintergrund eine der Ursachen für die stärkere Identifikation mit Englisch ist. Dieses Phänomen tritt allerdings nur im Fach Englisch auf und ist unter Umständen auf dessen Eigenschaft als Fremdsprache zurückzuführen. In der Domäne Deutsch korreliert die Anzahl der gesprochenen Herkunftssprachen sogar leicht negativ mit der Identifikation, allerdings ist diese Korrelation nur in Bezug auf die schulleistungsbezogenen Items signifikant ($r = -.084$, $p < .033$). Die Höhe der selbst eingeschätzten herkunftssprachlichen Kompetenz korreliert hingegen nicht mit der Identifikation mit der Domäne Englisch (DIM$_9$: $p = .900$ / DIM$_5$: $p = .679$). Deutlich wird, dass Schüler*innen, die in Deutschland geboren wurden, bei allen Items geringere Werte aufweisen als Schüler*innen mit anderen Herkunftskonstellationen. Besonders hohe Werte hingegen erzielen Schüler*innen mit zwei im Ausland geborenen Elternteilen. Der Unterschied ist allerdings nur im Fall von Item (5) und (8) signifikant ($F(3, 477) = 3.355$, $p < .019$, partielles $\eta^2 = .021$ bzw. $F(3, 478) = 3.459$, $p < .016$, partielles $\eta^2 = .021$).

Auch gibt es Unterschiede in Bezug auf die Herkunftsregion (DIM$_9$: $F(8, 476) = 4.167$, $p = .000$, partielles $\eta^2 = .067$ bzw. DIM$_5$: $F(8, 478) = 3.078$, $p < .002$, partielles $\eta^2 = .050$). Schüler*innen mit türkischem Migrationshintergrund weisen beispielsweise in beiden Gruppen die geringste Identifikation auf, während Schüler*innen mit iranischem, kasachischem und insbesondere ghanaischem Migrationshintergrund die höchste Identifikation mit der Domäne Englisch aufweisen (Tabelle 6.15). Die Verteilung ist an Stadtteilschulen und Gymnasien nahezu identisch. Der deutlich nach oben abweichende Wert beim vollständigen DIM von Schüler*innen mit ghanaischem Migrationshintergrund ist mit hoher Wahrscheinlichkeit darauf zurückzuführen, dass diese

Schüler*innen neben einer regionalen Herkunftssprache (zumeist Twi), Englisch als L1 und Familiensprache mit folglich besonderer Identitätsrelevanz angeben.

Es bestehen leichte Unterschiede in Bezug auf den Bildungsstand der Eltern, wobei Schüler*innen, bei denen mindestens ein Elternteil das Abitur besitzt, die höchste Identifikation mit der Domäne aufweisen ($M = 18.02$, $SD = 4.914$) und Schüler*innen, bei denen mindestens ein Elternteil einen Haupt- oder Realschulabschluss besitzt, die geringste (in beiden Fällen: $M = 16.34$, $SD = 4.962$ bzw. $SD = 4.925$). Dieses Ergebnis ist für Schüler*innen mit und ohne Migrationshintergrund identisch.

Tabelle 6.14: Anzahl der gesprochenen Herkunftssprachen in Bezug auf die Domain Identification Englisch.

DIM	Anzahl Herkunftssprachen	M	SD	N
DIMEnglisch9	1	30.86	7.744	66
	2	32.40	7.955	336
	3	34.11	8.697	71
	4	35.75	10.751	4
DIMEnglisch5	1	17.00	4.434	66
	2	17.96	4.834	336
	3	18.69	5.159	71
	4	19.50	6.403	4

		DIMEnglisch9	DIMEnglisch5
Anzahl Herkunftssprachen	r	.108[*]	.097[*]
	p	.009	.017

[*]. Korrelation ist bei Niveau 0.05 signifikant (einseitig).

6.3.4 Zensuren

Im Folgenden werden die Zensuren getrennt nach Stadtteilschule und Gymnasium berichtet, da die Mittelwerte aufgrund der unterschiedlichen Notenskalierung (Stadtteilschule: G1 – G6 für ein grundlegendes Anforderungsniveau und E1-E4 für ein erweitertes Anforderungsniveau, wobei eine E4 einer G1 entspricht / Gymnasium: 1 – 6) oder z-Werte weniger aussagekräftig wären. Zur Verwendung innerhalb des Strukturgleichungsmodells und anderer statistischer Berechnungen wurden die Zensuren z-standardisiert (vgl. Abschnitt 6.2).

Tabelle 6.15: Domain Identification Englisch nach Herkunftsregion und insgesamt im Vergleich zu Schüler*innen ohne Migrationshintergrund.

DIM	Herkunftsregion*	M	SD	N
DIMEnglisch9	Türkei	29.74	8.338	96
	Russland	30.18	7.543	44
	Polen	31.54	9.763	37
	Afghanistan	32.57	7.317	54
	Balkan	32.41	8.626	39
	Kasachstan	33.83	7.846	18
	Sonstige	34.31	7.249	160
	Iran	34.86	8.109	28
	Ghana	38.05	5.610	22
	Gesamt	32.45	8.083	476
	o. Migrationshintergrund	29.98	8.406	322
DIM Englisch5	Türkei	16.56	5.150	96
	Russland	16.91	4.203	44
	Polen	17.16	5.510	37
	Afghanistan	17.89	4.492	54
	Balkan	18.03	5.229	39
	Sonstige	18.91	4.432	160
	Iran	18.93	5.113	28
	Kasachstan	19.11	4.776	18
	Ghana	20.91	3.650	22
	Gesamt	17.93	4.837	478
	o. Migrationshintergrund	16.38	5.097	322

* geordnet nach Mittelwerten des DIM-Score

6.3.4.1 Zensuren an der Stadtteilschule

Insgesamt liegen die Mittelwerte und Standardabweichungen der Zensuren in den drei Domänen Mathematik (M = 4.58, SD = 1.644), Deutsch (M = 4.43, SD = 1.353) und Englisch (M = 4.28, SD = 1.592) sehr dicht beieinander. Die Zensuren weichen jeweils nur gering vom theoretischen Mittel von M = 4.5 ab, in Mathematik liegen sie leicht darüber, in Deutsch und Englisch leicht darunter. Auf der 9-stufigen Skala (E1-G9) liegen rund zwei Drittel der Schüler*innen in allen Fächern in einem Notenbereich von E3 bis G3.

Während eine Regressionsanalyse zeigt, dass der Bildungsstand[43] der Eltern in dieser Stichprobe keinen Einfluss auf die Zensur im Fach Mathematik hat (p = .245),

---

[43] Folgende Gruppen wurden unterschieden: (1) kein Elternteil mit Schulabschluss, (2) mindestens ein Elternteil mit Hauptschulabschluss, (3) mindestens ein Elternteil mit Realschulabschluss, (4) mindestens ein Elternteil mit Abitur oder (5) ein ausländischer Schulabschluss.

ergeben sich für die Fächer Deutsch und Englisch ein jeweils schwacher Zusammenhang zwischen Prädiktor (Bildungshintergrund) und Kriterium (Zensur) ($r = .13$, $p < .004$ bzw. $r = .14$, $p < .003$). Eine Varianzanalyse zeigt dementsprechend im Fach Deutsch einen kleinen ($F(4, 462) = 2.455$, $p < .045$, *partielles* $\eta^2 = .021$) und im Fach Englisch einen mittleren Effekt ($F(4, 463) = 7.070$, $p = .000$, *partielles* $\eta^2 = .058$). Posthoc Tests zeigen, dass dabei vor allem Schüler*innen, bei denen ein Elternteil das Abitur besitzt, bessere Zensuren aufweisen als Schüler*innen, bei denen mindestens ein Elternteil über einen Real- oder Hauptschulabschluss verfügt. Von diesem Effekt scheinen jedoch Schüler*innen ohne Migrationshintergrund ungleich stärker betroffen zu sein. Während Zensurunterschiede in Bezug auf den Bildungsstand der Eltern bei Schüler*innen mit Migrationshintergrund in keiner der drei Domänen signifikant sind (Mathematik: $p = .434$; Deutsch: $p = .177$; Englisch: $p = .220$), ist der Zusammenhang bei Schülerinnen ohne Migrationshintergrund signifikant (Mathematik: $r = .240$, $p < .001$; Deutsch: $r = .19$, $p < .010$; Englisch: $r = .351$, $p = .000$).

Unterschiede zwischen Schüler*innen mit und ohne Migrationshintergrund lassen sich vor allem für das Fach Deutsch feststellen, in dem Schüler*innen mit Migrationshintergrund ($M = 4.55$, $SD = 1.285$) etwas schlechter abschneiden als Schüler*innen ohne Migrationshintergrund ($M = 4.20$, $SD = 1.442$) ($F(1, 496) = 8.054$, $p < .005$, *partielles* $\eta^2 = .016$). Dies geht vor allem auf Schüler*innen mit türkischem und afghanischem Migrationshintergrund zurück, die sich als einzige Gruppen signifikant von Schüler*innen ohne Migrationshintergrund unterscheiden ($F(1, 235) = 5.079$, $p < .025$, *partielles* $\eta^2 = .021$ bzw. $F(1, 223) = 4.336$, $p < .038$, *partielles* $\eta^2 = .019$). Es ist allerdings zu bemerken, dass alle großen Herkunftsgruppen im Durchschnitt schlechtere Zensuren aufweisen. In Mathematik weisen Schüler*innen ohne Migrationshintergrund ebenfalls tendenziell bessere Zensuren auf ($M = 4.40$, $SD = 1.741$ vs. $M = 4.69$, $SD = 1.582$), wenngleich der F-Wert hier knapp oberhalb der Signifikanzgrenze von $\alpha = .05$ liegt ($F(1, 498) = 3.520$, $p = .061$). Schüler*innen mit iranischem und balkanischem Migrationshintergrund weisen in dieser Stichprobe etwas bessere Zensuren auf als Schüler*innen ohne Migrationshintergrund. Im Fach Englisch zeigen sich hingegen keine annähernd signifikanten Unterschiede ($p = .103$) zwischen beiden Gruppen, obwohl Schüler*innen mit Migrationshintergrund hier insgesamt etwas bessere Zensuren vorweisen ($M = 4.19$, $SD = 1.567$) als Schüler*innen ohne Migrationshintergrund ($M = 4.43$, $SD = 1.629$). Davon ausgenommen sind lediglich Schüler*innen mit türkischem Migrationshintergrund, die durchschnittlich etwas schlechtere Noten vorweisen. Schüler*innen mit iranischem und in noch stärkerem Maße ghanaischem Migrationshintergrund (hier auch signifikant: $F(1, 189) = 15.160$, $p = .000$, *partielles* $\eta^2 = .074$) haben hingegen deutlich bessere Zensuren als ihre Mitschüler*innen ohne Migrationshintergrund.

Innerhalb der Gruppe der Schüler*innen mit Migrationshintergrund zeigen sich keine signifikanten Zusammenhänge, weder zwischen der Herkunftsregion noch zwischen der Herkunftskonstellation und den Zensuren in den drei Hauptfächern. Lediglich in Englisch weisen Schüler*innen mit türkischem Migrationshintergrund etwas stärker negativ vom Mittelwert abweichende Zensuren ($M = 4.62$, $SD = 1.606$ vs. $M_{gesamt} = 4.19$, $SD = 1.567$), Schüler*innen mit iranischem Migrationshintergrund leicht ins positive tendierende Zensuren ($M = 3.91$, $SD = 1.571$) auf. Die Deutschnoten von Schüler*innen mit zwei in Deutschland geborenen Elternteilen liegen leicht unterhalb des Mittelwerts (M = 4.00, SD = 1.044 vs. M_{gesamt} = 4.55, SD = 1.285) (für einen Überblick s. Tabelle 6.16). Keiner dieser Unterschiede ist jedoch signifikant. Auch die primäre Verwendung von Deutsch als Familiensprache zeigt in dieser Stichprobe keinerlei Auswirkungen auf die Zensuren (Mathematik: p = .832; Deutsch: p = .950; Englisch: p = .573). Darüber hinaus lässt sich auch der von Paulick und Groot-Wilken (2009) gefundene negative Einfluss des Türkischen als Familiensprache in dieser Stichprobe nicht nachweisen (Mathematik: p = .627; Deutsch: p = .494; Englisch: p = .244). Wenngleich die Anzahl der lebensweltlich gesprochenen Sprachen in keinem signifikanten Zusammenhang mit der Zensur im Fach Englisch steht, ist hier jedoch anzumerken, dass sich die Zensur mit steigender Anzahl gesprochener Sprachen kontinuierlich verbessert.

6.3.4.2 Zensuren am Gymnasium

Wie an den Stadtteilschulen liegen die Mittelwerte und Standardabweichungen der Zensuren in den drei Domänen Mathematik (M = 2.79, SD = 1.098), Deutsch (M = 2.67, SD = .856) und Englisch (M = 2.53, SD = .928) relativ nahe beieinander und befinden sich durchweg leicht unterhalb des theoretischen Mittels von M = 3.0. Damit befinden sich rund zwei Drittel der Schüler*innen am Gymnasium in einem ungefähren Notenbereich zwischen 2 und 4.

Eine Regressionsanalyse zeigt an Gymnasien einen signifikanten Zusammenhang zwischen dem Bildungsstand der Eltern und den Zensuren in allen drei Hauptfächern (Mathematik: r = .278, p = .000; Deutsch: r = 210, p = .000; Englisch: r = 225, p = .000). Dementsprechend ergibt eine Varianzanalyse einen robusten mittleren Effekt im Fach Mathematik ($F(4, 284)$ = 8.729, p = .000, *partielles* η^2 = .109), einen robusten kleinen Effekt für Deutsch ($F(4, 284)$ = 3.547, p < .008, *partielles* η^2 = .048) und ebenfalls einen mittleren Effekt im Fach Englisch ($F(4, 285)$ = 6.500[44], p = .008, *partielles* η^2 = .076), wobei vor allem Kinder, bei denen mindestens ein Elternteil das Abitur besitzt, eine deutlich bessere Zensur aufweisen als die übrigen Schüler*innen und die Note mit geringer werdenden Schulabschlüssen der Eltern schlechter wird. Es ist hier allerdings anzumerken, dass aufgrund sehr geringer Fallzahlen von Eltern mit Hauptschulabschluss oder keinem Schulabschluss robuste Werte nur beim Vergleich von Schüler*innen zu erwarten sind, bei denen jeweils ein Elternteil mindestens einen Realschulabschluss oder das Abitur besitzt. Tendenziell unterscheiden sich Schüler*innen mit und ohne Migrationshintergrund dabei nicht.

Schüler*innen mit und ohne Migrationshintergrund unterscheiden sich ähnlich wie an Stadtteilschulen in den Fächern Deutsch und Mathematik, wobei Schüler*innen ohne Migrationshintergrund in beiden Fächern etwas bessere Zensuren vorweisen ($M_{Mathematik}$ = 2.47, SD = .970 bzw. $M_{Deutsch}$ = 2.49, SD = .775) als Schüler*innen mit Migrationshintergrund ($M_{Mathematik}$ = 3.09, SD = 1.128 bzw. $M_{Deutsch}$ = 2.84, SD = .894), auch streuen die Zensuren etwas stärker. In beiden Fällen sind die Unterschiede signifikant, mit

---

[44]   Aufgrund ungleicher Populationsvarianzen (Levene-Test: $p \leq .047$) wird hier Welch's F verwandt.

Tabelle 6.16: Zensuren (9-stufig) an Stadtteilschulen in den Fächern Mathematik, Deutsch und Englisch nach größten Herkunftsgruppen (in alphabetischer Reihenfolge) und Schüler*innen ohne Migrationshintergrund.

Herkunftsregion	Zensur Mathematik	SD	Zensur Deutsch	SD	Zensur Englisch	SD
Afghanistan	4.74	1.390	4.68	1.321	4.09	1.653
Balkan	4.24	1.513	4.24	.995	4.14	1.621
Ghana	4.54	1.664	4.62	1.502	2.62	1.557
Iran	4.14	1.833	4.45	1.535	3.91	1.571
Kasachstan	5.00	1.797	4.29	1.437	4.07	.997
Polen	4.63	1.713	4.52	1.282	4.33	1.754
Russland	4.64	1.496	4.37	1.114	4.40	1.265
Türkei	4.67	1.674	4.68	1.357	4.62	1.606
sonstige	4.94	1.510	4.62	1.244	4.16	1.486
ohne Migrationshintergrund	4.40	1.741	4.20	1.442	4.43	1.629
Insgesamt	4.58	1.644	4.43	1.353	4.28	1.592

robusten kleinen bis mittleren Effekten des Migrationshintergrunds auf die Zensur (Mathematik $F(1, 309) = 26.515$, $p = .000$, *partielles* $\eta^2 = .079$; Deutsch: $F(1, 309) = 13.671$, $p = .000$, *partielles* $\eta^2 = .042$). Auch bei Kontrolle des Bildungshintergrunds der Eltern bleiben diese Unterschiede bestehen. Während sich in Deutsch keine Änderungen ergeben, sinkt in Mathematik der Effekt des Migrationshintergrunds auf die Zensur leicht ($F(1, 286) = 18.335$, $p = .000$, *partielles* $\eta^2 = .060$). Im Fach Englisch existieren keine signifikanten Unterschiede zwischen beiden Gruppen ($p = .187$).

Mit Blick auf die Herkunftsregion ist festzuhalten, dass Schüler*innen aller großen Herkunftsgruppen sowohl in Mathematik als auch in Deutsch durchgehend schlechtere Zensuren haben als Schüler*innen ohne Migrationshintergrund. Im Fach Englisch ist dies nicht der Fall, dort weisen beispielsweise Schüler*innen mit iranischem, ghanaischem, polnischem Migrationshintergrund gleiche oder bessere Durchschnittsnoten auf. Auch die aufgrund geringer Anzahl nicht weiter differenzierten übrigen Herkunftsgruppen haben durchschnittlich bessere Noten als Schüler*innen ohne Migrationshintergrund (für einen Überblick s. Tabelle 6.17). Es sind vor allem Schüler*innen mit türkischem Migrationshintergrund, die in allen drei Fächern signifikant schlechtere Zensuren aufweisen als Schüler*innen ohne Migrationshintergrund mit robusten mittleren bis starken Effekten (Mathematik: $F(1, 184) = 34.298$, $p = .000$, *partielles* $\eta^2 = .157$; Deutsch: $F(1, 185) = 12.751$, $p = .000$, *partielles* $\eta^2 = .064$; Englisch: $F(1, 185) = 21.576$, $p = .000$, *partielles* $\eta^2 = .104$). Diese Unterschiede bleiben auch bei Kontrolle des Bildungshintergrundes der Eltern signifikant, wenngleich mit etwas geringeren Effekten (Mathematik: $F(1, 168) = 18.56$, $p = .000$, *partielles* $\eta^2 = .099$; Deutsch: $F(1, 169) = 8.099$, $p < .005$, *partielles* $\eta^2 = .046$; Englisch: $F(1, 169) = 11.013$, $p < .001$, *partielles* $\eta^2 = .061$). In Mathematik zeigen auch Schüler*innen mit polnischem Migrationshintergrund eine signifikant schlechtere Zensur ($F(1, 159) = 8.791$, $p < .003$, *partielles* $\eta^2 = .052$), im Fach Deutsch betrifft dies auch in geringem Maße Schüler*innen mit balkanischem Migrationshintergrund ($F(1, 167) = 4.455, p < .036$, *partielles* $\eta^2 = .026$). Bei Kontrolle des Bildungshintergrundes der Eltern verringert sich der Effekt bei den Schüler*innen mit polnischem Migrationshintergrund ($F(1, 144) = 5.227, p < .024$, *partielles* $\eta^2 = .035$), bei Schüler*innen mit balkanischem Migrationshintergrund ist der Zusammenhang nicht länger signifikant ($p = .098$).

Innerhalb der größten Herkunftsgruppen unterscheiden sich die Schüler*innen in Bezug auf die Herkunftsregion lediglich im Fach Englisch ($F(8, 152) = 3.216, p < .002$, *partielles* $\eta^2 = .145$), in dem Schüler*innen türkischer Herkunft eine deutlich schlechtere durchschnittliche Zensur aufweisen ($M = 3.22, SD = 1.004$) als der Durchschnitt der Schüler*innen mit Migrationshintergrund ($M = 2.61, SD = .982$).

Unterschiede in Bezug auf die Herkunftskonstellation bestehen lediglich im Fach Deutsch, in dem Schüler*innen mit einem oder zwei in Deutschland geborenen Elternteilen ($M = 2.63, SD = .824$ bzw. $M = 2.50, SD = .650$) leicht bessere Zensuren vorweisen als Schüler*innen mit eigener Migrationserfahrung oder Schüler*innen, deren Eltern beide im Ausland geboren wurden ($M = 3.03, SD = .861$ bzw. $M = 3.00, SD = .967$) ($F(3, 156) = 2.895, p < .037$, *partielles* $\eta^2 = .053$).

Auch hier lässt sich kein Zusammenhang zwischen den Zensuren und Deutsch als Familiensprache feststellen (Mathematik: $p = .697$; Deutsch: $p = .375$; Englisch: $p = .842$).

Tabelle 6.17: Zensuren an Gymnasien in den Fächern Mathematik, Deutsch und Englisch nach größten Herkunftsgruppen (in alphabetischer Reihenfolge) und Schüler*innen ohne Migrationshintergrund.

Herkunftsregion	Zensur Mathematik	SD	Zensur Deutsch	SD	Zensur Englisch	SD
Afghanistan	3.11	1.167	2.67	.707	2.67	.854
Balkan	2.83	.985	2.89	.963	2.67	1.004
Ghana	3.67	1.000	3.56	.882	2.44	.882
Iran	3.17	1.329	3.00	.894	2.17	.866
Kasachstan	2.83	.985	2.89	.963	2.67	1.029
Polen	3.36	1.027	2.91	1.22	2.36	.641
Russland	2.88	.835	2.75	.707	2.88	1.286
Türkei	3.54	1.095	3.00	.816	3.22	.753
sonstige	2.81	1.152	2.64	.892	2.31	.856
ohne Migrationshintergrund	2.47	.970	2.49	.775	2.46	.856
Insgesamt	2.79	1.098	2.67	.856	2.53	.928

6.3.5 Bedeutung der vorgestellten Analysen für die Überprüfung der Hypothesen

Die in diesem Abschnitt präsentierten Ergebnisse dienen auch der Überprüfung der unter 4.1.1 aufgestellten ersten Hypothesengruppe mit Bezug auf die Hintergrundvariablen, d.h. Herkunftsregion, Herkunftskonstellation, Bildungsstand der Eltern und Schulform.

H_1 Die Ausprägung der Stigma Consciousness, der Ingroup Identification und der Domain Identification in der Domäne Englisch ist abhängig von der Herkunftsregion.

Schüler*innen der größten Herkunftsregionen unterscheiden sich vor allem in Bezug auf Stigma Consciousness und Domain Identification. Bei der Ingroup Identification lassen sich allenfalls leichte Tendenzen erkennen, so haben Schüler*innen sonstiger, kleinerer Herkunftsgruppen eine tendenziell geringere Identifikation mit der Eigengruppe. Post-Hoc Analysen zeigen jedoch keine signifikanten Unterschiede zwischen den Gruppen. Die Hypothese kann somit nur teilweise angenommen werden.

$H_{1.1}$ Die Ausprägung der Domain Identification, der Stigma Consciousness, und der Ingroup Identification ist abhängig von der Herkunftskonstellation.

Schüler*innen mit verschiedenen Herkunftskonstellationen weisen bei allen drei Prädiktoren Unterschiede auf. Diese Differenzen treten primär zwischen zwei Gruppen auf; bei Schüler*innen mit eigener Migrationserfahrung bzw. Schüler*innen, deren Eltern im Ausland geboren sind, auf der einen Seite und Schüler*innen mit einem oder zwei in Deutschland geborenen Elternteilen auf der anderen. Die Hypothese muss folglich in allen drei Dimensionen angenommen werden.

$H_{1.2}$ Es existieren Unterschiede in Bezug auf Ingroup Identification, Stigma Consciousness und Domain Identification zwischen Schüler*innen an Stadtteilschulen und Gymnasien.

Mit Ausnahme der Ausprägung der Stigma Consciousness unterscheiden sich Schüler*innen an Stadtteilschulen und Gymnasien nicht. Schüler*innen an Stadtteilschulen weisen, wenngleich mit geringen Effekten, eine etwas höhere Stigma Consciousness auf. Der durch die geringere Repräsentanz von Schüler*innen mit Migrationshintergrund an Gymnasien erwartete Effekt höherer Salienz und folglich annehmbar höherer Stigma Consciousness lässt sich nicht nachweisen. Die an Stadtteilschulen höhere Stigma Consciousness ist mit großer Wahrscheinlichkeit hauptsächlich auf die Zusammensetzung der Schülerschaft zurückzuführen. So ist beispielsweise die Anzahl der Schüler*innen mit einem oder zwei in Deutschland geborenen Elternteilen an Gymnasien deutlich höher als an Stadtteilschulen, diese Schüler*innen weisen eine generell niedrigere Stigma Consciousness auf als Schüler*innen mit eigener Migrationserfahrung oder Schüler*innen, deren Eltern beide im Ausland geboren wurden. Die Hypothese muss demnach bis auf eine Ausnahme abgelehnt werden.

$H_{1.3}$ Schüler*innen mit Migrationshintergrund weisen eine höhere Domain Identification im Fach Englisch auf als Schüler*innen ohne Migrationshintergrund

Schüler*innen mit Migrationshintergrund zeigen eine durchschnittlich höhere Identifikation mit der Domäne Englisch als Schüler*innen ohne Migrationshintergrund und zwar in allen Dimensionen. Bei Betrachtung der einzelnen

Herkunftsgruppen zeigen nur türkischstämmige Schüler*innen eine geringere
Identifikation als Schüler*innen ohne Migrationshintergrund. Die Hypothese kann
folglich mit dieser Einschränkung angenommen werden.

$H_{1.4}$ *Stigma Consciousness, Ingroup Identification, Domain Identification sind unabhängig vom sozioökonomischen Status.*

Mit Ausnahme der *Domain Identification* im Fach Englisch, in der sich leichte
Unterschiede zeigen, lässt sich kein Einfluss des sozioökonomischen Status auf
die Prädiktoren nachweisen. Die Hypothese kann mit dieser Einschränkung angenommen werden.

6.3.6 Analyse und Diskussion

Die Stichprobe zeigt sich in allen Bereichen recht heterogen in Bezug auf die erhobenen
Kontextvariablen. Unterschiede in der Ausprägung der *Stigma Consciousness* existieren dabei sowohl hinsichtlich des Geschlechts und der Bedeutung der herkunftsbezogenen Identität als auch der Herkunftsregion sowie der Herkunftskonstellation. Während
die geschlechtsbezogenen Unterschiede zwar signifikant, jedoch marginal sind und in
dieser Arbeit auch keine besondere Rolle spielen, sind die durch Herkunftsregion sowie
-konstellation bedingten Differenzen teils erheblich und fordern folglich eine differenzierte Betrachtung der Gruppe der Schüler*innen mit Migrationshintergrund.

6.3.6.1 Stigma Consciousness

Schüler*innen aus dem arabischen, maghrebinischen, türkischen sowie dem subsaharischen Raum weisen hier bei allen Items deutlich höhere Werte auf als beispielsweise
Schüler*innen aus dem GUS- oder dem südeuropäischen Raum. Es scheint dahingehend
denkbar, dass sich die höhere *Stigma Consciousness* in Bezug auf die Herkunftsregionen
auf verschiedene Ursachen wie physische Merkmale – bzw. deren Konstruktion als
Merkmal der Fremd- und schließlich auch Selbstbewertung – und eine damit einhergehende größere Salienz des Migrationshintergrundes, politische und gesellschaftliche
Diskussionen um Geflüchtete aus den entsprechenden Regionen sowie Ressentiments
gegenüber Muslim*innen zurückzuführen ist. Die Ergebnisse weisen dabei eine Analogie zu denen von Baier (2010, Abschnitt 3.2) zur wahrgenommenen Diskriminierung in
Schule und Umwelt auf. Hinsichtlich der Unterschiede in Bezug auf die Herkunftskonstellation liegt der Einfluss einer mit der Generation fortschreitenden Assimilation und
stärker werdenden Empfindung der Zugehörigkeit zur autochthonen Mehrheitsgesellschaft nahe. Unterstützt wird diese Annahme durch den relativ starken Effekt der herkunftsbezogenen Identität auf die *Stigma Consciousness*, die mit zunehmender Bedeutung einer deutschen Identität sinkt. Diehl und Schnell (2006) konnten unter Verwendung von Daten aus dem sozioökonomischen Panel der Jahre 1984 bis 2001 zeigen, dass
auch bei Gruppen, denen man eine verstärkte Hinwendung zur Herkunftskultur (*Reactive Ethnicity*) unterstellt, wie z.B. türkischen Migrant*innen, eine Assimilation über
Generationen und Zeit hinweg stattfindet. Während im Jahr 2001 beispielsweise ca. 10

Prozent der türkischstämmigen Migrant*innen der 1. Generation angaben, sich ‚vollkommen Deutsch' zu fühlen, waren es in der 2. Generation schon über 30 Prozent. Diese stärkere Identifikation mit der deutschen Herkunft könnte betreffenden Schüler*innen eine erhöhte Identitätsflexibilität verleihen, die die Empfindung von Diskriminierung aufgrund des Migrationshintergrundes und die Relevanz negativer Stereotype für das Individuum abschwächt (i.e. *Identity Shift* vgl. Ambady et al., 2001; Shih, Pittinsky & Ambady, 1999). Dass Schüler*innen mit zwei im Ausland geborenen Elternteilen eine höhere *Stigma Consciousness* aufweisen als Schüler*innen mit eigener Migrationserfahrung ist möglicherweise die Folge insgesamt häufigerer, langfristigerer Diskriminierungserfahrungen, sowohl direkt als auch indirekt durch diesbezügliche Erlebnisse der Eltern. Die moderierende Rolle der Akkulturation stellt seit längerem ein Forschungsdesiderat im Rahmen der *Stereotype-Threat*-Forschung dar, da diese Thematik bei den primären Untersuchungsgruppen, Frauen und Afroamerikaner*innen, keine Rolle spielt. Diese Ergebnisse geben tatsächlich erste Hinweise auf eine nachlassende Empfindung von stereotypbasierter Behandlung unter Migrant*innen mit fortschreitender gesellschaftlicher Zugehörigkeit.

6.3.6.2 Ingroup Identification

Ebenso heterogen zeigt sich die Stichprobe in Bezug auf die *Ingroup Identification*. Hier sind die Unterschiede allerdings nicht auf die Herkunftsregion zurückzuführen, sondern vor allem auf die Herkunftskonstellation. Schüler*innen, deren Eltern im Ausland geboren wurden, zeigen hier die stärkste Identifikation mit der Herkunftskultur, gefolgt von Schüler*innen mit eigener Migrationserfahrung. Schüler*innen mit einem oder zwei in Deutschland geborenen Elternteilen weisen eine deutlich geringere Identifikation mit der Herkunftskultur auf. Damit einhergehend zeigen Schüler*innen, die Deutsch als Familiensprache verwenden, ebenfalls eine erheblich geringere Identifikation mit der Herkunftskultur, unabhängig von der Herkunftskonstellation. Während sich generell auch hier der Einfluss einer mit der Generation fortschreitenden Assimilation bzw. eines steigenden Zugehörigkeitsgefühls zur Mehrheitsgesellschaft auswirkt, ist die identitätsbezogene Bedeutung der Herkunftskultur in der zweiten Generation unverändert stark. Es ist denkbar, dass dies auf die familiäre Bedeutung der herkunftsbezogenen Identität zurückzuführen ist. Weiterhin scheint es in Anbetracht der in Abschnitt 3.4 präsentierten Ergebnisse vorstellbar, dass diese Schüler*innen sich deshalb stärker mit der Herkunftskultur identifizieren, weil sie trotz der Tatsache, dass sie in Deutschland geboren sind, eine mangelnde Akzeptanz der Mehrheitsgesellschaft wahrnehmen und sich folglich der Gruppe zuwenden, der sie durch die gesellschaftlichen Stereotype zugeordnet werden, d.h. sich relativ stark als ‚Iraner*in', Russ*in', oder ‚Türk*in' definieren.

6.3.6.3 Domain Identification

Wie vermutet, nimmt die Domäne Englisch einen im positiven Sinne besonderen Stellenwert für Schüler*innen mit Migrationshintergrund ein. Im Vergleich zu Schüler*innen ohne Migrationshintergrund weisen sie dort in allen Dimensionen der *Domain*

Identification (Wahrnehmung eigener Leistung, Identitätsrelevanz, berufliche Ambitionen) signifikant höhere Werte auf. Auch im dimensionalen Vergleich nimmt Englisch bei Schüler*innen mit Migrationshintergrund den ersten Platz ein (M_{DIM9} = 32.47 / M_{DIM5} = 17.94), gefolgt von Deutsch (M_{DIM9} = 30.72 / M_{DIM5} = 16.81) und Mathematik (M_{DIM9} = 26.30 / M_{DIM5} = 15.00), während sich Schüler*innen ohne Migrationshintergrund am meisten mit Deutsch (M_{DIM9} = 31.03 / M_{DIM5} = 17.53) identifizieren, gefolgt von Englisch (M_{DIM9} = 29.98 / M_{DIM5} = 16.38) und Mathematik (M_{DIM9} = 27.80 / M_{DIM5} = 16.55), wenngleich hier die Wahrnehmung der eigenen Leistung in Englisch sogar noch etwas schlechter ist als in Mathematik.

Die Identifikation mit der Domäne korreliert leicht mit der Anzahl der gesprochenen Sprachen und gibt so einen Hinweis darauf, dass die in der Regel mit dem Migrationshintergrund einhergehende Mehrsprachigkeit eine der Ursachen für eine höhere Identifikation mit der Domäne sein könnte. Dass die Korrelation für den DIM mit 9 Items etwas höher ist als die für den stärker auf Schulleistungen abzielenden DIM mit 5 Items, könnte zudem als Hinweis auf eine stärkere Identitätsrelevanz von Sprachen bei Schüler*innen mit Migrationshintergrund gewertet werden.

In Mathematik und Deutsch zeigt sich hingegen ein anderes Bild. Während die generelle Identifikation mit der Domäne Mathematik geringer ist als bei Schüler*innen ohne Migrationshintergrund, zeigen sich in Deutsch keine signifikanten Unterschiede, obschon Schüler*innen mit Migrationshintergrund tendenziell geringere Werte erreichen. Es existiert folglich ein Unterschied hinsichtlich der Identifikation innerhalb der sprachlichen Domäne, der in einer unterschiedlichen Wahrnehmung der Sprachen und der Erfolgsbedingungen begründet liegen könnte. Während Englisch einen Status als eine noch zu erwerbende (Fremd-)Sprache innehat, nimmt Deutsch als alltägliches, omnipräsentes Kommunikationsmittel und zugleich Bildungssprache eine andere Rolle in der Wahrnehmung des Faches ein. Dies macht sich unter anderem auch in der im Vergleich zum Englischunterricht unterschiedlichen inhaltlichen Ausrichtung des Faches bemerkbar, in der beispielsweise der Vermittlung sprachlicher Strukturen oder dem Wortschatzerwerb eine deutlich geringere Bedeutung zukommt. Darüber hinaus könnten Schüler*innen mit Migrationshintergrund, die häufig eine andere L1 als Deutsch sprechen, sich gegenüber ihren Mitschüler*innen ohne Migrationshintergrund im Nachteil sehen, während Englisch für die meisten eine Fremdsprache mit für deren Erwerb ähnlichen Voraussetzungen darstellt. Auch eine empfundene Ablehnung durch die Mehrheitsgesellschaft könnte einen Einfluss auf die Identifikation mit der Domäne Deutsch haben.

Englisch ist allerdings zugleich die einzige Domäne, bei der signifikante Unterschiede zwischen den größten Herkunftsgruppen auftreten, wobei Schüler*innen türkischer Herkunft die geringste und Schüler*innen mit ghanaischem, iranischem oder kasachischem Migrationshintergrund die höchste Identifikation aufweisen. Die ganz besonders hohe Identifikation unter Schüler*innen mit ghanaischem Migrationshintergrund ist allerdings mit einiger Wahrscheinlichkeit auf den Status des Englischen im Herkunftsland und in den Familien und der damit einhergehenden höheren Ausgangskompetenz, empfunden wie tatsächlich, zu attribuieren. Schüler*innen mit iranischem oder kasachischem Migrationshintergrund weisen im Vergleich zu bestimmten anderen Herkunftsgruppen (wie z.B. Schüler*innen mit türkischem Migrationshintergrund) gute

Zensuren auf, sodass sich eine im Vergleich höhere Identifikation mit dem Fach zum Teil darüber erklären lässt. Einen größeren Einfluss auf die Identifikation mit der jeweiligen Domäne hat allerdings die Herkunftskonstellation, dies gilt sowohl für die Wahrnehmung der eigenen Leistung als auch für die Identitätsrelevanz, die berufliche Perspektive und die Wichtigkeit, gute Leistung im Fach zu erbringen. Schüler*innen mit eigener Migrationserfahrung und Schüler*innen, deren Eltern im Ausland geboren sind, zeigen im Vergleich hohe Identifikationswerte, dies gilt insbesondere für die Wahrnehmung, gute Leistung erbringen zu wollen. Es ist denkbar, dass diese Schüler*innen einen sich aus dem Wunsch nach sozialem Aufstieg generierenden Bildungsoptimismus aufweisen und sich deshalb allgemein etwas stärker mit bildungsbezogenen Domänen identifizieren. Diese Wahrnehmung ist unter Schüler*innen an Gymnasien in allen drei Domänen noch etwas stärker ausgeprägt als an Stadtteilschulen. Sowohl in Englisch als auch in Mathematik weisen Schüler*innen mit zwei in Deutschland geborenen Elternteilen hingegen besonders geringe Identifikationen mit den Domänen auf (Tabelle 6.18). Es ist jedoch darauf hinzuweisen, dass diese Werte aufgrund der sehr unterschiedlichen Fallzahlen innerhalb der Stichprobe eher als allgemeine Tendenzen zu verstehen sind. Beispielsweise haben lediglich 25 Schüler*innen zwei in Deutschland geborene Elternteile, während die größte Gruppe mit 242 Fällen diejenigen Schüler*innen darstellen, bei denen beide Elternteile im Ausland geboren wurden. 120 Schüler*innen verfügen über eine eigene Migrationserfahrung, bei 91 Schüler*innen wurde ein Elternteil im Ausland geboren.

Tabelle 6.18: Domain Identification nach Herkunftskonstellation.

Herkunftskonstellation		Mathematik	Deutsch	Englisch
Im Ausland geboren		16.13	16.31	17.80
Beide Elternteile im Ausland geboren	DIM_5	14.70	16.73	18.12
Ein Elternteil im Ausland geboren		14.52	17.40	18.02
Beide Elternteile in Deutschland geboren		14.54	17.56	16.36
Im Ausland geboren		28.02	30.14	31.85
Beide Elternteile im Ausland geboren	DIM_9	25.92	30.81	32.93
Ein Elternteil im Ausland geboren		25.69	31.21	32.92
Beide Elternteile in Deutschland geboren		24.46	30.52	29.00

6.3.6.4 Zensuren

Im Hinblick auf die Zensuren zeichnen sich in dieser Stichprobe deutliche Parallelen zu den in den Abschnitten 1.1 und 1.2 präsentierten Schulleistungsstudien ab. In beiden Fällen weisen Schüler*innen mit Migrationshintergrund in den Bereichen Mathematik und Deutsch im Durchschnitt schlechtere Leistungen bzw. Zensuren auf als Schüler*innen ohne Migrationshintergrund, im Fach Englisch hingegen zeigen sie, bis auf einige Ausnahmen in Bezug auf die Herkunftsregion, ähnliche bzw. bessere Leistungen bzw. Zensuren. Dabei sind es sowohl in den Schulleistungsstudien wie auch in dieser Stichprobe vor allem Schüler*innen arabisch/maghrebinischer bzw. türkischer Herkunftsregionen, die auch in Englisch schlechtere Leistungen bzw. Zensuren vorweisen. Ausgenommen von dieser relativ groben geographischen Zusammenfassung sind allerdings Schüler*innen mit iranischem Hintergrund, die tendenziell bessere Zensuren erreichen als Schüler*innen ohne Migrationshintergrund.

Die in Schulleistungsstudien wie PISA gefundenen Unterschiede hinsichtlich der Herkunftskonstellation bei Schüler*innen mit Migrationshintergrund zeigen sich in dieser Stichprobe nicht. Es sind lediglich Tendenzen zu erkennen, dass Schüler*innen mit einem in Deutschland geborenen Elternteil die durchschnittlich besten Zensuren vorweisen, gefolgt von Schüler*innen mit zwei in Deutschland geborenen Elternteilen und Schüler*innen mit zwei im Ausland geborenen Elternteilen. Schüler*innen mit eigener Migrationserfahrung weisen die schlechtesten Zensuren auf. Dies gilt für Mathematik und Englisch, im Fach Deutsch erreichen Schüler*innen mit zwei in Deutschland geborenen Elterneilen die besten Zensuren. Es ist denkbar, dass das schlechtere Abschneiden der Schüler*innen mit eigener Migrationserfahrung im Fach Mathematik zum Teil auf geringere Kompetenzen in der deutschen Sprache zurückzuführen ist, eine Problematik, auf die auch Gogolin (2006a) hinweist. Tatsächlich korrelieren die Zensuren in den Fächern Deutsch und Mathematik bei Schüler*innen mit eigener Migrationserfahrung etwas stärker als bei Schüler*innen anderer Herkunftskonstellationen. Unter der Annahme, dass die Zensur im Fach Deutsch auch Informationen zu sprachlichen Kompetenzen enthält, ergibt eine lineare Regression mit der Mathematikzensur als Kriterium und der Deutschzensur als Prädiktor beispielsweise für Schüler*innen mit zwei im Ausland geborenen Elternteilen eine signifikante Regression ($F(1, 241) = 111.529, p = .000$) mit einem Determinationskoeffizienten von ($R^2 = .317$) ($R = .563, t = 10.561, p = .000$); d.h. etwas über 30 Prozent der Varianz der Mathematiknote lassen sich durch die Deutschnote erklären. Bei Schüler*innen mit eigener Migrationserfahrung ist die Regression ebenfalls signifikant ($F(1, 119) = 99.083, p = .000$), hier sind es allerdings rund 45 Prozent der Streuung, die sich durch die Deutschnote erklären lassen ($R^2 = .456$) ($R = .676, t = 9.952, p = .000$). Im Fach Englisch zeigen sich solche Unterschiede nicht. Dies liegt wahrscheinlich auch in der Tatsache begründet, dass dem Deutschen in der Vermittlung von Inhalten im Englischunterricht eine wesentlich geringere Bedeutung zukommt als in anderen, nicht-sprachlichen Schulfächern.

Die Verwendung des Deutschen als Familiensprache, die in Schulleistungsstudien positive Auswirkungen auf die Testergebnisse der Schüler*innen hatte, hat in dieser Stichprobe hingegen keinen auch nur annähernd signifikanten Einfluss auf Zensuren, weder an Stadtteilschulen, noch an Gymnasien. Bei Betrachtung der gesamten

Stichprobe weisen Schüler*innen mit Deutsch als Familiensprache zwar tendenziell bessere Noten auf, allerdings überschreiten die Werte hier deutlich die Signifikanzgrenze.

Während der Bildungsstand der Eltern von Schüler*innen ohne Migrationshintergrund in einem klar signifikanten Zusammenhang mit den Zensuren steht, ist dies bei Schüler*innen mit Migrationshintergrund nicht der Fall. So bleiben alle Unterschiede hinsichtlich der Zensuren zumeist auch bei Kontrolle des Bildungsstandes der Eltern signifikant, wenngleich sich die Effekte teils etwas abschwächen.

6.3.6.5 Bezug zum Modell kognitiver Imbalance

In Bezug auf das Modell kognitiver Imbalance, dessen Postulate hinsichtlich der individuellen Empfänglichkeit für *Stereotype Threat* die Grundlage für diese Arbeit bilden, lassen sich anhand der konstruktspezifischen Ergebnisse bestimmte Gruppen definieren, bei denen negative Auswirkungen auf Leistung und mithin auf die Zensuren mit höherer Wahrscheinlichkeit zu erwarten wären als bei anderen. Es sollte sich dabei um Gruppen von Schüler*innen handeln, die der Domäne eine hohe Bedeutung beimessen und zugleich eine hohe Identifikation mit der Eigengruppe sowie eine hohe *Stigma Consciousness* aufweisen. Die Kombination von Merkmalen würde vor allem Schüler*innen mit eigener Migrationserfahrung und Schüler*innen, deren Eltern im Ausland geboren sind, betreffen. Sie weisen bei allen drei Determinanten höhere Werte auf als die übrigen Schüler*innen. Überdies gilt dies für Schüler*innen mit arabischer, maghrebinischer, türkischer sowie subsaharischer Herkunft und dabei vor allem für Schüler*innen mit iranischem oder ghanaischem Migrationshintergrund. Sie zeigen sowohl eine besonders hohe Identifikation mit der Domäne als auch eine ausgeprägte *Stigma Consciousness*. Wie eingangs vermutet, weisen Schüler*innen mit Migrationshintergrund zudem eine höhere Identifikation mit der Domäne Englisch auf als mit den Domänen Mathematik und Deutsch ($M = 32.45$ vs. $M = 26.30$ bzw. $M = 30.72$), was eine höhere Wahrscheinlichkeit für *Stereotype-Threat*-Effekte in dieser Domäne bewirken sollte. Der unter Schüler*innen mit Migrationshintergrund ohnehin besonders stark vorhandene Wunsch ,gut zu sein' ist im Fach Englisch zudem besonders ausgeprägt.

Im folgenden Strukturgleichungsmodell lässt sich die Wirkung der Einflussvariablen auf gruppenspezifischem Niveau aufgrund zu geringer Fallzahlen allerdings nicht überprüfen. Detaillierte Betrachtungen erfolgen deshalb anhand von einzelnen Regressionsanalysen.

6.4 Pfadanalysen, Mediatoranalysen und Strukturgleichungsmodell

Im folgenden Abschnitt werden die Hypothesen der zweiten Gruppe überprüft und das Strukturgleichungsmodell so stufenweise aufgebaut. In einem ersten Schritt werden dazu Pfadanalysen zur Untersuchung der direkten und der Mediatoreffekte, sowohl zwischen den Konstrukten als auch auf die Zensuren als Leistungsindikatoren, erstellt (H_2, $H_{2.1}$, $H_{2.2}$, $H_{2.3}$, $H_{2.3}$, $H_{2.4}$, $H_{2.5}$, $H_{2.5.1}$) (s. Abschnitte 4.1.2 & 4.1.2.1). Im zweiten Schritt erfolgt die Analyse der Gesamtzusammenhänge anhand des Strukturgleichungsmodells.

Alle folgenden Modelle beziehen sich ausschließlich auf Schüler*innen mit Migrationshintergrund.

6.4.1 Pfadanalysen

Der Aufbaulogik der vorangegangenen Kapitel folgend, werden die Pfadanalysen beginnend mit der *Stigma Consciousness*, gefolgt von der *Ingroup Identification* und der *Domain Identification* erstellt. Diese Pfadanalysen dienen der Überprüfung einfacher Zusammenhänge zwischen zwei latenten, durch die Fragebogenitems operationalisierten, Variablen bzw. deren Effekte auf die Zensuren.

6.4.1.1 Der Zusammenhang von Stigma Consciousness und Leistung, Domain Identification und Ingroup Identification

Pinel (1999) beschreibt *Stigma Consciousness* als ein von der *Ingroup Identification* relativ unabhängiges Phänomen und geht von einer leichten Korrelation beider Konstrukte aus. Diese Annahme wird durch die Daten in dieser Stichprobe bestätigt (Abbildung 6.14). *Stigma Consciousness* und *Ingroup Identification* korrelieren leicht positiv ($r = .16, p < .003$). Das Messmodell weist sehr gute Fit-Werte auf (CFI = .989, RMSEA = .039, SRMR = .0344, TLI = .984, χ^2/df = 1.726). Dieser Zusammenhang ist allerdings nicht bei allen Gruppen gleichgerichtet. In der Einzelanalyse zeigt sich, dass die Variablen bei Schüler*innen mit eigener Migrationserfahrung als einziger Gruppe negativ korreliert sind, dass also bei steigender Identifikation mit dem Migrationshintergrund, die *Stigma Consciousness* sinkt ($r = -.210, p$ (2-seitig) $< .024$). Bei Schüler*innen, deren Eltern im Ausland geboren wurden, zeigt sich hingegen ein im Vergleich zur gesamten Stichprobe deutlich stärkerer positiver Zusammenhang ($r = .275, p$ (2-seitig) $= .000$). Eine Abhängigkeit von der Herkunftsregion besteht hingegen nicht. Für keine der Herkunftsregionen ergeben sich signifikante Korrelationen, sodass dahingehend von einem individuellen Phänomen ausgegangen werden muss.

Die Erwartung, auf der Basis von negativen Stereotypen wahrgenommen, behandelt und bewertet zu werden ist einer der zentralen Variablen von *Stereotype Threat*. Dabei wirkt sich *Stigma Consciousness* nicht nur begünstigend auf die Empfänglichkeit für *Stereotype Threat* aus, Pinel (1999, vgl. Abschnitte 2.2 & 4.2.1) vermutet auch direkte negative Effekte auf Leistung durch eine erhöhte *Stigma Consciousness*, wenngleich die Mediatoren, die zu der Leistungsminderung führen, in beiden Fällen dieselben sind. Wie Abbildung 6.15 erkennen lässt, zeigen sich in der Stichprobe direkte negative Effekte der *Stigma Consciousness* auf die Zensuren[45] in den drei Hauptfächern, wobei dieser Effekt im Fach Englisch ($\beta = -.18, p = .000$) am stärksten ausgeprägt ist, gefolgt von Deutsch ($\beta = -.17, p = .000$) und Mathematik ($\beta = -.14, p < .004$). Insgesamt lassen

---

[45]   Vor dem Hintergrund, dass Zensuren mit hoher Wahrscheinlichkeit gemeinsame Varianz besitzen, die auf Faktoren wie Intelligenz, Fleiß, Motivation etc. zurückzuführen ist, werden in diesem und den folgenden Modellen Kovarianzen zwischen den Fehlertermen der Zensuren angenommen.

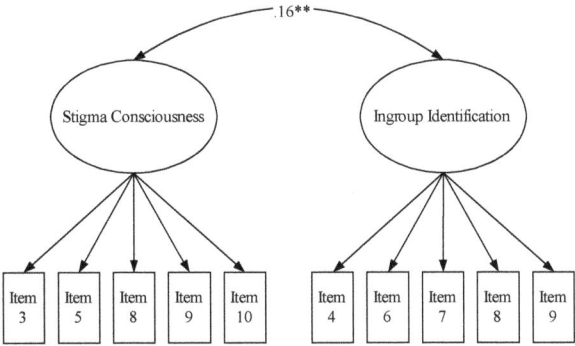

Abbildung 6.14: Korrelation von Stigma Consciousness und Ingroup Identification.

p ≤ .001, ** p ≤ .01, * ≤ .05
(CFI = .989, RMSEA = .039, SRMR = .0344, TLI = .984, χ^2/df = 1.726)

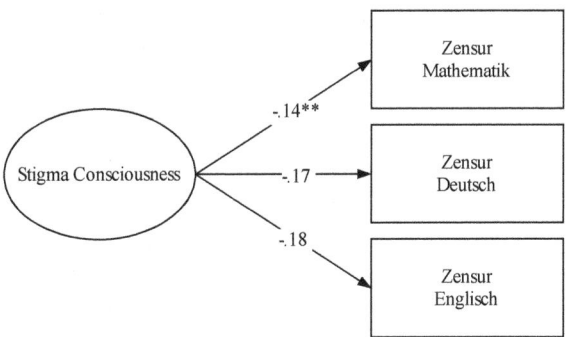

Abbildung 6.15: Prädiktorenmodell zum Zusammenhang zwischen Stigma Consciousness und Zensuren in den Fächern Mathematik, Deutsch und Englisch.

p ≤ .001, ** p ≤ .01, * ≤ .05
(CFI = .977, RMSEA = .073, SRMR = .0392, TLI = .958, χ^2/df = 3.597)

sich durch die *Stigma Consciousness* etwas über 3 Prozent der Varianz in der Englisch-Zensur, 3 Prozent in der Deutschzensur und etwas über 2 Prozent in der Mathematikzensur erklären. Die Fit-Werte des Modells sind als sehr gut zu bezeichnen, eine Ausnahme bildet lediglich der RMSEA, der sich allerdings ebenfalls auf akzeptablem Niveau bewegt (CFI = .977, RMSEA = .073, SRMR = .0392, TLI = .958, χ^2/df = 3.597). Unter Berücksichtigung der Korrelation zwischen Stigma Consciousness und Ingroup Identification (Abbildung 6.16) steigen die Regressionskoeffizienten leicht um .01 in Fall der Deutschzensur auf β = -.18 (p = .000) und Englisch um .03 auf β = .21 (p = .000). Auch dieses Modell zeichnet sich durch sehr gute Fit-Werte aus (CFI = .982, RMSEA = .042, SRMR = .0398, TLI = .975, χ^2/df = 1.837). Die aufgeklärte Varianz steigt bei der Englischzensur auf 6 Prozent, in Mathematik und Deutsch ergeben sich keine Veränderungen.

Bei Berücksichtigung der Kontextmerkmale zeigen sich nur geringe Veränderungen des Effekts der *Stigma Consciousness* auf die Zensuren, lediglich die Effekte auf die Deutsch- ($\beta = -.12$, $p < .010$) und Englischzensur ($\beta = -.17$, $p = .000$) sinken etwas, bleiben allerdings signifikant (Abbildung 6.17). Zwar wirkt sich auch hier die Verwendung des Deutschen als Familiensprache nicht signifikant auf die Zensuren in Mathematik, Deutsch und Englisch aus ($p = .442$; $p = .571$; $p = .409$), eine eigene Migrationserfahrung hingegen hat einen negativen Effekt in Deutsch ($\beta = -.25$, $p = .000$) und Englisch ($\beta = -.13$, $p < .034$), allerdings nicht in Mathematik ($p = .072$), eine Migration der Eltern wirkt sich ebenfalls negativ auf die Zensuren in Deutsch ($\beta = -.21$, $p = .000$) und Mathematik ($\beta = -.16$, $p < .009$) aus, in Englisch ist kein signifikanter Effekt zu beobachten, obschon die Signifikanzgrenze nur minimal überschritten wird ($p = .060$).

Erwartungsgemäß zeigt sich ein mit geringer werdendem Bildungsabschluss der Eltern negativer Effekt auf die Zensuren in allen drei Fächern (Mathematik ($\beta = -.10$, $p < .029$), Deutsch ($\beta = -.17$, $p = .000$), Englisch ($\beta = -.18$, $p = .000$). Effekte des Geschlechts auf die Zensur werden nur in den Fächern Deutsch und Mathematik signifikant, wobei sich das Geschlecht bei Mädchen in Mathematik negativ ($\beta = -.11$, $p < .016$) und in Deutsch positiv ($\beta = .13$, $p < .002$) auf die Zensur auswirkt. Auch dieses Modell weist gute Fit-Werte auf (CFI = .963, RMSEA = .061, SRMR = .0618, TLI = .936, χ^2/df = 2.784). Auch hier zeigen separate Regressionsanalysen, dass der Zusammenhang zwischen *Stigma Consciousness* und Zensuren in den Fächern Deutsch und Englisch an Gymnasien deutlich stärker ausfällt als an Stadtteilschulen, bei denen sich in keinem der Fächer signifikante Zusammenhänge nachweisen lassen (Tabelle 6.19). An Gymnasien lassen sich hingegen rund 7 Prozent bzw. 8 Prozent der Varianz im Kriterium (Zensur) durch den Prädiktor (*Stigma Consciousness*) aufklären. Zwar zeigt eine schrittweise Regression (Tabelle 6.20) ($R^2 = .693$, $F(2, 157) = 177.116$, $p = .000$) eine deutliche Verringerung des negativen Effekts der *Stigma Consciousness* auf die Zensur unter Berücksichtigung der *Domain Identification*, der Effekt bleibt aber signifikant ($\beta = -.12$, $t(157) = -2.716$, $p < .007$). Gemeinsam klären die Prädiktoren 69,3 Prozent der Varianz in der Englischzensur. Im Fach Deutsch ist dies ebenso der Fall ($R^2 = .566$, $F(2, 156) = 101.531$, $p = .000$) ($\beta = -.12$, $t(155) = -2.143$, $p < .034$). Hier beträgt die Varianzaufklärung allerdings nur 56,6 Prozent. Ganz besonders stark ist der Zusammenhang zwischen *Stigma Consciousness* und Zensur unter türkischstämmigen Schüler*innen am Gymnasium, sowohl im Fach Deutsch ($R^2 = .161$, $F(1, 35) = 6.711$, $p < .014$) ($\beta = -.401$, $t(35) = -2.591$, $p < .014$) als auch in Englisch ($R^2 = .351$, $F(1, 35) = 6.711$, $p = .000$) ($\beta = -.592$, $t(35) = -4.349$, $p = .000$), mit einem Varianzanteil von 16 Prozent bzw. 35 Prozent.

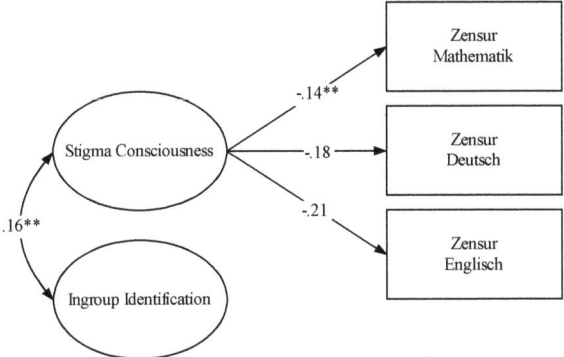

Abbildung 6.16: Zusammenhang von Stigma Consciousness und Zensur in Mathematik, Deutsch und Englisch unter Berücksichtigung der Ingroup Identification.

p ≤ .001, ** p ≤ .01, * ≤ .05
(CFI = .982, RMSEA = .042, SRMR = .0398, TLI = .975, χ^2/df = 1.837)

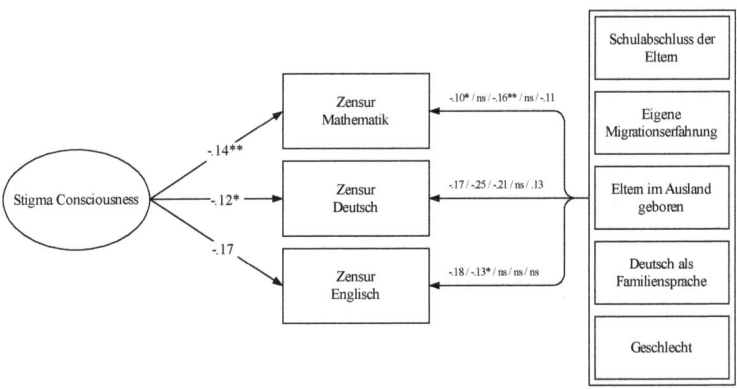

Abbildung 6.17: Prädiktorenmodell zum Zusammenhang zwischen Stigma Consciousness und Zensuren in den Fächern Mathematik, Deutsch und Englisch unter Berücksichtigung von Kontextmerkmalen.

p ≤ .001, ** p ≤ .01, * ≤ .05
(CFI = .963, RMSEA = .061, SRMR = .0618, TLI = .936, χ^2/df = 2.784)

Tabelle 6.19: Unterschiede im Zusammenhang zwischen Stigma Consciousness und Zensuren an Stadtteilschulen und Gymnasien.

	Stadtteilschule	Gymnasium
Deutsch	$F(1, 311) = .501$	$R^2 = .071$
	$p = .490$	$F(1, 159) = 12.108, p < .001$
	-	$\beta = -.266$
	-	$t(159) = -3.480, p < .001$
Englisch	$F(1, 313) = 2.355$	$R^2 = .081$
	$p = .126$	$F(1, 160) = 14.126, p = .000$
	-	$\beta = -.285$
	-	$t(159) = -3.758, p = .000$

Tabelle 6.20: Schrittweise Regression mit Stigma Consciousness und Domain Identification als Prädiktoren für die Zensuren in den Fächern Deutsch und Englisch bei Schüler*innen an Gymnasien.

Deutsch

	B	SE B	β
Step 1			
Constant	.990	.119	
Stigma Consciousness	-.031	.009	-.263
Step 2			
Constant	-.854	.161	
Stigma Consciousness	-.014	.006	-.121
Domain Identification	.098	.007	.719*

$R^2 = .069$ für Step 1, $\Delta R^2 = .565$ ($p = .000$). $*p < .001$

Englisch

	B	SE B	β
Step 1			
Constant	1.021	1.120	
Stigma Consciousness	-.033	.009	-.279*
Step 2			
Constant	-1.000	.133	
Stigma Consciousness	-.014	.005	-.121
Domain Identification	.099	.006	.800*

$R^2 = .078$ für Step 1, $\Delta R^2 = .639$ ($p = .000$). $*p < .001$

Hier ist allerdings anzumerken, dass der Effekt in einer schrittweisen Regression mit der *Domain Identification* an Signifikanz verliert ($p = .683$) bzw. ($p = .101$).

Unter Ausschluss der Schüler*innen mit türkischem Migrationshintergrund verliert der Zusammenhang zwischen *Stigma Consciousness* und Zensur im Fach Englisch an Gymnasien sogar vollkommen an Signifikanz ($F(1, 122) = .499$, $p = .481$), sodass dieser anscheinend vor allem auf diese Gruppe zurückzuführen ist. Es sind jedoch nicht ausschließlich türkischstämmige Schüler*innen, die für diese Effekte verantwortlich sind. Auch innerhalb der Gruppe, deren Fälle hier aufgrund geringer Fallzahlen unter ‚Sonstige' zusammengefasst werden, gibt es Hinweise auf negative Effekte. Hier überschreitet der Wert die Signifikanzgrenze nur knapp ($F(1, 57) = 3.372$, $p = .072$). Darüber hinaus muss beachtet werden, dass Schüler*innen aus Herkunftsregionen, die in den konstruktspezifischen Analysen hohe Ausprägungen von *Stigma Consciousness* aufweisen, wie etwa Iran oder Afghanistan, hier nur in sehr geringer Anzahl vorhanden sind. Indessen zeigen sich in der gesamten Stichprobe auch unter Ausschluss der türkischstämmigen Schüler*innen signifikante Zusammenhänge zwischen beiden Variablen: Mathematik ($R^2 = .019$, $F(1, 377) = 7.367$, $p < .007$) ($\beta = -.138$, $t(377) = -2.714$, $p < .007$), Deutsch ($R^2 = .021$, $F(1, 375) = 7.988$, $p < .005$) ($\beta = -.144$, $t(375) = -2.826$, $p < .005$), Englisch ($R^2 = .016$, $F(1, 376) = 6.285$, $p < .013$) ($\beta = -.128$, $t(376) = -2.507$, $p < .013$).

Sowohl Massey et al. (2003) als auch Aronson und Inzlicht (2004) konnten bei Proband*innen mit hoher *Stigma Consciousness* ein schwächer ausgebildetes und weniger stabiles Selbstkonzept nachweisen. Das im Hinblick auf diese Studien erstellte Pfadmodell (Abbildung 6.18) zum Zusammenhang von *Stigma Consciousness* und der *Domain Identification* in den drei Domänen zeigt einen, wenn auch relativ kleinen, negativen Effekt der *Stigma Consciousness* auf die *Domain Identification* Englisch ($\beta = -.10$, $p < .040$) und Deutsch ($\beta = -.12$, $p < .018$). In der Domäne Mathematik scheitert der Wert knapp an der Signifikanzgrenze ($p = .054$). Auch dieses Modell weist in jeder Hinsicht gute Fit-Werte auf (CFI = .956, RMSEA = .059, SRMR = .0628, TLI = .949, χ^2/df = 2.680). Wie die kleinen Regressionskoeffizienten vermuten lassen, klärt die *Stigma Consciousness* allerdings nur wenig Varianz in der *Domain Identification* auf, in der Domäne Deutsch sind es 1,5 Prozent in der Domäne Englisch 1,1 Prozent.

Auch hier steigen unter Berücksichtigung der Korrelation von *Stigma Consciousness* und *Ingroup Identification* im Modell die Regressionskoeffizienten sehr leicht um jeweils .02 in den Domänen Deutsch auf $\beta = .14$ ($p < .008$) und Englisch auf $\beta = .12$ ($p < .020$). Der Regressionskoeffizient für die Domäne Mathematik bleibt weiterhin nicht signifikant ($\beta = .09$, $p = .076$). Wie zu erwarten sind die Fit-Indizes auch für dieses Modell als gut bzw. sehr gut zu bezeichnen (CFI = .962, RMSEA = .046, SRMR = .0535, TLI = .957, χ^2/df = 2.026) (Abbildung 6.19).

Ebenso wie beim Zusammenhang zwischen *Stigma Consciousness* und Zensur, offenbaren Einzelanalysen, dass der negative Effekt der *Stigma Consciousness* auf die *Domain Identification* vor allem Schüler*innen an Gymnasien betrifft. Dabei können 3,7 Prozent bzw. 4,2 Prozent der Varianz in der *Domain Identification* in Deutsch und Englisch durch die *Stigma Consciousness* erklärt werden. Bei Schüler*innen an Stadtteilschulen zeigen sich keine signifikanten Zusammenhänge ($F(1, 311) = .095$, $p = .759$)

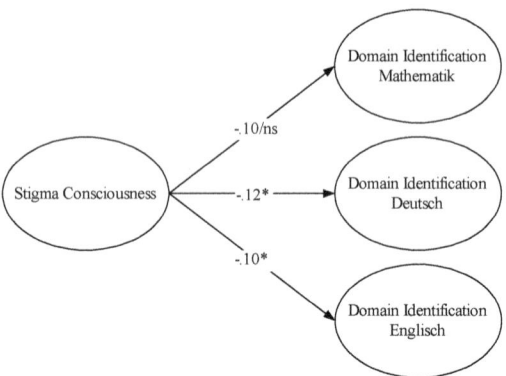

Abbildung 6.18: Zusammenhang von Stigma Consciousness und Domain Identification.

p ≤ .001, ** p ≤ .01, * ≤ .05
(CFI = .956, RMSEA = .059, SRMR = .0628, TLI = .949, χ^2/df = 2.680)

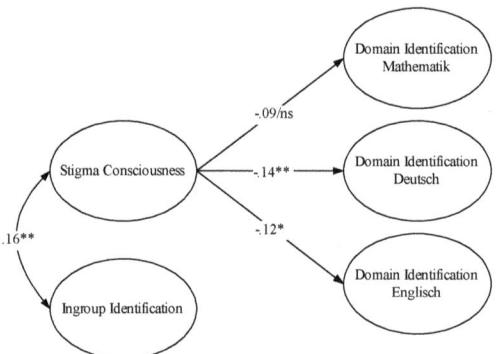

Abbildung 6.19: Zusammenhang von Stigma Consciousness und Domain Identification unter Berücksichtigung der Ingroup Identification.

p ≤ .001, ** p ≤ .01, * ≤ .05
(CFI = .962, RMSEA = .046, SRMR = .0535, TLI = .957, χ^2/df = 2.026)

bzw. ($F(1, 310)$ = .098, p = .754). Auch hier sind Schüler*innen mit türkischem Migrationshintergrund besonders stark betroffen, sowohl in Deutsch als auch in Englisch (Tabelle 6.21). Auch hier scheint dieser Effekt ebenfalls vor allem auf Schüler*innen mit türkischem Migrationshintergrund zurückzuführen zu sein. Unter Ausschluss dieser Gruppe verliert der Zusammenhang an Signifikanz (p = .900). Insgesamt zeigt sich dieser Zusammenhang nicht nur für den kompletten DIM, sondern, im Fall von Englisch, auch in Bezug auf die nicht schulbezogenen Items. Die Werte weichen dabei kaum von denen für die fünf ins Pfadmodell eingeflossenen Items ab (Tabelle 6.22). Wiederum zeigen sich bei Schüler*innen mit türkischem Migrationshintergrund besonders starke Zusammenhänge zwischen Prädiktor und Kriterium (Tabelle 6.23).

Regressionsanalysen unter Berücksichtigung aller Items des Stigma Consciousness Questionnaire, d.h. auch der, die nicht in die Pfadmodelle einfließen, ergeben größtenteils ähnliche Ergebnisse mit nur leichten Unterschieden bei den Effekten. Es ist allerdings anzumerken, dass sich in diesem Fall auch an der Stadtteilschule signifikante Zusammenhänge zwischen der *Stigma Consciousness* und den Zensuren in den Fächern Englisch und Deutsch ergeben, allerdings mit deutlich geringeren Effekten als auf dem Gymnasium (Tabelle 6.24). Darüber hinaus ist festzuhalten, dass auch die Items (1) und (7), die sich auf eine allgemeine, d.h. nicht schulbezogene, *Stigma Consciousness* beziehen, als Prädiktoren identifiziert werden konnten; beide erklären einen signifikanten Anteil der Varianz der Zensuren in den Fächern Deutsch und Englisch in der gesamten Stichprobe, auch wenn diese einen weiteren Faktor darstellen (Tabelle 6.25).

Tabelle 6.21: Unterschiede im Zusammenhang zwischen Stigma Consciousness und Domain Identification am Gymnasium zwischen Schüler*innen mit Migrationshintergrund im Allgemeinen und Schüler*innen mit türkischem Migrationshintergrund.

	Gymnasium (alle ohne TK)	Herkunft Türkei
Deutsch	$R^2 = .039$	$R^2 = .251$
	$F(1, 157) = 6.329, p < .013$	$F(1, 35) = 11.756, p < .002$
	$\beta = -.197$	$\beta = -.501$
	$t(156) = -2.445, p < .013$	$t(35) = -3.429, p < .002$
Englisch	$R^2 = .039$	$R^2 = .297$
	$F(1, 158) = 6.415, p < .012$	$F(1, 35) = 14.799, p = .000$
	$\beta = -.198$	$\beta = -.545$
	$t(157) = -2.533, p < .012$	$t(35) = -3.847, p = .000$

Tabelle 6.22: Lineare Regression für Stigma Consciousness (Prädiktor) und DIM (komplett sowie lediglich Items (5), (6), (7) & (8)) für Deutsch und Englisch bei Schüler*innen an Gymnasien.

	DIM mit 10 Items	DIM Items (5), (6), (7) & (8)
Deutsch	$R^2 = .033$	-
	$F(1, 157) = 5.437, p < .021$	$F(1, 160) = 2.469, p = .118$
	$\beta = -.183$	-
	$t(157) = -2.332, p < .021$	-
Englisch	$R^2 = .063$	$R^2 = .084$
	$F(1, 158) = 10.688, p < .001$	$F(1, 160) = 14.583, p = .000$
	$\beta = -.252$	$\beta = -.289$
	$t(158) = -3.269, p < .001$	$t(160) = -3.819, p = .000$

Tabelle 6.23: Lineare Regression für Stigma Consciousness (Prädiktor) und DIM (komplett sowie lediglich Items (5), (6), (7) & (8)) für Deutsch und Englisch bei Schüler*innen mit türkischem Migrationshintergrund an Gymnasien.

	DIM mit 10 Items	DIM Items (5), (6), (7) & (8)
Deutsch	$R^2 = .241$	$R^2 = .145$
	$F(1, 35) = 11.130, p < .002$	$F(1, 35) = 5.924, p < .020$
	$\beta = -.491$	$\beta = -.380$
	$t(35) = -3.336, p < .002$	$t(35) = -2.434, p < .020$
Englisch	$R^2 = .297$	$R^2 = .258$
	$F(1, 35) = 14.773, p = .000$	$F(1, 35) = 12.165, p < .001$
	$\beta = -.545$	$\beta = -.508$
	$t(35) = -3.844, p = .000$	$t(35) = -3.488, p < .001$

Tabelle 6.24: Lineare Regression für den DIM (alle Items) (Prädiktor) und Zensur (Kriterium) in Deutsch und Englisch an Stadtteilschulen und Gymnasien.

	Stadtteilschule	Gymnasium
Deutsch	$R^2 = .025$	$R^2 = .073$
	$F(1, 309) = 8.060, p < .005$	$F(1, 159) = 12.435, p < .001$
	$\beta = -.159$	$\beta = -.269$
	$t = -2.839, p < .005$	$t = -3.526, p < .001$
Englisch	$R^2 = .026$	$R^2 = .069$
	$F(1, 310) = 8.252, p < .004$	$F(1, 160) = 11.813, p < .001$
	$\beta = -.161$	$\beta = -.262$
	$t = -2.873, p < .004$	$t = -3.437, p < .001$

Tabelle 6.25: Lineare Regression für die Items (1) & (7) (Prädiktor) und die Zensur in Deutsch bzw. Englisch (Kriterium) in der Gesamtstichprobe.

	Item (1)	Item (7)
Deutsch	$R^2 = .023$	$R^2 = .017$
	$F(1, 477) = 11.394, p < .001$	$F(1, 476) = 8.363, p < .004$
	$\beta = -.153$	$\beta = -.131$
	$t(477) = 3.376, p < .001$	$t(476) = -2.892, p < .004$
Englisch	$R^2 = .019$	$R^2 = .013$
	$F(1, 479) = 9.428, p < .002$	$F(1, 478) = 6.466, p < .011$
	$\beta = -.139$	$\beta = -.116$
	$t(479) = -3.071, p < .002$	$t(478) = -2.543, p < .011$

6.4.2 Der Zusammenhang von Ingroup Identification und Leistung und Domain Identification

Zahlreiche Studien zeigen die Bedeutung der *Ingroup Identification* für die Empfänglichkeit für *Stereotype-Threat*-Effekte (vgl. Abschnitt 2.2). Personen mit einer hohen Identifikation mit einer stereotypisierten Gruppe geraten eher in Gefahr, ihr positives Selbstbild bedroht zu sehen, sind eher besorgt, negative Stereotype über ihre Gruppe zu bestätigen, neigen stärker zu Selbststereotypisierung und sind deutlich weniger dazu bereit, sich von der Eigengruppe zu distanzieren. Konform mit diesen Annahmen konnten Schmader (2012) sowie Wout et al. (2008) negative Effekte einer hohen *Ingroup Identification* auf Leistung dokumentieren. Zugleich vermuten Oyserman, Harrison und Bybee (2001), dass eine starke Identifikation mit der Eigengruppe, im Falle einer positiven Besetzung der eigenen ethnischen Identität, auch vor *Stereotype-Threat*-Effekten schützen kann.

Die Pfadanalyse (Abbildung 6.20) zeigt, dass sich die *Ingroup Identification* leicht positiv auf die Leistung auswirkt, allerdings ausschließlich im Fach Englisch ($\beta = .12$, $p = .011$); in den Fächern Deutsch und Mathematik besteht hingegen kein signifikanter Zusammenhang ($p = .463$; $p = .740$). Der Anteil an der Varianz in der abhängigen Variablen beträgt 1,5 Prozent. Das Modell zeigt sehr gute Fit-Werte (CFI = .987, RMSEA = .047, SRMR = .0341, TLI = .979, $\chi^2/df = 2.061$).

Positive Effekte der *Ingroup Identification* auf die Zensur im Fach Englisch scheinen insgesamt allerdings vor allem auf Schüler*innen an Stadtteilschulen zurückzugehen ($R^2 = .025$, $F(1, 311) = 7.821$, $p < .005$) ($\beta = .157$, $t(311) = 2.797$, $p < .005$). Besonders stark ist der Zusammenhang zudem bei Schüler*innen mit eigener Migrationserfahrung ($F(1, 115) = 10.551$, $p < .002$) ($\beta = .29$, $t(115) = 3.248$, $p < .002$) und Schüler*innen aus dem subsaharischen Raum ($F(1, 34) = 4.190$, $p < .048$) ($\beta = .331$, $t(34) = 2.074$, $p < .048$) sowie Schüler*innen afghanischer Herkunft ($F(1, 54) = 11.006$, $p < .002$) ($\beta = .411$, $t(54) = 3.318$, $p < .002$) ausgeprägt. Ein zunächst naheliegend erscheinender Zusammenhang mit den Effekten einer eigenen Migrationserfahrung ist hier allerdings eher unwahrscheinlich, in beiden Gruppen sind die Schüler*innen mehrheitlich in Deutschland geboren. Bei afghanisch-stämmigen Schüler*innen sind es 71,4 Prozent, bei Schüler*innen mit subsaharischen Herkunftsländern sind es 86,5 Prozent ohne eigene Migrationserfahrung. Die Effekte bleiben auch dann signifikant, wenn Schüler*innen aus Ländern mit Englisch als Landessprache, wie z.B. Ghana, unberücksichtigt bleiben.

Unter Berücksichtigung der Korrelation zwischen der *Ingroup Identification* und der *Stigma Consciousness* steigen beide Pfadkoeffizienten ebenso leicht. Der positive Effekt der *Ingroup Identification* steigt um .04 auf $\beta = .16$ ($p = .001$) (Abbildung 6.21). Das bedeutet, dass bei Konstanthaltung der jeweils anderen Variable der Einfluss auf die Zensur wächst, und impliziert zugleich, dass kein Mediatoreffekt von *Ingroup Identification* über *Stigma Consciousness* auf die Zensur existiert, da der direkte Effekt der *Stigma Consciousness* auf die Zensur in diesem Falle sinken müsste. Dieses Modell zeigt durchweg als sehr gut zu bezeichnende Fit-Werte (CFI = .982, RMSEA = .045,

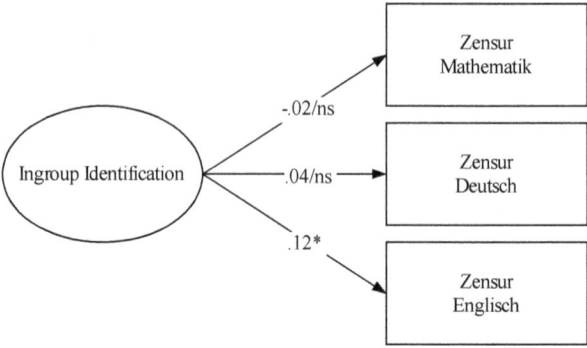

Abbildung 6.20: Prädiktorenmodell zum Zusammenhang zwischen Ingroup Identification und Zensuren in Mathematik, Deutsch und Englisch.

$p \leq .001$, ** $p \leq .01$, * $\leq .05$
(CFI = .987, RMSEA = .047, SRMR = .0341, TLI = .979, χ^2/df = 2.061)

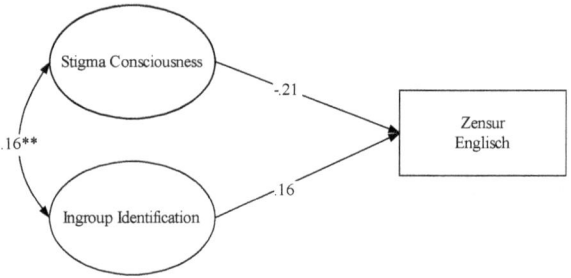

Abbildung 6.21: Einfluss der Stigma Consciousness auf die Englisch-Zensur unter Kontrolle der Ingroup Identification.

$p \leq .001$, ** $p \leq .01$, * $\leq .05$
(CFI = .982, RMSEA = .045, SRMR = .0379, TLI = .975, χ^2/df = 1.958)

SRMR = .0379, TLI = .975, χ^2/df = 1.958) und erklärt 6 Prozent der Varianz in der
Englischzensur.

Bei Kontrolle von Kontextmerkmalen verbleiben die Zusammenhänge zwischen
der Identifikation mit dem Migrationshintergrund und den Zensuren in den Fächern
Deutsch und Mathematik unterhalb des Signifikanzniveaus. Der positive Effekt der
Identifikation auf die Englischzensur steigt um .06 auf β = .18 (Abbildung 6.22). Wie
zuvor zeigen sich signifikante negative Effekte auf die Zensuren mit geringer werden-
dem Schulabschluss der Eltern (β = -.09, $p < .036$; β = -.17, p = .000; β = -.17, p = .000),
während sich in allen drei Fächern negative Effekte einer eigenen Migrationserfahrung

(β = -.12, p < .047; β = -.27, p = .000; β = -.15, p < .012) sowie einer Migration der Eltern (β = -.18, p < .003; β = -.24, p = .000; β = .16, p < .008) zeigen. Die Verwendung des Deutschen als primäre Familiensprache hat auch in diesem Modell keinen signifikanten Effekt auf die Zensuren, das Geschlecht lediglich in Mathematik und Deutsch. Das Modell weist allerdings lediglich als akzeptabel zu bewertende Fit-Werte auf (CFI = .948, RMSEA = .066, SRMR = .0830, TLI = .914, χ^2/df = 3.114).

Ein Zusammenhang mit der *Domain Identification*, wie im Fall der *Stigma Consciousness*, besteht in der gesamten Stichprobe nicht (Abbildung 6.23), alle p-Werte liegen hier deutlich oberhalb der Signifikanzgrenze. In der Einzelanalyse zeigt sich allerdings ein heterogenes Bild. Während sich für die Gesamtstichprobe an Gymnasien keinerlei Signifikanzen in den drei Domänen Mathematik, Deutsch und Englisch ergeben (p = .298; p = .573; p = .810), ist an Stadtteilschulen ein signifikanter Zusammenhang zwischen der Identifikation mit der Eigengruppe und der *Domain Identification* zu konstatieren, sowohl in Deutsch (R^2 = .018, $F(1, 307)$ = 5.550, p < .019) (β = .133, $t(307)$ = 2.356, p < .019), als auch in Englisch (R^2 = .015, $F(1, 307)$ = 4.569, p < .033) (β = .12, $t(307)$ = 2.137, p < .033). In Mathematik ist hingegen ein negativer Effekt zu konstatieren (R^2 = .027, $F(1, 307)$ = 8.597, p < .004) (β = -.165, t = -2.932, p < .004). Herkunftsbezogene Effekte zeigen sich bei Schüler*innen mit afghanischem Migrationshintergrund sowohl in Deutsch (R^2 = .147, $F(1, 54)$ = 9.298, p < .004) (β = .383, $t(54)$ = 3.049, p < .004) als auch in Englisch (R^2 = .093, $F(1, 53)$ = 5.446, p < .023) (β = .305, $t(53)$ = 2.334, p < .023) (β = .433, $t(52)$ = 3.469, p < .001), während bei Schüler*innen mit türkischem Migrationshintergrund ein negativer Effekt in der Domäne Englisch zu beobachten ist (R^2 = .050, $F(1, 91)$ = 4.838, p < .030) (β = -.225, $t(91)$ = -2.200, p < .030),

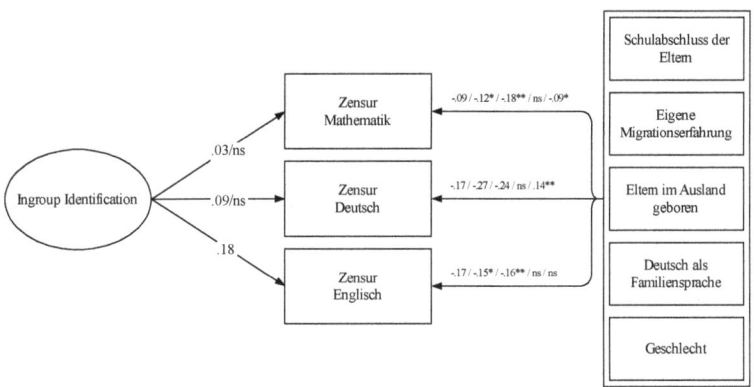

Abbildung 6.22: Prädiktorenmodell zum Zusammenhang von Ingroup Identification auf die Zensuren in Mathematik, Deutsch und Englisch unter Berücksichtigung von Kontextmerkmalen.

p ≤ .001, ** p ≤ .01, * ≤ .05
(CFI = .948, RMSEA = .066, SRMR = .0830, TLI = .914, χ^2/df = 3.114)

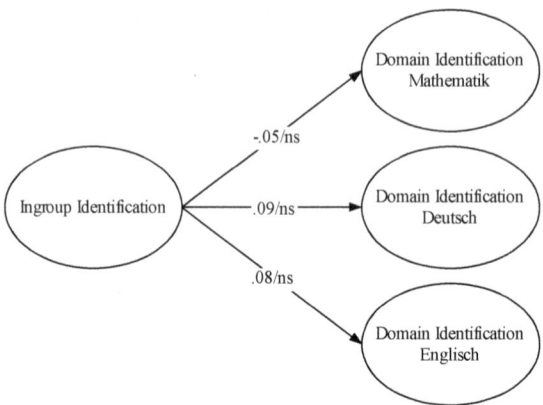

Abbildung 6.23: Einfluss der Ingroup Identification auf die Domain Identification in Mathematik, Deutsch und Englisch.

p ≤ .001, ** p ≤ .01, * ≤ .05
(CFI = .961, RMSEA = .054, SRMR = .0557, TLI = .956, χ^2/df = 2.398)

signifikant allerdings nur am Gymnasium (R^2 = .159, $F(1, 34)$ = 6.446, $p < .016$) (β = -.399, $t(34)$ = -2.539, $p < .016$) (Stadtteilschule: $p = .349$). Bei Schüler*innen mit eigener Migrationserfahrung zeigt sich ein positiver Effekt in der Domäne Englisch (R^2 = .045, $F(1, 115)$ = 5.378, $p < .022$) (β = .211, $t(115)$ = 2.319, $p < .022$), bei Schüler*innen mit zwei im Ausland geborenen Elternteilen in der Domäne Deutsch (R^2 = .023, $F(1, 237)$ = 5.679, $p < .018$) (β = .153, $t(237)$ = -2.383, $p < .018$).

6.4.2.1 Der Zusammenhang zwischen Domain Identification und Leistung

Dass eine hohe Identifikation mit einer Domäne zu einer erhöhten Anfälligkeit für *Stereotype-Threat*-Effekte führt, gilt als gesichert. Zahlreiche Studien zu diesem Thema lassen keine Zweifel an der moderierenden Rolle eines hohen domänenspezifischen Selbstkonzepts und der daraus erwachsenden Besorgnis, Fehler zu machen und das negative Stereotyp zu bestätigen (vgl. Abschnitt 2.2). Zwingend notwendig ist eine im Vergleich besonders hohe Identifikation mit einer Domäne jedoch nicht, wie Keller und Dauenheimer (2003) zeigen konnten. Darüber hinaus mag sich eine hohe *Domain Identification* zwar situativ negativ auf Performanz auswirken, gleichzeitig lässt die annähernde Übereinstimmung der *Domain Identification* mit dem fachlichen Selbstkonzept einen grundsätzlich gegenteiligen Effekt erwarten. Positive Selbstkonzepte gehen in der Regel mit höherer Motivation und Selbstwirksamkeitserwartung einher, die sich wiederum positiv auf Erwerbsprozesse und somit auch auf Leistung auswirken.

In Abbildung 6.24 zeigen sich deutlich die starken Zusammenhänge zwischen der *Domain Identification* und den Noten in allen drei Hauptfächern, wobei das Regressionsgewicht im Fach Englisch (β = .66, p = .000) noch einmal beträchtlich höher ausfällt als in Deutsch (β = .49, p = .000) und Mathematik (β = .55, p = .000). Das Modell weist dabei gute Fit-Werte auf (CFI = .958, RMSEA = .068, SRMR = .0668, TLI = .950, χ^2/df = 3.207). Insgesamt lassen sich 42,9 Prozent der Varianz in der Note im Fach Englisch durch die *Domain Identification* aufklären. In den Fächern Deutsch und Mathematik sind es hingegen nur 24,2 Prozent bzw. 29,8 Prozent. Im Hinblick auf die im Internal/External-Frame-of-Reference-Modell (Marsh, 1986) postulierten Annahmen ist von einer Korrelation der Leistung, nicht aber des verbalen und des mathematischen Selbstkonzepts auszugehen. Konform mit diesen Annahmen korreliert die *Domain Identification* in den Fächern Deutsch und Englisch (r = .27, p = .000) positiv miteinander. Der Zusammenhang zwischen der *Domain Identification* in den Fächern Deutsch und Mathematik ist gering und negativ (r = -.11, p < .024). Zwischen der *Domain Identification* in Mathematik und Englisch besteht kein signifikanter Zusammenhang (p = .482). In Anbetracht dieser schwachen Korrelationen kann ein Faktorenmodell 2. Ordnung, wie etwa einer übergeordneten Identifikation mit Schule oder Bildung im Allgemeinen, ausgeschlossen werden.

Auch bei Kontrolle von Kontextmerkmalen wie Bildungsstand der Eltern, Migrationskonstellation, Verwendung des Deutschen als Familiensprache und Geschlecht zeigen sich keine maßgeblichen Veränderungen der Zusammenhänge zwischen *Domain Identification* und Zensuren (Abbildung 6.25). Wieder zeigen sich mit sinkendem Bildungsstand der Eltern leichte negative Effekte auf die Zensuren in Mathematik, Deutsch und Englisch (β = .11, p < .006; β = .13, p < .002; β = .12, p < .001). Während sich eine eigene Migrationserfahrung oder eine Migration beider Elternteile negativ auf die Zensuren auswirkt ($\beta_{Mathematik}$ = -.15, p = .000; $\beta_{Deutsch}$ = -.21, p < .002; $\beta_{Englisch}$ = -.20, p = .000) bzw. ($\beta_{Mathematik}$ = -.16, p = .000; $\beta_{Deutsch}$ = -.19, p = .000; $\beta_{Englisch}$ = -.19, p = .000),

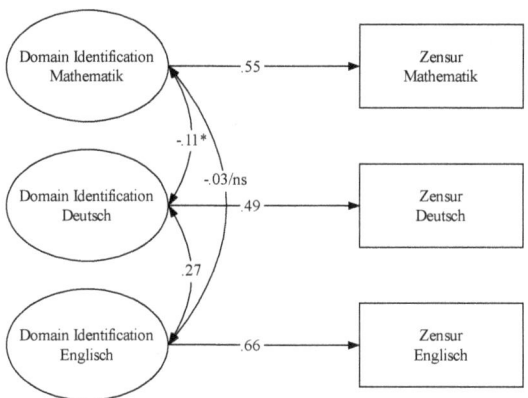

Abbildung 6.24: Prädiktorenmodell zum Zusammenhang zwischen DIM Mathematik, Deutsch, Englisch und Fachzensuren.

p ≤ .001, ** p ≤ .01, * ≤ .05
(CFI = .958, RMSEA = .068, SRMR = .0668, TLI = .950, χ^2/df = 3.207)

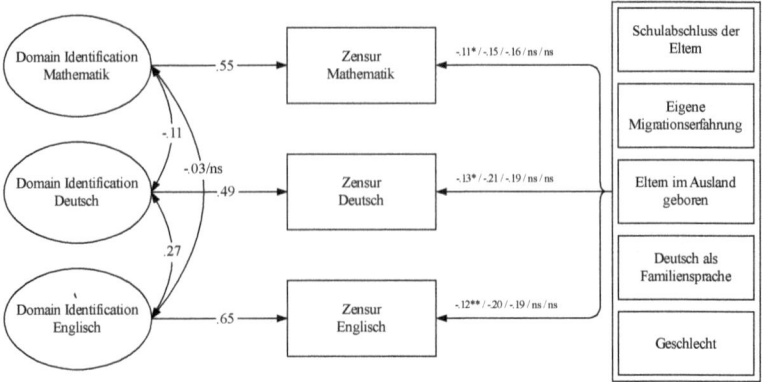

Abbildung 6.25: Prädiktorenmodell zum Zusammenhang zwischen DIM Mathematik, Deutsch, Englisch und Fachzensuren unter Berücksichtigung von Kontextmerkmalen.

p ≤ .001, ** p ≤ .01, * ≤ .05
(CFI = .949, RMSEA = .060, SRMR = .0711, TLI = .938, χ²/df = 2.756)

Tabelle 6.26: Unterschiede im Zusammenhang zwischen Domain Identification und Zensur an Stadtteilschulen und Gymnasien.

	Stadtteilschule	Gymnasium
Mathematik	$R^2 = .499$	$R^2 = .697$
	$\beta = .706$	$\beta = .835$
	$F(1, 317) = 315.56$	$F(1, 160) = 368.535$
	$t = 17.764$	$t = 19.197$
	$p = .000$	$p = .000$
Deutsch	$R^2 = .322$	$R^2 = .551$
	$\beta = .567$	$\beta = .742$
	$F(1, 317) = 150.369$	$F(1, 157) = 192.785$
	$t = 12.263$	$t = 13.885$
	$p = .000$	$p = .000$
Englisch	$R^2 = .504$	$R^2 = .678$
	$\beta = .710$	$\beta = .824$
	$F(1, 316) = 321.724$	$F(1, 158) = 333.397$
	$t = 17.937$	$t = 18.259$
	$p = .000$	$p = .000$

hat weder die Verwendung des Deutschen als Familiensprache ($p = .770$, $p = .733$, $p = .668$) noch das Geschlecht ($p = .930$, $p = .391$, $p = .633$) der Schüler*innen einen signifikanten Effekt auf die Zensuren. Hier bewegen sich die Fit-Werte in einem akzeptablen Bereich (CFI = .949, RMSEA = .060, SRMR = .0711, TLI = .938, χ^2/df = 2.756). Detaillierte Einzelbetrachtungen mittels Regressionsanalysen zeigen, dass die Zusammenhänge zwischen *Domain Identification* und Zensuren auf dem Gymnasium etwas stärker ausfallen als an der Stadtteilschule; entsprechend ist auch der Anteil an erklärter Varianz im Kriterium durch den Prädiktor (R^2) höher (Tabelle 6.26). So können in diesem Modell 50 Prozent, 32 Prozent und 50 Prozent der Varianz in den Zensuren der Fächer Mathematik, Deutsch und Englisch an der Stadtteilschule durch die *Domain Identification* erklärt werden, an Gymnasien sind es hingegen 70 Prozent, 55 Prozent bzw. 68 Prozent. Auffällig ist, dass der Zusammenhang zwischen *Domain Identification* und Mathematik bzw. Englisch beinahe identisch ist, während der Zusammenhang im Fach Deutsch in beiden Schulformen deutlich geringer ausfällt. Darüber hinaus existieren keine nennenswerten Unterschiede zwischen den Gruppen.

6.4.3 Mediatormodelle

Eines der Ziele dieser Arbeit ist es, die Beziehung der Modellvariablen untereinander zu überprüfen. Hierzu gehört auch die Untersuchung von Effekten auf Leistung, die nicht direkt, sondern indirekt über eine der anderen Variablen vermittelt werden. Voraussetzung für einen Mediatoreffekt ist ein signifikanter Zusammenhang der unabhängigen Variable sowohl mit der abhängigen als auch mit der Mediatorvariable. Diese Voraussetzungen sind hier für die *Stigma Consciousness*, die Leistung und die *Domain Identification* gegeben. Obwohl der Zusammenhang zwischen *Stigma Consciousness* und *Domain Identification* in Mathematik nicht signifikant ist, soll aufgrund der äußerst geringen Überschreitung der Signifikanzgrenze ($p = .054$) dennoch ein Mediatormodell erstellt werden.

Im Rahmen dieser Arbeit wird angenommen, dass *Stigma Consciousness* nicht nur einen negativen Effekt auf Leistung, sondern auch auf die *Domain Identification* hat. Im Hinblick auf den Zusammenhang zwischen *Domain Identification* und Leistung scheint es deshalb plausibel, dass sich *Stigma Consciousness* nicht nur direkt, sondern auch indirekt, mittels einer verminderten Leistungserwartung und eines sich möglicherweise daraus ergebenden Disengagements auf die Leistung auswirkt. Diese Vermutung wird durch die vorangegangenen Pfadanalysen gestützt, die zeigen, dass sich *Stigma Consciousness* in der Tat sowohl negativ auf die Zensur als auch auf die *Domain Identification* auswirkt. Die Mediatormodelle bestätigen diese Hypothese. In allen drei Fächern zeigt sich ein signifikanter negativer Effekt der *Stigma Consciousness* auf die *Domain Identification* ($\beta = -.10$, $p < .044$; $\beta = -.13$, $p < .014$; $\beta = -.11$, $p < .037$) und der direkte negative Effekt der *Stigma Consciousness* auf die Leistung sinkt, in Mathematik um .06 auf $\beta = -.08$ ($p < .044$) (Abbildung 6.26), in Deutsch um .06 auf $\beta = -.11$ ($p < .014$) (Abbildung 6.27) und in Englisch um .07 auf $\beta = -.11$ ($p < .003$) (Abbildung 6.28). Alle direkten Effekte bleiben jedoch signifikant. Unter Berücksichtigung der Zensur zeigt sich hier auch ein signifikanter Effekt der *Stigma Consciousness* auf die *Domain Identification* in Mathematik, wenngleich mit einem knappen Ergebnis ($p < .044$). Die standardisierten indirekten Effekte der *Stigma Consciousness* auf Zensuren betragen in Mathematik $\beta = -.07$, in Deutsch $\beta = -.07$ und in Englisch $\beta = -.07$ und ergeben so standardisierte totale Effekte von $\beta = -.14$, $\beta = -.17$ bzw. $\beta = -.18$. Dabei weisen alle Mediatormodelle gute bis sehr gute Fit-Werte auf (Mathematik: CFI = .967, RMSEA = .068, SRMR = .0408, TLI = .954, χ^2/df = 3.204; Deutsch: CFI = .979, RMSEA = .060, SRMR = .0405, TLI = .971, χ^2/df = 2.751; Englisch: CFI = .982, RMSEA = .054, SRMR = .0338, TLI = .976, χ^2/df = 2.413).

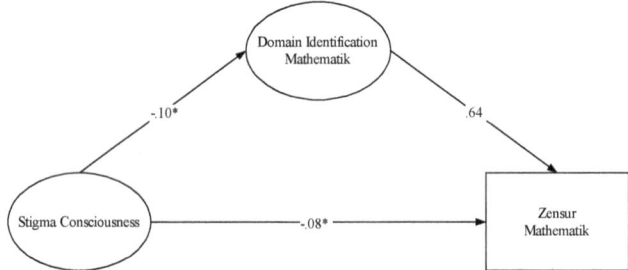

Abbildung 6.26: Einfluss der Stigma Consciousness auf die Zensur im Fach Mathematik vermittelt über die Domain Identification.

p ≤ .001, ** p ≤ .01, * ≤ .05
(CFI = .982, RMSEA = .054, SRMR = .0338, TLI = .976, χ^2/df = 2.413)

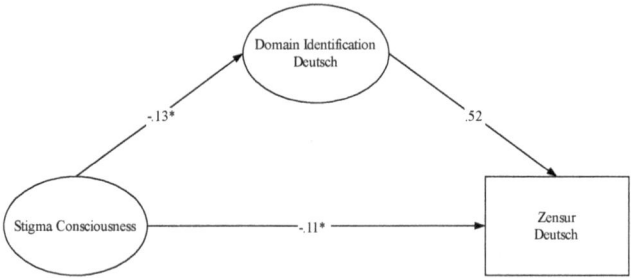

Abbildung 6.27: Einfluss der Stigma Consciousness auf die Zensur im Fach Deutsch vermittelt über die Domain Identification.

p ≤ .001, ** p ≤ .01, * ≤ .05
(CFI = .967, RMSEA = .068, SRMR = .0408, TLI = .954, χ^2/df = 3.204)

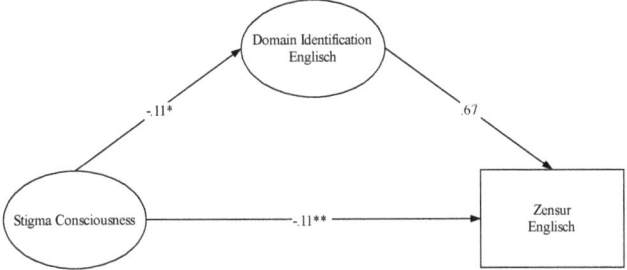

Abbildung 6.28: Einfluss der Stigma Consciousness auf die Zensur im Fach Englisch vermittelt über die Domain Identification.

p ≤ .001, ** p ≤ .01, * ≤ .05
(CFI = .979, RMSEA = .060, SRMR = .0405, TLI = .971, χ²/df = 2.751)

6.4.4 Strukturgleichungsmodelle

Im letzten Schritt erfolgt nun die Integration der einzelnen Pfad- und Mediatormodelle in ein Gesamtmodell, in dem alle Variablen, d.h. *Domain Identification* in den drei Hauptfächern, *Stigma Consciousness* und *Ingroup Identification* sowie unmittelbare und mittelbare Beziehungen zwischen diesen Konstrukten und den Zensuren gleichzeitig berücksichtigt werden. In einem zweiten Modell werden die relevanten Kontextmerkmale der Stichprobe kontrolliert, wobei der familiale Sprachgebrauch aufgrund fehlender Signifikanzen in allen vorangegangenen Messmodellen nicht in das Gesamtmodell eingehen wird.

Insgesamt zeigen sich im Vergleich zu den Werten der vorangegangenen Pfad- und Mediatormodelle nur geringe Veränderungen der Schätzwerte (vgl. Abbildung 6.29). Weiterhin besteht ein starker positiver Zusammenhang zwischen der *Domain Identification* und der Zensur im jeweiligen Fach. Im Vergleich zum Mediatormodell fällt der Effekt in Mathematik etwas geringer aus (β = .55, p = .000), die Effekte in Deutsch (β = .50, p = .000) und Englisch (β = .64, p = .000) bewegen sich auch im Gesamtmodell in etwa auf demselben Niveau wie in den zuvor berechneten Modellen.

Weiterhin bestehen die negativen Effekte der *Stigma Consciousness* auf die *Domain Identification*, wobei der Effekt in Mathematik ebenso wie in der Einzelbetrachtung die Signifikanzschwelle überschreitet, wenngleich knapp (p = .057). In den sprachlichen Fächern sind die geschätzten Effekte mit β = -.14 (p < .007) in Deutsch und β = -.12 (p < .018) in Englisch jedoch signifikant. Ebenso zeigen sich im Gesamtmodell die negativen Effekte der *Stigma Consciousness* auf die Zensuren, sowohl direkt als auch indirekt über die *Domain Identification*. Im Vergleich zu den im vorangegangenen Abschnitt präsentierten Mediatormodellen erhöhen sie sich sehr leicht, in Mathematik um -.02 auf β = -.10 (p < .013), in Deutsch um -.01 auf β = -.12 (p < .008) und in Englisch um -.03 auf β = -.14 (p = .000). Die Hypothese, dass ein Teil der negativen Effekte der

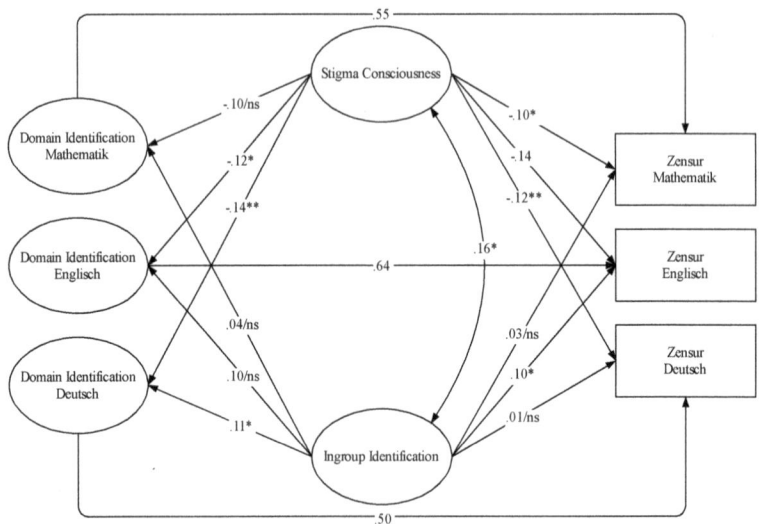

Abbildung 6.29: Strukturgleichungsmodell unter Berücksichtigung aller Variablen.

p ≤ .001, ** p ≤ .01, * ≤ .05
(CFI = .961, RMSEA = .047, SRMR = .0558, TLI = .955, χ²/df = 2.054)

Stigma Consciousness auf die Zensur über einen negativen Effekt auf die *Domain Identification* vermittelt werden, bestätigt sich auch im Gesamtmodell. Zu den direkten Effekten kommen in den Fächern Deutsch und Englisch die indirekt vermittelten negativen Effekte von β = -.07 bzw. β = -.08. Da der negative Effekt der *Stigma Consciousness* auf die *Domain Identification* Mathematik nicht signifikant ist, ist streng genommen auch nicht von einem Mediatoreffekt auszugehen. Aufgrund der sehr geringen Überschreitung der Signifikanzgrenze sollen die Effekte hier dennoch berichtet werden, in Mathematik beträgt der indirekte Effekt auf die Zensur β = -.05. Unter diesem Vorbehalt ergeben sich im Gesamtmodell standardisierte totale Effekte der *Stigma Consciousness* auf die Zensuren von β = -.16 in Mathematik, β = -.19 in Deutsch und β = -.21 in Englisch.

Der positive Zusammenhang zwischen *Stigma Consciousness* und *Ingroup Identification* bleibt auch im gesamten Kontext konstant bei β = .16 (p < .004).

Analog zu den Pfadmodellen in Abschnitt 6.4.1.2 ergibt sich auch bei Berücksichtigung aller Variablen ein positiver Effekt der *Ingroup Identification* auf die Zensur im Fach Englisch. Dieser fällt im Vergleich zu den Einzelanalysen zwar etwas geringer aus, bleibt mit β = .12 (p < .013) jedoch weiterhin signifikant. Es zeigt sich hingegen kein signifikanter Effekt auf die Zensuren in Deutsch (p = .822) und Mathematik (p = .521). Im Gegensatz zum Pfadmodell wird der positive Effekt der *Ingroup Identification* auf die *Domain Identification* in Deutsch in der Gesamtbetrachtung signifikant (β = .10, p

< .030), im Fall von Englisch wird die Signifikanzschranke nur geringfügig überschritten (β = .10, p = .051), sodass hier, gerade auch im Hinblick auf das Ergebnis in Deutsch als ebenfalls sprachlichem Fach, zweifelsohne von einer Tendenz gesprochen werden kann. In Mathematik besteht hingegen eindeutig kein Zusammenhang zwischen beiden Konzepten (p = .496). Unter dem Vorbehalt, dass der Effekt in Englisch die Signifikanzgrenze knapp überschreitet, betragen die standardisierten indirekten Effekte der *Ingroup Identification* auf die Zensur vermittelt über die *Domain Identification* β = .07 in Deutsch und β = .08 in Englisch und summieren sich so zu einem standardisierten totalen Effekt der *Ingroup Identification* auf die Zensur von β = .07 in Deutsch und β = .16 in Englisch.

Wie im Hinblick auf die Einzelmodelle anzunehmen, erzielt auch das Gesamtmodell durchgehend gute bis sehr gute Fit-Werte (CFI = .961, RMSEA = .047, SRMR = .0558, TLI = .955, χ^2/df = 2.054) und erklärt 27 Prozent der Varianz in der Deutschzensur, 32 Prozent der Varianz in der Mathematikzensur und 46 Prozent der Varianz in der Zensur im Fach Englisch. Zur Beurteilung des Gesamtmodells schlagen Weiber und Mühlhaus (2014) zudem die Überprüfung der Standardfehler der Schätzung (S.E.) und Critical Ratios (C.R.) vor. Sie geben zu bedenken, dass es sich bei den Schätzwerten um sogenannte Punktschätzungen handelt, die auf Basis *einer* möglichen Stichprobe aus der Grundgesamtheit zustande kommt. D.h., dass bei einer weiteren Stichprobe, diese Schätzwerte variieren können. Kleine Standardfehler sind ein Indiz für die Zuverlässigkeit der Schätzung. Die Critical Ratio dient zur Überprüfung, dass sich die Schätzwerte *nicht* signifikant von Null unterscheiden. Critical Ratios über einem Wert von 1.96 lassen auf einen bedeutenden Beitrag des Parameters für die Modellstruktur schließen, da die Nullhypothese, dass sich der Wert *nicht* signifikant von Null unterscheidet, bei einer Irrtumswahrscheinlichkeit von 5 Prozent verworfen werden kann. Für das hier vorgestellte Modell zeigen alle Standardfehler geringe Werte und weisen eine insgesamt homogene Verteilung auf. Dies spricht für eine hohe Zuverlässigkeit der Schätzwerte, sodass in einer anderen Stichprobe die Schätzwerte nur in geringem Maße variieren sollten. Ebenso weisen die meisten im Modell signifikanten Pfadkoeffizienten Werte deutlich oberhalb von 1.96 auf (Tabelle 6.27).

Unter Berücksichtigung der in den Einzelanalysen signifikanten Kontextvariablen ergeben sich wiederum einige leichte Veränderungen der Schätzwerte (Abbildung 6.30). Im Gegensatz zu den Einzelanalysen ist im Gesamtmodell kein signifikanter Einfluss des Geschlechts auf die Zensuren in Mathematik Deutsch mehr festzustellen (p = .756; p = .750). In Englisch zeigt sich ebenso wie in den vorangegangenen Untersuchungen kein signifikanter Effekt (p = .676). Die drei anderen relevanten Kontextvariablen – Schulbildung der Eltern sowie eine eigene bzw. eine Migrationserfahrung der Eltern – weisen alle signifikante Effekte auf die Zensuren auf, wobei sich beide Migrationskonstellationen negativ auf die Zensuren auswirken (β = -.19, p = .000; β = -.21, p = .000; β = -.16, p = .000) bzw. (β = -.18, p = .000; β = -.19, p = .000; β = -.18, p = .000) und sich mit sinkendem Bildungsabschluss der Eltern ein leichter negativer Effekt auf die Zensuren abzeichnet, der in Deutsch geringfügig stärker ausfällt als in Mathematik und Englisch (Mathematik: β = .12, p < .002; Deutsch: β = -.14, p = .000; Englisch: β = -.12, p = .000).

Tabelle 6.27: Standardfehler und Critical Ratios für Pfadkoeffizienten zwischen den Konstrukten.

	S.E.	C.R.	p
Zensur Mathematik <-- Stigma Consciousness	.048	-2.478	.013
Zensur Deutsch <-- Stigma Consciousness	.054	-2.655	.008
Zensur Englisch <-- Stigma Consciousness	.047	-3.529	***
Zensur Mathematik <-- Domain Identification Mathematik	.027	20.398	***
Zensur Deutsch <-- Domain Identification Deutsch	.030	18.286	***
Zensur Englisch <-- Domain Identification Englisch	.027	25.496	***
Zensur Mathematik <-- Ingroup Identification	.046	.642	.521
Zensur Deutsch <-- Ingroup Identification	.051	.224	.822
Zensur Englisch <-- Ingroup Identification	.045	2.540	.011
Domain Identification Mathematik <-- Stigma Consciousness	.059	-1.900	.057
Domain Identification Deutsch <-- Stigma Consciousness	.057	-2.719	.007
Domain Identification Englisch <-- Stigma Consciousness	.057	-2.365	.018
Domain Identification Mathematik <-- Ingroup Identification	.057	-.681	.496
Domain Identification Deutsch <-- Ingroup Identification	.055	2.168	.030
Domain Identification Englisch <-- Ingroup Identification	.055	1.950	.051

*** $p < .001$

Während mit Ausnahme einer äußerst geringen Abnahme von .01 in Deutsch die Effekte der *Domain Identification* auf die Zensuren konstant bleiben, sinken unter Kontrolle der Kontextmerkmale die Effekte der *Stigma Consciousness* auf die Zensuren etwas, in Mathematik verliert der Effekt sogar Signifikanz ($p = .055$). In Englisch und Deutsch bleibt der Effekt hingegen signifikant, verringert sich allerdings um -.03 auf β = -.11 ($p < .003$) in Englisch und um -.03 auf $\beta = .09$ ($p < .038$) in Deutsch. Die negativen Effekte der *Stigma Consciousness* auf die *Domain Identification* verändern sich nicht. Weiterhin wird in beiden sprachlichen Fächern ein Teil des negativen Effekts der *Stigma Consciousness* auf die Zensur über die *Domain Identification* vermittelt. In Deutsch beträgt der standardisierte indirekte Effekt β = -.07, in Englisch β = -.08. Die standardisierten totalen Effekte belaufen sich so auf β = -.16 auf die Deutschzensur und auf β = -.19 auf die Englischzensur.

Der im ersten Modell bereits signifikante positive Effekt der *Ingroup Identification* auf die Zensur in Englisch verstärkt sich bei Kontrolle der Kontextvariablen noch um .04 auf β = .14 ($p = .000$). Ein solcher Effekt lässt sich aber weiterhin nicht für die Zensuren in den Fächern Deutsch ($p = .211$) und Mathematik ($p = .086$) nachweisen. Zusammen mit dem über die *Domain Identification* indirekt vermittelten positiven

Effekt von $\beta = .10$ beträgt der standardisierte totale Effekt der *Ingroup Identification* auf die Zensur im Fach Englisch $\beta = .20$.

Die erklärte Varianz in den Zensuren steigt in allen drei Fällen leicht, in Deutsch auf 32 Prozent, in Mathematik auf 37 Prozent und in Englisch auf 51 Prozent. Dabei weist das Modell etwas schlechtere, wenngleich immer noch als ausnahmslos gut zu bezeichnende Fit-Werte auf (CFI = .949, RMSEA = .048, SRMR = .0642, TLI = .941, $\chi^2/df = 2.099$).

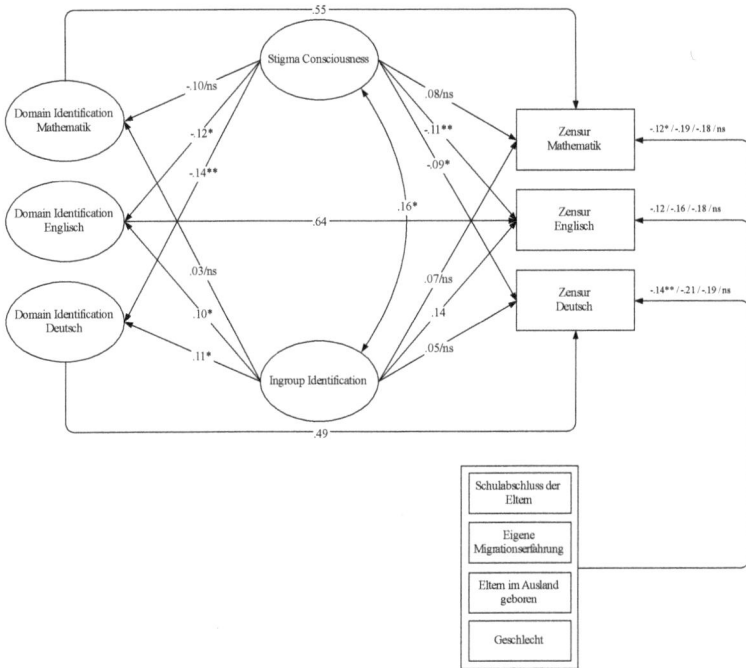

Abbildung 6.30: Strukturgleichungsmodell unter Berücksichtigung aller Variablen und relevanter Kontextmerkmale.

$p \leq .001$, ** $p \leq .01$, * $\leq .05$
(CFI = .949, RMSEA = .048, SRMR = .0642, TLI = .941, $\chi^2/df = 2.099$)

6.4.5 Bedeutung der vorgestellten Analysen für die Überprüfung der Hypothesen

H_2 *Es existiert ein positiver Zusammenhang zwischen Domain Identification und Leistung.*

Im Hinblick auf die annähernde Entsprechung von *Domain Identification* und Selbstkonzept und den in der Selbstkonzeptforschung unumstrittenen positiven Zusammenhang mit Leistung ist auch hier von einem generell positiven Zusammenhang von *Domain Identification* und Leistung ausgegangen worden. In allen drei Domänen zeigt sich ein positiver Effekt. Die Hypothese muss folglich angenommen werden. Allerdings variieren die Stärke und die durch die Identifikation mit der Domäne erklärte Varianz in der entsprechenden Zensur. Der stärkste Effekt und die dementsprechend zugleich höchste Varianzaufklärung zeigt sich in der Domäne Englisch, die geringste in der Domäne Deutsch.

$H_{2.1}$ *Stigma Consciousness und Leistung stehen in einem negativen Verhältnis.*

Im Einklang zu Annahmen und Erkenntnissen von Brown und Pinel (2003) bezüglich negativer Effekte der *Stigma Consciousness* auf Testresultate und der Tatsache, dass eine ausgeprägte *Stigma Consciousness* zu einem häufigeren und stärkeren Empfinden von *Stereotype Threat* und damit in Zusammenhang stehenden Leistungsdekrementen führt, zeigen sich in dieser Stichprobe negative Effekte in den Gesamtzensuren der Fächer. Diese fallen sowohl in den Einzeluntersuchungen als auch unter Berücksichtigung aller Variablen im Gesamtmodell in Englisch am stärksten aus, gefolgt von Deutsch und Mathematik. Während der Effekt auf die Mathematikzensur in den Einzeluntersuchungen und auch im Gesamtmodell signifikant ist, verliert der Schätzwert im Gesamtmodell unter Kontrolle der Kontextvariablen an Signifikanz. Die Hypothese kann folglich mit dieser Einschränkung angenommen werden. Einzeluntersuchungen zeigen zudem, dass es stark ausgeprägte Unterschiede zwischen den einzelnen Gruppen gibt. So ist beispielsweise der Effekt an Gymnasien und dort speziell unter türkischstämmigen Schüler*innen besonders stark ausgeprägt, während an der Stadtteilschule keine bzw. nur geringe Effekte festzustellen sind.

$H_{2.2}$ *Es existiert ein Zusammenhang zwischen Ingroup Identification und Leistung.*

Ein Zusammenhang zwischen *Ingroup Identification* und Leistung zeigt sich ausschließlich im Fach Englisch, in dem eine steigende Identifikation mit dem Migrationshintergrund einen positiven Effekt auf die Zensur hat. Dies ist sowohl in den Einzelanalysen als auch im Gesamtmodell der Fall. Bei Kontrolle der Kontextvariablen steigt dieser Effekt nochmals. Zudem zeigt sich ein indirekter positiver Effekt über die *Domain Identification*. In Mathematik und Deutsch zeigen sich hingegen keinerlei signifikante Effekte. Die Hypothese kann somit teilweise angenommen werden. Es ist allerdings zu konstatieren, dass es gruppenbezogene Unterschiede gibt. Während die *Ingroup Identification* bei den meisten Gruppen in einem positiven Verhältnis zur Leistung steht, ist dies bei Schüler*innen türkischer Herkunft nicht der Fall, hier ist der Zusammenhang negativ.

$H_{2.3}$ *Die Effekte der Stigma Consciousness, Ingroup Identification und Domain Identification auf Leistung sind unabhängig von Kontextmerkmalen.*

Ebenso wie in der ersten Hypothesengruppe sollte gezeigt werden, dass die Effekte auch bei Berücksichtigung von Kontextmerkmalen signifikant bleiben und somit eine von ihnen unabhängige Wirkkraft besitzen. Dies ist im Allgemeinen auch so. Lediglich im Fach Mathematik verliert der ohnehin schwache Einfluss der *Stigma Consciousness* auf die Zensur an Signifikanz.

$H_{2.4}$ *Ingroup Identification und Stigma Consciousness korrelieren positiv miteinander.*

Die von Pinel (1999) postulierte leichte reziproke Abhängigkeit von *Stigma Consciousness* und *Ingroup Identification* zeigt sich auch in den Daten dieser Stichprobe. Beide Konstrukte korrelieren leicht positiv miteinander, sodass die Hypothese auch für diese Stichprobe anzunehmen ist.

$H_{2.5}$ *Stigma Consciousness und Domain Identification stehen in einem negativen Verhältnis.*

Wie angenommen wirkt sich die *Stigma Consciousness* nicht nur negativ auf die Zensuren, sondern auch auf die Identifikation mit der Domäne aus. Während diese Effekte in den Domänen Deutsch und Englisch im Gesamtmodell signifikant sind, wird die Signifikanzschwelle in der Domäne Mathematik jeweils leicht überschritten. Im Hinblick auf die signifikanten Effekte in Deutsch und Englisch ist hier jedoch mit hoher Wahrscheinlichkeit ebenfalls von einem tendenziellen negativen Effekt auszugehen. Allerdings beschränken sich die Effekte auf Schüler*innen an Gymnasien. Die Hypothese kann folglich mit diesen Einschränkungen teilweise angenommen werden.

$H_{2.5.1}$ *Es existiert ein Mediationseffekt von Stigma Consciousness auf Leistung über Domain Identification.*

Vor dem Hintergrund der in Deutsch und Englisch signifikanten Effekte sowohl auf die Zensur als auch auf die *Domain Identification* wurde die Annahme überprüft, dass sich ein Teil des negativen Effekts der *Stigma Consciousness* auf die Zensur über die *Domain Identification* vermittelt. Trotz des nicht-signifikanten Effekts der *Stigma Consciousness* auf die *Domain Identification* wurde aufgrund der geringen Überschreitung der Signifikanzschwelle ein solcher Mediatoreffekt auch in Mathematik überprüft. In allen drei Fällen zeigt sich, dass ein Teil des negativen Effekts der *Stigma Consciousness* auf die Zensur über die *Domain Identification* vermittelt wird, wobei der direkte Effekt signifikant bleibt. Dies ist sowohl in den einzelnen Pfadmodellen als auch im Gesamtmodell der Fall. Für Deutsch und Englisch kann die Hypothese somit ohne Einschränkungen angenommen werden. Unter dem Vorbehalt der geringen Überschreitung der Signifikanzgrenze, kann auch in Mathematik tendenziell eine Vermittlung negativer Effekte angenommen werden.

6.4.6 Analyse und Diskussion

Pfadanalysen und Gesamtmodell zeigen, dass die individuellen Prädiktoren für *Stereo-type Threat* sich nicht nur direkt auf Leistung auswirken, sondern sich auch untereinander beeinflussen und somit darüber hinaus indirekte Effekte auf Leistung haben. Diese Einflüsse sind jedoch nicht für alle Fächer gleich. Es zeichnet sich, wie angenommen, eine gewisse Sonderrolle für Englisch ab, sowohl in Bezug auf die totalen Effekte als auch auf den Einfluss von *Domain Identification* und *Ingroup Identification*.

6.4.6.1 Stigma Consciousness als zentrale Variable

Es zeigt sich, dass *Stigma Consciousness* eine ‚negative Hauptrolle' im Zusammenspiel der Variablen einnimmt. Dieses sich von *Stereotype Threat* selbst nur geringfügig unterscheidende und deshalb durchaus als zentrale Komponente zu bezeichnende Konstrukt hat auf Zensuren, als longitudinale Leistungsindikatoren, als einziges durchgehend negative Effekte. *Stigma Consciousness* bewirkt somit nicht nur eine höhere Anfälligkeit für *Stereotype Threat*, sie wirkt sich zugleich negativ auf die Leistung und die Wahrnehmung derselben aus. Wenngleich hier nicht direkt auf *Stereotype-Threat*-Effekte geschlossen werden kann, ist davon auszugehen, dass ein Teil der hier gemessenen negativen Effekte auf dessen Einfluss zurückzuführen ist. Die Erwartung auf Basis negativer Stereotype gesehen und bewertet zu werden wird höchstwahrscheinlich auch mit der Besorgnis einhergehen, diese durch schlechte Leistung zu bestätigen. In jedem Falle sind die mediierenden Effekte wie überhöhte Vorsicht, *Anxiety* und negative Performanzerwartungen identisch.

6.4.6.2 Zusammenspiel von Stigma Consciousness und Ingroup Identification

Wie von Pinel (1999) vermutet, korrelieren *Stigma Consciousness* und *Ingroup Identification* leicht positiv. Pinel formuliert allerdings keine Vermutung für die Gründe dieses Zusammenhangs, und auch die Daten dieser Erhebung können keinen Aufschluss darüber geben. Dass das Zugehörigkeitsgefühl zu einer Gruppe mit der Sensibilität gegenüber stereotypgeleiteter Behandlung bzw. empfundener Diskriminierung einhergeht, ist vor dem Hintergrund, dass mit der Bedeutung der Gruppenzugehörigkeit für das Selbstbild auch das Bedürfnis einer positiven Bewertung der betreffenden Eigengruppe, gerade durch Mitglieder anderer Gruppen (*Social Identity Theory*, vgl. Tajfel 1974; Tajfel & Turner, 1986) zunimmt, plausibel. Ebenso ist nachvollziehbar, dass die verstärkte Empfindung von Diskriminierung, gleichbedeutend mit mangelnder Akzeptanz durch die Fremdgruppe, eine Hinwendung zur Eigengruppe und eine verstärkte Solidarität mit ihr begünstigt. In Anbetracht dessen fällt der Zusammenhang sogar überraschend gering aus. Ein viel bedeutsamerer Faktor für die Ausprägung der *Stigma Consciousness* scheint hingegen der Stellenwert zu sein, den eine deutsche Identität[46] für das Individuum einnimmt. Hier steigt die *Stigma Consciousness* relativ stark mit

---

[46]   Gemeint ist hier die Selbstzuordnung zur sozialen Gruppe der Deutschen, deren Definition neben objektiven Kriterien (wie bspw. Staatsangehörigkeit) auch subjektive Vorstellungen der Schüler*innen beinhaltet. Aus Gründen der Praktikabilität wird im weiteren Verlauf von ‚deutscher Identität' gesprochen.

sinkender Bedeutung einer deutschen Identität, und zwar in allen Gruppen, d.h. relativ unabhängig von anderen Faktoren. Dies ist ein starker Hinweis darauf, dass die Möglichkeit, eine nicht negativ stereotypisierte Identität anzunehmen, die Wahrscheinlichkeit für *Stereotype-Threat*-Effekte mindert (vgl. Abschnitt 2.2). In besonderem Maße schwach ausgeprägt ist die deutsche Identität unter Schüler*innen mit arabischem, maghrebinischem und türkischem Migrationshintergrund.

6.4.6.3 Domain Identification als Mediator

Augenscheinlich sind die direkten Effekte der *Stigma Consciousness* auf die Zensuren unter Berücksichtigung aller Variablen inklusive der Kontextmerkmale in der Gesamtstichprobe zwar signifikant, sodass man mit Sicherheit von einem negativen Effekt der *Stigma Consciousness* auf Zensuren bzw. Leistung sprechen kann. Allerdings ist dieser Effekt relativ klein, wobei er in Englisch noch am höchsten ausfällt. Relevanz gewinnt der Einfluss der *Stigma Consciousness* auf die Leistung allerdings durch die Gesamtheit der Effekte unmittelbarer und mittelbarer Natur, zu denen nicht nur die hier gemessenen gehören, sondern auch die von Aronson und Inzlicht (2004) nachgewiesenen. Interessant ist der negative Effekt der *Stigma Consciousness* auf die *Domain Identification*, der sich hauptsächlich in den beiden sprachlichen Fächern niederschlägt. Während Aronson und Inzlicht (2004) Hinweise darauf fanden, dass stigmabewusste Individuen geringere Fähigkeiten zur Selbsteinschätzung besitzen und zugleich fragilere Selbstwirksamkeitserwartungen aufweisen, zeigt sich hier, dass eine hohe *Stigma Consciousness* auch die Identifikation mit einer Domäne verringert und auf diese Weise zu einer Form der *Disidentification* beiträgt. Folglich kann sich *Stigma Consciousness* auf wenigstens drei Arten indirekt negativ auf Leistung auswirken, die im weiteren Sinne mit der Wahrnehmung eigener Leistung und Leistungsfähigkeit zusammenhängen, sowohl auf kognitiv-evaluativer als auch auf affektiver Ebene. Aronson und Inzlicht vermuten eine erhöhte Sensibilität gegenüber Feedback hinter den von ihnen gemessenen Effekten. Diese Hypothese ist auch in Bezug auf die *Domain Identification* bzw. das Selbstkonzept annehmbar. Da das Feedback relevanter Bezugspersonen wie Lehrer*innen eine der primären Quellen für die Selbstkonzeptgenese darstellt, könnte eine Neigung, negatives Feedback übertrieben stark wahrzunehmen, zu einer dauerhaft geringeren Selbsteinschätzung in Bezug auf Leistung und Leistungsfähigkeit führen. Dies gilt in besonderem Maße, wenn Schüler*innen der Überzeugung sind, dass dieses Feedback einen *Racial Bias* enthält, da es – in Bezug auf den *Locus of Control* – eine hohe wahrgenommene externale Stabilität aufweist, d.h. nicht durch individuelle Anstrengung beeinflussbar ist. Es ist denkbar, dass eine derartige Wahrnehmung auf einer übergeordneten Ebene auch zu einer geringeren Identifikation mit Schule und Bildungseinrichtungen im weiteren Sinne führen kann, da Erfolgsaussichten aufgrund einer subjektiv empfundenen Einflusslosigkeit eingeschränkt scheinen, unabhängig davon, ob dies etwa durch institutionelle Diskriminierung oder realen *Racial Bias* tatsächlich gegeben ist. Diese kann letztlich auch in einer Abwendung von solchen Institutionen münden.

6.4.6.4 Domain Identification im Schulkontext

Sowohl in den einzelnen Pfadanalysen als auch im Gesamtmodell zeigt sich der starke positive Zusammenhang zwischen *Domain Identification* und Leistung. Dass Schüler*innen mit guten Leistungen auch eine hohe *Domain Identification* aufweisen, die sich im Allgemeinen wiederum positiv auf Leistung auswirken sollte, ist im Hinblick auf die Forschung zur Beziehung von Selbstkonzept und Leistung nicht verwunderlich. Negative Effekte einer hohen *Domain Identification* können schlüssigerweise nur situativ durch eine für das Individuum hohe Bedeutung einer Domäne und die damit einhergehende Besorgnis, ebendort geringe Leistung zu zeigen, auftreten. Langfristig ist hingegen von einer positiven Beziehung auszugehen, wie dies in dieser Stichprobe der Fall ist. Dabei hat die *Domain Identification* in Englisch einen stärkeren Effekt auf die Zensur als dies in Mathematik oder Deutsch der Fall ist. Die Gründe hierfür können vielfältiger Natur und teilweise wahrscheinlich nur unter Einbezug anderer, hier unberücksichtigter Variablen zu erklären sein, z.B. unterschiedliche Auswirkungen der *Domain Identification* auf Partizipation im Unterricht, auf Selbstwirksamkeitserwartung, Motivation und Investment etc. Die Tatsache, dass sich der negative Effekt der *Stigma Consciousness* auf die Zensur unter Berücksichtigung der *Domain Identification* deutlich verringert, könnte ein Hinweis auf die Richtigkeit der von Cohen et al. (2012) angenommenen Bedeutung einer Stärkung des Selbstkonzepts als Hauptansatzpunkt zur langfristigen Bekämpfung von *Stereotype-Threat*-Effekten sein.

Im Hinblick auf diese Ergebnisse, die deutlich höheren Effekte der *Stigma Consciousness* auf Zensuren und *Domain Identification* an Gymnasien und den Hinweisen auf eine untergeordnete Rolle der *Domain Identification* bei Realschülern (vgl. Keller & Dauenheimer, 2003) muss zudem die Frage gestellt werden, ob die Identifikation mit einer Domäne im Schulkontext vielmehr auf einer Metaebene der Identifikation mit Bildung angesiedelt werden muss. Wie bereits zuvor erwähnt ist die *Domain Identification* in der überwältigenden Mehrheit der Arbeiten im Bereich *Stereotype Threat* mit Fokus auf Student*innen definiert worden, die sich bewusst für eine bestimmte Fachrichtung entschieden haben, innerhalb derer sie wiederum eine gewisse interessengeleitete Wahlfreiheit besitzen. Schüler*innen treffen diese Entscheidungen nicht, Schulfächer sind, ebenso wie deren curriculare Inhalte, vorgegeben und somit weitgehend unbeeinflussbar in Bezug auf individuelle Neigung und Interesse, zwei für die Identifikation mit einer Domäne wahrscheinlich bedeutende Faktoren. Dabei werden sich Schüler*innen zweifelsohne mit bestimmten Fächern stärker identifizieren als mit anderen, dies ändert jedoch nichts an deren Pflichtcharakter. Es ist allerdings denkbar, dass Schüler*innen an Gymnasien sich im Allgemeinen verstärkt mit Bildung und Bildungsinhalten identifizieren, möglicherweise erzeugt und getragen von einer Art *Reflected Glory*[47] (vgl. Cialdini et al., 1976) des Gymnasiums, von Berufsambitionen oder vom Bildungsstand des Elternhauses. Covington (2002) kommt in einer Zusammenschau beispielsweise zu dem Schluss, dass es in erster Linie bildungsbezogene und soziale Zielsetzungen sind, die Schüler*innen zum Schulbesuch motivieren. Dass solche bildungsbezogenen Ziele von Schüler*innen an Gymnasien besonders ausgeprägt und die deshalb unter *Stereotype*

---

[47]   „[…] people appear to feel that they can share in the glory of a successful other with whom they are in some way associated" (Cialdini et al., 1976: 366).

Threat und ähnlichen Phänomenen unter stärkeren Druck geraten, scheint plausibel. Mehr noch: Negative leistungsbezogene Stereotype sollten für zusätzlichen Druck sorgen, solchen gesellschaftlichen Vorstellungen nicht zu entsprechen. Es ist nicht zuletzt diese Empfindung, die maßgeblich für *Stereotype Threat* ist. Die von Steele und Aronson anfänglich aufgestellte Hypothese, dass Auswirkungen negativer Stereotype vor allem die Leistungsstärksten betreffen (vgl. Abschnitt 2.2), scheint sich hier in gewisser Weise zu bestätigen, zwar nicht in Bezug auf eine bestimmte Domäne, sondern vielmehr in Bezug auf den Bildungsgang. Aufgrund der nur sehr geringen Anzahl von Forschungsarbeiten zum Thema, die nicht an Colleges bzw. Universitäten durchgeführt wurden, ist ein metaanalytischer Vergleich mit Bildungseinrichtungen auf niedrigerem Niveau bislang kaum möglich, scheint allerdings vor dem Hintergrund dieser Ergebnisse lohnenswert. Es ist durchaus plausibel, dass es neben der Identifikation mit einer spezifischen Domäne auch die Identifikation mit (höherer) Bildung ist, die Individuen anfällig für die Effekte negativer Stereotype hinsichtlich Leistungsfähigkeit und Intelligenz macht, schließlich haben diese Faktoren bei höheren Bildungsabschlüssen eine erhebliche Relevanz. Es ist weiterhin denkbar, dass ebensolche Individuen mit höherem Bildungsniveau und Intelligenz in besonderem Maße über negative Stereotype und deren Folgen reflektieren und somit eine stärkere *Stigma Consciousness* ausbilden, mit wiederum negativen Folgen für ihre Leistungsfähigkeit.

6.4.6.5 Die Bedeutung der Zusammensetzung der Schülerschaft als möglicher Moderator

Ein weiterer Grund für die deutlich geringeren bis nicht-existenten Effekte an Stadtteilschulen könnte die unterschiedliche Zusammensetzung der Schülerschaft an beiden Schulformen sein. In dieser Stichprobe befinden sich Schüler*innen mit Migrationshintergrund (mit Ausnahme einer Schule) an Gymnasien in der Minderheit, während sie an Stadtteilschulen die klare Mehrheit stellen. Die Kombination aus hohen Ansprüchen am Gymnasium und im Verhältnis geringer Repräsentanz der Eigengruppe könnte zu einer *Belonging Uncertainty* unter Schüler*innen mit Migrationshintergrund beitragen, in der negative bildungsbezogene Stereotype an Relevanz gewinnen, wodurch auch die Empfindung, auf deren Basis gesehen und bewertet zu werden, steigen dürfte. Obwohl es paradox erscheint, könnte die im Verhältnis hohe Repräsentanz von Schüler*innen mit Migrationshintergrund an Stadtteilschulen hingegen zu einer geringeren Salienz des Migrationshintergrundes führen, wodurch die Kategorie ‚Migrationshintergrund' an distinktiver Bedeutung und somit an allgemeiner und auch situativer Relevanz (vgl. bspw. Brewer, 1988) verlöre. Das *Identity Engagement Model* (Abbildung 6.31) (vgl. Cohen & García, 2008) zur Darstellung von Identity-Threat-Effekten auf Performanz und Lernleistung unter realen Bedingungen über einen langen Zeitraum hinweg lässt erkennen, dass der Umstand, dass sich eine Gruppe in der Mehrheit befindet und die individuelle Gruppenmitgliedschaft dadurch an Salienz verliert, eine mögliche Bedrohung durch negative Stereotype bereits an der Wurzel, nämlich der kontextuellen Identitätsrelevanz, eliminiert. An der Spitze des Modells steht die psychologische Aktivierung der sozialen Identität in Situationen, in denen Individuen eine negative Beurteilung oder Behandlung auf Basis der mit ihnen assoziierten Stereotype erwarten. Bei

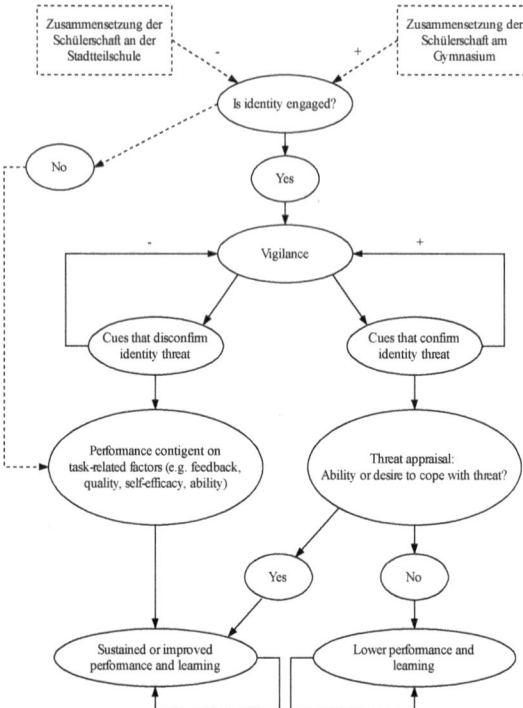

Abbildung 6.31: Identity Engagement Model (nach Cohen, Purdie-Vaughns & García, 2012: 286, modifiziert).

aktivierter sozialer Identität tendieren Individuen zu einer erhöhten Achtsamkeit in Bezug auf Signale in ihrer Umwelt, die auf eine Bedrohung der sozialen Identität hinweisen (z.b. Bias im Feedback von Lehrer*innen) (s. auch Monitoring Processes im *Stereotype-Threat*-Prozessmodell, Abschnitt 2.5.2). Wenn diese aufgrund fehlender kontextueller Relevanz gar nicht erst aktiviert wird, treten andere, für diesen Kontext relevante Identitäten in den Vordergrund. In anderen Worten, eine Person kann eine noch so hohe *Stigma Consciousness* besitzen, ohne die entsprechenden kontextuellen Hinweise, dass die entsprechende Identität eine Rolle spielen könnte, sollten sich auch keine negativen Auswirkungen durch negative Stereotype einstellen.

Theorien zu sozialer Kategorisierung als Teil der Eindrucksbildung (*Impression Formation*, vgl. bspw. Anderson, 1965, 1967) bieten eine Erklärung für dieses Phänomen. Soziale Kategorisierung ist nicht nur Voraussetzung für die Bildung von Stereotypen und Vorurteilen, sie ist auch zugleich der Prozess, in dem sie Anwendung finden und dadurch letztlich handlungsrelevant werden. Die *Social Categorization Theory* (SCT) (vgl. Turner et al., 1987) begreift Kategorisierung als dynamischen und kontextuell bedingten, durch Vergleichsverhältnisse determinierten Prozess. Der Kategorisierung dienenden Vergleichen liegt gemäß Oakes, Haslam und Turner das *Meta-Kontrast-*

Prinzip (vgl. z.B. Oakes, Haslam & Reynolds, 1999; Haslam, Oakes, Reynolds & Turner, 1999) zugrunde, das bewirkt, dass Personen oder Objekte, die der gleichen Kategorie zugehören, trotz ihrer Unterschiedlichkeit einander ähnlicher wirken, als solche, die einer anderen Kategorie angehören. D.h. intrakategoriale Unterschiede scheinen je nach Kontext *geringer* als interkategoriale. „The essential point of the meta-contrast principle [...] is that categorization depends on comparison, comparison of the difference within and the difference between potential categories" (Oakes, Haslam & Turner, 1994: 98). Die Salienzstärke interkategorialer Unterschiede ist in der SCT abhängig von der situativen Relevanz. Situativ relevant ist dabei das, was kontextuell sinnstiftend verglichen werden kann. „[...] [F]or social categories salience is predicted in contexts where intergroup rather than intragroup differences predominate" (ebd.: 117). Zudem legt das *Meta-Kontrast-Prinzip* nahe, dass intergruppale Vergleiche eher die soziale Identität eines Individuums salient machen, während intragruppale Vergleiche die individuelle Identität hervorheben (vgl. ebd.: 120). Anhaltspunkte hierfür finden sich in zahlreichen Studien zum Thema (vgl. bspw. Gaertner, Mann, Murrell & Dovidio, 1989; Hogg & Turner, 1987; Oakes, Turner & Haslam, 1991). Wenn Schüler*innen mit Migrationshintergrund sich deutlich in der Mehrheit befinden, sinkt die Anzahl intergruppaler Vergleiche während intragruppale Vergleiche wahrscheinlicher werden. Dadurch verliert die Kategorie an Bedeutung; die Bedeutung der individuellen Identität steigt hingegen. An Gymnasien hat die Kategorie Migrationshintergrund für soziale Vergleiche jedoch eine hohe Bedeutung, die Wahrscheinlichkeit einer Aktivierung dieser sozialen Identität ist somit ungleich höher. Das *Integrative model of the phenomenology of being in a group* von Mullen (1991) (Abbildung 6.32) veranschaulicht diesen Zusammenhang. Hinzu kommt, dass dem Gymnasium inhärente und zugleich dem Migrant*innen-Stereotyp nicht entsprechende Dinge wie ein hoher Bildungsanspruch, bildungssprachliches Deutsch, Leistungsorientierung etc. diese Bedrohung bestätigen können. Murphy und Taylor nehmen an, dass die Suche nach bestimmten Signalen chronisch werden kann: „Moreover, these vigilance processes may shape people's experiences in the future – steering their attention toward similar situational cues in new environments" (Murphy & Taylor, 2012: 20). Es ist anzunehmen, dass bereits die erhöhte Wachsamkeit kognitive Kapazitäten in Anspruch nimmt und so das Arbeitsgedächtnis belastet.

Darüber hinaus ist denkbar, dass sich der Mehrheitsstatus positiv auf das Selbstbild bzw. die Selbstintegrität und das Zugehörigkeitsgefühl der Schüler*innen auswirkt und unempfindlich(er) gegen negative Stereotype, empfundene Ungleichbehandlung etc. macht. Zum einen führt die Wahrnehmung von Prototypizität zu einer positiven Bewertung der Eigengruppe (vgl. Abschnitt 3.2), zum anderen setzt das Empfinden einer Ungleichbehandlung eine Vergleichsgruppe voraus, die in vielen Fällen an der Stadtteilschule sehr klein bzw. in einigen Klassen überhaupt nicht existent ist. Des Weiteren besitzt die Gruppe, die sich in der Mehrheit befindet, in der Regel die Deutungshoheit über Gruppenbewertungen (vgl. bspw. Tajfel, 1974; Tajfel & Turner, 1986), sodass es, fraglos begrenzt auf den Mikrokosmos Schule und Peergroups, zu einer positiven Neubewertung der Gruppe kommen kann, die sich beispielsweise in Ethnolekten wie Türkendeutsch (vgl. Androutsopoulos, 2001; Deppermann, 2007; Kern, 2008; Kern & Şimşek, 2006) Ausdruck verschafft. Diese positive Bewertung zeigt sich unter anderem darin, dass auch Jugendliche ohne Migrationshintergrund solche Ethnolekte annehmen

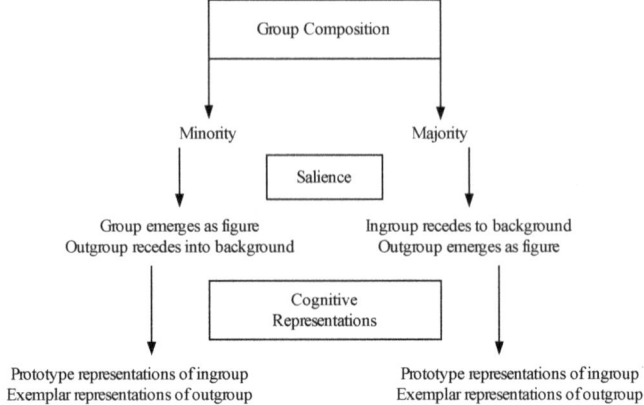

Abbildung 6.32: Integrative model of the phenomenology of being in a group (Mullen, 1991: 310).

(vgl. bspw. Loentz, 2006; Springsits & Dirim, 2016). Mit dem Gymnasium ist eine solche positive Neubewertung aufgrund der Bedeutung von bildungssprachlichem Deutsch hingegen weitgehend unvereinbar. Ein weiterer Hinweis auf die positive Bewertung der Eigengruppe ist, dass einige Schüler*innen an der Stadtteilschule bei der Bitte um Angabe des Migrationshintergrundes „stolzer Türke bzw. Afrikaner" oder ähnliches geschrieben haben. Hierbei könnte es sich allerdings auch um eine generelle Form der *Reactive Ethnicity* handeln, die jedoch durch die an der Stadtteilschule vorherrschenden Mehrheitsverhältnisse begünstigt wird.

Ein zusätzliches Anzeichen für die Bedeutung einer positiv bewerteten Eigengruppe ist der positive Effekt auf die Zensur und die *Domain Identification*, der mit einer steigenden Identifikation mit der Eigengruppe einhergeht und in Englisch insgesamt am stärksten ausfällt. Oyserman, Harrison und Bybee (2001) fanden Hinweise auf eine vor *Stereotype Threat* schützende Funktion einer hohen *Ingroup Identification* im Falle einer positiven Einstellung zur eigenen ethnischen Identität und insbesondere zur Leistungsfähigkeit der Eigengruppe. Die Autoren führen diesen Effekt auf eine unterstützende Wirkung in Bezug auf Selbstwirksamkeitserwartungen zurück. Angewandt auf die Ergebnisse dieser Stichprobe könnte dies den positiven Effekt der *Ingroup Identification* auf die Leistung im Fach Englisch erklären, der sich vor allem an Stadtteilschulen zeigt. Die positive Bewertung der Eigengruppe in Kombination mit einer ebenfalls positiven Wahrnehmung von Sprachkompetenzen der Eigengruppe durch lebensweltliche Mehrsprachigkeit könnte sich mittels einer erhöhten Selbstwirksamkeitserwartung und dadurch gesteigerten Motivation, höherem *Risk-taking* etc. positiv auf Leistung auswirken. Ein dahingehender Erklärungsansatz ginge konform mit den Ergebnissen von Paulick und Groot-Wilken (2009), in denen von einer größeren Experimentierfreudigkeit, stärkerem Zutrauen, höherer Freiheit und Offenheit bei Äußerungen, mehr Motivation und Mut unter Schüler*innen mit Migrationshintergrund beim Englischerwerb im Vergleich zu anderen Fächern berichtet wird.

6.4.6.6 Herkunftsbezogene Unterschiede

Die Detailanalysen lassen vermuten, dass es vor allem Schüler*innen mit türkischem Migrationshintergrund an Gymnasien sind, die in besonderer Weise betroffen sind. Nicht nur, dass die leistungsmindernden Effekte bei ihnen besonders hoch ausfallen, sie sind sogar dort negativ, wo andere Gruppen positive Effekte vorweisen. Einschränkend müssen hier allerdings zwei Dinge berücksichtigt werden: (1) Die Stichprobe der türkischstämmigen Schüler*innen an Gymnasien ist relativ gering; wenngleich die Signifikanzen sehr robust sind, würde eine größere Stichprobe möglicherweise zu etwas anderen Ergebnissen führen. (2) Detailanalysen für andere Herkunftsgruppen sind aufgrund zu geringer Fallzahlen nicht möglich oder sinnvoll. Es ist denkbar und wahrscheinlich, dass auch bei anderen Gruppen, die sich stark mit negativen Stereotypen und Diskriminierung konfrontiert sehen bzw. eine hohe *Stigma Consciousness* aufweisen (s. Abschnitt 6.3.1), entsprechend hohe Effekte aufträten.

6.4.6.7 (Wechsel-)wirkungen der Prädiktoren

Die hier gemessenen Effekte der individuellen Prädiktoren, sowohl positiver wie auch negativer Art, bleiben auch bei Kontrolle relevanter Kontextvariablen signifikant und sprechen so für deren Bedeutung für die Erklärung geringerer Leistungen von Schüler*innen mit Migrationshintergrund. Zudem zeigt sich, dass die totalen Effekte der *Stigma Consciousness* und der *Ingroup Identification* auf Leistung ähnliche Dimensionen annehmen, wie der Bildungsstand der Eltern oder die Migrationskonstellation, zweier weithin als bedeutsam erachteter Einflussvariablen, während das Geschlecht und die Sprachpräferenz innerhalb der Familie im Gesamtmodell keine signifikanten Effekte auf die Zensuren hervorbringen. In Anlehnung an das Modell kognitiver Imbalance (Schmader, Johns & Forbes, 2008) zeigt Abbildung 6.33 die Wirkungen und Wechselwirkungen der drei dort definierten individuellen Prädiktoren für *Stereotype Threat* und enthält die auf den Ergebnissen dieser Stichprobe basierenden folgenden Postulate. 1) Es besteht eine positive Korrelation zwischen *Stigma Consciousness* und *Ingroup Identification* (a). 2) Die *Ingroup Identification* wirkt sich domänenspezifisch auf die Leistung aus (b). Diese Beziehung ist abhängig von der Beziehung einer spezifischen Gruppe zu einer spezifischen Domäne und vom Gruppenstatus im Kontext. 3) Die *Ingroup Identification* wirkt sich domänenspezifisch auf die *Domain Identification* aus (c). Diese Beziehung ist abhängig von der Beziehung einer spezifischen Gruppe zu einer spezifischen Domäne und vom Gruppenstatus im Kontext. 4) Unter der Bedingung von (c) existiert ein indirekter Effekt der *Ingroup Identification* auf die Leistung über die *Domain Identification* (d). 5) Die *Domain Identification* wirkt sich positiv auf Leistung aus (e). 6) Unter der Bedingung von (g) existiert ein indirekter Effekt der *Stigma Consciousness* auf Leistung, vermittelt über die *Domain Identification* (f). 7) *Stigma Consciousness* hat einen negativen Effekt auf die *Domain Identification* (g). Diese Beziehung ist abhängig vom Gruppenstatus im Kontext. 8) *Stigma Consciousness* wirkt sich negativ auf Leistung aus (h). Diese Beziehung ist abhängig vom Gruppenstatus im Kontext.

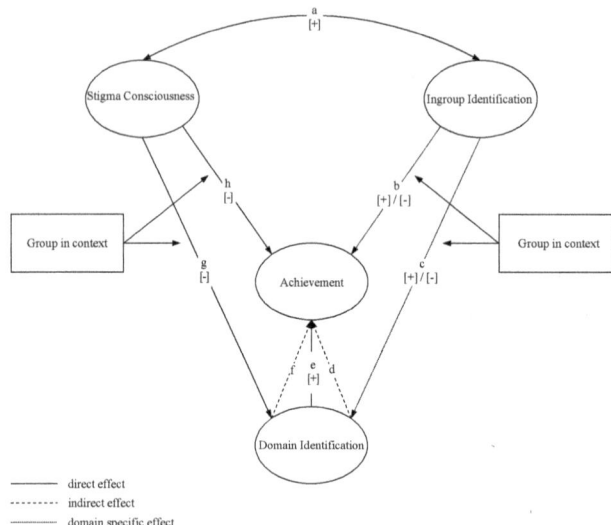

Abbildung 6.33: Allgemeines und vereinfachtes Modell der Zusammenhänge von Stigma Consciousness, Ingroup Identification, Domain Identification und Leistung.

7 Fazit und Ausblick

Im folgenden und zugleich letzten Kapitel dieser Arbeit sollen die Ergebnisse der Analysen aus Kapitel 6.3 und 6.4 zusammengeführt und diskutiert werden. Zu diesem Zweck wird zunächst noch einmal der Inhalt und gedankliche Gang dieser Arbeit in aller Kürze resümiert. Zentrales Anliegen dieses Kapitels ist es zudem, Implikationen für die Forschung im Bereich *Stereotype Threat* zu benennen und die Ergebnisse vor dem Hintergrund möglicher Präventionsstrategien zu diskutieren.

Schulleistungsstudien lassen keinen Zweifel daran aufkommen, dass Schüler*innen mit Migrationshintergrund insgesamt geringere Kompetenzen vorweisen als Schüler*innen ohne Migrationshintergrund. Die Gründe hierfür sind vielfältiger Natur und werden im wissenschaftlichen Diskurs teils sehr detailliert analysiert und diskutiert. Dabei wurden unter anderem sozioökonomische Faktoren, institutionelle Diskriminierung und mangelnde Deutschkompetenzen in Verbindung mit deren Unabdingbarkeit im deutschen Schulsystem als große Problemfelder identifiziert. Doch selbst bei Kontrolle dieser Faktoren bleiben weiterhin Leistungsdiskrepanzen bestehen. Es gilt folglich, weitere leistungsmindernde Faktoren zu ermitteln. Untersuchungen mehrheitlich aus den Vereinigten Staaten lassen vermuten, dass negative kulturelle Stereotype einer dieser Faktoren sein könnte.

Das gesellschaftlich verbreitete Narrativ scheint nämlich weit weniger differenziert als der wissenschaftliche Diskurs. Es lautet in etwa wie folgt: Schüler*innen mit Migrationshintergrund weisen geringere Kompetenzen und Leistungen auf als ihre Mitschüler*innen ohne Migrationshintergrund und erreichen insgesamt auch geringere Schulabschlüsse. Rückschlüsse auf eine ihnen mangelnde Intelligenz bzw. Leistungsfähigkeit liegen hierbei nahe und werden auch so gezogen, wie öffentliche Aussagen von Politikern und pseudowissenschaftliche, aber in Bezug auf Verkaufsstatistiken erfolgreiche Veröffentlichungen erkennen lassen. Diese grob vereinfachten und falschen Darstellungen mögen im wissenschaftlichen Diskurs noch so sehr in einzelne Einflussfaktoren aufgebrochen werden, die erkennen lassen, dass es nicht der Migrationshintergrund selbst ist, der für die ja nachweislich geringeren Leistungen verantwortlich ist – das gesellschaftliche Bild bleibt davon weitgehend unberührt. Dies liegt zum einen daran, dass stereotypkonforme Informationen deutlich besser erinnert werden (vgl. bspw. Fyock und Stangor, 1994), zum anderen scheinen die verallgemeinerten Resultate von Schulleistungsstudien die negativen Annahmen auf den ersten Blick auch noch zu bestätigen. Dabei wäre es naiv anzunehmen, dass Schüler*innen mit Migrationshintergrund sich dieses gesellschaftlichen Bildes nicht bewusst sind und mediale Berichte in Bezug auf Bildungsmisserfolge bei Migrant*innen nicht hören und sehen.

Das *Stereotype Content Model* zeigt es deutlich: ‚Ausländer', ‚Immigranten', und ‚Türken' rangieren in Bezug auf ihnen von der Gesellschaft zugesprochene Kompetenzen im Bereich von Hausfrauen, Obdachlosen, Arbeitslosen und Empfänger*innen von Sozialleistungen. Und diese Wahrnehmung hat Auswirkungen bis in die Lehrerzimmer hinein, wie höchst aktuelle Forschung zum Pygmalion-Effekt bei Schüler*innen mit Migrationshintergrund vermuten lässt (vgl. Bonefeld et al., 2017; Bonefeld & Dickhäuser, 2018). Darüber hinaus zeigt Forschung zu Diskriminierung im Bildungssystem (vgl.

© Springer Fachmedien Wiesbaden GmbH, ein Teil von Springer Nature 2019
C. Helmchen, *Stereotype Threat im Englischunterricht*,
https://doi.org/10.1007/978-3-658-27527-3_8

bspw. Gomolla, 2010), dass diese gesellschaftlichen Konstrukte ein institutionelles Äquivalent besitzen.

Selbst wenn man in jüngerer Zeit um eine (genauere) Differenzierung bemüht ist und folglich stärker zwischen verschiedenen Ausprägungen eines Migrationshintergrunds in Bezug auf Herkunftsregion und Herkunftskonstellation unterschieden wird, ist der verallgemeinernde Begriff 'mit Migrationshintergrund' auch im wissenschaftlichen Diskurs nach wie vor gängig und im Hinblick auf Leistung zumeist negativ konnotiert bzw. wird defizitorientiert verwandt. Diese gruppenhomogenisierende Benutzung des Zusatzes 'mit Migrationshintergrund' suggeriert, dass Minderleistungen ein Problem aller Schüler*innen sind, deren familiäre Wurzeln nicht in Deutschland liegen, und fördert auf diese Weise stereotypes Denken auch unter relevanten Rezipienten wie etwa Politiker*innen und Lehrer*innen. Die in Wirklichkeit vorhandene Heterogenität wird allerdings in den Ergebnissen dieser Arbeit offenbar.

Dennoch, viele Menschen mit Migrationshintergrund fühlen sich in Deutschland als einheitliche Gruppe wahrgenommen, deren Prototyp der oder die türkische Migrant*in ist, wie Interviewstudien mit Migrant*innen verschiedener Herkunftsregionen zeigen. Deren gesellschaftliche Wahrnehmung ist zumeist negativ, geprägt von Rückständigkeit, Gewalt, Machotum und der Verrichtung einfacher Tätigkeiten. Ausschlaggebend in den Augen der Migrant*innen ist gleichwohl nicht nur das, was explizit kommuniziert wird, sondern vor allem das, was beispielsweise in der medialen Darstellung nicht gezeigt wird. Dazu gehören Migrant*innen in Berufen mit hohem Bildungsprestige. Dass diese gesellschaftlich weit verbreitete negative Sichtweise und Haltung bei vielen eine verstärkte Hinwendung zur Eigengruppe und ein Bemühen um eine positive Bewertung dieser Gruppe bewirkt, die sich hier durch bestimmte Kommentare von Schüler*innen andeutet, ist nachvollziehbar. Ein solcher positiv gerichteter Perspektivwechsel hat parallel zur Diskussion um Leistungsdefizite auch in der Wissenschaft stattgefunden, wobei mehrsprachige Kompetenzen als besondere Ressource von Schüler*innen mit Migrationshintergrund in den Fokus geraten sind. Dass dies in Schule und Unterricht, zumindest bei Herkunftssprachen mit geringem Prestige, ebenso wahrgenommen wird, darf bezweifelt werden. Ob Schüler*innen mit Migrationshintergrund selbst diese Kompetenzen als bildungsrelevante Ressource begreifen, wird allerdings nicht zuletzt davon sowie von einem gesamtgesellschaftlichen Perspektivwechsel abhängig sein.

Es liegt deshalb nahe, dass viele Schüler*innen mit Migrationshintergrund die Befürchtung hegen, dass solche negativen kulturellen Stereotype auch in der Schule eine Rolle spielen. Es sind diese Erwartung und ihre Folgen für Leistung, in denen Claude Steele und Joshua Aronson einen Grund für die geringeren Leistungen afroamerikanischer Student*innen vermuteten. Jahre der Forschung auf dem Gebiet des *Stereotype Threat* konnten diese Hypothese stützen und führten zu einem umfassenden Bild eines Phänomens, seinen Mediatoren und Moderatoren sowie dessen Folgen für betroffene Individuen und Gruppen. Die bildungsbezogene Lage von Migrant*innen in der Bundesrepublik ist dabei derjenigen ähnlich, die Steele und Aronson zu Beginn ihrer Forschung in den Vereinigten Staaten bei Afroamerikaner*innen vorfanden. Inwiefern *Stereotype Threat* auch hier einer der vielen Gründe für die geringeren Leistungen im Bildungssystem ist, sollte in dieser Arbeit untersucht werden.

Der Nachweis von *Stereotype-Threat*-Effekten ist zwar auch in Deutschland bereits erbracht worden, allerdings, wie in der Regel üblich, unter Laborbedingungen, in der sogenannte *Situational Cues*, d.h. Hinweise auf die Relevanz des negativen Stereotyps, als Auslöser gegeben werden. Eine weitere Reproduktion nach ‚traditionellem' methodischem Vorgehen hätte folglich nur einen geringen Erkenntnisgewinn erbracht. Anstelle dessen sollte in dieser Arbeit der Nachweis erbracht werden, dass mit *Stereotype Threat* in Verbindung stehende leistungsmindernde Effekte sich auch in schulischen Gesamtleistungen von Schüler*innen mit Migrationshintergrund in Deutschland niederschlagen, damit sie als bedeutsamer Faktor in der Diskussion zur Erklärung von Leistungsdifferenzen ihren Platz finden. Diese schulischen Gesamtleistungen in Form von Zensuren entscheiden schließlich über bildungsbezogenen Erfolg oder Misserfolg. Darüber hinaus war es Anliegen dieser Arbeit festzustellen, ob Schüler*innen mit Migrationshintergrund ganz allgemein von diesem Phänomen betroffen sind oder ob sich innerhalb dieser sehr heterogenen Gruppe Unterschiede zeigen.

Zu diesem Zweck galt es, langfristige Effekte auf Leistungen von Schüler*innen mit Migrationshintergrund sichtbar zu machen. Da *Stereotype Threat* aber situativ wirkt und in Untersuchungen stets mehr oder weniger subtil und unter Laborbedingungen im Rahmen eines Tests induziert wird, ist der Nachweis auf Gesamtleistungen schwierig und kann nur indirekt, hier durch die Beziehung zwischen individuellen Prädiktoren und einem longitudinalen Leistungsindikator, erfolgen. Auf diese Weise erhält er jedoch eine gesonderte, ihn von Laborversuchen abhebende, da schulrealitätsbezogene, Relevanz. Schulen und weiterführende Einrichtungen verwenden konsensuell Zensuren als Leistungs- bzw. Kompetenzindikatoren für Übergänge und Abschlüsse. Wenngleich deren tatsächliche Eignung dafür Gegenstand von Diskussionen ist, ist es wesentlich, die schulische Praxislogik ernst zu nehmen und sich folgerichtig am gültigen Bezugssystem pädagogischer Akteur*innen und Einrichtungen zu orientieren, um eine Vorstellung über die Bedeutung eines Phänomens in realen Settings zu erhalten. Es ist durchaus vorstellbar, dass Effekte sich unter Laborbedingungen bei entsprechend starkem Reiz zeigen, in realen Settings allerdings nicht nachweisbar sind, weil es an entsprechenden Stimuli fehlt oder diese von anderen ‚übertönt' werden. Die in dieser Hinsicht unter natürlichen Bedingungen entstandenen Effekte, die hier gemessen und als Grundlage genommen wurden, sind insofern ‚real', als sie ohne Zutun des Forschenden, der mit einer entsprechenden Zielsetzung arbeitet und im Sinne dieser handelt, Wirkung entfalten.

Eine detaillierte Betrachtung der Einzelfaktoren, die auch zur Prävention solcher Effekte von Bedeutung ist, stand bislang allerdings aus. Sie ermöglicht es nicht nur, ein tiefergehendes Verständnis ihrer Wirkung untereinander zu entwickeln und Erkenntnisse in Bezug auf mögliche Präventionsstrategien zu erhalten, sondern erlaubt auch, innerhalb der Gruppe der Schüler*innen mit Migrationshintergrund Untergruppen zu identifizieren, die unter Umständen stärker von diesem Phänomen betroffen sein könnten als andere.

Identitätsrelationale Aspekte sind für das Empfinden von *Stereotype Threat* in verschiedener Hinsicht bedeutsam. Dies gilt sowohl für die Bedeutung der Mitgliedschaft in der negativ stereotypisierten Gruppe für die eigene Identität als auch für die Bedeutung einer spezifischen Domäne für die individuelle Selbstkonzeptgenese. Je stärker die

Bedeutung einer Domäne für ein Individuum ist, desto stärker sollten sich Zweifel an der Kompetenz auswirken. Dies ist der Punkt, an dem diese Arbeit ansetzt. Die in der Regel mit dem Migrationshintergrund einhergehende Mehrsprachigkeit ist äußerst relevant für die Identitätgenese bei Menschen mit Migrationshintergrund, wie Forschung zu dem Thema zeigt. Während sich die Forschung zu *Stereotype Threat* in der Regel auf Student*innen bestimmter Fachrichtungen konzentriert, deren Bedeutung für das Selbstkonzept sich aus der interessengeleiteten Fachwahl ergibt, ist die Hypothese dieser Arbeit, dass Schüler*innen mit Migrationshintergrund sich aufgrund ihrer Mehrsprachigkeit stärker mit einem fremdsprachlichen Fach identifizieren als mit anderen Fächern und deshalb dort generell anfälliger für stereotype Bedrohungen ihrer Kompetenz sind. Qualitative Forschungsergebnisse, die von einer im Vergleich zu anderen Fächern besonders positiven Einstellung von Schüler*innen mit Migrationshintergrund zum Fach Englisch berichten (vgl. Abschnitt 1.2), unterstützen diese Annahme.

Die hier präsentierten Daten zeigen, dass *Stereotype Threat* eine zu berücksichtigende Größe bei der Erklärung von geringeren Leistungen bei Schüler*innen mit Migrationshintergrund im Bildungssystem darstellt. Eine Vielzahl der Proband*innen dieser Studie glaubt, dass negative Stereotype bei der Behandlung und Bewertung durch Lehrer*innen eine Rolle spielt; es ist plausibel, dass dies auch für das Bildungssystem im weiteren Sinne gilt. Diese schulbezogene *Stigma Consciousness* – die als primäre Variable in Bezug auf die Auswirkungen negativer Stereotype gesehen werden kann – hat teils starke mindernde Effekte auf die Leistungen in den Fächern Mathematik Deutsch und Englisch und es liegt somit nahe, dass sie auch für geringere Leistungen bestimmter Gruppen im Bildungssystem zum Teil mitverantwortlich ist. Bei Betrachtung der teils deutlich unterschiedlichen Ausprägung der Prädiktoren und der Effektgrößen in Bezug auf die hier erhobenen Hintergrundvariablen – vor allem der Herkunftsregion und -konstellation – ist aber auch festzustellen, dass Auswirkungen von *Stereotype Threat* Schüler*innen mit Migrationshintergrund nicht alle in gleichem Maße betreffen. Es wäre daher unzulässig, *Stereotype Threat* generell als Erklärungsansatz für geringere Leistungen von Schüler*innen mit Migrationshintergrund heranzuziehen. Hier gilt es genau zu differenzieren: Betroffen sind Migrant*innengruppen, die vornehmlich von negativen gesellschaftlichen Stereotypen betroffen sind und Individuen, die sich selbst nur in geringem Maße als Teil der Gesellschaft empfinden. Die affektive Bedeutung des Migrationshintergrundes für die Identität spielt dabei eine eher untergeordnete und ambivalente Rolle. Während die *Stigma Consciousness* ausschließlich negative Effekte auf Leistung hat, gilt das für die beiden anderen hier erhobenen Prädiktoren nicht. Die *Domain Identification* steht erwartungsgemäß in einem durchweg positiven Zusammenhang mit Leistung und wirkt sich wahrscheinlich unter anderem über eine gesteigerte Motivation und Selbstwirksamkeitserwartung dauerhaft positiv auf Leistung aus. Die Wirkung der *Ingroup Identification* ist hingegen komplexer; sie hat zum einen verstärkende Effekte auf die *Stigma Consciousness* der Schüler*innen, zum anderen scheint sie unter bestimmten Umständen aber auch eine positive Wirkung auf Leistung – zumindest im Fach Englisch – zu haben. In den folgenden Abschnitten sollen diese und weitere, für zukünftige Forschung und die Prävention von *Stereotype-Threat*-Effekten meines Erachtens relevantesten Aspekte, aufgegriffen und weiter ausgeführt werden.

Trotz der Tatsache, dass hier keine direkte Kompetenzmessung erfolgt ist, lassen die Ergebnisse dieser Studie auch Rückschlüsse auf Verbindungen zu den Resultaten der eingangs präsentierten Schulleistungsstudien zu. Durch *Stereotype Threat* ausgelöste affektive und kognitive Prozesse, wie eine erhöhte *Anxiety*, geringere Performanzerwartungen oder fachbezogene Selbstkonzepte, wirken sich nicht nur auf Leistung, sondern auch auf Kompetenzen aus; hierbei ist den Urteilen erfahrener Expert*innen – hier in Form von Zensuren – durchaus zu vertrauen, wie beispielsweise Broadfoot (2000) oder Curtis, Weeden und Winter (2003) argumentieren. Schüler*innen, die sich im Unterricht eher zurückhalten, Risiken scheuen und weniger motiviert sind, werden dadurch im Kompetenzerwerb behindert, was sich schließlich auch in Schulleistungsstudien niederschlägt. Dabei könnte sich *Stereotype Threat* bei derartigen Kompetenzstudien sogar in zweierlei Hinsicht negativ auf die Ergebnisse auswirken. Zum einen durch die eben erwähnten Nachteile im schulischen Kompetenzerwerb und in der Folge schlechteren Ausgangsvoraussetzungen, zum anderen durch *Stereotype-Threat*-Effekte, die während eines solchen Tests auftreten. Diese sollten, gemäß theoretischen und empirischen Erkenntnissen der *Stereotype-Threat*-Forschung, durch einen schwierigen Test sogar besonders stark ausgeprägt sein (vgl. Abschnitt 2.2). Es ist plausibel, dass Schüler*innen, die eine Ungleichbehandlung durch Lehrer*innen erwarten, solche Empfindungen auch in Bezug auf die Bewertung von Schulleistungstests hegen. Die Kenntnis von Ergebnissen vorangegangener Studien dürften Schüler*innen mit Migrationshintergrund dabei noch stärker unter Druck und leistungsmindernde Prozesse in Gang setzen.

7.1 Zentrale Ergebnisse und Implikationen für Forschung im Bereich Stereotype Threat

Neben Einblicken in Bezug auf die Wirkung von *Stereotype Threat* bei Schüler*innen mit Migrationshintergrund liefern die Ergebnisse dieser Arbeit auch Erkenntnisse für die *Stereotype-Threat*-Forschung im Allgemeinen, die hier im Fokus stehende Gruppe und themenbezogene Untersuchungen im Kontext Schule. Insbesondere im Hinblick auf die letzten beiden Variablen zeigen sich nicht unerhebliche Unterschiede zu Ergebnissen vorangegangener Forschung auf dem Gebiet des Stereotype Threat, die zukünftig berücksichtigt werden sollten.

7.1.1 Zur konzeptionellen Trennung von Stereotype Threat und Stigma Consciousness

Es lässt sich nicht mit Sicherheit sagen, zu welchen Teilen die hier gemessenen negativen Effekte der *Stigma Consciousness* auf die Zensur auf die Besorgnis zurückzuführen sind, negative Stereotype über die Eigengruppe zu bestätigen oder auf die Erwartung, anhand negativer Stereotype behandelt und bewertet zu werden. Auch hier lassen sich beide Konzepte in ihrer Wirkung kaum voneinander trennen. Nicht zuletzt wird davon ausgegangen, dass es in beiden Fällen die gleichen Mediatoren sind, die die Leistungsminderung schließlich bewirken. Es sind jedoch meines Erachtens nicht nur die Effekte, die sich kaum voneinander trennen lassen. Es ist darüber hinaus fraglich, ob und wie häufig beide Phänomene in der Realität tatsächlich unabhängig voneinander auftreten. Mit hoher Wahrscheinlichkeit hängt die Erwartung, dass Stereotype im Kontext überhaupt eine Rolle spielen stets eng mit der Befürchtung zusammen, diese für das Selbst oder die Eigengruppe zu bestätigen, wenn die erste Empfindung nicht gar grundsätzliche Voraussetzung für die zweite ist. Diese Einschränkung gilt zudem für die überwiegende Mehrheit aller Untersuchungen im Bereich des *Stereotype Threat*. Es ist schlicht nicht nachvollziehbar, ob beispielsweise Frauen in einem Mathematiktest unter einem männlichen Testleiter deshalb schlechter abschneiden, weil sie ausschließlich besorgt sind, negative Stereotype über die Eigengruppe zu bestätigen, oder weil sie ausschließlich die Befürchtung hegen, dass negative Stereotype eine Rolle bei der Bewertung des Tests spielen. Ebenso wenig ist mit letzter Sicherheit festzustellen, ob das schlechtere Abschneiden von Proband*innen in der ersten Studie von Steele und Aronson (1995) allein auf das eine oder andere Phänomen zurückzuführen ist. Es ist indes denkbar, dass die teilnehmenden afroamerikanischen Student*innen die Besorgnis hegten, dass sie von negativen Stereotypen beeinflusste Bewertungen erhalten würden. Ferner ist in diesem Zusammenhang nicht auszuschließen, dass solche Befürchtungen ebenfalls intragruppal, d.h. wenn der oder die Bewertende der Eigengruppe angehört, auftreten. Zum einen bestünde auch in dieser Situation die Möglichkeit, negative Stereotype über die Eigengruppe zu bestätigen, zum anderen ist es fraglich, ob Lehrer*innen, Prüfer*innen oder Dozent*innen überhaupt primär als Mitglied der Eigengruppe wahrgenommen werden oder ob durch die Hierarchie- bzw. Autoritätsbeziehung zwischen den Parteien nicht eine vollkommen andere Gruppenzugehörigkeit salient würde, woraufhin negative leistungsbezogene Stereotype dann doch relevant wären. In jedem Falle ist es sehr wahrscheinlich, dass Individuen, die sich negativer Stereotype über die Eigengruppe bewusst sind, in einem sozialen Kontext, in dem negative Stereotype generell Relevanz besitzen, zumeist beide Besorgnisse erleben. Die definitorisch exakte Trennung beider Phänomene zur konzeptuellen Unterscheidung ist sinnvoll, im Hinblick auf die vermittelnden Prozesse und die negativen Auswirkungen der negativen Stereotype verliert sie allerdings an Bedeutung. Vor diesem Hintergrund gilt es zu überlegen, ob das Konzept des *Stereotype Threat* nicht wörtlich interpretiert und dessen definitorischer Rahmen nicht auf eine allgemeine Bedrohung der Performanz durch den Einfluss negativer Stereotype ausgeweitet werden sollte. Im Hinblick auf die vielen verschiedenen Definitionen von *Stereotype Threat* argumentieren auch Shapiro und Neuberg (2007) für einen weiter gefassten Rahmen.

7.1.2 Zur Domain Identification im Kontext Schule

Zur Erfassung der *Domain Identification* wurden bereits in den Vereinigten Staaten erprobte Items adaptiert, aus dem Englischen übersetzt und in einer Pilotierungsstudie auf ihre Eignung im stichprobenspezifischen Kontext überprüft. Dabei zeigte sich, dass sich einige der ausschließlich mit Erwachsenen validierten Items nicht für Schüler*innen eigneten, sodass der zum Einsatz kommende Fragebogen für die Hauptuntersuchung modifiziert werden musste. Trotz dieser Modifikationen erwiesen sich im Rahmen der Hauptuntersuchung auch einige der verbliebenen Items unter den besonders strengen Eignungskriterien konfirmatorischer Faktorenanalysen als zur einfaktoriellen Konstruktrepräsentation in Pfad- und Strukturmodellen ungeeignet und konnten deshalb nicht in diese eingehen. Die verbliebenen Items wiesen hingegen eine zumeist hervorragende Eignung auf und führten entsprechend zu beinahe ausnahmslos guten bis sehr guten Fit-Werten bei den errechneten Modellen. Ausschlaggebend für den Ausschluss waren zum einen inverse Formulierungen von Items, die einigen Schüler*innen vermutlich Verständnisprobleme bereiteten, zum anderen die für Schüler*innen unter Umständen anders als für Student*innen zu definierende *Domain Identification*. Diesbezügliche Items zur Identitätsrelevanz der Domänen, zur Bedeutung im außerschulischen Kontext und zur beruflichen Perspektive bildeten einen von der schulfachbezogenen Wahrnehmung einer Domäne abweichenden Faktor. Die Ergebnisse der hier durchgeführten Faktorenanalysen, insbesondere der konfirmatorischen, legen nahe, dass sich die *Domain Identification* in verschiedene Faktoren zweiter Ordnung, d.h. Subkategorien, aufteilt, ähnlich wie es für die verschiedenen Ebenen des Selbstkonzepts postuliert wird (vgl. Marsh, Byrne & Shavelson, 1988); dies gilt im Übrigen auch für Student*innen. Die annähernde Deckungsgleichheit beider Konzepte spricht für diese Interpretation. Es ist denkbar, dass die einfaktorielle Struktur der *Domain Identification* in vorangegangenen Untersuchungen auf die weniger strengen Kriterien der zur Extraktion genutzten explorativen – im Vergleich zu der hier zur Anwendung gekommenen konfirmatorischen – Faktorenanalyse zurückzuführen ist. Aufschluss darüber, ob es die *Domain Identification* im Allgemeinen oder bestimmte Teilaspekte – beispielsweise affektive oder kognitive Elemente – sind, die eine Anfälligkeit erhöhen, wäre ein bedeutender Schritt im Bereich der Präventionsstrategien, ließe sie doch eine relativ gezielte Intervention zu.

7.1.3 Wechselwirkungen der Prädiktoren

Neben der Überprüfung von mit dem *Stereotype Threat* Phänomen in Verbindung stehenden Effekten auf Leistung war es ein zentrales Anliegen dieser Arbeit, Aufschluss über die Wirkung der Prädiktoren untereinander zu erhalten. Die Pfadanalysen in Abschnitt 6.4 lassen zweifelsfrei erkennen, dass die drei Prädiktoren *Stigma Consciousness*, *Ingroup Identification* und *Domain Identification* keinen gemeinsamen Faktor ‚Stereotype Threat' bilden – davon ist auch theoretisch nicht auszugehen – sie aber, wie zu Beginn der Arbeit angenommen, auch keine voneinander vollkommen unabhängigen Konstrukte darstellen. Gesamtaussagen zu *Stereotype Threat* müssen folglich unter diesem Vorbehalt erfolgen. Die Betrachtung der direkten und indirekten Effekte aller Variablen lässt erkennen, wie komplex die Wirkmechanismen tatsächlich sind. Neben der begünstigenden Wirkung im Hinblick auf die Anfälligkeit für *Stereotype Threat*, nehmen die Prädiktoren zudem direkten und im Zusammenspiel auch indirekten Einfluss auf Leistung.

Allerdings scheint, so wie die direkte Wirkung auf Leistung, auch deren Zusammenspiel abhängig von Gruppe, Domäne und Kontext zu sein. Dieser Umstand lässt vermuten, dass wirksame Präventionsstrategien jeweils im Hinblick auf diese Faktoren angepasst werden müssen. Von einiger Relevanz ist hier der negative Effekt, den die *Stigma Consciousness* über die *Domain Identification* als Mediator ausübt. Negative Auswirkungen von *Stereotype Threat* auf die Ausbildung eines stabilen Selbstkonzepts wurden schon früher beobachtet und zeigen sich auch hier. Ein Anzeichen für *Disengagement,* die Entkoppelung von *Domain Identification* und Leistung, deutet sich hier

allerdings nicht an, die Korrelationen zwischen beiden unterscheiden sich bei Schü-
ler*innen mit und ohne Migrationshintergrund nicht.

7.1.4 Herkunftsbezogene Ausprägung der Prädiktoren

Wie zu Beginn vermutet, weisen die Analyseergebnisse der Einzelkonstrukte auf eine
große Heterogenität in Bezug auf die *Stigma Consciousness*, die Identifikation als Mig-
rant*in und die *Domain Identification* innerhalb der Gruppe der Schüler*innen mit Migrationshintergrund hin, die sich vor allem entlang der Herkunftsregionen und der Herkunftskonstellationen auftut, ebenso wie dies in Schulleistungsstudien in der Regel der
Fall ist. Dieses Ergebnis lässt bereits vermuten, dass es innerhalb der übergeordneten
Gruppe von Schüler*innen mit Migrationshintergrund Untergruppen gibt, die mit einiger Wahrscheinlichkeit anfälliger für *Stereotype-Threat*-Effekte sind als andere. Es wird
offenbar, dass negative Stereotype und deren denk- und handlungsbestimmende Bedeutung vor allem von Menschen arabischer, maghrebinischer, türkischer sowie subsaharischer Herkunft wahrgenommen werden, d.h. den Migrant*innengruppen, die auch in
Studien unter Anwendung des *Stereotype Content Model* besonders negativ bewertet
wurden (vgl. Abschnitt 3.1.2). Bei Schüler*innen mit polnischem, russischem oder kasachischem Migrationshintergrund ist diese Empfindung hingegen deutlich weniger
stark ausgeprägt.

Es scheint dahingehend plausibel, dass die Salienz des Migrationshintergrundes
durch physische Merkmale sowie eine generell besonders negative Einstellung in Teilen
der Gesellschaft gegenüber Menschen ebendieser Herkunftsregionen, in erster Linie dafür verantwortlich ist. Dabei wird mit hoher Wahrscheinlichkeit auch die ablehnende
Haltung vieler Menschen gegenüber dem Islam eine Rolle spielen, der für Personen mit
Migrationshintergrund aus entsprechenden Herkunftsregionen häufig eine identitätsre-
levante Komponente darstellen dürfte. Davon wären wahrscheinlich auch nicht-religi-
öse Individuen betroffen, sofern diese sich mit einer Gruppe identifizieren, für die der
Islam im Allgemeinen bedeutungsvoll ist, da eine Ablehnung einer Negativbewertung
der gesamten Gruppe gleichkäme. Ob das Empfinden von *Stereotype Threat* in Deutschland also insbesondere Schüler*innen betrifft, die einen lebensweltlichen Bezug zum
Islam haben, müsste Gegenstand weiterer Forschung sein.

In außerordentlichem Maße betroffen von negativen Effekten auf die Schulleistung sind hier Schüler*innen mit türkischem Migrationshintergrund an Gymnasien. Bei
ihnen sind sie deutlich stärker ausgeprägt als bei allen anderen Gruppen dieser Stichprobe. Eine vergleichende Analyse mit anderen potenziell besonders betroffenen Gruppen, d.h. vor allem Gruppen mit einer stark ausgeprägten *Stigma Consciousness*, wie
z.B. Schüler*innen iranischer Herkunft, wäre höchst wünschenswert. Diese war aufgrund zu geringer Fallzahlen hier nicht sinnvoll, würde jedoch Klarheit darüber ver-
schaffen, ob türkischstämmigen Schüler*innen an Gymnasien eine im negativen Sinne
besondere Rolle zukommt oder ob auch andere Schüler*innen dieser Herkunftsregion
im weiteren Sinne ähnlich betroffen sind.

7.1.5 Gruppenstatus im Kontext als potenzielle moderierende Variable

Wenngleich die Ausprägungen der Prädiktoren einzelne Individuen sicherlich außerordentlich anfällig für die Bedrohung durch negative Stereotype machen, lassen sich in dieser Stichprobe, entgegen aller theoretischen Wahrscheinlichkeit, wenige gruppenspezifische Effekte auf die Gesamtzensur ausmachen, weder bei Schüler*innen bestimmter Herkunftsregionen, noch in Relation zur Herkunftskonstellation. Die gemessenen Effekte auf Schulleistung, so lassen die Ergebnisse von Regressionsanalysen schließen, sind wahrscheinlich in hohem Maße auf die Schulform zurückzuführen. So wird offenbar, dass nicht nur die Ausprägung der Prädiktoren für etwaige Effekte verantwortlich ist, sondern dass es vor allem der Kontext ist, der bestimmt, in welcher Weise und wie stark diese auf Leistung wirken und gibt hier Hinweise auf einen generellen *Social Identity Threat* (vgl. Abschnitt 2.1), der gruppengerichtet ist und keiner individuellen Bedrohung bedarf. Dieser Kontext unterscheidet sich hier hauptsächlich durch zwei Faktoren: zum einen durch die Andersartigkeit der beiden Bildungsgänge beispielsweise in Bezug auf Anspruchsniveau, Nimbus und Bildungsziel, die einen höheren Stressor darstellt (welche Faktoren die für *Stereotype Threat* relevante Andersartigkeit ausmachen, müsste Ziel weiterer Forschung sein); zum anderen durch das Mehrheitsverhältnis zwischen Schüler*innen mit und ohne Migrationshintergrund innerhalb der Schülerschaft, das bereits in anderen Untersuchungen in diesem Bereich als wirksame Komponente identifiziert wurde. So wurde beispielsweise eine vollkommene Eliminierung von *Stereotype-Threat*-Effekten in geschlechterhomogenen Gruppen festgestellt (vgl. Abschnitt 2.1).

Dieses Ergebnis stellt zwar nicht die grundsätzliche Annahme infrage, dass die leistungsmindernden Effekte negativer Stereotype jeden betreffen können, auch Schüler*innen an Stadtteilschulen. Es wirft jedoch zwei Fragen auf: Erstens, ob Effekte neben der spezifischen *Domain Identification* auch (und zwar in hohem Maße) durch das allgemeine akademische Selbstkonzept moderiert werden; in diesem Fall würde leistungsmindernden Effekten negativer Stereotype an der Stadtteilschule (und ähnlichen Bildungseinrichtungen) unter Umständen eine generell geringere Bedeutung zukommen und es stünde die Frage nach einer Neubewertung der *Vanguard Hypothesis* (Steele, 1997, 1999; Steele et al., 2002; vgl. Abschnitt 2.2) im Raum, d.h. jener Annahme, dass *Stereotype Threat* vor allem die leistungsstärksten Individuen betrifft. In diesem Falle wäre sie allerdings nicht auf individueller, sondern auf institutioneller Ebene zu verstehen, die systembedingt dichotom wäre und in der sich *Vanguard* auf Personen im Bereich höherer Bildung und *Rearguard* auf Personen im Bereich niedrigerer Bildung bezieht. In diesem Zusammenhang muss allerdings der Frage nachgegangen werden, ob die in den Untersuchungen zu den Einzelkonstrukten gefundenen Unterschiede in Bezug auf Herkunftsregion und Herkunftskonstellation im gymnasialen Kontext nicht doch einen Ausschlag geben. Theoretische Überlegungen und empirische Erkenntnisse (vgl. Abschnitte 1.1, 1.2 & 1.2) lassen dies jedenfalls vermuten. Aufgrund der geringen Fallzahlen in Bezug auf die jeweiligen Ausprägungen lassen sich auf Basis dieser Stichprobe hierzu jedoch keine verlässlichen Aussagen treffen.

Zweitens ist zu untersuchen, ob (1) der Umstand, dass sich eine an sich negativ stereotypisierte Gruppe in der Mehrheit befindet und sich deshalb als besonders

prototypisch empfindet, mit positiven Auswirkungen auf die Wahrnehmung der Eigengruppe verbunden ist, (2) ob die Gruppe dadurch in der Lage ist, eine kontextuell gültige
Neubewertung der Eigengruppe vorzunehmen und (3) ob dies einen wirksamen Schutz
gegen *Stereotype-Threat*-Effekte bieten kann. Dass Gruppenkonstellationen einen Einfluss auf *Stereotype-Threat*-Effekte haben, ist bereits in vielen Studien nachgewiesen
worden (vgl. Abschnitt 2.1). Darüber hinaus bedarf es einer Klärung, ob dieser Effekt
abhängig vom Verhältnis einer Gruppe zu einer spezifischen Domäne ist. Der positive
Effekt einer starken *Ingroup Identification* auf Leistung und *Domain Identification* allein unter Stadtteilschüler*innen und mit größter Ausprägung im Fach Englisch lässt
beide Annahmen zumindest sehr plausibel erscheinen.

    Welcher Umstand zu den in dieser Stichprobe vorkommenden Unterschieden zwi-
schen Gymnasium und Stadtteilschule geführt hat oder ob es sich um eine Kombination
aus beiden (und womöglich weiteren, hier nicht erfassten) Faktoren handelt, kann auf
Basis der erhobenen Daten nicht nachvollzogen werden und stellt fraglos ein bedeutendes Forschungsdesiderat dar. Die Tatsache, dass sich die Identifikation mit der Eigengruppe nur auf der Stadtteilschule positiv auf Leistung und *Domain Identification* auswirkt, spricht jedenfalls gegen die Vermutung, dass sich das Ergebnis ausschließlich auf
höhere Kompetenzüberzeugungen in Bezug auf die Eigengruppe zurückführen lässt,
d.h. auf eine positive Selbststereotypisierung mit einer beispielsweise durch höhere Motivation oder *Risk-taking* mediierten selbsterfüllenden Prophezeiung. Dieses Phänomen
ist in der Forschung zu Auswirkungen von Stereotypen auf Leistung als *Stereotype Lift*
oder *Stereotype Boost* (vgl. Abschnitt 2.1) bekannt geworden. In diesem Falle wären
solche Effekte auch am Gymnasium zu erwarten. Gleichzeitig legt das geringere Ausmaß der Effekte in Deutsch, wo sich lediglich Effekte auf die *Domain Identification*
zeigen, und deren völliges Ausbleiben in Mathematik nahe, dass es sich hier ebenfalls
nicht nur um die Folge eines Mehrheitseffekts handeln kann. Es hat hier den Anschein,
dass sprachliche und unter Umständen vor allem fremdsprachliche Fächer betroffen
sind. Eine breiter angelegte Studie zu Effekten in anderen Schulfächern sowie eine tie-
fergehende, qualitative Studie könnten darüber Aufschluss geben. Dabei wäre von besonderem Interesse, ob Englisch stellvertretend auch für andere Schulfremdsprachen
wie Spanisch oder Französisch steht. In jedem Falle gilt es jedoch, die Rolle der *Ingroup
Identification* erneut zu überdenken und zu untersuchen, ob es auch in für *Stereotype
Threat* traditionellen Forschungssettings zu kontext- und gruppenbezogenen Unterschieden kommt.

    Die hier präsentierten Ergebnisse stehen im Kontrast zu anderen Untersuchungen,
die *Stereotype-Threat*-Effekte bei Schüler*innen anderer Schulformen als dem Gymnasium gefunden haben. Wie bereits erwähnt, wird hier nicht bezweifelt, dass leistungsmindernde Effekte negativer Stereotype potenziell jeden betreffen können. Die Frage ist
jedoch, ob es sich dabei um Effekte handelt, die vor allem unter Laborbedingungen zutage treten und unter ‚natürlichen‘ Bedingungen aufgrund fehlender oder zu schwacher
Stimuli nur selten oder gar nicht vorkommen und deshalb in Gesamtevaluationen von
Leistung auch keine bedeutende Rolle mehr spielen. Dies unterstreicht noch einmal die
Sinnhaftigkeit der hier vorgenommenen Leistungserfassung durch die Zensuren. Auf
der anderen Seite weisen die an Gymnasien auftretenden Effekte auf ein tatsächliches
Problem hin und zeigen, dass die Bedrohung der Leistung durch negative Stereotype

neben den weithin etablierten Faktoren ernst genommen werden muss und geringere Leistungen von Schülerinnen mit Migrationshintergrund genau dort helfen kann zu erklären, wo die Forschung zu *Stereotype Threat* ihren Anfang nahm, im Bereich höherer Bildung. Für die Forschung zum *Stereotype Threat* bei Schüler*innen mit Migrationshintergrund gilt es folglich, die Schulform als Moderator stärker in den Fokus zu rücken. Die zu Beginn der Arbeit zitierten Daten zur im gesellschaftlichen Verhältnis geringen Anzahl von Student*innen mit Migrationshintergrund und die hohen Abbrecherquoten unter ihnen lassen sich sicherlich auch in Deutschland zu einem gewissen Teil auf die Wirkung negativer Stereotype zurückführen. Es ist vorstellbar, dass bereits die in einigen Gruppen besonders stark ausgeprägte Erwartung stereotypgeleiteter Behandlung durch Lehrer*innen zu einem allgemeinen Misstrauen in Bildungsinstitutionen und einer *Domain Avoidance* führt.

7.1.6 Assimilationsgrad als potenzielle moderierende Variable

Ebenso wie in anderen Studien zeigt sich ein Effekt der Zugehörigkeitsdauer zur Gesellschaft, wobei *Stigma Consciousness* ebenso wie die Bedeutung des Migrationshintergrunds für das Selbst bei Migrant*innen erster und zweiter Generation höher ist als bei Personen, bei denen zumindest ein Elternteil bereits in Deutschland geboren wurde. Vor dem Hintergrund, dass *Stigma Consciousness* und *Ingroup Identification* bedeutende Moderatoren für *Stereotype Threat* sind, ist es denkbar, dass diese Art der Assimilation die Stärke von *Stereotype Threat* oder die Wahrscheinlichkeit, dass es überhaupt zu leistungsmindernden Effekten kommt, beeinflussen. In der US-amerikanischen Forschung spielen Assimilationseffekte aufgrund des Fokus auf Frauen und Afroamerikaner*innen, die seit vielen Generationen Teil der Gesellschaft sind, allerdings kaum eine Rolle. Bezogen auf Migrant*innen ist eine moderierende Wirkung (a) durch Zugehörigkeitsgefühle zur Mehrheitsgesellschaft, d.h. geringerer Empfindung, einer Fremdgruppe anzugehören und/oder (b) durch die Möglichkeit, im Zweifelsfall eine andere Identität zu betonen, jedoch denkbar und müsste weiter untersucht werden. Starke Hinweise darauf gibt hier ein Item zur Erhebung der Bedeutung einer deutschen Identität für das Selbst. Mit geringer werdender Bedeutung einer deutschen Identität für das Selbst steigt die *Stigma Consciousness* deutlich, d.h. auch die Anfälligkeit für *Stereotype Threat*. Ausschlaggebend ist folglich nicht nur das Vorhandensein einer anderen Identität, sondern auch einer Frage der Bedeutung dieser Identität für die Selbstkategorisierung bzw. die soziale Identität. Diese Ergebnisse sprechen für eine Modifikation des Modells von Schmader et al. (2008) (Abbildung 7.1).

7.1.7 Zur Bedeutung der (Miss-)Erfolgsattribution

Trotz der Tatsache, dass die leistungsmindernde Wirkung negativer Stereotype – ob durch Erwartungshaltung oder durch die Besorgnis, diese zu bestätigen – in vielen Studien nachgewiesen wurde, ist nicht auszuschließen, dass ein Teil der hier gemessenen negativen Effekte der *Stigma Consciousness* auf Leistung auch darauf zurückzuführen

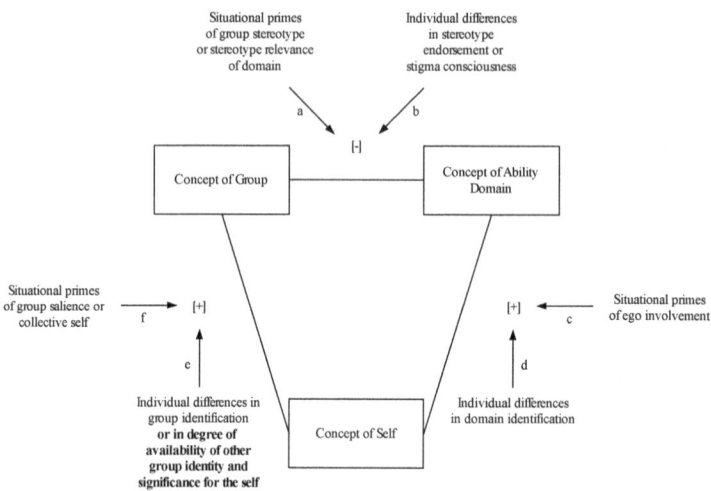

Abbildung 7.1: Stereotype Threat als kognitive Imbalance, ausgelöst durch situative und/oder individuelle Faktoren (nach Schmader, Johns & Forbes, 2008: 338, modifiziert).

ist, dass Schüler*innen schlechte Leistungen auf eine herkunftsbezogene Ungleichbehandlung durch Lehrer*innen attribuieren. Dies ist allerdings keine Limitation der hier präsentierten Ergebnisse. Im Gegenteil: Eine habitualisierte Attribuierung schlechter Leistung auf stereotypgeleitete Bewertungsmotive führt mit hoher Wahrscheinlichkeit zu einer Überzeugung, dass diese tatsächlich der Grund für schlechte Bewertung sind. Dies bildet die Grundlage für das Empfinden von *Stereotype Threat*. Cohen et al. (2012) bezeichnen dies als *Recursive Cycle*, der eine Abwärtsspirale auszulösen vermag. Diese Form der Attribuierung von Leistung auf eine external stabile Ursache dürfte die *Performance Expectancy* (Erwartungshaltung in Bezug auf Leistung) beeinträchtigen und *Dejection* (Niedergeschlagenheit) begünstigen (vgl. Abschnitt 2.3). Beide gelten als bedeutende Mediatoren für Leistungsminderungen durch negative Stereotype. Für eine dahingehende Interpretation sprechen auch die hier gemessenen Effekte der *Stigma Consciousness* auf die *Domain Identification*. Zugleich spräche diese Interpretation für eine Revision der Bedeutung von Kontrollüberzeugungen in diesem Zusammenhang. Während Cadinu et al. (2003) bei Personen mit internem *Locus of Control* eine verstärkte Anfälligkeit für *Stereotype-Threat*-Effekte durch eine Art *Over-trying* vermuten, sprächen negative Auswirkungen habitualisierter Leistungsattribuierung auf stereotypgeleitete Motive bei Lehrer*innen für eine verstärkende Rolle externer Kontrollüberzeugungen. In anderen Worten, besonders stigmabewusste Individuen könnten eher dazu neigen, Leistungsmisserfolge auf negative Stereotype bei Lehrer*innen zu attribuieren, mit ungünstigen Auswirkungen, sowohl emotional als auch in Bezug auf Leistungsmotivation (vgl. bspw. Weiner, 1985).

Darvin und Norton (2015) gehen sogar davon aus, dass Schüler*innen trotz hoher

Motivation, „[...] may not be *invested* in the language practices of a given classroom if the practices are racist, sexist, or homophobic" (ebd.: 37). Das bedeutet, dass selbst eine hohe *Domain Identification* und eine mit Wahrscheinlichkeit daraus folgende erhöhte Motivation, nicht zu einer erwartbaren positiven Wirkung auf Leistung führen könnte. Die Erwartung einer solchen *Racist Practice* drückt sich hier in hoher *Stigma Consciousness* einiger Gruppen aus.

7.1.8 Besonderer Status der Domäne Englisch

Die Ergebnisse für die Domäne Englisch sind insofern besonders interessant, als sich hier jeweils die am stärksten ausgeprägten negativen, aber auch die am stärksten ausgeprägten positiven totalen Effekte verzeichnen lassen. Die ursprüngliche Vermutung, dass Englisch unter Schüler*innen mit Migrationshintergrund eine Sonderrolle einnimmt, hat sich folglich bestätigt. Es bleibt allerdings die Frage offen, welche genauen Gründe dies hat. Eine Hypothese dieser Arbeit war, dass die lebensweltliche Mehrsprachigkeit von Schüler*innen mit Migrationshintergrund zu einer besonderen Bedeutung von Sprache für deren Identität und zu vergleichsweise hohen Kompetenzüberzeugungen in einem sprachlichen Fach führt, zwei Gründe weshalb sie dort auch besonders anfällig für Bedrohungen wären. Die sowohl im Fächervergleich wie auch im Vergleich zu Schüler*innen ohne Migrationshintergrund höhere *Domain Identification* lässt in der Tat auf eine unter anderen Fächern herausragende Rolle in Bezug auf Kompetenzüberzeugungen und Identitätsrelevanz schließen. Eine leichte, aber dennoch signifikante positive Korrelation der *Domain Identification* im Fach Englisch mit der Anzahl der gesprochenen Sprachen unterstützt zudem die Vermutung, dass es zum Teil tatsächlich die Mehrsprachigkeit der Schüler*innen mit Migrationshintergrund ist, die für diese Sonderrolle des Englischen mitverantwortlich ist.

Unterdessen könnte es eben diese höhere *Domain Identification* sein, die sich direkt zwar positiv auf Leistung auswirkt, aber indirekt zugleich für die im Vergleich der Domänen insgesamt stärkeren negativen Effekte der *Stigma Consciousness* verantwortlich ist. Eine der zentralen Annahmen der *Stereotype-Threat*-Theorie besagt, dass eine hohe *Domain Identification* unter *Stereotype Threat* zu höherem Stress bzw. Druck führt (und dadurch stärker wirkt), da ein für das Individuum bedeutsamer Teil des Selbst betroffen ist. Die stärkere Ausprägung der negativen Effekte der *Stigma Consciousness* auf die Leistung könnten vor dem Hintergrund der im Vergleich höheren *Domain Identification* zu interpretieren sein. Der positive Effekt der *Ingroup Identification* auf Leistung, der sich ausschließlich im Fach Englisch zeigt, unterstützt diese Annahme im Hinblick auf die Bedeutung der Domäne für die Identität. Vollkommen offen bleibt hingegen, ob Englisch stellvertretend für andere Fremdsprachen begriffen werden kann, oder ob Englisch eine ganz allgemeine Sonderstellung zukommt. Die hier präsentierten Daten weisen schließlich ganz deutlich darauf hin, dass wahrscheinlich nicht alle Schüler*innen mit Migrationshintergrund in gleichem Maße betroffen sind. Sie müssen auch in Bezug auf die Anfälligkeit für *Stereotype Threat* als sehr heterogene Gruppe betrachtet werden, weshalb *Stereotype Threat* nicht als allgemein gültiges Erklärungsmuster für Bildungsmisserfolge von Migrant*innen herangezogen werden kann.

7.2 Implikationen für Schule und Lehrer*innenbildung

Das ultimative Ziel der Forschung im Bereich *Stereotype Threat* muss sein, geeignete Präventions- bzw. Interventionsstrategien zu entwickeln, um dadurch bedingte Leistungsdifferenzen zu eliminieren. Die verschiedenen Ebenen von Herkunft und Ziel der Bedrohung sowie die Vielfalt individueller und situativer Moderatoren und Mediatoren und die aus der Gesamtheit dieser Faktoren erwachsende Komplexität des Phänomens lassen erahnen, wie vielschichtig ein effektives Vorgehen sein müsste. Wirksame Strategien – so lassen es Theorie und Empirie in dieser Arbeit zweifelsfrei erkennen – müssen sowohl auf individueller als auch gruppaler sowie institutioneller Ebene greifen. Maßnahmen gegen *Stereotype-Threat*-Effekte dürfen nicht nur bei den betroffenen Individuen ansetzen, wie es zumeist vorgeschlagen wird; auch Lehrer*innen und ihr Verhalten gegenüber Schüler*innen mit Migrationshintergrund müssen in den Fokus rücken. Die in Abschnitt 6.3.1 präsentierten Ergebnisse zeigen, dass viele Schüler*innen eine stereotypbasierte Behandlung durch Lehrer*innen erwarten. Dieser Umstand muss Konsequenzen für die Aus- und Weiterbildung von Lehrer*innen haben.

Verschiedene Methoden zur Prävention von Leistungsdekrementen sind evaluiert worden, deren Funktionalität außerhalb des Labors jedoch teilweise zumindest fraglich scheint (vgl. Cohen, Steele & Ross, 1999; Johns, Schmader und Martens 2005; Maass & Cadinu, 2003; Marx und Roman, 2002; Spencer et al., 1999; Walsh, Hickey, & Duffy, 1999). Darüber hinaus weckt das *Multi-Threat Framework* (vgl. Abschnitt 2.6) Zweifel an einer umfassenden Wirksamkeit der zumeist monodimensional konzeptualisierten Strategien. Diese Zweifel werden durch die Ergebnisse der hier erstellten Modelle zwar im Allgemeinen bestärkt, sie liefern aber auch Hinweise auf die potenzielle Wirksamkeit bestimmter Strategien.

In Anlehnung an das Attribuierungsmodell von Weiner et al. (vgl. Weiner, 1985; Weiner et al., 1987) wurde in verschiedenen Arbeiten nachgewiesen, dass eine Attribuierung von schlechten Leistungen oder Rückschlägen anderer Art auf Faktoren, die nicht in Verbindung mit einem bedrohlichen Stereotyp (external-stabil) stehen, Leistung positiv beeinflussen und *Stereotype-Threat*-Effekte mindern kann. Diese Fähigkeit kann mit einem *Attributional Retraining* entwickelt werden (Aronson et al., 2002; Good, Aronson & Inzlicht, 2003; Walton & Cohen, 2007). Aronson, Fried und Good (2002) haben schwarze und weiße Student*innen instruiert, anderen zu vermitteln, dass Intelligenz formbar und durch Arbeit erweiterbar sei. Die Wahrnehmung von Intelligenz als internal-variables, d.h. durch individuelle Anstrengung formbares, Attribut veränderte in beiden Gruppen nicht nur die Einstellung gegenüber akademischer Arbeit, sondern hatte auch positive Auswirkungen auf die Leistung (vgl. auch Blackwell, Trzesniewski & Dweck, 2007; Dweck, 1999). Dar-Nimrod und Heine (2006) fanden heraus, dass eine Ursachenzuschreibung von Leistungsunterschieden auf sozioökonomische anstelle genetischer Faktoren zu einer Reduzierung von *Stereotype Threat* führt. Wenngleich hier lediglich vermutet werden kann, dass Schüler*innen Bildungsmisserfolge zum Teil auf stereotype Überzeugungen von Lehrer*innen zurückführen, können Attributionstrainings ganz allgemein helfen, Leistung variablen, d.h. beeinflussbaren, Faktoren zuzuschreiben, wie zum Beispiel Anstrengung oder Lernverhalten. Solche Attribuierungsmuster sind für die Wahrnehmung der persönlichen Leistungsfähigkeit günstiger, da diese Faktoren – im Gegensatz zu Einstellungen von Lehrer*innen – von Schüler*innen selbst veränderbar sind (vgl. Abschnitt 7.2.2).

Rosenthal und Crisp (2006) schlagen eine Aufweichung intergruppaler Grenzen (*Blurring of Intergroup Boundaries*) zur Reduktion von *Stereotype Threat* vor. Mithilfe eines von Crisp und Beck (2005, zit. in Rosenthal & Crisp, 2006) entwickelten Fragebogens, in dem Proband*innen gebeten wurden, Gemeinsamkeiten von Eigen- und Fremdgruppe aufzulisten, gelang es ihnen, ein Bewusstsein für kategoriale Schnittmengen zu schaffen, wahrgenommene Unterschiede zwischen den Gruppen abzuschwächen und so *Stereotype-Threat*-Effekte zu reduzieren (vgl. Rosenthal & Crisp, 2006: 12ff.). Auf Basis dieser Beobachtungen haben Crisp und Abrams (2008) das *Integrated Contact Model* entworfen. Ausgehend von der Annahme, dass Intergruppenvergleiche und Selbststereotypisierung sich verstärkend auf *Anxiety* und darüber negativ auf die Testperformanz auswirken, argumentieren sie, dass sich Intergruppenkontakt nicht nur positiv auf *Anxiety* auswirkt, sondern auch die Wahrnehmung von Selbst, Eigen- und Fremdgruppe derart verändert, dass ein inklusives Wir-Gefühl entsteht. Damit zielt diese Strategie auf eine grundlegende Voraussetzung von *Stereotype Threat*: die Besorgnis ein negatives Stereotyp gegenüber der Fremdgruppe zu bestätigen, wird verringert. Crisp und Abrams Modell lässt jedoch wichtige Moderatoren (z.B. *Stigma Consciousness*, *Domain Identification*) und Mediatoren (z.B. *Depletion*, *Shift Towards Caution*) unberücksichtigt und beschränkt sich auf eine monodimensionale Kausalkette. Es ist deshalb zweifelhaft, ob die fraglos positiven Effekte von Intergruppenkontakt allein als wirksame Strategie gegen *Stereotype Threat*, insbesondere unter 'realen' Bedingungen, dienen können. Gleichwohl lassen die Hinweise auf die Rolle der Mehrheitsverteilung in der hier untersuchten Stichprobe Strategien, die auf eine Reduktion intergruppaler Grenzen zielen, äußerst sinnvoll erscheinen. Eine primär auf die Betonung von Gemeinsamkeiten ausgerichtete interkulturelle Pädagogik wäre in der Lage, hier einen wichtigen Beitrag zu leisten.

Neben solchen punktuellen Strategien verspricht der *Real-Word-Intervention Approach* (Cohen, Purdie-Vaughns & García, 2012; auch García & Cohen, 2013) eine holistische Herangehensweise, die im Hinblick auf die Ergebnisse von Studien im Bereich des *Stereotype Threat* und nicht zuletzt dieser Arbeit, besonders geboten scheint. Die Autoren sehen bei vielen der im Laufe der Zeit vorgeschlagenen und erforschten Interventionsmaßnahmen das Problem der Replizierbarkeit außerhalb von Laborbedingungen. „Clearly, it is possible to manipulate a person's subjective construal in the lab for the better. However, in the field, unlike the lab, a blizzard of competing cues could offset the effect of any positive intervention" (Cohen, Purdie-Vaughns & García, 2012: 282). Aronson und McGlone äußern sich in ähnlicher Weise (vgl. Aronson & McGlone, 2009: 169). Im Hinblick auf die im Vergleich zum Labor komplexe Situation im Unterrichtsraum haben Cohen et al. einen auf drei Säulen basierenden Ansatz zur Prävention von *Stereotype-Threat*-Effekten in realen Situationen entwickelt, indem sie situationsungebundene Interventionsstrategien wie *Self-Affirmation*, *Positive Role Models* und *Attributional Retraining* aufgreifen und das Spektrum erweitern. Er beinhaltet zum einen psychologische Hebel (*Psychological Levers*), die an Punkten ansetzen, bei denen gezieltes Eingreifen große und langanhaltende Effekte verspricht. Dazu gehören Faktoren wie Zugehörigkeitsgefühl, Selbstintegrität und Kompetenzgefühl. Zum anderen zielen

Cohen et al. auf die Unterbrechung der von *Stereotype Threat* ausgelösten rekursiven Zyklen (*Recursive Cycles*), die durch das reziproke Verhältnis von *Stereotype Threat* und Leistung entstehen, bei der sich *beide* in einer Abwärtsspirale negativ verstärken: *Stereotype Threat* wirkt sich negativ auf Leistung aus und verminderte Leistung verstärkt wiederum das Empfinden von *Stereotype Threat*. Die dritte Säule ist gemäß Cohen et al. die dynamische oder interaktive Wirkung von Kräften in einem sozialen System. Dabei bauen sie auf Kettenreaktionen, bei denen eine frühe Förderung und positive Erwartungshaltungen von Lehrer*innen eine zentrale Rolle spielen. Frühe Erfolgserlebnisse können zu Selbstwirksamkeit, den Glauben an Leistungssteigerung sowie Vertrauen in Lehrer*innen und somit zu erhöhter Performanz führen. Besonders wichtig sei ein möglichst früher Beginn der Intervention auf allen Ebenen, da sich rekursive Zyklen mit der Zeit immer weiter verstärken (vgl. Cohen, Purdie-Vaughns & García, 2012: 285).

Das in Abschnitt 6.4.6 vorgestellte *Identity Engagement Model* berücksichtigt diese drei von Cohen, Purdie-Vaughns und García (2012) postulierten Säulen bei der Darstellung von Identity-Threat-Effekten auf Performanz und Lernleistung unter realen Bedingungen über einen langen Zeitraum hinweg. In der ersten Bewertungsphase (*Primary Appraisal*) versuchen Individuen festzustellen, ob eine Bedrohung überhaupt existiert. Ein Feedback, das beispielsweise auf hohe Standards verweist und das Selbstvertrauen des Lernenden berücksichtigt, unterstützt die Leistungsattribuierung auf strukturelle oder individuelle Faktoren, wie Unterrichtsqualität oder persönlichen Lernaufwand und wird mit hoher Wahrscheinlichkeit nicht als Bedrohung der sozialen Identität wahrgenommen (vgl. Cohen, Purdie-Vaughns & García, 2012). Indessen können Aspekte wie Gruppenzusammensetzung oder das Geschlecht der Lehrkraft (vgl. Abschnitt 2.1) bereits für eine Bedrohung ausreichende Signale darstellen. Murphy und Taylor nehmen an, dass die Suche nach bestimmten Signalen chronisch werden kann: „Moreover, these vigilance processes may shape peoples experiences in the future – steering their attention toward similar situational cues in new environments" (Murphy & Taylor, 2012: 20). Es ist anzunehmen, dass bereits die erhöhte Wachsamkeit kognitive Kapazitäten in Anspruch nimmt und so das Arbeitsgedächtnis belastet. Bei einer wahrgenommenen Bedrohung folgt eine zweite Bewertungsphase, in der Wunsch und Fähigkeit, mit der Bedrohung umzugehen, evaluiert werden. Aufgrund des starken Einflusses ablenkender Gedanken als Mediator von *Stereotype-Threat*-Effekten messen Cohen et al. dieser Phase besondere Bedeutung für die Intervention zu und schlagen vor, die Konzentration nicht auf den Stressor zu richten, sondern auf die psychologischen Reaktionen. Solche Interventionsmaßnahmen wurden bereits erfolgreich getestet. So suggerierte man Student*innen in einer Studie, dass Aufregung vor einem Test sich nicht verschlechternd auf die Leistung auswirke, sondern im Gegenteil Leistung fördere. Dies verbesserte die Leistung der Proband*innen um fast eine Standardabweichung (vgl. Jamieson, Mendes, Blackstock & Schmader, 2010, zit. in Cohen et al. 2012). Cohen et al. postulieren, dass *Identity Threat* in einer beständigen Abwärtsspirale eskalieren kann, in der sich negative Effekte gegenseitig bedingen, auf diese Weise selbst erhalten und weitere Vulnerabilitäten hervorrufen.

Ein genauer Blick auf die drei Säulen lässt jedoch erkennen, dass sich die einzelnen Inter- und Präventionsebenen nicht so klar voneinander trennen lassen, wie sie von

Cohen et al. postuliert werden. Zumindest in Bezug auf die möglichen Ansatzpunkte ergeben sich wirkungsbezogene Überschneidungen. Vollkommen klar ist aber, und dies steht auch im Einklang mit den Ergebnissen dieser Studie, dass eine erfolgversprechende Prä- und Intervention mit verschiedenen Ansätzen erfolgen muss, sowohl auf personenbezogener als auch auf institutioneller Ebene.

7.2.1 Stärkung fähigkeitsbezogener Selbstkonzepte

Eine herausragende Rolle auf der individuumbezogenen Ebene kommt fraglos der *Domain Identification* zu. Auch wenn sich die *Domain Identification* situativ verstärkend auf die Empfindung von *Stereotype Threat* auswirken kann, ist mit Blick auf die Selbstkonzeptforschung langfristig mit positiven Effekten auf Motivation, Selbstwirksamkeits- und Performanzerwartungen zu rechnen mit wiederum positiven Auswirkungen auf Leistung. Eine gezielte Förderung von schulbezogenen Selbstkonzepten würde die negativen Effekte unter Umständen teilweise kompensieren können. Dieser Ansicht sind auch Cohen et al. Eine derartige kompensierende Wirkung der *Domain Identification* in Bezug auf die negativen Effekte der *Stigma Consciousness* konnte anhand der Daten hier belegt werden. Diese bleiben zwar weiterhin signifikant, allerdings mit deutlich geringeren Effekten. Nicht nur, aber ganz besonders gilt dies im speziellen Fall der sprachlichen Selbstkonzepte von mehrsprachigen Schüler*innen. Die lebensweltliche Bedeutung von Sprache, die im Fächervergleich besonders hohe *Domain Identification* in Englisch und der dort im Vergleich ebenfalls ausgenommen hohe Zusammenhang zwischen *Domain Identification* und Leistung sprechen für den eminenten Stellenwert dieser Domäne für Schüler*innen mit Migrationshintergrund. Sie bietet folglich einen speziellen Ansatzpunkt. Das Bewusstmachen, Fördern und vor allem Anerkennen sprachlicher Kompetenzen unter mehrsprachigen Schüler*innen durch Lehrer*innen und die Institution Schule als Ganzes, unabhängig vom Stellenwert oder dem Prestige einer Sprache, wäre ein wichtiger Schritt zu deren weiterer Stärkung und infolgedessen geringerer Anfälligkeit für negative Einflüsse in diesem Bereich. Ein Aufbrechen des – in diesem Fall – ‚bilingualen Habitus' des Fremdsprachenunterrichts durch ein in Bildungsplänen verankertes, systematisches und beständiges Einbeziehen vorhandener sprachlicher Kompetenzen in den Fremdsprachenunterricht – wie ihn beispielsweise Candelier et al. (2012) fordern – wäre ein bedeutender Fortschritt, da er den (Fremd)Sprachenunterricht zu einer sprachlichen und kulturellen Begegnungsstätte macht, die die mehrsprachigen Fähigkeiten von Schüler*innen wahrnimmt und anerkennt, sie zugleich nutzbar macht und so zu einer positiven Entwicklung gesamtsprachlicher Kompetenzüberzeugungen und tatsächlicher Fähigkeiten beiträgt. Zugleich würden Schüler*innen mit Migrationshintergrund so ein Gefühl der Wertschätzung ihrer Kompetenzen erfahren, das einer tatsächlichen oder zumindest empfundenen defizitorientierten Haltung von Lehrer*innen diametral gegenübersteht. Diese Form des Wertschätzens und Förderns sprachlicher und kultureller Vielfalt darf allerdings nicht auf den Fremdsprachenunterricht begrenzt bleiben, sondern muss sich – wo immer dies möglich ist – in alle Fächer und Bereiche der Schule erstrecken, um Schüler*innen mit Migrationshintergrund das Bild einer ihre Fähigkeiten schätzenden Institution Schule konsequent und glaubhaft zu vermitteln.

7.2.2 (Miss-)erfolgsattribution

Die Ausprägung der *Domain Identification* ist auch untrennbar mit Leistungs- bzw. (Miss-)Erfolgsattribution verbunden. Auch hier ist eine frühe Präventionsarbeit bzw. eine Intervention durch ein *Attributional (Re-)training* vielversprechend. Die Überzeugung, dass negative Stereotype unter Lehrer*'innen einen Einfluss auf Bewertungen haben, ist in verschiedener Hinsicht problematisch und führt mit hoher Wahrscheinlichkeit zu Leistungsdekrementen, sei es durch *Depletion*, *Anxiety*, eine allgemeine Zurückhaltung im Unterricht, eine übermäßige Vorsicht in schriftlichen Überprüfungen oder aber durch selbsterfüllende Prophezeiungen im Rahmen von geringeren Performanzerwartungen. Negative Effekte dieser Überzeugung auf Zensuren und *Domain Identification* ließen sich hier nachweisen. Eine Attribution von Erfolgen und Misserfolgen auf andere, vorzugsweise variable Faktoren wie Fleiß oder Anforderungsniveau ist nicht nur generell günstig für die Selbstkonzeptgenese und zukünftige Leistung, sie dürfte auch die mit *Stereotype Threat* einhergehenden Besorgnisse verringern.

Diese Deutung muss mit Schüler*innen trainiert werden, kann aber nur dann erfolgversprechend sein, wenn Lehrer*innen ihnen das Gefühl vermitteln, dass negative Stereotype auch tatsächlich keine Rolle in ihrer Praxis spielen. Die in beinahe allen hier untersuchten Gruppen relativ stark ausgeprägte Erwartung stereotypbasierter Behandlung betont die Bedeutung von Transparenz in der Bewertungspraxis von Lehrer*innen, die eine Attribution auf negative Stereotype vermindern kann.

7.2.3 Vermittlung von Zugehörigkeitsgefühlen

Darüber hinaus kommt der Vermittlung von Wertschätzung sprachlicher sowie kultureller Vielfalt eine große Bedeutung zu und muss bereits in der frühkindlichen Bildung beginnen, immer jedoch unter Hervorhebung von Gemeinsamkeiten, um Schüler*innen mit Migrationshintergrund die Möglichkeit zu bieten, eine soziale Identität als Schüler*in, in relativer Unabhängigkeit von der Herkunft zu entwickeln. Eine wirksame Prä- und Intervention muss sich meines Erachtens allerdings auch auf die Eltern der Schüler*innen erstrecken, von denen wie zuvor erwähnt beinahe die Hälfte das Gefühl fehlender Chancengleichheit in Schule und Beruf hat und die das Gefühl von Anerkennung und Wertschätzung ihrer Kinder in der Schule teilen müssen, um der Besorgnis stereotyper Behandlung dort umfassend entgegenwirken zu können. Auch hier sind Lehrer*innen und Schule in der Pflicht, das Vertrauen in die Institution und eine dort herrschende Gleichbehandlung aller Schüler*innen zu stärken. Die hier besonders stark ausgeprägte *Stigma Consciousness* unter Schüler*innen der zweiten Migrationsgeneration legt die Vermutung nahe, dass Diskriminierungserfahrungen der Eltern zum Teil an die Kinder weitergegeben werden. Zugleich lassen die klaren Anzeichen der mindernden Wirkung von Assimilation auf die *Stigma Consciousness* unter den Schüler*innen dieser Stichprobe annehmen, dass eine frühe Vermittlung von Gemeinsamkeit und Zugehörigkeit einen gewichtigen Beitrag leisten kann. Das Ausblenden von Differenz, wie es kritische Überlegungen zu interkulturellem Lernen vor dem Hintergrund der Betonung dieser sowie der möglichen Bildung und Verfestigung negativer Stereotype nahelegen (für einen Überblick vgl. Levy & Hughes, 2009: 26ff.), kann jedoch keine Lösung sein. Schule ist

Teil der Gesellschaft, in der Schüler*innen mit dieser Differenz und den damit verbundenen negativen gesellschaftlichen Bildern immer wieder konfrontiert werden, sie werden diese Erfahrungen nicht beim Durchschreiten der Schultore vergessen.

Vielmehr gilt es, eine positive (Eigen-)Bewertung bzw. Wahrnehmung der Gruppe im schulischen Kontext zu fördern. Die positiven Effekte der *Ingroup Identification* auf Leistung und *Domain Identification* an Stadtteilschulen zeigen, dass dies kein sich *per se* negativ auswirkender Faktor sein muss, wie in der *Stereotype-Threat*-Forschung zumeist angenommen wird, sondern sich durchaus förderlich auf *Domain Identification* und Leistung auswirken kann. Wenngleich anhand der erhobenen Daten kein Nachweis geführt werden kann, wird hier folgende Hypothese vertreten: Die Effekte sind auf eine positive Bewertung der Eigengruppe, gestützt durch Mehrheitsverhältnisse in Kombination mit einer positiven Einstellung der Gruppe im Allgemeinen zu Sprachen, zurückzuführen. Nun lassen sich die Mehrheitsverhältnisse an Gymnasien nicht zwangsweise ändern und nur langfristig beeinflussen. Ziel muss es folglich sein, die (Eigen-)Wahrnehmung der Gruppe im Kontext Schule auf andere Weise positiv zu beeinflussen. Denkbar sind in diesem Zusammenhang die Bereitstellung und Betonung positiver Rollenbilder, etwa durch die Rekrutierung von Lehrer*innen mit Migrationshintergrund oder durch die bewusste Thematisierung von Leistungen und Erfolgen von Menschen mit Migrationshintergrund im Allgemeinen, deren gesellschaftliche Beachtung und Anerkennung als zu gering bzw. nicht existent wahrgenommen wird (vgl. Abschnitt 3.4). Auch hier kann die Würdigung und Bewusstmachung der besonderen Kompetenzen der mehrsprachigen Schüler*innen zu einer positiveren bildungs- bzw. leistungsbezogenen Selbstwahrnehmung beitragen.

Positive Rollenbilder in Form von Lehrer*innen mit Migrationshintergrund und das gezielte Schaffen von Bewusstsein für Leistungen von Migrant*innen wären dabei nicht nur zum Vorteil von Schüler*innen mit Migrationshintergrund, sondern würden darüber hinaus zur Relativierung und Verminderung negativer kompetenzbezogener Stereotype unter Schüler*innen und Lehrer*innen ohne Migrationshintergrund beitragen. Schließlich kann das Bemühen um eine positive Bewertung der Eigengruppe nur dann umfassend und dauerhaft erfolgreich sein, wenn diese Einschätzung von relevanten Fremdgruppen geteilt wird. In der Praxis ist es von Bedeutung, dass positive Rollenbilder von Schüler*innen nicht als Ausnahmen wahrgenommen werden. Dazu bedarf es eines Unterrichts, der Leistungen von Migrant*innen fortwährend thematisiert, ohne den Migrationshintergrund dabei in den Vordergrund zu rücken und ihm so eine Sonderstellung zukommen zu lassen. Es muss vielmehr die Vermittlung der Selbstverständlichkeit von Vielfalt in der Migrationsgesellschaft, in der Leistung unabhängig von Herkunft gewürdigt wird, im Fokus stehen.

Diese Ansätze machen eine themenbezogene Aus- und Weiterbildung von Lehrer*innen erforderlich und bedeuten nicht zuletzt für die universitäre Ausbildung von Lehrer*innen eine notwendige stärkere Schwerpunktsetzung auf die Ausbildung von Sensibilität gegenüber der Wirkungsmacht psychologischer Faktoren auf (Schul-)Leistungen im Allgemeinen und negativer Stereotype im Speziellen und zwar nicht nur unter Schüler*innen, sondern auch in Bezug auf eigene Vorstellungen und eigenes Handeln der Lehrkräfte. Dazu ist es unerlässlich, sie zur konstanten Reflexion der eigenen Praxis vor diesem Hintergrund anzuhalten und Minderleistungen von Schüler*innen mit

Migrationshintergrund in all ihren Facetten zu hinterfragen, anstatt die Gründe in vereinfachten gesellschaftlich tradierten Vorstellungen über Migrant*innen zu suchen.

Anhang

Fragebogen

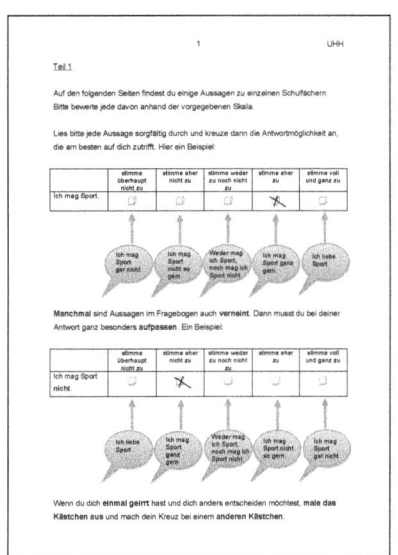

© Springer Fachmedien Wiesbaden GmbH, ein Teil von Springer Nature 2019
C. Helmchen, *Stereotype Threat im Englischunterricht*,
https://doi.org/10.1007/978-3-658-27527-3

---

4   UHH

Verglichen mit deinen Mitschüler/innen, wie gut bist du in Mathematik?

1. sehr schlecht ☐
2. schlecht ☐
3. durchschnittlich ☐
4. gut ☐
5. sehr gut ☐

Welche Note hattest du im letzten Zeugnis in Mathematik?

Stadtteilschule

☐	☐	☐	☐	☐	☐
G1	G2	G3	G4	G5	G6
☐	☐	☐	☐		
E1	E2	E3	E4		

Gymnasium

☐	☐	☐	☐	☐	☐
1	2	3	4	5	6

---

5   UHH

Deutsch	stimme überhaupt nicht zu	stimme eher nicht zu	stimme weder zu noch nicht zu	stimme eher zu	stimme voll und ganz zu
Deutsch ist eines meiner besten Fächer.	☐	☐	☐	☐	☐
Ich war schon immer gut in Deutsch.	☐	☐	☐	☐	☐
Ich bekomme in Deutsch gute Noten.	☐	☐	☐	☐	☐
Ich schneide in Deutscharbeiten schlecht ab.	☐	☐	☐	☐	☐

	gar nicht	kaum	mittelmäßig	ziemlich	sehr
Wie gerne magst du Dinge, die mit Deutsch zu tun haben?	☐	☐	☐	☐	☐
Wie gerne würdest du später beruflich mit Deutsch zu tun haben?	☐	☐	☐	☐	☐
Wie sehr ist Deutsch Teil von dir / deiner Persönlichkeit?	☐	☐	☐	☐	☐
Wie wichtig ist es dir, gut in Deutsch zu sein?	☐	☐	☐	☐	☐

---

6   UHH

Verglichen mit deinen Mitschüler/innen, wie gut bist du in Deutsch?

1. sehr schlecht ☐
2. schlecht ☐
3. durchschnittlich ☐
4. gut ☐
5. sehr gut ☐

Welche Note hattest du im letzten Zeugnis in Deutsch?

Stadtteilschule

☐	☐	☐	☐	☐	☐
G1	G2	G3	G4	G5	G6
☐	☐	☐	☐		
E1	E2	E3	E4		

Gymnasium

☐	☐	☐	☐	☐	☐
1	2	3	4	5	6

---

7   UHH

Englisch	stimme überhaupt nicht zu	stimme eher nicht zu	stimme weder zu noch nicht zu	stimme eher zu	stimme voll und ganz zu
Englisch ist eines meiner besten Fächer.	☐	☐	☐	☐	☐
Ich war schon immer gut in Englisch.	☐	☐	☐	☐	☐
Ich bekomme in Englisch gute Noten.	☐	☐	☐	☐	☐
Ich schneide in Englischarbeiten schlecht ab.	☐	☐	☐	☐	☐

	gar nicht	kaum	mittelmäßig	ziemlich	sehr
Wie gerne magst du Dinge, die mit Englisch zu tun haben?	☐	☐	☐	☐	☐
Wie gerne würdest du später beruflich mit Englisch zu tun haben?	☐	☐	☐	☐	☐
Wie sehr ist Englisch Teil von dir / deiner Persönlichkeit?	☐	☐	☐	☐	☐
Wie wichtig ist es dir, gut in Englisch zu sein?	☐	☐	☐	☐	☐

8 UHH

Verglichen mit deinen Mitschüler/innen, wie gut bist du in Englisch?

1. sehr schlecht
2. schlecht
3. durchschnittlich
4. gut
5. sehr gut

Welche Note hattest du im letzten Zeugnis in Englisch?

Stadtteilschule	G1	G2	G3	G4	G5	G6
	E1	E2	E3	E4		
Gymnasium	1	2	3	4	5	6

9 UHH

Hast du einen Migrationshintergrund?
(Das heißt: bist du, sind deine Eltern
oder deine Großeltern im Ausland   ja   nein
geboren?)

Wenn ja...

In welchem Land bist du geboren?

In welchem Land ist deine Mutter geboren?

In welchem Land ist dein Vater geboren?

In welchem Land sind deine Großeltern geboren?

Welche Staatsbürgerschaft hast du?

Wenn du fertig bist, komm bitte nach vorne und hole dir den
zweiten Fragebogen. Danke!

10 UHH m

Teil 2

Wir würden gerne wissen, wie das Verhältnis zwischen den Schüler/innen in
deiner Klasse ist. Damit ist z.B. gemeint wie gut ihr euch versteht, mit wem ihr die
Pausen verbringt, etc.

Dafür findest du auf den folgenden Seiten drei Diagramme (A, B und C), die aus
jeweils sieben Abbildungen bestehen.

Die Abbildungen reichen von:

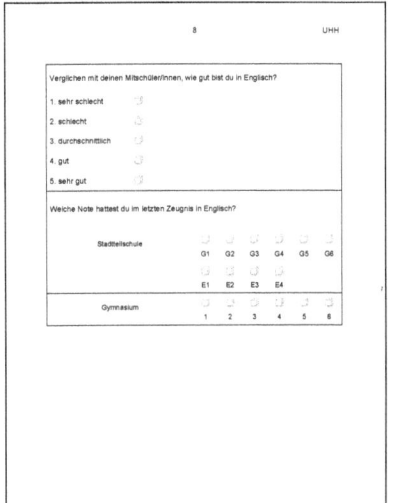

gar keine enge Beziehung

bis

sehr enge Beziehung

Bitte kreuze bei jedem Diagramm das Kästchen neben der Abbildung an, die am
ehesten deiner Empfindung entspricht.

11 UHH m

Diagramm A
Bitte kreuze die Abbildung an, die die Beziehung zwischen Schüler/innen mit
Migrationshintergrund und Schüler/innen ohne Migrationshintergrund in deiner
Klasse am besten beschreibt.

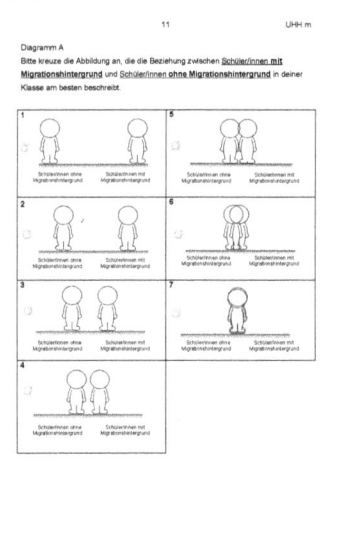

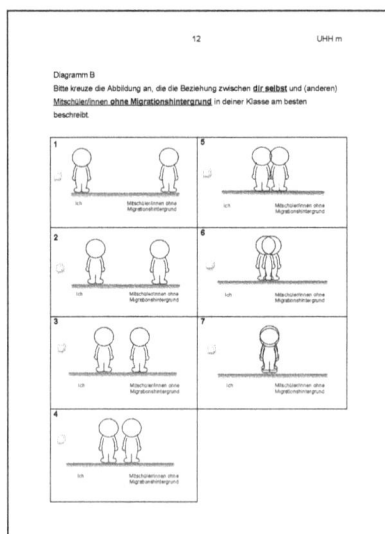

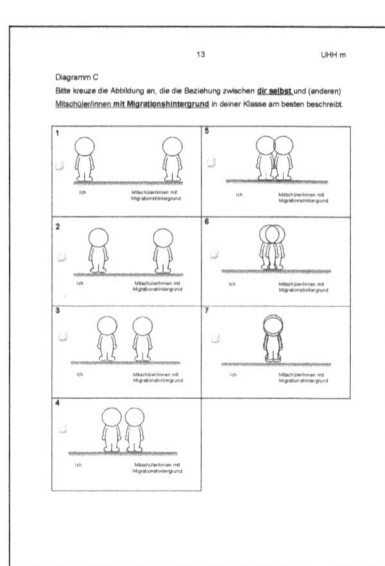

12 UHH m

Diagramm B
Bitte kreuze die Abbildung an, die die Beziehung zwischen **dir selbst** und (anderen) **Mitschüler/innen ohne Migrationshintergrund** in deiner Klasse am besten beschreibt.

13 UHH m

Diagramm C
Bitte kreuze die Abbildung an, die die Beziehung zwischen **dir selbst** und (anderen) **Mitschüler/innen mit Migrationshintergrund** in deiner Klasse am besten beschreibt.

---

14 UHH m

Teil 3

Auf den folgenden Seiten findest du den vorletzten Teil des Fragebogens.

Achtung!
Es kommt das Wort **‚Stereotyp'** vor. Damit ist hier „**Vorurteil**" oder „**vorgefertigte negative Meinung**" gemeint.

Es kommt auch mehrere Male das Wort **‚nicht-deutsche Herkunftskultur'** vor. Damit ist die Kultur gemeint, die du selbst, deine Eltern oder Großeltern aus einem anderen Land mitgebracht haben.

Wir möchten dich noch einmal bitten, jede Aussage gründlich zu lesen und dann anhand der darunter liegenden Skala zu bewerten.

15 UHH m

*Stereotyp: Vorurteil / vorgefertigte negative Meinung

	Stimme überhaupt nicht zu	Stimme eher nicht zu	Stimme weder zu noch nicht zu	Stimme eher zu	Stimme voll und ganz zu
Stereotype über Migranten treffen mich nicht.	☐	☐	☐	☐	☐
Ich denke nie darüber nach, ob Leute mein Verhalten mit meinem Migrationshintergrund in Verbindung bringen.	☐	☐	☐	☐	☐
Im Unterricht habe ich das Gefühl, dass Lehrkräfte alles, was ich tue/sage, mit meinem Migrationshintergrund in Verbindung bringen.	☐	☐	☐	☐	☐
Die meisten Lehrkräfte beurteilen Schüler/innen mit Migrationshintergrund nicht anhand ihrer Herkunft.	☐	☐	☐	☐	☐
Mein Migrationshintergrund hat einen Einfluss darauf, wie Lehrkräfte mit mir umgehen.	☐	☐	☐	☐	☐
Ich denke beinahe nie daran, dass ich einen Migrationshintergrund habe, wenn ich mit Lehrkräften rede.	☐	☐	☐	☐	☐
Mein Migrationshintergrund hat einen Einfluss darauf, wie andere Menschen mit mir umgehen.	☐	☐	☐	☐	☐
Die meisten Lehrkräfte haben mehr ausländerfeindliche Gedanken, als sie in Wirklichkeit zugeben.	☐	☐	☐	☐	☐

16   UHH m

	Stimme überhaupt nicht zu	Stimme eher nicht zu	Stimme weder zu noch nicht zu	Stimme eher zu	Stimme voll und ganz zu
Ich glaube, dass Lehrkräfte Schüler/innen mit Migrationshintergrund schlechter behandeln als Schüler/innen ohne Migrationshintergrund.	☐	☐	☐	☐	☐
Die meisten Lehrkräfte haben ein Problem damit, Schüler/innen mit Migrationshintergrund als gleichgestellt anzusehen.	☐	☐	☐	☐	☐
Ich versuche, z.B. durch Gespräche mit meinen Eltern, mehr über Geschichte, Traditionen und Bräuche meiner nicht-deutschen Herkunftskultur herauszufinden.	☐	☐	☐	☐	☐
Ich habe eine klare Vorstellung von meiner nicht-deutschen Herkunftskultur und was sie für mich bedeutet.	☐	☐	☐	☐	☐
Ich denke viel darüber nach, wie mein Migrationshintergrund mein Leben beeinflusst.	☐	☐	☐	☐	☐
Ich bin glücklich über meinen Migrationshintergrund.	☐	☐	☐	☐	☐
Ich verbringe viel Zeit mit Menschen aus anderen Herkunftskulturen.	☐	☐	☐	☐	☐

17   UHH m

	Stimme überhaupt nicht zu	Stimme eher nicht zu	Stimme weder zu noch nicht zu	Stimme eher zu	Stimme voll und ganz zu
Ich fühle mich mit meiner nicht-deutschen Herkunftskultur stark verbunden.	☐	☐	☐	☐	☐
Ich bin stolz auf meine nicht-deutsche Herkunftskultur.	☐	☐	☐	☐	☐
Ich lege Wert auf Dinge, die mit meiner Herkunftskultur zu tun haben, wie z.B. Musik, Bräuche, spezielles Essen usw.	☐	☐	☐	☐	☐
Mein Migrationshintergrund bedeutet mir sehr viel.	☐	☐	☐	☐	☐

Ich würde mich bezeichnen als: _____ (BITTE EINTRAGEN!)

Beispiel:

Ich würde mich bezeichnen als: Deutsch, Deutsch-Chinesisch, Chinesisch-Deutsch, Chinesisch

18   UHH m

Teil 4

Damit wir deine Antworten statistisch auswerten können, benötigen wir ein paar Daten von dir. Auch hier ist jeweils nur eine Antwort pro Frage möglich!

Es ist wichtig, dass du auch diesen Teil vollständig ausfüllst, damit deine Antworten ausgewertet werden können. Denke daran, dass die Daten vollkommen anonym sind und selbstverständlich vertraulich behandelt werden.

19   UHH m

Welche Schule besuchst du?	Stadtteilschule ☐	Gymnasium ☐
Welches Geschlecht hast du?	weiblich ☐	männlich ☐

Wie alt bist du? [＿＿] Jahre

Welche Muttersprachensprachen sprichst du?

A.)

B.)

C.)

Welche Sprache sprichst du meistens... (Du kannst den Buchstaben aus der vorherigen Frage angeben)

...bei dir zu Hause?

...mit deinen Freunden?

Welche Sprache sprichst du insgesamt...

...am meisten?

...am liebsten?

...am besten?

20   UHH m

Wenn du noch eine Muttersprache (außer Deutsch) sprichst, beurteile bitte deine Fertigkeiten in dieser Sprache:
(Wenn du mehr als eine weitere Muttersprache sprichst, wähl bitte die aus, die du am besten kannst.)

Sprache: _____(BITTE EINTRAGEN!)

	Stimme überhaupt nicht zu	Stimme eher nicht zu	Stimme weder zu noch nicht zu	Stimme eher zu	Stimme voll und ganz zu
Ich kann in einem Gespräch alles verstehen, was gesagt wird.	☐	☐	☐	☐	☐
Wenn ich etwas in der Sprache lese, verstehe ich jedes Wort.	☐	☐	☐	☐	☐
Ich kann die Sprache sehr gut sprechen.	☐	☐	☐	☐	☐
Ich kann die Sprache sehr gut schreiben.	☐	☐	☐	☐	☐
Insgesamt sind meine Fertigkeiten in der Sprache sehr gut.	☐	☐	☐	☐	☐

21   UHH m

Welchen Schulabschluss hat deine Mutter?	keinen	☐
	Hauptschulabschluss	☐
	Realschulabschluss	☐
	Abitur	☐
	Sonstige / andere	☐

Hat deine Mutter an einer Universität studiert?	ja	☐	nein	☐

Welchen Schulabschluss hat dein Vater?	keinen	☐
	Hauptschulabschluss	☐
	Realschulabschluss	☐
	Abitur	☐
	Sonstige / andere	☐

Hat dein Vater an einer Universität studiert?	ja	☐	nein	☐

Welchen Schulabschluss möchtest du machen?	Hauptschulabschluss	☐
	Realschulabschluss	☐
	Fachabitur	☐
	Abitur	☐
	Sonstige / andere	☐

Vielen Dank für deine Teilnahme!

Abbildungen & Tabellen

	Hauptschule	Schule mit mittleren Bildungsgängen	Realschule	Gymnasium	Intergrierte Gesamtschule	Förderschule
Deutschland	7,79%	9,89%	17,63%	46,05%	15,55%	6,13%
Türkei	19,53%	4,43%	20,43%	22,21%	23,70%	8,16%
Polen	22,52%	10,71%	15,02%	19,58%	22,76%	5,66%
Italien	26,79%	4,37%	19,50%	18,54%	18,87%	9,99%
Rumänien	24,59%	4,78%	7,37%	9,22%	11,66%	5,09%
Kosovo	36,05%	9,09%	18,90%	11,65%	14,70%	8,40%
Syrien	31,37%	14,59%	8,43%	12,20%	25,57%	3,93%
Serbien	28,44%	8,98%	12,13%	13,90%	19,67%	13,71%
Griechenland	29,98%	3,93%	17,73%	20,83%	17,32%	8,44%
Russ. Föderation	13,57%	10,72%	12,28%	36,19%	17,46%	5,32%
Bulgarien	32,58%	8,22%	7,74%	11,56%	25,01%	10,08%
Afghanistan	28,07%	10,03%	10,08%	16,04%	28,36%	5,48%
Kroatien	26,84%	3,43%	20,52%	29,52%	13,16%	4,91%
Mazedonien	33,33%	9,06%	12,64%	11,61%	22,43%	9,09%
Portugal	21,49%	5,85%	17,31%	19,11%	26,44%	8,21%
Spanien	19,31%	4,90%	15,11%	28,40%	24,24%	4,84%
USA	11,27% 3,51% 7,22%		36,72%		34,07%	3,01%
Niederlande	12,46%	9,44%	18,65%	35,07%	16,16%	5,44%
Iran	12,88%	7,06% 11,86%	35,12%		24,75%	5,38%
Marokko	17,09% 2,54%	22,02%	19,83%		27,96%	9,43%
Gr. Britannien	10,72% 3,47% 9,58%		43,40%		25,31%	2,96%
Ghana	12,20% 2,81% 14,19%	15,74%		43,09%		10,79%

0%   10%   20%   30%   40%   50%   60%   70%   80%   90%   100%

Abbildung i: Verteilung von Schüler*innen auf Schulformen nach Nationalität, sortiert nach Anzahl. Daten entstammen dem Mikrozensus 2015. (Aus Gründen der Übersichtlichkeit werden hier nur die anteilig größten Schulformen und ausgewählte Herkunftsländer aufgeführt.).

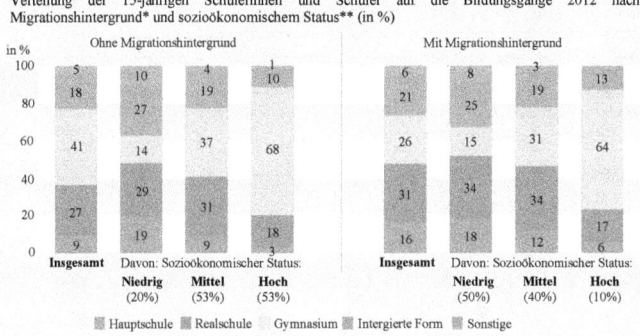

Verteilung der 15-jährigen Schülerinnen und Schüler auf die Bildungsgänge 2012 nach Migrationshintergrund* und sozioökonomischem Status** (in %)

	Ohne Migrationshintergrund	Mit Migrationshintergrund
	Insgesamt · Davon: Sozioökonomischer Status: Niedrig (20%) Mittel (53%) Hoch (53%)	Insgesamt · Davon: Sozioökonomischer Status: Niedrig (50%) Mittel (40%) Hoch (10%)

Hauptschule   Realschule   Gymnasium   Intergierte Form   Sonstige

*Mindestens ein Elternteil im Ausland geboren.
**Für alle Jugendlichen wurde der Index für den höchsten beruflichen Status der Familie gebildet (HISEI). Es werden die 25 % der Jugendlichen mit den höchsten Indexwerten (Hoch) mit den 50 % mit mittleren (Mittel) und den 25 % mit den niedrigsten Indexwerten (Niedrig) verglichen. Die Kategorie Insgesamt entspricht nicht der Summe dieser Aufstellung, da hier zusätzlich Jugendliche ohne gültige HISEI-Angaben einbezogen wurden.

Abbildung ii: Verteilung der 15-jährigen Schüler*innen auf die Bildungsgänge nach Migrationshintergrund und sozioökonomischen Status. (Bildungsbericht 2016: 174).

Tabelle i: Beruflicher Bildungsabschluss nach Migrationsstatus bzw. Staatsangehörigkeit laut Mikrozensus 2015 (im Alter von 15 Jahren und mehr). (Statistisches Bundesamt, 2017; Prozentwerte hinzugefügt).

Bildungsstand	ohne Migrationshintergrund	mit Migrationshintergrund	nach Staatsangehörigkeit	
			Deutsche	Ausländer*innen
	in 1000			
Insgesamt[1]	57398	13424	63837	7030
Nach beruflichem Bildungsabschluss				
Lehre/Berufsausbildung im dualen System[2]	29922 (52,13%)	4415 (32,89%)	32401 (50,76%)	1952 (27,77%)
Fachschulabschluss[3]	4778 (8,32%)	586 (4,36%)	5138 (8,05%)	228 (3,24%)
Fachschulabschluss in der ehemaligen DDR	696 (1,21%)	11 (0,08%)	703 (1,10%)	-
Bachelor	775 (1,35%)	321 (2,39%)	883 (1,38%)	213 (3,03%)
Master	428 (0,74%)	252 (1,88%)	485 (0,76%)	195 (2,77%)
Diplom[4]	7625 (13,28%)	1371 (10,21%)	8306 (13,01%)	695 (9,89%)
Promotion	682 (1,19%)	115 (0,86%)	730 (1,14%)	67 (0,95%)
Ohne beruflichen Abschluss[5]	12023 (20,95%)	6234 (46,44%)	14678 (22,99%)	3599 (51,19%)
darunter nicht in Ausbildung[6,7]	7467 (62,11% / **13,01%**)	4468 (71,67% / **33,28%**)	9000 (61,32% / **14,10%**)	2939 (81,66% / **41,81%**)

[1] Einschließlich Personen, die keine Angaben zum beruflichen Bildungsabschluss gemacht haben
[2] Einschließlich eines gleichwertigen Berufsabschlusse, Vorbereitungsdienst für den mittleren Dienst in der öffentlichen Verwaltung sowie Anlernausbildung
[3] Einschließlich einer Meister-/Technikerausbildung sowie Abschluss einer Schule des Gesundheitswesens
[4] Einschließlich Lehramtsprüfung, Staatsprüfung, Magister, künstlerischer Abschluss und vergleichbare Abschlüsse
[5] Einschließlich Berufsvorbereitungsjahr und berufliches Praktikum, da durch diese keine berufsqualifizierenden Abschlüsse erworben werden
[6] Einschließlich Personen, die zum Zeitpunkt der Befragung keine Schule oder Hochschule besucht haben.
[7] Fettgedruckte Prozentwerte beziehen sich auf die Gesamtzahl.

- = keine Angabe, da Zahlenwert nicht sicher genug

Tabelle ii: Bevölkerung nach Migrationshintergrund und höchstem allgemeinen Schulabschluss laut Mikrozensus 2015. (Statistisches Bundesamt, 2017; Prozentwerte hinzugefügt).

Höchster allgemeiner Schulabschluss	ohne Migrationshintergrund	mit Migrationshintergrund im engeren Sinn				
		zusammen	Deutsche		Ausländer*innen	
			mit	ohne	mit	ohne
			eigene(r) Migrationserfahrung			
		in 1000				
Insgesamt	64286	17118	5023	4323	6430	1342
mit Schulabschluss	54252 (84,39%)	10854 (63,41%)	4447 (88,53%)	965 (22,32%)	4638 (72,13%)	805 (59,98%)
Haupt-(Volks-)schulabschluss[1]	19464 (35,88% / **30,28%**)	3877 (35,72% / **22,65%**)	1577 (35,46% / **31,40%**)	231 (23,94% / **5,34%**)	1747 (37,67% / **27,17%**)	322 (40,00% / **23,99%**)
Abschluss Polytechnische Oberschule der DDR[1]	4686 (8,64% / **7,29%**)	89 (0,82% / **0,52%**)	63 (1,41% / **1,25%**)	-	23 (0,49% / **0,36%**)	-
Realschul- oder gleichwertiger Abschluss[1]	13328 (24,57% / **20,73%**)	2777 (25,58% / **16,22 %**)	1276 (28,69% / **25,40%**)	330 (34,19% / **7,63%**)	905 (19,51% / **14,07%**)	266 (33,04% / **19,82%**)
Fachhochschulreife[1]	4289 (7,90% / **6,67%**)	810 (7,46% / **4,73%**)	372 (8,36% / **7,41 %**)	103 (10,67% / **2,38%**)	265 (5,71% / **4,12%**)	69 (8,57% / **5,14%**)
Abitur[1]	12484 (23,01% / **19,42%**)	3301 (30,41% / **19,28%**)	1160 (26,09% / **23,09%**)	298 (30,88% / **6,89%**)	1697 (36,59% / **26,39%**)	147 (18,26% / **10,95%**)
ohne Angabe zur Art des Abschlusses	109 (0,17%)	39 (0,23%)	12 (0,24%)	-	23 (0,36%)	-
Ohne Abschluss	935 (1,48%)	1690 (9,87%)	391 (7,78%)	41 (0,95%)	1204 (25,96%)	54 (6,71%)
Noch in Ausbildung / noch nicht schulpflichtig	8670 (13,49%)	4440 (25,94%)	153 (3,04%)	3302 (76,38%)	509 (7,92%)	476 (35,47%)
Keine Angabe zum Schulabschluss	319 (0,50%)	96 (0,56%)	20 (0,40%)	14 (0,32%)	56 (0,88%)	5 (0,37%)

[1] Fettgedruckte Prozentwerte beziehen sich auf die Gesamtzahl.

- = Keine Angaben, da Zahlenwert nicht sicher genug

Tabelle iii: Rotierte Faktorenmatrix aller Indikatoren zur Konstruktmessung im Strukturgleichungsmodell (Hauptachsenanalyse mit orthogonaler Rotation (Varimax).

Item	Faktor		
	1	2	3
(1) Englisch ist einen festen Fächer	.914	-.050	.005
(2) Ich war schon immer gut in Englisch	.796	.062	.059
(3) Ich bekomme in Englisch immer gute Noten	.912	-.073	.067
(4) Ich schneide in Englischarbeiten immer schlecht ab	-.608	.143	.011
(5) Wie gerne magst du Dinge, die mit Englisch zu tun haben?	.760	-.029	.039
(6) Wie gerne würdest du später beruflich mit Englisch zu tun haben?	.656	-.034	.103
(7) Wie sehr ist Englisch Teil von dir / deiner Persönlichkeit?	.682	.005	.015
(9) Verglichen mit deinen Mitschülern, wie gut bist du in Englisch?	.884	-.060	.052
(3) Im Unterricht habe ich das Gefühl, dass Lehrkräfte alles, was ich sage/tue mit meinem Migrationshintergrund in Verbindung bringen.	-.075	.700	.008
(4) Die meisten Lehrkräfte beurteilen Schüler/innen mit Migrationshintergrund nicht anhand ihrer Herkunft. (r)	-.036	.421	-.042
(5) Mein Migrationshintergrund hat einen Einfluss darauf, wie Lehrkräfte mit mir umgehen.	.010	.759	.051
(6) Ich denke beinahe nie daran, dass ich einen Migrationshintergrund habe, wenn ich mit Lehrkräften rede. (r)	-.127	.353	.187
(8) Die meisten Lehrkräfte haben mehr ausländerfeindliche Gedanken, als sie in Wirklichkeit zugeben.	.036	.642	.092
(9) Ich glaube, dass Lehrkräfte Schüler/innen mit Migrationshintergrund schlechter behandeln als Schüler/innen ohne Migrationshintergrund.	-.022	.791	.070
(10) Die meisten Lehrkräfte haben ein Problem damit, Schüler/innen mit Migrationshintergrund als gleichgestellt anzusehen.	-.037	.838	.038
(4) Ich bin glücklich über meinen Migrationshintergrund	.034	-.027	.596
(6) Ich fühle mich mit meiner nicht-deutschen Herkunftskultur stark verbunden.	.054	.080	.671
(7) Ich bin stolz auf meine nicht-deutsche Herkunftskultur	.062	.042	.751
(8) Ich lege Wert auf Dinge, die mit meiner nicht-deutschen Herkunftskultur zu tun haben, wie z.B. Musik, Bräuche, spezielles Essen usw.	.021	.095	.742
(9) Mein Migrationshintergrund bedeutet mir sehr viel.	.006	.103	.803

Bibliographie

Abrams, D., Crisp, R. J., Marques, S., Fagg, E., Bedford, L. & Provias, D. (2008). Threat inoculation: experienced and imagined intergenerational contact prevents stereotype threat effects on older people's math performance. *Psychology and Aging, 23*(4), 934-939. DOI: 10.1037/a0014293.

Aicher-Jakob, M. (2010). *Identitätskonstruktionen türkischer Jugendlicher. Ein Leben mit oder zwischen zwei Kulturen.* Wiesbaden: VS Verlag. DOI: 10.1007/978-3-531-92262-1

Alexander, M. G. & Fisher, T. D. (2003). Truth and consequences: Using the bogus pipeline to examine sex differences in self-reported sexuality. *Journal of Sex Research, 40*(1), 27-35. DOI: 10.1080/00224490309552164.

Alter, A. L., Aronson, J., Darley, J. M., Rodriguez, C. & Ruble, D. N. (2010). Rising to the threat: Reducing stereotype threat by reframing the threat as a challenge. *Journal of Experimental Social Psychology, 46*(1), 166-171. DOI: 10.1016/j.jesp. 2009.09.014.

Ambady, N., Shih, M., Kim, A. & Pittinsky, T. L. (2001). Stereotype susceptibility in children: Effects of identity activation on quantitative performance. *Psychological Science, 12*(5), 385-390. DOI: 10.1111/1467-9280.00371

Anderson, N. H. (1962). Application of an additive model to impression formation. *Science, 138*(3542), 817-818. DOI: 10.1126/science.138.3542.817.

Anderson, N. H. (1965). Averaging versus adding as a stimulus-combination rule in impression formation. *Journal of Experimental Psychology, 70*(4), 394-400. DOI: 10.1037/h0022280

Anderson, N. H. (1967). Averaging model analysis of set-size effect in impression formation. *Journal of Experimental Psychology, 75*(2), 158-165. DOI: 10.1037/h0024995

Androutsopoulos, J. (2001). Ultra korregd Alder! Zur medialen Stilisierung und Aneignung von "Türkendeutsch". *Deutsche Sprache, 4*, 321-339.

Antidiskriminierungsstelle des Bundes (2016). *Diskriminierungserfahrungen in Deutschland. Erste Ergebnisse einer repräsentativen Erhebung und einer Betroffenenbefragung.* Berlin. Letzter Zugriff am 12.06.2018 unter *http://www. antidiskriminierungsstelle.de/SharedDocs/Downloads/DE/publikationen/Expertis en/Expertise_Diskriminierungserfahrungen_in_Deutschland.pdf?__blob=publica tionFile&v=4*

Appel, M. (2008). Medienvermittelte Stereotype und Vorurteile. In B. Batinic, M. Appel (Eds.), *Medienpsychologie* (313-335). Berlin, Heidelberg: Springer. DOI: 10.1007/978-3-540-46899-8

ARD (n.d.). (2016). Zeitbudget für audiovisuelle Medien in Deutschland in den Jahren 2014 bis 2016 (in Minuten pro Tag). Letzter Zugriff am 17.11.2016 unter https:// de.statista.com/statistik/daten/studie/4101/umfrage/nutzungsdauer-audiovisueller-medien-pro-tag/.

Armenta, B. E. (2010). Stereotype boost and stereotype threat effects: The moderating role of ethnic identification. *Cultural Diversity and Ethnic Minority Psychology, 16*(1), 94-98. DOI: 10.1037/a0017564.

© Springer Fachmedien Wiesbaden GmbH, ein Teil von Springer Nature 2019
C. Helmchen, *Stereotype Threat im Englischunterricht*,
https://doi.org/10.1007/978-3-658-27527-3

Aronson, J. & Dee, T. (2012). Stereotype Threat in the Real World. In M. Inzlicht & T. Schmader (Eds.), *Stereotype Threat: Theory, Process, and Application* (264-279). Oxford, New York: Oxford University Press. DOI:10.1093/acprof:oso/ 9780199732449.001.0001

Aronson, J., Fried, C. B. & Good, C. (2002). Reducing the effects of stereotype threat on African American college students by shaping theories of intelligence. *Journal of Experimental Social Psychology*, *38*(2), 113-125. DOI: 10.1006/jesp.2001.1491.

Aronson, J. & Inzlicht, M. (2004). The Ups and Downs of Attributional Ambiguity Stereotype Vulnerability and the Academic Self-Knowledge of African American College Students. *Psychological Science*, *15*(12), 829–836. DOI: 10.1111/j.0956-7976.2004.00763.x

Aronson, J., Lustina, M. J., Good, C., Keough, K., Steele, C. M. & Brown, J. (1999). When white men can't do math: Necessary and sufficient factors in stereotype threat. *Journal of Experimental Social Psychology*, *35*(1), 29-46. DOI: 10.1006/jesp.1998.1371

Aronson, J. & McGlone, M. S. (2009). Stereotype and social identity threat. In T. D. Nelson (ed.), *Handbook of Prejudice, Stereotyping, and Discrimination* (153-178). New York, Hove: Psychology Press. DOI: 10.4324/9781841697772.ch3

Aronson, J., Quinn, D. M. & Spencer, S. J. (1998). Stereotype threat and the academic underperformance of minorities and women. In J. K. Swim & C. Stangor (Eds.), *Prejudice. The Target's Perspective* (83-103). San Diego, London u.a.: Academic Press. DOI: 10.1016/B978-0-12-679130-3.X5034-0

Asbrock, F. (2010). Stereotypes of social groups in Germany in terms of warmth and competence. *Social Psychology*, *41*(2), 76-81. DOI: 10.1027/1864-9335/a000011.

Asch, S. E. (1946). Forming impressions of personality. *Journal of Abnormal Psychology*, *41*, 258–290. DOI: 10.1037/h0060423.

Ashmore, R. D. & Del Boca, F. K. (1981). Conceptual Approaches to Stereotypes and Stereotyping. In D. L. Hamilton (Ed.), *Cognitive processes in stereotyping and intergroup behavior* (1-35). London, New York: Psychology Press.

Atkinson, J. W. (1957). Motivational determinants of risk-taking behavior. *Psychological Review*, *64*(6), 359-372. DOI: 10.1037/h0043445

Bagozzi, R. P. & Baumgartner, H. (1994). The Evaluation of Structural Equation Models and Hypothesis Testing. In R. P. Bagozzi (Ed.), *Principles of Marketing Research* (386-422). Cambridge, MA.: Blackwell Business.

Bagozzi, R. P. & Yi, Y. (1988). On the Evaluation of Structural Equation Models. *Journal of the Academy of Marketing Science*, 16(1), 74–94. DOI: 10.1007/BF02723327

Baier, D., Pfeiffer C., Prätor, S., Simonson, J. & Kappes, C. (2010). *Kinder und Jugendliche in Deutschland: Gewalterfahrungen, Integration, Medienkonsum. Zweiter Bericht zum gemeinsamen Forschungsprojekt des Bundesministeriums des Innern und des KFN.* Letzter Zugriff am 22.08.2017 unter https://www.researchgate.net/publication/259156986_Kinder_und_Jugendliche_i n_Deutschland_Gewalterfahrungen_Integration_Medienkonsum_Zweiter_Bericht _zum_gemeinsamen_Forschungsprojekt_des_Bundesministeriums_des_Innern_u nd_des_KFN

Bandura, A. (1971). *Social Learning Theory*. New York: General Learning Press.

Bandura, A. (1994). Self-efficacy. In V. S. Ramachaudran (Ed.), *Encyclopedia of Human Behavior* (Vol. 4, 71–81). New York: Academic Press.

Barber, S. J. & Lee, S. R. (2015). Stereotype Threat Lowers Older Adults' Self-Reported Hearing Abilities. *Gerontology*, *62*(1), 81-85. DOI: 10.1159/000439349.

Barber, S. J. & Mather, M. (2013). Stereotype threat can both enhance and impair older adults' memory. *Psychological Science*, *24*(12), 2522-2529. DOI: 10.1177/095679 7613497023.

Barrett, P. (2007). Structural equation modelling: Adjudging model fit. *Personality and Individual Differences*, *42*(5), 815-824. DOI: 10.1016/j.paid.2006.09.018.

Bastide, R. & Van Den Berghe, P. (1957). Stereotypes, norms and interracial behavior in São Paulo, Brazil. *American Sociological Review*, *22*(6), 689-694. DOI: 10.2307/2089199

Baumert, J. & Schümer, G. (2001). Familiäre Lebensverhältnisse, Bildungsbeteiligung und Kompetenzerwerb. In Deutsches PISA-Konsortium, J. Baumert, C. Artelt, E. Klieme, M. Neubrand, M. Prenzel, U. Schiefele, W. Schneider, K.-J. Tillmann & M. Weiß (Hrsg.), *PISA 2000 – Die Länder der Bundesrepublik Deutschland im Vergleich* (159-202), Wiesbaden: VS Verlag für Sozialwissenschaften. DOI: 10.1007/978-3-663-11042-2

Baumgartner, H. & Homburg, C. (1996). Applications of structural equation modeling in marketing and consumer research: A review. *International Journal of Research in Marketing*, 13(2), 139-161. DOI: 10.1016/0167-8116(95)00038-0

Baur, C. (2014). *Schule, Stadtteil, Bildungschancen: wie ethnische und soziale Segregation Schüler/-innen mit Migrationshintergrund benachteiligt*. Bielefeld: transcript Verlag.

Baur, R. S., Cosan, L., Ossenberg, S. & Uslucan, H.-H. (2016). Deutsche und türkische Stereotype im Vergleich. Letzter Zugriff am 17.11.2017 unter https://www.uni-due.de/imperia/md/content/ikk/projektinformationen_side.pdf

Baur, R. S. & Ossenberg, S. (2016). Information zum Forschungsprojekt "Deutsche und türkische Stereotype im Vergleich." Letzter Zugriff am 17.11.2017 unter https://www.uni-due.de/imperia/md/images/ikk/ergebnisse_side.pdf.

Bayton, J. A. (1941). The racial sterotypes of Negro college students. *The Journal of Abnormal and Social Psychology*, *36*(1), 97-102. DOI: 10.1037/h0057833

Behrens, P., Rathgeb, T., Feierabend, S. & Plankenhorn, T. (2016). *JIM-STUDIE 2016. Basisuntersuchung zum Medienumgang 12 bis 19-Jähriger in Deutschland*. Stuttgart. Letzter Zugriff am 12.06.2018 unter http://www.mpfs.de/fileadmin/files/ Studien/JIM/2016/JIM_Studie_2016.pdf

Beilock, S. L. & Carr, T. H. (2005). When high-powered people fail: Working memory and "Choking under pressure" in math. *Psychological Science*, *16*(2), 101-105. DOI: 10.1111/j.0956-7976.2005.00789.x

Beilock, S. L., Jellison, W. A., Rydell, R. J., McConnell, A. R. & Carr, T. H. (2006). On the causal mechanisms of stereotype threat: can skills that don't rely heavily on working memory still be threatened? *Personality & Social Psychology Bulletin*, *32*(8), 1059-71. DOI: 10.1177/0146167206288489.

Beilock, S. L., Rydell, R. J. & McConnell, A. R. (2007). Stereotype threat and working memory: mechanisms, alleviation, and spillover. *Journal of Experimental Psychology: General*, *136*(2), 256-276. DOI: 10.1037/0096-3445.136.2.256

Ben-Zeev, T., Fein, S. & Inzlicht, M. (2005). Arousal and stereotype threat. *Journal of Experimental Social Psychology*, *41*(2), 174-181. DOI: 10.1016/j.jesp.2003.11.007

Bentler, P. M. (1990). Comparative fit indexes in structural models. *Psychological Bulletin*, *107*(2), 238-246. DOI: 10.1037/0033-2909.107.2.238

Bentler, P. M. (2006). *EQS 6 structural equations program manual. Los Angeles: BMDP Statistic Software*. Letzter Zugriff am 12.06.2018 unter http://www.econ. upf.edu/~satorra/CourseSEMVienna2010/EQSManual.pdf.

Bernstein, I. H. & Teng, G. (1989). Factoring Items and Factoring Scales are Different: Spurious Evidence for Multidimensionality due to Item Categorization. *Psychological Bulletin*, *105*(3), 467-477. DOI: 10.1037/0033-2909.105.3.467

Bertelsmann Stiftung (2009). *Zuwanderer in Deutschland. Ergebnisse einer repräsentativen Befragung von Menschen mit Migrationshintergrund*. Gütersloh.

Bialystok, E. & Barac, R. (2012). Emerging bilingualism: Dissociating advantages for metalinguistic awareness and executive control. *Cognition*, *122*(1), 67-73. DOI: 10.1016/j.cognition.2011.08.003

Bildungsbericht (2016). *Bildung in Deutschland 201: ein indikatorengestützter Bericht mit einer Analyse zu Bildung und Migration*. Bielefeld: Bertelsman. Letzter Zugriff am 12.06.2018 unter https://www.bildungsbericht.de/de/bildungsberichte-seit-2006/bildungsbericht-2016/pdf-bildungsbericht-2016/bildungsbericht-2016

Blackwell, L. S., Trzesniewski, K. H. & Dweck, C. S. (2007). Implicit theories of intelligence predict achievement across an adolescent transition: A longitudinal study and an intervention. *Child Development*, *78*(1), 246-263. DOI: 10.1111/j.146 7-8624.2007.00995.x

Blascovich, J., Spencer, S. J., Quinn, D. & Steele, C. (2001). African Americans and high blood pressure: The role of stereotype threat. *Psychological Science*, *12*(3), 225-229. DOI: 10.1111/1467-9280.00340

Böhme, K., Tiffin-Richards, S. P., Schipolowski, S. & Leucht, M. (2010). Migrationsbedingte Disparitäten bei sprachlichen Kompetenzen. In O. Köller, M. Knigge & B. Tesch (Eds.), *Sprachliche Kompetenzen im Ländervergleich* (203-225). Münster, New York, München, Berlin: Waxmann.

Bonefeld, M., Dickhäuser, O., Janke, S., Praetorius, A. K. & Dresel, M. (2017). Migrationsbedingte Disparitäten in der Notenvergabe nach dem Übergang auf das Gymnasium. *Zeitschrift für Entwicklungspsychologie und pädagogische Psychologie*, *49*(1), 11-23. DOI: 10.1026/0049-8637/a000163

Bonefeld, M. & Dickhäuser, O. (2018). (Biased) Grading of Students' Performance: Students' Names, Performance Level, and Implicit Attitudes. *Frontiers in Psychology*, 9, 481. DOI: 10.3389/fpsyg.2018.00481

Bonfadelli, H. (2007). Die Darstellung ethnischer Minderheiten in den Massenmedien. In H. Bonfadelli & H. Moser (Eds.), *Medien Und Migration. Europa als multikultureller Raum?* (95-116). Wiesbaden: VS Verlag für Sozialwissenschaften. DOI: 10.1007/978-3-531-90431-3_6

Bortz, J. & Döring, N. (2006). *Forschungsmethoden und Evaluation für Human- und Sozialwissenschaftler* (4.). Heidelberg: Springer. DOI: 10.1007/978-3-540-33306-7

Bos, W., Lankes E.-V., Prenzel, M., Schwippert, K., Walther, G., Valtin, R. (Eds.) (2003). *Erste Ergebnisse aus IGLU. Schülerleistungen am Ende der vierten Jahrgangsstufe im internationalen Vergleich.* Münster, New York, München, Berlin: Waxmann.

Boshara, R., Emmons, W. & Noeth, B. (2015). The Demographics of Wealth: How Age, Education and Race Separate Thrivers from Strugglers in Today's Economy. *Federal Reserve Bank of St. Louis.*

Bosson, J. K., Haymovitz, E. L. & Pinel, E. C. (2004). When saying and doing diverge: The effects of stereotype threat on self-reported versus non-verbal anxiety. *Journal of Experimental Social Psychology, 40*(2), 247-255. DOI: 10.1016/S0022-1031(03) 00099-4

Branscombe, N. R., Schmitt, M. T. & Harvey, R. D. (1999). Perceiving pervasive discrimination among African Americans: Implications for group identification and well-being. *Journal of Personality and Social Psychology, 77*(1), 135-149. DOI: 10.1037/0022-3514.77.1.135

Branscombe, N. R. & Wann, D. L. (1994). Collective self-esteem consequences of outgroup derogation when a valued social identity is on trial. *European Journal of Psychology, 24*(6), 641-657. DOI: 10.1002/ejsp.2420240603

Brewer, M. B. (1988). A dual process model of impression formation. In T. K. Srull & R. S. Wyer, Jr. (Eds.), *Advances in social cognition,* Vol. 1., (1-36). Hillsdale, NJ: Lawrence Erlbaum Associates

Brewer, M. B. (1991). The Social Self: On Being the Same and Different at the Same Time. *Personality and Social Psychology Bulletin, 17*(5), 475-482. DOI: 10.1177/0146167291175001

Brewer, M. B. (1999). The psychology of prejudice: Ingroup love our outgroup hate? *Journal of Social Issues, 55*(3), 429-444. DOI: 10.1111/0022-4537.00126

Brewer, M. B. & Gardner, W. (1996). Who Is This "we"? Levels of Collective Identity and Self Representations. *Journal of Personality and Social Psychology, 71*(1), 83-93. DOI: 10.1037/0022-3514.71.1.83

Brewer, M. B., Manzi, J. M. & Shaw, J. S. (1993). In-Group Identification As a Function of Depersonalization, Distinctiveness, and Status. *Psychological Science, 4*(2), 88-92. DOI: 10.1111/j.1467-9280.1993.tb00466.x

Brigham, J. C. (1971). Racial stereotypes, attitudes, and evaluations of and behavioral intentions toward Negroes and Whites. *Sociometry, 34*(3), 360-380. DOI: 10.2307/2786204

Broadfoot, P. (2000). Assessment and intuition. In T. Atkinson & G. Claxton (Eds.). *The intuitive practitioner: On the value of not always knowing what one is doing* (199-219). Maidenhead: Taylor & Francis Group

Brodish, A. B. & Devine, P. G. (2009). The role of performance-avoidance goals and worry in mediating the relationship between stereotype threat and performance. *Journal of Experimental Social Psychology, 45*(1), 180-185. DOI: 10.1016/j.jesp. 2008.08.005

Brown, R. J. & Turner, J. (1981). Interpersonal and intergroup behaviour. In J. C. Turner & H. Giles (Eds.), *Intergroup Behaviour* (33-65). Oxford: Blackwell.

Brown, R. P. & Pinel, E. C. (2003). Stigma on my mind: Individual differences in the experience of stereotype threat. *Journal of Experimental Social Psychology*, *39*(6), 626-633. DOI:10.1016/S0022-1031(03)00039-8

Brown, T. A. (2. Ed., 2015). *Confirmatory Factor Analysis for Applied Research*. New York, London: Guilford Press.

Browne, M. W. & Cudeck, R. (1993). Alternative ways of assessing model fit. In K. A. Bollen & J. S. Long (Eds.), *Testing Structural Equation Models* (136-162). Newbury Park, CA.: Sage. DOI: 10.1177/0049124192021002005

Bundesministerium für Bildung und Forschung (2016). *Bildung in Deutschland 2016. Ein indikatorengestützter Bericht mit einer Analyse zu Bildung und Migration.* Letzter Zugriff am 12.06.2018 unter http://www.bildungsbericht.de/de/bildung sberichte-seit-2006/bildungsbericht-2016/pdf-bildungsbericht2016/bildungsberich t-2016

Bundesamt für Migration und Flüchtlinge (2012): Integration von Studierenden mit Migrationshintergrund an deutschen Hochschulen: Bestandsaufnahme und Vernetzung. Letzter Zugriff am 03.08.2016 unter http://www.bamf.de /SharedDocs/Anlagen/DE/Publikationen/Broschueren/broschuere-integration-stud ierende-hochschule.pdf

Burkhart, S. & Kercher, J. (2014). Abbruchquoten ausländischer Studierender. DAAD Blickpunkt. Bonn: DAAD. Letzter Zugriff am 12.06.2018 unter https:// www.daad.de/medien/der-daad/analysen-studien/final_blickpunkt-abbruch quoten .pdf

Burn, S. M., Aboud, R. & Moyles, C. (2000). The relationship between gender social identity and support for feminism. *Sex Roles*, *42*, 1081-1089. DOI: 10.1023/A:1007044802798

Cadinu, M., Latrofa, M. & Carnaghi, A. (2012). Comparing Self-stereotyping with In-group-stereotyping and Out-group-stereotyping in Unequal-status Groups: The Case of Gender. *Self and Identity*, 12(6), 582-596. DOI: 10.1080/15298868. 2012.712753.

Cadinu, M., Maass, A., Frigerio, S., Impagliazzo, L. & Latinotti, S. (2003). Stereotype threat: The effect of expectancy on performance. *European Journal of Social Psychology*, *33*(2), 267-285. DOI: 10.1002/ejsp.145.

Cadinu, M., Maass, A., Lombardo, M. & Frigerio, S. (2006). Stereotype threat: The moderating role of Locus of Control beliefs. *European Journal of Social Psychology*, *36*(2), 183-197. DOI: 10.1002/ejsp.303.

Cadinu, M., Maass, A., Rosabianca, A. & Kiesner, J. (2005). Why do women underperform under stereotype threat? Evidence for the role of negative thinking. *Psychological Science*, *16*(7), 572-578. DOI: 10.1111/j.0956-7976.2005.01577.x.

Candelier, M., Camilleri-Grima, A., Castellotti, V. et al. (2012). *Le CARAP - Un Cadre de Référence pour les Approches plurielles des langues et des cultures – Compétences et ressources.* Strasbourg : Conseil de l'Europe. Letzter Zugriff am 13.07.2018 unter http://carap.ecml.at/.

Carels, R. A., Domoff, S. E., Burmeister, J. M., Koball, A. M., Hinman, N. G., Davis, A. K., ... Hoffmann, D. A. (2013). Examining perceived stereotype threat among overweight/obese adults using a multi-threat framework. *Obesity Facts*, *6*(3), 258-268. DOI: 10.1159/000352029.

Carr, P. B. & Steele, C. M. (2010). Stereotype threat affects financial decision making. *Psychological Science, 21*(10), 1411-1416. DOI: 10.1177/0956797610384146.

Cassady, J. C. & Johnson, R. E. (2002). Cognitive Test Anxiety and Academic Performance. *Contemporary Educational Psychology, 27*(2), 270-295. DOI: 10.10 06/ceps.2001.1094.

Cenoz, J. (2003). The additive effect of bilingualism on third language acquisition: A review. *International Journal of Bilingualism, 7*(1), 71-87. DOI: 10.1177/1367006 9030070010501

Chin, W. W. (1998). Issues and Opinion on Structural Equation Modeling. *MIS Quarterly,* 22(1), VII-XVI.

Cialdini, R. B., Borden, R. J., Thorne, A., Walker, M. R., Freeman, S. & Sloan, L. R. (1976). Basking in reflected glory: Three (football) field studies. *Journal of Personality and Social Psychology, 34*(3), 366-375. DOI: 10.1037/00223514.34. 3.366

Cohen, G. L. & García, J. (2005). "I am us": negative stereotypes as collective threats. *Journal of Personality and Social Psychology, 89*(4), 566-82. DOI: 10.1037/0022-3514.89.4.566.

Cohen, G. L., García, J., Apfel, N. & Master, A. (2006). Reducing the racial achievement gap: A social-psychological intervention. *Science, 313*(5791), 1307-1310. DOI: 10.1126/science.1128317

Cohen, G. L., García, J., Purdie-Vaughns, V., Apfel, N. & Brzustoski, P. (2009). Recursive processes in self-affirmation: intervening to close the minority achievement gap. *Science, 324*(5925), 400-403. DOI: 10.1126/science.1170769.

Cohen, G. L., Purdie-Vaughns, V. & García, J. (2012). An identity threat perspective on intervention. In M. Inzlicht & T. Schmader (Eds.), *Stereotype Threat: Theory, Process, and Application* (280-296). Oxford, New York: Oxford University Press. DOI: 10.1093/acprof:oso/9780199732449.001.0001

Cohen, J. (2. Ed., 1988). *Statistical power analysis for the behavioral sciences. Statistical Power Analysis for the Behavioral Sciences.* Hillsdale: Lawrence Erlbaum Associates. DOI: 10.1016/B978-0-12-179060-8.50012-8

Collins, L. M., Schafer, J. L. & Kam, C. M. (2001). A comparison of inclusive and restrictive strategies in modern missing data procedures. *Psychological Methods,* 6(4), 330-351.DOI: 10.1037/1082-989X.6.4.330

Cortina, J. M. (1993). What is coefficient alpha? An examination of theory and applications. *Journal of Applied Psychology, 78*(1), 98-104. DOI: 10.1037/0021-9010.78.1.98

Covington, M. V. (2002). Rewards and intrinsic motivation. In T. Urdan & F. Pajares (Eds.), *Academic motivation of adolescents* (169–192). Greenwich, CT: Information Age Publishing.

Crisp, R. J. & Abrams, D. (2008). Improving intergroup attitudes and reducing stereotype threat: An integrated contact model. *European Review of Social Psychology, 19*(1), 242-284. DOI: 10.1080/10463280802547171

Croizet, J.-C. & Claire, T. (1998). Extending the concept of stereotype threat to social class: The intellectual underperformance of students from low socioeconomic backgrounds. *Personality and Social Psychology Bulletin, 24*(6), 588-594. DOI:

10.1177/0146167298246003

Croizet, J. C. & Millet, M. (2012). Social Class and Test Performance: From Stereotype Threat to Symbolic Violence and Vice Versa. In M. Inzlicht & T. Schmader (Eds.), *Stereotype Threat: Theory, Process, and Application* (188-201). Oxford, New York: Oxford University Press. DOI: 10.1093/acprof:oso/9780199732449.003.00 12

Cronbach, L. J. (1951). Coefficient alpha and the internal structure of tests. *Psychometrika, 16*(3), 297-334. DOI: 10.1007/BF02310555

Csizér, K. & Magid, M. (Eds.). (2014). *The Self-Concept and Language Learning.* Bristol, Buffalo, Toronto: Multilingual Matters.

Curtis, R., Weeden, P. & Winter, J. (2000). Measurement, judgment, criteria and expertise: Intuition in assessment from three different subject perapectives. In T. Atkinson & G. Claxton (Eds.). *The intuitive practitioner: On the value of not always knowing what one is doing* (220-238). Maidenhead: Taylor & Francis Group

Danaher, K. & Crandall, C. S. (2008). Stereotype threat in applied settings re-examined. *Journal of Applied Social Psychology, 38*(6), 1639-1655. DOI: 10.1111/j.1559-1816.2008.00362.x

Darvin, R. & Norton, B. (2015). Identity and a model of investment in applied linguistics. *Annual review of applied linguistics,* 35, 36-56. DOI: 10.1017/S0267190514000191

Dar-Nimrod, I. & Heine, S. J. (2006). Exposure to scientific theories affects women's math performance. *Science, 314*(5798), 435. DOI: 10.1126/science.1131100

Davies, P. G., Spencer, S. J., Quinn, D. M. & Gerhardstein, R. (2002). Consuming images: How television commercials that elicit stereotype threat can restrain women academically and professionally. *Personality and Social Psychology Bulletin, 28*(12), 1615-1628. DOI: 10.1177/014616702237644

Davies, P. G., Spencer, S. J. & Steele, C. M. (2005). Clearing the air: identity safety moderates the effects of stereotype threat on women's leadership aspirations. *Journal of Personality and Social Psychology, 88*(2), 276-287. DOI: 10.1037/0022-3514.88.2.276

Davis, C., Aronson, J. & Salinas, M. (2006). Shades of Threat: Racial Identity as a Moderator of Stereotype Threat. *Journal of Black Psychology, 32*(4), 399-417. DOI: 10.1177/0095798406292464

De Florio-Hansen, I. (2011). How migrant students of Turkish origin perceive their school and family contexts. In I. De Florio-Hansen (Ed.), *Towards Multilingualism and the Inclusion of Cultural Diversity* (99-128). Kassel: Kassel University Press.

De Groot, O. & Sager, L. (2010). Kein Titel. *Wochenbericht des DIW, 77*(49).

Deaux, K., Bikmen, N., Gilkes, A., Ventuneac, A., Joseph, Y., Payne, Y. A. & Steele, C. M. (2007). Becoming American: Stereotype threat effects in Afro-Caribbean immigrant groups. *Social Psychology Quarterly, 70*(4), 384-404. DOI: 10.1177/019027250707000408

Delgado, J. M. (1972). *Die Gastarbeiter in der Presse: eine inhaltsanalytische Studie.* Opladen: Leske.

Deppermann, A. (2007). Stilisiertes Türkendeutsch in Gesprächen deutscher Jugendlicher. *Lili. Zeitschrift Für Literaturwissenschaft Und Linguistik, 37*(148),

43-62. DOI: 10.1007/BF03379771

Derks, B., Scheepers, D., Van Laar, C. & Ellemers, N. (2011). The threat vs. challenge of car parking for women: How self-and group affirmation affect cardiovascular responses. *Journal of Experimental Social Psychology, 47*(1), 178–183. DOI: 10.1016/j.jesp.2010.08.016

Désert, M., Préaux, M. & Jund, R. (2009). So young and already victims of stereotype threat: Socio-economic status and performance of 6 to 9 years old children on Raven's progressive matrices. *European Journal of Psychology of Education, 24*(2), 207. DOI: 10.1007/BF03173012

Desgranges, I. (2007). Diskriminierende mediale Inhalte – Fakten und Tendenzen aus der Sicht des deutschen Presserates. *Medien Und Diversity*, 9–11. Letzter Zugriff am 12.06.2018 unter https://heimatkunde.boell.de/sites/default/files/dossier_medien_und_diversity.pdf

Desi-Konsortium (2008). *Unterricht und Kompetenzerwerb in Deutsch und Englisch. Ergebnisse der DESI-Studie.* Weinheim, Basel: Beltz.

DeVellis, R. F. (4. Ed., 2017). *Scale Development: Theory and Applications.* Los Angeles, CA u.a.: Sage Publications.

Devine, P. G. (1989). Stereotypes and prejudice: Their automatic and controlled components. *Journal of Personality and Social Psychology, 56*(1), 5-18. DOI: 10.1037/0022-3514.56.1.5

Devine, P. G. & Elliot, A. J. (1995). Are racial stereotypes really fading? The Princeton Trilogy revisited. *Personality and Social Psychology Bulletin, 21*(11), 1139-1150. DOI: 10.1177/01461672952111002

Diefenbach, H. (2002). Bildungsbeteiligung und Berufseinmündung von Kindern und Jugendlichen aus Migrantenfamilien. Eine Fortschreibung der Daten des Sozio-Ökonomischen Panels (SOEP). In H. Diefenbach, G. Renner & B. Schulte (Eds.), *Migration und europäische Integration. Herausforderungen für die Kinder- und Jugendhilfe* (9-70). München: Verlag Deutsches Jugendistitut.

Diefenbach, H. (2008). Bildungschancen und Bildungs(miss)erfolg von ausländischen Schülern oder Schülern aus Migrantenfamilien im System schulischer Bildung. In R. Becker & W. Lauterbach (Eds.), *Bildung als Privileg? Erklärungen und Befunde zu den Ursachen der Bildungsungleichheit* (221-245). Wiesbaden: VS Verlag für Sozialwissenschaften. DOI: 10.1007/978-3-531-92484-7

Diehl, C. & Schnell, R. (2006). "Reactive ethnicity"or "assimilation"? Statements, arguments, and first empirical evidence for labor migrants in Germany. *International Migration Review, 40*(4), 786–816. DOI: 10.1111/j.1747-7379.2006.00044.x

Diehm, I. & Radtke, F.-O. (1999). *Erziehung und Migration. Eine Einführung.* Stuttgart: Kohlhammer.

Dieter, M., Schnelle, D. & Törner, G. (2008). Zahlen rund um das Mathematikstudium – Teil 4. *MDMV, 16*, 292-297.

Dieter, M. & Törner, G. (2009). Zahlen rund um das Mathematikstudium. *MDMV, 17*, 111-116.

Dietrich, I. (2001). Migrantenkinder—eine diskriminierte Minderheit in unseren Schulen? In G. Auernheimer (Ed.), *Migration als Herausforderung für pädagogische Institutionen* (59–71). Wiesbaden: VS Verlag für Sozial-wissenschaften. DOI: 10.1007/978-3-663-10793-4

Dirks, U. (2012). Eine Kritik der Lese-7Testkonstrukte in PISA, DESI und TEDS-LT aus sozialtheoretischer Perspektive. In W. Hansmann, U. Dirks & H. Baumbach (Ed.). *Professionalisierung Diagnosekompetenz – Kompetenzentwicklung und -förderung im Lehramtsstudium.* Phillips-Universität Marburg. Letzter Zugriff am 03.08.2018 unter http://archiv.ub.uni-marburg.de/es/2012/0004/pdf/Dirks_Una_Eine_Kritik_der_Lese_u.Testkonstrukte_in_PISA_DESI_und_TEDS_LT.pdf. DOI: 10.17192/es2012.0004

Dovidio, J. F., Mann, J. & Gaertner, S. L. (1989). Resistance to affirmative action: The implications of aversive racism. In F. A. Blanchard & F. J. Crosby (Eds.), *Affirmative action in perspective* (83-102). New York: Springer. DOI: 10.1007/978-1-4613-9639-0

Doyle, A. B. & Aboud, F. E. (1995). A longitudinal study of White children's racial prejudice as a social-cognitive development. *Merrill-Palmer Quarterly, 41*(2), 210-229.

Dulay, H. & Burt, M. (1977). Remarks on creativity in language acquisition. *Viewpoints on English as a Second Language, 2,* 95-126.

Dunnett, C. W. (1980). Pairwise multiple comparisons in the unequal variance case. *Journal of the American Statistical Association, 75*(372), 796-800. DOI: 10.1080/01621459.1980.10477552

Dweck, C. S. (1999). Self-theories: Their role in motivation, personality, and development. *Essays in Social Psychology, 214.* DOI: 10.1007/BF01544611

Eccles, J. S., Adler, T. F., Futterman, R., Goff, S. B., Kaczala, C. M., Meece, J. L. & Migdley, C. (1983). Expectancies, values and academic behaviors. In J. T. Spence (Ed.), *Achievement and achievement motives: Psychological and sociological approaches.* San Francisco: Freeman.

Eckert, C. (2012). *Beeinflusst Stereotype Threat die Leseleistung von Jungen?* Universitätsbibliothek Mainz.

Eckert, C. & Imhof, M. (2013). Was Mädchen schadet, muss für Jungen noch lange nicht schädlich sein: die Leseleistung von Jungen unter Stereotype Threat. *GENDER: Zeitschrift Für Geschlecht, Kultur Und Gesellschaft, 5*(3), 60-76.

Eckes, T. (2002). Paternalistic and envious gender stereotypes: Testing predictions from the stereotype content model. *Sex Roles,* 47(3-4), 99-114. DOI: 10.1023/A:1021020920715

Edele, A., Schotte, K., Hecht, M. & Stanat, P. (2012). *Listening comprehension tests of immigrant students' first languages (L1) Russian and Turkish in grade 9: Scaling procedure and results. NEPS Working Paper No. 13. Nationales Bildungspanel.* Bamberg: Otto-Friedrich-Universität, Nationales Bildungspanel.

Edwards, A. L. (1957). *The social desirability variable in personality assessment and research.* Ft Worth, TX: Dryden Press.

Ehrlich, H. J. (1973). *The social psychology of prejudice.* New York: Wiley.

Ellemers, N., Spears, R. & Doosje, B. (1997). Sticking together or falling apart: In-group identification as a psychological determinant of group commitment versus individual mobility. *Journal of Personality and Social Psychology, 72*(3), 617–626.

DOI: 10.1037/0022-3514.72.3.617

Elliot, A. J. (1999). Approach and Avoidance Motivation and Achievement Goals. *American Psychologist*. DOI: 10.1207/s15326985ep3403_3

Elsner, D. (2007). *Hörverstehen im Englischunterricht der Grundschule: ein Leistungsvergleich zwischen Kindern mit Deutsch als Muttersprache und Deutsch als Zweitsprache.* Frankfurt am Main: Peter Lang.

Elsner, D. (2010). „Ich habe was, das du nicht hast..." Oder: Welchen Mehrwert hat die Mehrsprachigkeit für das Fremdsprachenlernen. *Schriftspracherwerb Unter Den Bedingungen von Mehrsprachigkeit und Fremdsprachenunterricht. IMIS Beiträge, 37*(2010), 99-120.

Engle, R. W. (2002). Working memory capacity as executive attention. *Current Directions in Psychological Science, 11*(1), 19-23. DOI: 10.1111/1467-8721.00160

Erol, R. (2008). *Türkische Jugendliche in Deutschland-Kulturelle Orientierung und Zweisprachigkeit.* Universität zu Köln.

Esser, H. (2009). Der Streit um die Zweisprachigkeit: Was bringt die Bilingualität? *Streitfall Zweisprachigkeit. The Bilingualism Controversy*, 69-88. DOI: 10.1007/9 78-3-531-91596-8_5

Falk, Y. & Bardel, C. (2010). The study of the role of the background languages in third language acquisition. The state of the art. *IRAL - International Review of Applied Linguistics in Language Teaching*, 48, 185-219. DOI: 10.1515/iral.2010.009

Feierabend, S., Plankenhorn, T. & Rathgeb, T. (2015). JIM 2015. Jugend, Information,(Multi-) Media. Basisstudie zum Medienumgang. Medienpädagogischer Forschungsverbund Südwest (mpfs). Letzter Zugriff am 24.06.2017 unter   https://www.mpfs.de/fileadmin/files/Studien/JIM/2015/JIM_Studie_20 15.pdf

Felson, R. B. (2014). The (somewhat) social self: How others affect self-appraisals. In J. Sulls (Ed.), *Psychological Perspectives on the Self*, Vol. 4, (13-38). New York: Psychology Press.

Fenigstein, A., Scheier, M. F. & Buss, A. H. (1975). Public and private self-consciousness: Assessment and theory. *Journal of Consulting and Clinical Psychology, 43*(4), 522-527. DOI: 10.1037/h0076760

Fiske, S. T. (1988). Compare and contrast: Brewer's dual process model and Fiske et al.'s continuum model. In T. K. Srull & R. S. Wyer, Jr. (Eds.), *Advances in social cognition*, Vol. 1, (65-76), Hillsdale, NJ: Lawrence Erlbaum Associates.

Fiske, S. T., Cuddy, A. J. & Glick, P. (2007). Universal dimensions of social cognition: Warmth and competence. *Trends in cognitive sciences, 11*(2), 77-83. DOI: 10.1016/j.tics.2006.11.005

Fiske, S. T., Cuddy, A. J., Glick, P. & Xu, J. (2002). A model of (often mixed) stereotype content: Competence and warmth respectively follow from perceived status and competition (2002). *Journal of Personality and Social Psychology, 82*(6), 878-902. DOI: 10.1037//0022-3514.82.6.878

Fiske, S. T. & Neuberg, S. L. (1990). A continuum of impression formation, from category-based to individuating processes: Influences of information and motivation on attention and interpretation. In M. P. Zanna (Ed.), *Advances in experimental social psychology* (Vol. 23) (1-74). New York, NY:Academic Press.

Ford, T. E. (1997). Effects of stereotypical television portrayals of African-Americans on person perception. *Social Psychology Quarterly, 60*(3), 266-275. DOI: 10.2307/2787086

Fornell, C. & Larcker, D. F. (1981). Evaluation Structural Equation Models with Unobservable Variables and Measurement Error. *Journal of Marketing Research, 18*(1), 39-50. DOI: 10.2307/3151312

Foroutan, N., Canan, C., Schwarze, B., Beigang, S. & Kalkum, D. (2015). Deutschland postmigrantisch II. Einstellungen von Jugendlichen und jungen Erwachsenen zu Gesellschaft, Religion, Identität. *Berliner Institut für empirische Integrations- und Migrationsforschung*. Letzter Zugriff am 12.06.2018 unter https://www.projekte. hu-berlin.de/de/junited/deutschland-postmigrantisch-2-pdf

Frantz, C. M., Cuddy, A. J. C., Burnett, M., Ray, H. & Hart, A. (2004). A threat in the computer: the race implicit association test as a stereotype threat experience. *Personality and Social Psychology Bulletin, 30*(12), 1611-1624. DOI: 10.1177/ 0146167204266650

Fröhlich, L., Martiny, S. E., Deaux, K. & Mok, S. Y. (2016). "It's Their Responsibility, Not Ours". Stereotypes about competence and causal attributions for immigrants' academic underperformance. *Social Psychology, 47*, 74-86. DOI: 10.1027/1864-9335/a000260

Fyock, J. & Stangor, C. (1994). The role of memory biases in stereotype maintenance. *British Journal of Social Psychology, 33*(3), 331-343. DOI: 10.1111/j.2044-8309.1994.tb01029.x

Gaertner, S. L., Mann, J., Murrell, A. & Dovidio, J. F. (1989). Reducing intergroup bias: The benefits of recategorization. *Journal of Personality and Social Psychology, 57*(2), 239-249. DOI: 10.1037/0022-3514.57.2.239

Galdi, S., Cadinu, M. & Tomasetto, C. (2014). The Roots of Stereotype Threat: When Automatic Associations Disrupt Girls' Math Performance. *Child Development, 85*(1), 250-263. DOI: 10.1111/cdev.12128

Gao, S., Mokhtarian, P. L. & Johnston, R. A. (2008). Non-normality of Data in Structural Equation Models. Transportation Research Record: Journal of the Transportation Research Board, (2082), 116-124.

García, J. & Cohen, G. L. (2013). A Social Psychological Perspective on Educational Intervention. In E. Shafir (Ed.), *The Behavioral Foundations of Policy* (329-349). Princeton, NJ: Princeton University Press. DOI: 10.1671/28

Geiser, C. (2011). *Datenanalyse mit Mplus*. Wiesbaden: VS Verlag für Sozialwissenschaften. DOI: 10.1007/978-3-531-92042-9

Gerbner, G., Gross, L., Morgan, M., Signorielli, N. & Shanahan, J. (2002). Growing up with television: Cultivation Processes. In J. Bryant & M. B. Oliver (Eds.), *Media Effects: Advances in Theory and Research* (43–67). New York, London: Routledge.

Göbel, K., Rauch, D. & Vieluf, S. (2011). Leistungsbedingungen und Leistungsergebnisse von Schülerinnen und Schülern türkischer, russischer und polnischer Herkunftssprachen. *Zeitschrift Für Interkulturellen Fremdsprachenunterricht, 16*(2), 50-65.

Gogolin, I. (2002). Migration und Bildung. *Journal der Regiestelle E&C*, 6, 1-5.

Gogolin, I. (2006). Bilingualität und die Bildungssprache der Schule. In P. Mecheril &

T. Quehl (Eds.), *Die Macht der Sprachen. Englische Perspektiven auf die mehrsprachige Schule* (79-85). Münster u.a.: Waxmann

Gogolin, I. (2006a). Chancen und Risiken nach PISA - über Bildungsbeteiligung von Migrantenkindern und Reformvorschläge. In G. Auernheimer (Ed.), *Schieflagen im Bildungssystem* (4. Ed., 33-50). Wiesbaden: VS Verlag für Sozialwissenschaften. DOI: 10.1007/978-3-658-01828-3

Gogolin, I. (2008). *Der monolinguale Habitus der multilingualen Schule*. Münster: Waxmann.

Gomolla, M. (2005). Institutionelle Diskriminierung im Bildungs-und Erziehungssystem. In R. Leiprecht & A. Kerber (Eds.), *Schule in der Einwanderungsgesellschaft* (97-109). Schwalbach: Wochenschau Verlag.

Gomolla, M. (2010). Schulische Selektion und institutionelle Diskriminierung. In M. Neuenschwander & H.-U. Grunder (Eds.), *Schulübergang und Selektion: Forschungsbefunde, Praxisbeispiele, Umsetzungsperpektiven* (61-90). Zürich: Rüegger.

Gomolla, M. & Radtke, F.-O. (2002). *Institutionelle Diskriminierung. Institutionelle Diskriminierung. Die Herstellung ethischer Differenz in der Schule*. Opladen: Leske & Budrich. DOI: 10.1007/978-3-531-18944-4_52

Gomolla, M. & Radtke, F.-O. (2003). *Institutionelle Diskriminierung. Die Herstellung ethnischer Differenz in der Schule. Institutionelle Diskriminierung. Die Herstellung ethnischer Differenz in der Schule*. Opladen: Leske + Budrich. DOI: 10.1007/978-3-531-91577-7

Gonzalez-Pienda, J. A., Nuñez, J. C., Gonzalez-Pumariega, S., Alvarez L., Roces, C., García, M. (2002). A Structural Equation Model of Parental Involvement, Motivational and Aptitudinal Characteristics, and Academic Achievement. *The Journal of Experimental Education, 70*(3), 257-287. DOI: 10.1080/00220970209599509

Good, C., Aronson, J. & Inzlicht, M. (2003). Improving adolescents' standardized test performance: An intervention to reduce the effects of stereotype threat. *Journal of Applied Developmental Psychology, 24*(6), 645-662. DOI: 10.1016/j.appdev.2003.09.002

Green, P., Rohling, M. L., Lees-Haley, P. R. & Allen, L. M. (2001). Effort has a greater effect on test scores than severe brain injury in compensation claimants. *Brain Injury*, 15, 1045 - 1060. DOI: 10.1080/02699050110088254

Greenberg, B. S. (1988). Some uncommon television images and the Drench hypothesis. In S. Oskamp (Ed.), *Applied social psychology annual, Vol. 8. Television as a social issue* (88-102). Thousand Oaks, CA: Sage Publications.

Gümen, S. & Herwartz-Emden, L. (1996). Ethnische Stereotypen, Fremdheit und Abgrenzung. *Osnabrücker Jahrbuch Frieden Und Wissenschaft, 3*, 181-197.

Günther, C., Ekinci, N. A., Schwieren, C. & Strobel, M. (2010). Women can't jump? An experiment on competitive attitudes and stereotype threat. *Journal of Economic Behavior and Organization, 75*(3), 395-401. DOI: 10.1016/j.jebo.2010.05.003

Guyll, M., Madon, S., Prieto, L. & Scherr, K. C. (2010). The potential roles of self-fulfilling prophecies, stigma consciousness, and stereotype threat in linking Latino/a ethnicity and educational outcomes. *Journal of Social Issues, 66*(1), 113-130. DOI: 10.1111/j.1540-4560.2009.01636.x

Haag, N., Böhme, K., Stanat, P. & Rjosk, C. (2016). Zuwanderungsbezogene Disparitäten. In P. Stanat, K. Böhme & S. Schipolowski (Eds.), *IQB-Bildungstrend 2015. Sprachliche Kompetenzen am Ende der 9. Jahrgangsstufe im zweiten Ländervergleich* (431-479). Münster: Waxmann.

Hair, J. F., Ringle, C. M. & Sarstedt, M. (2011). The Use of Partial Least Squares (PLS) to Address Marketing Management Topics: From the Special Issue Guest Editors. *Journal of Marketing Theory and Practice, 19*(2), 135-138. DOI: 10.7252/ JOURNAL.02.2014S.01

Haller, M. & Niggeschmidt, M. (2012). *Der Mythos vom Niedergang der Intelligenz.* Wiesbaden: VS Verlag für Sozialwissenschaften. DOI: 10.1007/978-3-531-94341-1

Hamilton, D. L., Katz, L. B. & Leirer, V. O. (1980). Organizational processes in impression formation. In R. Hastie, T. M. Ostrom, E. B. Ebbesen, R. S. Wyer, D. L. Hamilton, D. E. Carlston (Eds.), *Person Memory. The Cognitive Basis of Social Perception* (121-153). New York: Psychology Press.

Hamilton, D. L. & Sherman, J. W. (1994). Stereotypes. In T. K. Srull & R. S. Wyer (Eds.), *Handbook of Social Cognition, Vol. 2: Applications* (1-68). Hillsdale, NJ: Lawrence Erlbaum Associates.

Hamilton, D. L. & Trolier, T. K. (1986). Stereotypes and stereotyping: An overview of the cognitive approach. In J. F. Dovidio & S. L. Gaertner (Eds.), *Prejudice, discrimination, and racism. Historical trends and contemporary approaches* (127-163). San Diego, CA.: Academic Press.

Hammeran, R., Baspinar, D. & Simon, E. (2007). Selbstbild und Mediennutzung junger Erwachsener mit türkischer Herkunft. Zwischen den Kulturen. Fernsehen, Einstellungen und Integration junger Erwachsener mit türkischer Herkunft in Nordrhein-Westfalen. *Media Perspektiven*, 3/2007, 126-135.

Harkins, S. G. (2006). Mere effort as the mediator of the evaluation-performance relationship. *Journal of Personality and Social Psychology, 91*(3), 436-55. DOI: 10.1037/0022-3514.91.3.436

Hartley, B. L. & Sutton, R. M. (2013). A stereotype threat account of boys' academic underachievement. *Child Development, 84*(5), 1716–1733. DOI: 10.1111/cdev. 12079

Haslam, S. A., Oakes, P. J., Reynolds, K. J. & Turner, J. C. (1999). Social identity salience and the emergence of stereotype consensus. *Personality and Social Psychology Bulletin, 25*(7), 809-818. DOI: 10.1177/0146167299025007004

Helmke, A. & van Aken, M. A. G. (1995). The causal ordering of academic achievement and self-concept of ability during elementary school: A longitudinal study. *Journal of Educational Psychology, 87*(4), 624-637. DOI: 10.1037/0022-0663.87.4.624

Herrett-Skjellum, J. & Allen, M. (1996). Television programming and sex stereotyping: A meta-analysis. *Annals of the International Communication Association, 19*(1), 157-186. DOI: 10.1080/23808985.1996.11678930

Hess, T. M., Auman, C., Colcombe, S. J. & Rahhal, T. A. (2003). The Impact of Stereotype Threat on Age Differences in Memory Performance. *The Journals of Gerontology Series B: Psychological Sciences and Social Sciences, 58*(1), 3-11. DOI: 10.1093/geronb/58.1.P3

Hess, T. M., Emery, L. & Queen, T. L. (2009). Task demands moderate stereotype threat effects on memory performance. *The Journals of Gerontology. Series B, Psychological Sciences and Social Sciences, 64*(4), 482-6. DOI: 10.1093/geronb/gbp044

Hesse, H.-G., Göbel, K. & Hartig, J. (2008). Sprachliche Kompetenzen von mehrsprachigen Jugendlichen und Jugendlichen nicht-deutscher Erstsprache. In DESI-Konsortium (Eds.), *Unterricht und Kompetenzerwerb in Deutsch und Englisch - Ergebnisse der DESI-Studie* (208-230). Weinheim, Basel: Beltz.

Hogg, M. A. & Turner, J. C. (1987). Intergroup behaviour, self-stereotyping and the salience of social categories. *British Journal of Social Psychology, 26*(4), 325-340. DOI: 10.1111/j.2044-8309.1987.tb00795.x

Homburg, C. & Baumgartner, H. (1995). Beurteilung von Kausalmodellen: Bestandsaufnahme und Anwendungsempfehlungen. *Marketing: Zeitschrift Für Forschung Und Praxis,* 17(3), 162-176.

Homburg, C. & Giering, A. (1996). Konzeptualisierung und Operationalisierung komplexer Konstrukte: Ein Leitfaden für die Marketingforschung. *Marketing: Zeitschrift Für Forschung Und Praxis, 18*(1), 5-24. DOI: 10.2307/41918481

Homburg, C., Klarmann, M. & Pflesser, C. (2008). Konfirmatorische Faktorenanalyse. In A. Herrmann, C. Homburg & M. Klarmann (Eds.), *Handbuch Marktforschung* (3. Ed., 158-176). Wiesbaden: Gabler.

Hopf, D. (2005). Zweisprachigkeit und Schulleistung bei Migrantenkindern. *Zeitschrift für Pädagogik, 51*(2), 236-251.

Hu, A. (2011). Migrationsbedingte Mehrsprachigkeit und schulischer Fremdsprachen-unterricht: Forschung, Sprachenpolitik, Lehrerbildung. In H. Faulstich-Wieland (Ed.), *Professionswissen für Lehrerinnen und Lehrer, Bd. 3. Umgang mit Heterogenität und Differenz* (121-140). Baltmannsweiler: Scheider Hohengehren.

Hu, L.-T. & Bentler, P. M. (1995). Evaluating model fit. In R. H. Hoyle (Ed.), *Structural Equation Modeling: Concepts, Issues, and Applications* (76-99). Thousand Oakes, London, New Delhi: Sage Publications.

Hu, L.-T. & Bentler, P. M. (1999). Cutoff criteria for fit indexes in covariance structure analysis: Conventional criteria versus new alternatives. *Structural Equation Modeling: A Multidisciplinary Journal, 6*(1), 1–55. DOI: 10.1080/10705519909 540118

Hughes, J. M., Bigler, R. S. & Levy, S. R. (2007). Consequences of learning about historical racism among European American and African American children. *Child Development, 78*(6), 1689-1705. DOI: 10.1111/j.1467-8624.2007.01096.x

Huguet, P. & Régner, I. (2007). Stereotype threat among schoolgirls in quasi-ordinary classroom circumstances. *Journal of Educational Psychology, 99*(3), 545-560. DOI: 10.1037/0022-0663.99.3.545

Hunger, U. & Thränhardt, D. (2010). Der Bildungserfolg von Einwandererkindern in den westdeutschen Bundesländern. Diskrepanzen zwischen den PISA-Studien und den amtlichen Schulstatistiken. In G. Auernheimer (Ed.), *Schieflagen im Bildungssystem* (4. Ed., 51-67). Wiesbaden: VS Verlag für Sozialwissenschaften. DOI: 10.1007/978-3-658-01828-3

Ingenkamp, K. (9. Ed., 1995). *Die Fragwürdigkeit der Zensurengebung. Texte und Untersuchungsberichte.* Weinheim, Basel: Beltz.

Inzlicht, M., Aronson, J., Good, C. & McKay, L. (2006). A particular resiliency to threatening environments. *Journal of Experimental Social Psychology, 42*(3), 323-336. DOI: 10.1016/j.jesp.2005.05.005

Inzlicht, M. & Ben-Zeev, T. (2000). A threatening intellectual environment: Why females are susceptible to experiencing problem-solving deficits in the presence of males. *Psychological Science, 11*(5), 365-371. DOI: 10.1111/1467-9280.00272

Inzlicht, M. & Ben-Zeev, T. (2003). Do high-achieving female students underperform in private? The implications of threatening environments on intellectual processing. *Journal of Educational Psychology, 95*(4), 796-805. DOI: 10.1037/00220663.95. 4.796

Inzlicht, M. & Kang, S. K. (2010). Stereotype threat spillover: how coping with threats to social identity affects aggression, eating, decision making, and attention. *Journal of Personality and Social Psychology, 99*(3), 467-482. DOI: 10.1037/a0018951

Inzlicht, M., McKay, L. & Aronson, J. (2006). Stigma as ego depletion: How being the target of prejudice affects self-control. *Psychological Science, 17*(3), 262-269. DOI: 10.1111/j.1467-9280.2006.01695.x

Inzlicht, M. & Schmeichel, B. J. (2012). What is ego depletion? Toward a mechanistic revision of the resource model of self-control. Perspectives on Psychological Science, 7(5), 450-463. DOI: 10.1177/1745691612454134

Ivan, L. & Schiau, I. (2016). Experiencing Computer Anxiety Later in Life: The Role of Stereotype Threat. In J. Zhou, G. Salvendy (Eds.), *Human Aspects of IT for the Aged Population. Acceptance, Communication and Participation.* Cham: Springer. DOI: 10.1007/978-3-319-92034-4

Jamieson, J. P. & Harkins, S. G. (2007). Mere effort and stereotype threat performance effects. *Journal of Personality and Social Psychology, 93*(4), 544-564. DOI: 10.1037/0022-3514.93.4.544

Jamieson, J. P. & Harkins, S. G. (2009). The effect of stereotype threat on the solving of quantitative GRE problems: A mere effort interpretation. *Personality and Social Psychology Bulletin, 35*(10), 1301-1314. DOI: 10.1177/0146167209335165

Jamieson, J. P. & Harkins, S. G. (2010). Evaluation is necessary to produce stereotype threat performance effects. *Social Influence, 5*(2), 75-86. DOI: 10.1080/155345109 03512409

Jessner, U. (1999). Metalinguistic awareness in multilinguals: Cognitive aspects of third language learning. *Language awareness,* 8(3-4), 201-209. DOI: 10.1080/0965841 9908667129

Jessner, U. (2008). Teaching third languages: Findings, trends and challenges. *Language teaching,* 41(1), 15-56. DOI: 10.1017/S0261444807004739

Johns, M., Inzlicht, M. & Schmader, T. (2008). Stereotype threat and executive resource depletion: examining the influence of emotion regulation. *Journal of Experimental Psychology. General, 137*(4), 691-705. DOI: 10.1037/a0013834

Johns, M., Schmader, T. & Martens, A. (2005). Knowing is half the battle teaching stereotype threat as a means of improving women's math performance. *Psychological Science, 16*(3), 175-179. DOI: 10.1111/j.0956-7976.2005.00799.x

Jones, E. E. (1988). Impression formation: What do people think about. In T. K. Srull & R. S. Wyer, Jr. (Eds.), *Advances in social cognition,* Vol. 1, (83-90), Hillsdale,

NJ: Lawrence Erlbaum Associates.

Jones, E. E. & Berglas, S. (1978). Control of Attributions about the Self Through Self-handicapping Strategies: The Appeal of Alcohol and the Role of Underachievement. *Personality and Social Psychology Bulletin*, *4*(2), 200-206. DOI: 10.1177/014616727800400205

Jones, E. E. & Sigall, H. (1971). The bogus pipeline: A new paradigm for measuring affect and attitude. *Psychological Bulletin*, *76*(5), 349-364. DOI: 10.1037/h0031 617

Kahraman, B. & Knoblich, G. (2000). «Stechen statt Sprechen»: Valenz und Aktivierbarkeit von Stereotypen über Türken. *Zeitschrift Für Sozialpsychologie*, *31*(1), 31-43. DOI: 10.1024//0044-3514.31.1.31

Katz, I. (1964). Review of evidence relating to effects of desegregation on the intellectual performance of Negroes. *American Psychologist*, *19*(6), 381-399. DOI: 10.1037/h0040569

Katz, D., & Braly, K. (1933). Racial stereotypes of one hundred college students. *The Journal of Abnormal and Social Psychology*, *28*(3), 280-290. DOI: 10.1037/h0074049

Katz, I., Roberts, S. O. & Robinson, J. M. (1965). Effects of Task Difficulty, Race of Administrator, and Instructions on Digit-Symbol Performance of Negroes. *Journal of Personality and Social Psychology*, *2*(1), 53–59. DOI: 10.1037/h0022080

Keding, K. & Struppert, A. (2006). *Ethno-Comedy im deutschen Fernsehen*. Berlin: Frank & Timme

Keller, J. (2002). Blatant stereotype threat and women's math performance: Self-handicapping as a strategic means to cope with obtrusive negative performance expectations. *Sex Roles*, *47*(3-4), 193-198. DOI: 10.1023/A:1021003307511

Keller, J. (2007). Stereotype threat in classroom settings: The interactive effect of domain identification, task difficulty and stereotype threat on female students' maths performance. *British Journal of Educational Psychology*, *77*(2), 323-338. DOI: 10.1348/000709906X113662

Keller, J. (2008). Stereotype als Bedrohung. In L.-E. Petersen & B. Six (Eds.), *Stereotype, Vorurteile und soziale Diskriminierung* (88–94). Weinheim, Basel: Beltz.

Keller, J. & Bless, H. (2005). When negative expectancies turn into negative performance: The role of ease of retrieval. *Journal of Experimental Social Psychology*, *41*(5), 535-541. DOI: 10.1016/j.jesp.2004.09.002

Keller, J. & Dauenheimer, D. (2003). Stereotype threat in the classroom: Dejection mediates the disrupting threat effect on women's math performance. *Personality and Social Psychology Bulletin*, *29*(3), 371-381. DOI: 10.1177/0146167202250218

Keller, J. & Sekaquaptewa, D. (2008). Solo status and women's spatial test performance: The role of individuation tendencies. *European Journal of Social Psychology*, *38*(6), 1044-1053. DOI: 10.1002/ejsp.490

Kern, F. (2008). Türkendeutsch. Ein ethnischer Sprachstil. In H. Anderlik & K. Kaiser (Eds.), *Die Sprache Deutsch. Eine Ausstellung des Deutschen Historischen Museums. Katalog zur Ausstellung* (309-310). Dresden: Sandstein Verlag.

Kern, F. & Şimşek, Y. (2006). Türkendeutsch: Aspekte von Einheitenkonstruktionen und Rezipientenverhalten. In D. Wolff (Ed.), *Mehrsprachige Individuen - vielsprachige Gesellschaften. Forum Angewandte Linguistik*, Vol. 47, 2006, 101-119.

Keßler, J.-U. & Paulick, C. (2010). Mehrsprachigkeit und schulisches Fremdsprachenlernen: Englischunterricht bei Lernern mit Migrationshintergrund. In B. Ahrenholz (Ed.), *Fachunterricht und Deutsch als Zweitsprache.* (2. Ed., 257-278). Tübingen: Narr. DOI: 10.13092/lo.43.416

Kessler, T., Mummendey, A., Funke, F., Brown, R., Binder, J., Zagefka, H., ... Maquil, A. (2010). We all live in Germany but ... Ingroup projection, group-based emotions and prejudice against immigrants. *European Journal of Social Psychology, 40*(6), 985-997. DOI: 10.1002/ejsp.673

King, V. (2007). Typisch 'türkischer Jugendlicher'? Bildungswege und Missachtungserfahrungen bei Söhnen aus Migrantenfamilien. *PÄD Forum: Unterrichten Erziehen, 35*(3), 141 - 144.

Klieme, E. & Beck, B. (2007). *Sprachliche Kompetenzen: Konzepte und Messung; DESI-Studie (Deutsch-Englisch-Schülerleistungen-International).* Weinheim, Basel: Beltz.

Kline, R. B. (4. Ed., 2016). *Principles and practice of structural equation modeling.* New York, London: Guilford Press.

Koch, L. (2008). Das Lachen der Subalternen: Die Ethnocomedy in Deutschland. In W. Wende (Ed.), *Wie die Welt lacht. Lachkulturen im Vergleich.* (208-224). Würzburg: Königshausen & Neumann.

Koch, S. C., Müller, S. M. & Sieverding, M. (2008). Women and computers. Effects of stereotype threat on attribution of failure. *Computers and Education, 51*(4), 1795-1803. DOI: 10.1016/j.compedu.2008.05.007

Koenig, A. M. & Eagly, A. H. (2005). Stereotype Threat in Men on a Test of Social Sensitivity. *Sex Roles, 52*(7-8), 489-496. DOI: 10.1007/s11199-005-3714-x

Kolinsky, E. (2000). *Deutsch und Türkisch leben: Bild und Selbsbild der türkischen Minderheit in Deutschland* (Vol. 4). Berlin: Peter Lang.

Köller, O., Knigge, M. & Tesch, B. (2010). *Sprachliche Kompetenzen im Ländervergleich.* Münster, New York, München, Berlin: Waxmann.

Kornmann, R. (2010). Die Überrepräsentation ausländischer Kinder und Jugendlicher in Sonderschulen mit dem Schwerpunkt Lernen. In G. Auernheimer (Ed.), *Schieflagen im Bildungssystem* (4. Ed., 71-85). Wiesbaden: VS Verlag für Sozialwissenschaften. DOI: 10.1007/978-3-658-01828-3

Kotthoff, H. (2004). Overdoing culture? *Sketch-Komik, Typenstilisierung Und Identitätskonstruktion Bei Kaya Yanar."* In K. H. Hörning & J. Reuter (Eds.), *Doing Culture. Neue Positionen Zum Verhältnis von Kultur Und Sozialer Praxis* (184-201). Bielefeld: transcript Verlag.

Kotthoff, H. (2009). Ethno-Comedy zwischen Unterlaufung und Bestätigung von Stereotypen. Potentiale für den Deutsch-Unterricht. In P. Nauwerck *(Ed.): Mehrsprachigkeit im Unterricht. Festschrift Für Ingelore Oomen-Welke. Freiburg: Filibach*, 37-55.

Kotthoff, H. (2010). Ethno-Comedy und riskanter Humor in der Clique: Rassistisch, einfach spaßig oder besonders cool. In B. Lewandowska-Tomaszyk & H.

Pulaczewska (Eds.), *Cross-Cultural Europe: Issues in Identity and Communication* (145-181). Stuttgart: ibidem.

Kotthoff, H. & Stehle, D. (2014). „Wasch labersch du?" - Komische Vagheit in der Ethno-Comedy. Die Internet-Komik des Tedros „Teddy" Teclebrhan. In S. Rellstab, D. Schiewer & G. Meier (Eds.), *Dialog und (Inter-)Kulturalität* (217-236). Tübingen: Narr.

Krashen, S. D. (1981). *Second Language Acquisition and Second Language Learning. Pidginization and Creolization as language acquisition.* Oxford, New York: Oxford University Press. DOI: 10.1111/j.1467-9922.2009.00554.x

Kratzmann, J., Pohlmann-Rother, S. (2012). Ethnische Stereotype im Kindergarten? Erzieherinnenhaltungen gegenüber Zuwanderern aus der Türkei. *Zeitschrift Für Pädagogik, 58*(6), 855-876.

Krendl, A. C., Richeson, J. A., Kelley, W. M. & Heatherton, T. F. (2008). The Negative Consequences of Threat A Functional Magnetic Resonance Imaging Investigation of the Neural Mechanisms Underlying Women's Underperformance in Math. *Psychological Science, 19*(2), 168-175. DOI: 10.1111/j.1467-9280.2008.02063.x

Kristen, C. (2006). Ethnische Diskriminierung in der Grundschule? Die Vergabe von Noten und Bildungsempfehlungen. *Zeitschrift Für Soziologie, 58*(1), 79-97. DOI: 10.1007/s11575-006-0004-y

Krumm, H.-J. (2009). Die Bedeutung der Mehrsprachigkeit in den Identitätskonzepten von Migrantinnen und Migranten. In I. Gogolin & U. Neumann (Eds.), *Streitfall Zweisprachigkeit - The Bilingualism Controversy* (233-247). Wiesbaden: VS Verlag für Sozialwissenschaften. DOI: 10.1007/978-3-531-91596-8

Krumm, H.-J. (2013). Multilingualism and identity: What linguistic biographies of migrants can tell us. In P. Siemund, I. Gogolin, M. E. Schulz & J. Davydova (Eds.), *Multilingualism and Language Diversity in Urban Areas: Acquisition, Identities, Space, Education* (165-175), Amsterdam, Philadelphia: John Benjamins. DOI: 10.1075/hsld.1

Kurban, F. & Tobin, J. (2009). "They don't like us": Reflections of Turkish children in a German preschool. *Contemporary Issues in Early Childhood, 10*(1), 24–34. DOI: 10.2304/ciec.2009.10.1.24

Langfeldt, H.-P. & Tent, L. (1999). *Pädagogisch-psychologische Diagnostik.* Göttingen: Hogrefe.

Latrofa, M., Vaes, J., Cadinu, M. & Carnaghi, A. (2010). The cognitive representation of self-stereotyping. *Personality and Social Psychology Bulletin, 36*(7), 911-922. DOI: 10.1177/0146167210373907

Leary, M. R. & Shepperd, J. A. (1986). Behavioral self-handicaps versus self-reported handicaps: A conceptual note. *Journal of Personality and Social Psychology, 51*(6), 1265-1268. DOI: 10.1037/0022-3514.51.6.1265

Lee, K., Kim, H. & Vohs, K. D. (2011). Stereotype Threat in the Marketplace: Consumer Anxiety and Purchase Intentions. *Journal of Consumer Research, 38*(2), 343-357. DOI: 10.1086/659315

Levine T.R., Hullet C.R. (2002). Eta squared, partial eta squared, and misreporting of effect size in communication research. *Human Communication Research, 28*(4), 612-625, DOI: 10.1111/j.1468-2958.2002.tb00828.x

Levy, S. R. & Hughes, J. M. (2009). Development of racial and ethnic prejudice among children. In T. D. Nelson (Ed.), *Handbook of Prejudice, Stereotyping, and Discrimination* (23-42). New York, Hove: Psychology Press.

Leyens, J.-P., Désert, M., Croizet, J.-C. & Darcis, C. (2000). Stereotype Threat: Are Lower Status and History of Stigmatization Preconditions of Stereotype Threat? *Personality and Social Psychology Bulletin, 26*(10), 1189-1199. DOI: 10.1177/0146167200262002

Lippmann, W. (1922). *Public Opinion.* New York: Harcourt, Brace and Company. DOI: 10.1016/S0363-8111(79)80068-5

Loentz, E. (2006). Yiddish, Kanak Sprak, Klezmer, and HipHop: Ethnolect, Minority Culture, Multiculturalism, and Stereotype in Germany. *Shofar: An Interdisciplinary Journal of Jewish Studies, 25*(1), 33-62. DOI: 10.1353/sho.2006.0134

Logel, C., Iserman, E. C., Davies, P. G., Quinn, D. M. & Spencer, S. J. (2009). The perils of double consciousness: The role of thought suppression in stereotype threat. *Journal of Experimental Social Psychology, 45*(2), 299–312. DOI: 10.1016/j.jesp.2008.07.016

Logel, C., Walton, G. M., Spencer, S. J., Iserman, E. C., von Hippel, W. & Bell, A. E. (2009). Interacting with sexist men triggers social identity threat among female engineers. *Journal of Personality and Social Psychology, 96*(6), 1089-103. DOI: 10.1037/a0015703

Lorenz, G., Gentrup, S., Kristen, C., Stanat, P. & Kogan, I. (2016). Stereotype bei Lehrkräften? Eine Untersuchung systematisch verzerrter Lehrererwartungen. *KZfSS Kölner Zeitschrift Für Soziologie Und Sozialpsychologie, 68*(1), 89-111. DOI: 10.1007/s11577-015-0352-3

Lowe, J. B., Windsor, R. A., Adams, B., Morris, J. & Reese, Y. (1986). Use of a bogus pipeline method to increase accuracy of self-reported alcohol consumption among pregnant women. *Journal of Studies on Alcohol, 47*(2), 173-175. DOI: 10.15288/jsa.1986.47.173

Lüdtke, O., Robitzsch, A., Trautwein, U. & Köller, O. (2007). Umgang mit fehlenden Werten in der fsychologischen Forschung. Probleme und Lösungen. *Psychologische Rundschau, 58*(2), 103–117. DOI: 10.1026/0033-3042.58.2.103

Maass, A. & Cadinu, M. (2003). Stereotype threat: When minority members underperform. *European Review of Social Psychology, 14*(1), 243-275. DOI: 10.1080/10463280340000072

Maass, A., Cadinu, M., Guarnieri, G. & Grasselli, A. (2003). Sexual harassment under social identity threat: the computer harassment paradigm. *Journal of Personality and Social Psychology, 85*(5), 853–870. DOI: 10.1037/00223514.85.5.853

Madon, S., Guyll, M., Aboufadel, K., Montiel, E., Smith, A., Palumbo, P. & Jussim, L. (2001). Ethnic and national stereotypes: The Princeton trilogy revisited and revised. *Personality and Social Psychology Bulletin, 27*(8), 996-1010. DOI: 10.1177/0146167201278007

Major, B., Eliezer, D. & Rieck, H. (2012). The Psychological Weight of Weight Stigma. *Social Psychological and Personality Science, 3*(6), 651-658. DOI: 10.1177/1948550611434400

Major, B., Spencer, S., Schmader, T., Wolfe, C. & Crocker, J. (1998). Coping with negative stereotypes about intellectual performance: The role of psychological disengagement. *Personality and Social Psychology Bulletin, 24*(1), 34-50. DOI: 10.1177/0146167298241003

Maltby, J., Day, L. & Macaskill, A. (2011). *Differentielle Psychologie, Persönlichkeit und Intelligenz*. München: Pearson.

Maluch, J. T., Kempert, S., Neumann, M. & Stanat, P. (2015). The effect of speaking a minority language at home on foreign language learning. *Learning and Instruction, 36*, 76-85. DOI: 10.1016/j.learninstruc.2014.12.001

Marker, C., Gnambs, T. & Appel, M. (2017). Active on Facebook and Failing at School? Meta-Analytic Findings on the Relationship Between Online Social Networking Activities and Academic Achievement. *Educational Psychology Review*, 2017. DOI: 10.1007/s10648-017-9430-6

Marsh, H. W. (1986). Global Self-Esteem. Its Relation to Specific Facets of Self-Concept and Their Importance. *Journal of Personality and Social Psychology, 51*(6), 1224-1236. DOI: 10.1037/0022-3514.51.6.1224

Marsh, W. H. (1987). The Big-Fish-Little-Pond Effect on Academic Self-Concept. *Journal of Educational Psychology, 79*(3), 280-295. DOI: 10.1017/CBO9781107415324.004

Marsh, H. W., Byrne, B. M. & Shavelson, R. J. (1988). A multifaceted academic self-concept: Its hierarchical structure and its relation to academic achievement. *Journal of Educational Psychology, 80*(3), 366-380. DOI: 10.1037/0022-0663.80.3.366

Marx, D. M. & Roman, J. S. (2002). Female role models: Protecting women's math test performance. *Personality and Social Psychology Bulletin, 28*(9), 1183-1193. DOI: 10.1177/01461672022812004

Marx, D. M., Stapel, D. A. & Muller, D. (2005). We can do it: the interplay of construal orientation and social comparisons under threat. *Journal of Personality and Social Psychology, 88*(3), 432-446. DOI: 10.1037/0022-3514.88.3.432

Massey, D. S., Charles, C. Z., Lundy, G. & Fischer, M. J. (2003). *The source of the river: The social origins of freshmen at America's Selective Colleges and Universities*. Princeton: Princeton University Press.

Massey, D. S. & Fischer, M. J. (2005). Stereotype Threat and Academic Performance: New Findings from a Racially Diverse Sample of College Freshmen. *Du Bois Review, 2*(2005), 45–67. DOI: 10.1017/S1742058X05050058

May, P. (2007). Englisch-Hörverstehen am Ende der Grundschulzeit. In W. Bos & M. Pietsch (Eds.), *KESS 4-Kompetenzen und Einstellungen von Schülerinnen und Schülern am Ende der Jahrgangsstufe 4 in Hamburger Grundschulen* (203-224). Münster, New York, München, Berlin: Waxmann.

May, P. (2009). Kompetenzen von Schülerinnen und Schülern am Ende der Jahrgangsstufe 6: Englischleitungen in Teilgruppen. In W. Bos & M. Pietsch (Eds.), *KESS 7-Kompetenzen und Einstellungen von Schülerinnen und Schülern an Hamburger Schulen zu Beginn der Jahrgangsstufe 7* (60-64). Münster, New York, München, Berlin: Waxmann.

Mazerolle, M., Régner, I., Morisset, P., Rigalleau, F. & Huguet, P. (2012). Stereotype threat strengthens automatic recall and undermines controlled processes in older

adults. *Psychological Science, 23*(7), 723-7. DOI: 10.1177/0956797612437607
McCulloch, K. C., Ferguson, M. J., Kawada, C. C. K. & Bargh, J. A. (2008). Taking a
closer look: On the operation of nonconscious impression formation. *Journal of
Experimental Social Psychology, 44*(3), 614-623. DOI: 10.1016/j.jesp.2007.02.001
McGhee, P. E. & Frueh, T. (1980). Television viewing and the learning of sex-role
stereotypes. *Sex Roles, 6(2)*, 179-188. DOI: 10.1007/BF00287341
McGlone, M. S., Aronson, J. & Kobrynowicz, D. (2006). Stereotype Threat and the
Gender Gap in Political Knowledge. *Psychology Of Women Quarterly, 30*(4), 392–
398. DOI: 10.1111/j.1471-6402.2006.00314.x
Melo-Pfeifer, S. & Helmchen, C. (2018). Multiliteralität in visuellen Narrativen von
mehrsprachigen Kindern im Rahmen des KOINOS Projekts. *Leseforum.ch* (2).
Mendes, W. B. & Jamieson, J. (2012). Embodied Stereotype Threat: Exploring Brain
and Body Mechanisms Underlying Performance Impairments. In M. Inzlicht & T.
Schmader (Eds.), *Stereotype Threat: Theory, Process, and Application* (51-68).
Oxford, New York: Oxford University Press. DOI: 10.1093/acprof:oso/
9780199732449.001.0001
Merton, R. K. (1948). The self-fulfilling prophecy. *The Antioch Review, 8*, 193-210.
DOI: 10.2307/4609267
Meyer, D. E. & Schvaneveldt, R. W. (1971). Facilitation in recognizing pairs of words:
Evidence of a dependence between retrieval operations. *Journal of Experimental
Psychology, 90*(2), 227-234. DOI: 10.1037/h0031564
Micceri, T. (1989). The Unicorn, the Normal Curve, and Other Improbable Creatures.
Psychological Bulletin, 105(1), 156-166. DOI: 10.1037/0033-2909.105.1.156
Mok, S. Y. (2015). *Why Do Turkish-Origin Students Underperform in Germany?:
Investigating the Effects of Ethnic Composition in Classrooms and Negative
Stereotypes on Performance and Coping Strategies.* Universität Konstanz.
Moosbrugger, H. & Kelava, A. (2012). *Testtheorie und Fragebogenkonstruktion.
Testtheorie und Fragebogenkonstruktion.* Berlin, Heidelberg, New York: Springer.
DOI: 10.1007/978-3-642-20072-4_2
Morgan, M. (1982). Television and adolescents' sex role stereotypes: A longitudinal
study. *Journal of Personality and Social Psychology, 43*(5), 947-955. DOI: 10.1037
/0022-3514.43.5.947
Mullen, B. (1991). Group composition, salience, and cognitive representations: The
phenomenology of being in a group. *Journal of Experimental Social Psychology,
27*(4), 297–323. DOI: 10.1016/0022-1031(91)90028-5
Müller, D. (2005). Die Darstellung ethnischer Minderheiten in deutschen
Massenmedien. In R. Geißler & H. Pöttker (Eds.), *Massenmedien und die
Integration ethnischer Minderheiten in Deutschland. Problemaufriss -
Forschungsstand - Bibliographie* (83-126). Bielefeld: transcript Verlag.
Mummendey, A. & Wenzel, M. (1999). Social Discrimination and Tolerance in
Intergroup Relations: Reactions to Intergroup Difference. *Personality and Social
Psychology Review, 3*(2), 158-174. DOI: 10.1207/s15327957pspr0302_4
Mummendey, H. D. & Bolten, H. G. (1993). Die Impression-Management-Theorie. In
D. Frey (Ed.), *Theorien der Sozialpsychologie,* Vol. 3: Motivations- und
Informationsverarbeitungstheorien unveränd. Nachdr. d. 1. Aufl., Bern: Huber: 57-77.

Mummendey, H. D., Bolten, H.-G. & Isermann-Gerke, M. (1982). Experimentelle Überprüfung des Bogus-Pipeline-Paradigmas: Einstellungen gegenüber Türken, Deutschen und Holländern. *Zeitschrift Für Sozialpsychologie*, *13*(4), 300-311.

Mummendey, H. D., Schiebel, B., Troske, U., Hesener, B. & Bolten, H.-G. (1979). Experimentelle Replikation des Bogus-Pipeline-Effekts für ethnische Stereotype. *Bielefelder Arbeiten Zur Sozialpsychologie*, (55).

Murphy, M. C., Steele, C. M. & Gross, J. J. (2007). Signaling threat: How situational cues affect women in math, science, and engineering settings. *Psychological Science*, *18*(10), 879-885. DOI: 10.1111/j.1467-9280.2007.01995.x

Murphy, M. C. & Taylor, V. J. (2012). The Role of Situational Cues in Signaling and Maintaining Stereotype Threat. In M. Inzlicht & T. Schmader (Eds.), *Stereotype Threat: Theory, Process, and Application* (17-33). Oxford, New York: Oxford University Press. DOI: 10.1093/acprof:oso/9780199732449.001.0001

Murray, D. M., O'Connell, C. M., Schmid, L. A. & Perry, C. L. (1987). The validity of smoking self-reports by adolescents: A reexamination of the bogus pipeline procedure. *Addictive Behaviors*, *12*(1), 7-15. DOI: 10.1016/0306-4603(87)90003-7

Nayak, N., Hansen, N., Krueger, N. & McLaughlin, B. (1990). Language-Learning Strategies in Monolingual and Multilingual Adults. *Language Learning*, *40*(2), 221-244. DOI: 10.1111/j.1467-1770.1990.tb01334.x

Nesdale, D. (1999). Developmental changes in children's ethnic preferences and social cognitions. *Journal of Applied Developmental Psychology*, *20*(4), 501-519. DOI: 10.1016/S0193-3973(99)00012-X

Neuville, E. & Croizet, J.-C. (2007). Can Salience of Gender Identity Impair Math Performance Among 7-8 Years Old Girls? The Moderating Role of Task Difficulty. *European Journal of Psychology of Education*, *22*(3), 307-316. DOI: 10.1007/BF 03173428

Newman, L. S. (2009). Was Walter Lippmann interested in stereotyping? Public Opinion and cognitive social psychology. *History of Psychology*, *12*(1), 7-18. DOI: 10.1037/a0015230

Ng, S. H. (1978). Minimal social categorization, political categorization, and power change. *Human Relations*, *31*(9), 765-779. DOI: 10.1177/001872677803100902

Nikolova, R. & Ivanov, S. (2010). Englischleistungen. In W. Bos & C. Gröhlich (Eds.), *KESS 8 - Kompetenzen und Einstellungen von Schülerinnen und Schülern am Ende der Jahrgangsstufe 8* (42-72). Münster, New York, München, Berlin: Waxmann.

Nunnally, J. C. & Bernstein, I. H. (1994). *Psychometric Theory* (Vol. 3). New York: McGraw-Hill.

Nussbaum, A. D. & Steele, C. M. (2007). Situational disengagement and persistence in the face of adversity. *Journal of Experimental Social Psychology*, *43*(1), 127-134. DOI: 10.1016/j.jesp.2005.12.007

O'Brien, L. T. & Crandall, C. S. (2003). Stereotype threat and arousal: Effects on women's math performance. *Personality and Social Psychology Bulletin*, *29*(6), 782-789. DOI: 10.1177/0146167203029006010

O'Brien, L. T. & Hummert, M. L. (2006). Memory performance of late middle–aged adults: Contrasting self–stereotyping and stereotype threat accounts of assimilation to age stereotypes. *Social Cognition*, 24(3), 338-358. DOI: 10.1521/soco.2006.24. 3.338

Oakes, P. J., Haslam, S. A. & Reynolds, K. J. (1999). Social categorization and social context: Is stereotype change a matter of information or of meaning? In D. Abrams & M. A. Hogg (Eds.), *Social Identity and Social Cognition* (55-79). Malden, MA: Blackwell.

Oakes, P. J., Haslam, S. A. & Turner, J. C. (1994). *Stereotyping and social reality*. Oxford, Cambridge, MA: Blackwell Publishing.

Oakes, P. J., Turner, J. C. & Haslam, S. A. (1991). Perceiving people as group members: The role of fit in the salience of social categorizations. *British Journal of Social Psychology*, 30(2), 125-144. DOI: 10.1111/j.2044-8309.1991.tb00930.x

OECD (2006). *Assessing scientific, reading and mathematical literacy: A framework for PISA 2006*. Paris.

OECD (2015). Helping immigrant students to succeed in school and beyond. Paris.

Oppliger, P. A. (2007). Effects of gender stereotyping on socialization. In R. W. Preiss, B. M. Gayle, N. Burrell, M. Allen & J. Bryant (Eds.), *Mass Media Effects Research: Advances through Meta-Analysis* (199-214). Mahwah, NJ: Lawrence Erlbaum Associates

Osborne, J. W. (2001). Testing stereotype threat: Does anxiety explain race and sex differences in achievement? *Contemporary Educational Psychology*, 26(3), 291-310. DOI: 10.1006/ceps.2000.1052

Osborne, J. W. (2007). Linking Stereotype Threat and Anxiety. *Educational Psychology*, 27(1), 135-154. DOI: 10.1080/01443410601069929

Osborne, J. W. & Walker, C. (2006). Stereotype threat, identification with academics, and withdrawal from school: Why the most successful students of colour might be most likely to withdraw. *Educational Psychology*, 26(4), 563-577. DOI: 10.1080/01443410500342518

Oyserman, D., Harrison, K., & Bybee, D. (2001). Can racial identity be promotive of academic efficacy? *International Journal of Behavioral Development*, 25(4), 379-385. DOI: 10.1080/01650250042000401

Özdemir, B. (2006). Bilinguale Kinder im Englischunterricht. In M. Pienemann, J.-U. Keßler & E. Roos (Eds.), *Englischerwerb in der Grundschule*. (110-121). Paderborn: UTB.

Pansu, P., Régner, I., Max, S., Colé, P., Nezlek, J. B. & Huguet, P. (2016). A burden for the boys: Evidence of stereotype threat in boys' reading performance. *Journal of Experimental Social Psychology*, 65, 26–30. DOI: 10.1016/j.jesp.2016.02.008

Papi, M. (2010). The L2 motivational self system, L2 anxiety, and motivated behavior: A structural equation modeling approach. *System*, 38(3), 467-479. DOI: 10.1016/j.system.2010.06.011

Paulick, C. & Groot-Wilken, B. (2009). *Rezeptive Fähigkeiten und Fertigkeiten am Ende der 4. Klasse unter besonderer Berücksichtigung der sprachlichen Schülerbiografien*. In G. Engel, B. Groot-Wilken & T. Eike (Eds.) *Englisch in der Primarstufe – Chancen und Herausforderungen. Evaluation und Erfahrungen aus der Praxis* (179-196). Berlin: Cornelsen.

Paulus, S. (2007). Muslimische Frauen in Fernsehdokumentationen. *Medien Und*

Diversity, 16-18. Letzter Zugriff am 12.06.2018 unter https://heimatkunde.boell.de/ sites/default/files/dossier_medien_und_diversity.pdf

Pennington, C. R., Heim, D., Levy, A. R. & Larkin, D. T. (2016). Twenty years of stereotype threat research: A review of psychological mediators. *PLoS ONE, 11*(1). DOI: 10.1371/journal.pone.0146487

Petersen, L. E. & Six, B. (Eds.). (2008). *Stereotype, Vorurteile und soziale Diskriminierung: Theorien, Befunde und Interventionen*. Weinheim: Beltz.

Pettigrew, T. F. & Meertens, R. W. (1995). Subtle and blatant prejudice in western Europe. *European Journal of Social Psychology, 25*(1), 57-75. DOI: 10.1002/ejsp. 2420250106

Pettigrew, T. F. & Meertens, R. W. (2001). In defense of the subtle prejudice concept: A retort. *European Journal of Social Psychology, 31*(3), 299-309. DOI: 10.1002/ejsp.45

Phinney, J. S. (1992). The multigroup ethnic identity measure a new scale for use with diverse groups. *Journal of Adolescent Research, 7*(2), 156-176. DOI: 10.1177/074355489272003

Phinney, J. S. & Devich-Navarro, M. (1997). Variations in bicultural identification among African American and Mexican American adolescents. *Journal of Research on Adolescence, 7*(1), 3-32. DOI: 10.1207/s15327795jra0701_2

Pinel, E. C. (1999). Stigma consciousness: the psychological legacy of social stereotypes. *Journal of Personality and Social Psychology, 76*(1), 114-128. DOI: 10.1037//0022-3514.76.1.114

Pollack, D., Müller, O., Rosta, G. & Dieler, A. (2016). *Integration und Religion aus Sicht von Türkeistämmigen in Deutschland*. Westfälische Wilhelms-Universität Münster. Letzter Zugriff am 12.06.2018 unter https://www.uni-muenster.de/ imperia/md/content/religion_und_politik/aktuelles/2016/06_2016/studie_integrati on_und_religion_aus_sicht_t__rkeist__mmiger.pdf

Popham, L. E. & Hess, T. M. (2015). Age differences in the underlying mechanisms of stereotype threat effects. *The Journals of Gerontology. Series B, Psychological Sciences and Social Sciences, 70*(2), 225–234. DOI: 10.1093/geronb/gbt093

Pott, A., Bouras-Ostmann, K., Hajji, R. & Moket, S. (2014). *Jenseits von Rif und Ruhr – 50 Jahre marokkanische Migration nach Deutschland*. Heidelberg: Springer. DOI: 10.1007/978-3-658-00899-4

Prenzel, M., Artelt, C., Baumert, J., Blum, W., Hammann, M., Klieme, E. & Pekrun, R. (2008). *PISA 2006 in Deutschland: die Kompetenzen der Jugendlichen im dritten Ländervergleich*. Münster u.a.: Waxmann.

Prenzel, M., Baumert, J., Blum, W., Lehmann, R., Leutner, D., Neubrand, M., … Schiefele, U. (2005). *PISA 2003: Ergebnisse des zweiten Ländervergleichs*. Kiel.

Prenzel, M., Walter, O. & Frey, A. (2007). PISA misst Kompetenzen. *Psychologische Rundschau, 58*(2), 128-136. DOI: 10.1026/0033-3042.58.2.128

Proctor, B. D., Semega, J. L. & Kollar, M. A. (2016). *Income and Poverty in the United States: 2015. Current Population Reports*. Letzter Zugriff am 12.06.2018 unter https://www.census.gov/content/dam/Census/library/publications/2016/demo/p60-256.pdf

Pronin, E., Steele, C. M. & Ross, L. (2004). Identity bifurcation in response to stereotype threat: Women and mathematics. *Journal of Experimental Social Psychology*, *40*(2), 152-168. DOI: 10.1016/S0022-1031(03)00088-X

Prothro, E. T. & Melikian, L. H. (1954). Studies in stereotypes: III. Arab students in the Near East. *The Journal of Social Psychology*, *40*(2), 237-243. DOI: 10.1080/00224545.1954.9714231

Quintana, S. M. & Vera, E. M. (1999). Mexican American children's ethnic identity, understanding of ethnic prejudice, and parental ethnic socialization. *Hispanic Journal of Behavioral Sciences*, *21*(4), 387-404. DOI: 10.1177/0739986399214001

Rahhal, T. A., Hasher, L. & Colcombe, S. J. (2001). Instructional manipulations and age differences in memory: now you see them, now you don't. *Psychology and Aging*, *16*(4), 697-706. DOI: 10.1037//0882-7974.16.4.697

Ramirez Rodriguez, R. & Dohmen, D. (2010). Ethnisierung von geringer Bildung. In G. Quenzel & K. Hurrelmann (Eds.), *Bildungsverlierer. Neue Ungleichheiten.* (289–311). Wiesbaden: VS Verlag für Sozialwissenschaften. DOI: 10.1007/978-3-531-92576-9

Ramm, G., Prenzel, M., Heidemeier, H. & Walter, O. (2003). Soziokulturelle Herkunft: Migration. In PISA-Konsortium Deutschland (Eds.), *PISA 2003. Der Bildungsstand der Jugendlichen in Deutschland - Ergebnisse des zweiten internationalen Vergleichs* (254-272). Münster: Waxmann.

Rau, A. (2016). *Nichtformale und informelle Lerngelegenheiten im Zusammenspiel mit familiären Sozialisationsmerkmalen und leistungsrelevanten Einstellungen : die Struktur-, Prozess- und Handlungsebene der innerfamiliären Sozialisation und deren Bedeutung für die Lesekompetenz.* Letzter Zugriff am 13.06.2018 unter http://ediss.sub.uni-hamburg.de/volltexte/2016/7979/pdf/Dissertation.pdf

Rauch, D. P., Jurecka, A. & Hesse, H.-G. (2010). Für den Drittspracherwerb zählt auch die Lesekompetenz in der Herkunftssprache. Untersuchung der Türkisch-, Deutsch- und Englisch-Lesekompetenz bei Deutsch-Türkisch bilingualen Schülern. *Migration, Identität, Sprache Und Bildungserfolg*, 55, 78-100.

Reep, D. C. & Dambrot, F. H. (1989). Effects of Frequent Television Viewing on Stereotypes: "Drip, Drip" or "Drench"? *Journalism Quarterly*, *66*(3), 542-550. DOI: 10.1177/107769908906600302

Rindermann, H. (2006). Was messen internationale Schulleistungsstudien? Schulleistung, Schülerfähigkeiten, kognitive Fähigkeiten, Wissen oder allgemeine Fähigkeiten. *Psychologische Rundschau*, *57*(2), 69-86. DOI: 10.1026/0033-3042.57.2.69

Roberson, L., Deitch, E. A., Brief, A. P. & Block, C. J. (2003). Stereotype threat and feedback seeking in the workplace. *Journal of Vocational Behavior*, *62*(1), 176–188. DOI: 10.1016/S0001-8791(02)00056-8

Rokitte, R. (2012). Studierende mit Migrationshintergrund und Interkulturalität im Studium. *Arbeitspapier 248 der Hans-Böckler-Stiftung*. Düsseldorf: Hans-Böckler-Stiftung.

Rosenberg, M. (1957). *Occupations and Values*. New York: Free Press of Glencoe. DOI: 10.2307/2089066

Rosenthal, H. E. S. & Crisp, R. J. (2006). Reducing stereotype threat by blurring intergroup boundaries. *Personality and Social Psychology Bulletin*, *32*(4), 501-511.

DOI: 10.1177/0146167205281009

Rosenthal, H. E. S., Crisp, R. J. & Suen, M. W. (2007). Improving performance expectancies in Stereotypic domains: Task relevance and the reduction of stereotype threat. *European Journal of Social Psychology*, *37*(3), 586-597. DOI: 10.1002/ejsp.379

Rotter, J. B. (1966). Generalized expectancies for internal versus external control of reinforcement. *Psychological monographs: General and applied*, *80*(1). DOI: 10.1037/h0092976

Rück, N. (2009). *Auffassungen vom Fremdsprachenlernen monolingualer und plurilingualer Schülerinnen und Schüler*. Kassel: Kassel University Press.

Ruggiero, K. M. & Taylor, D. M. (1997). Why minority group members perceive or do not perceive the discrimination that confronts them: the role of self-esteem and perceived control. *Journal of Personality and Social Psychology*, *72*(2), 373-389. DOI: 10.1037/0022-3514.72.2.373

Ruhrmann, G. (2007). MigrantInnen als Thema der Medienberichterstattung. *Medien Und Diversity*, 6-8. Letzter Zugriff am 12.06.2018 unter https://heimatkunde.boell. de/sites/default/files/dossier_medien_und_diversity.pdf

Ruhrmann, G. & Kollmer, J. (1987). *Ausländerberichterstattung in der Kommune. Inhaltsanalyse Bielefelder Tageszeitungen unter Berücksichtigung, ausländerfeindlicher Alltagstheorien*. Opladen: Westdeutscher Verlag.

Rydell, R. J., McConnell, A. R. & Beilock, S. L. (2009). Multiple social identities and stereotype threat: imbalance, accessibility, and working memory. *Journal of Personality and Social Psychology*, *96*(5), 949-966. DOI: 10.1037/a0014846

Rydell, R. J., Rydell, M. T. & Boucher, K. L. (2010). The effect of negative performance stereotypes on learning. *Journal of Personal and Social Psychology*, *99*(6), 883-896. DOI: 10.1037/a0021139

Rydell, R. J., Shiffrin, R. M., Boucher, K. L., Van Loo, K. & Rydell, M. T. (2010). Stereotype threat prevents perceptual learning. *Proceedings of the National Academy of Sciences of the United States of America*, *107*, 14042-14047. DOI: 10.1073/pnas.1002815107

Salentin, K. (2008). Diskriminierungserfahrungen ethnischer Minderheiten in der Bundesrepublik. In A: Groenemeyer & S. Wieseler (Eds.), *Soziologie sozialer Probleme und sozialer Kontrolle* (515-526). Heidelberg: Springer. DOI: 10.1007/978-3-531-90879-3

Sarrazin, T. (2010). *Deutschland schafft sich ab: Wie wir unser Land aufs Spiel setzen*. München: Deutsche Verlags-Anstalt.

Scheepers, D. & Ellemers, N. (2005). When the pressure is up: The assessment of social identity threat in low and high status groups. *Journal of Experimental Social Psychology*, *41*(2), 192-200. DOI: 10.1016/j.jesp.2004.06.002

Schimel, J., Arndt, J., Banko, K. M. & Cook, A. (2004). Not All Self-affirmations Were Created Equal: The Cognitive and Social Benefits of Affirming The Intrinsic (vs. Extrinsic) Self. *Social Cognition*, *22*(1), 75-99. DOI: 10.1521/soco.22.1.75.30984

Schmader, T. (2002). Gender identification moderates stereotype threat effects on women's math performance. *Journal of Experimental Social Psychology*, *38*(2), 194-201. DOI: 10.1006/jesp.2001.1500

Schmader, T. (2010). Stereotype threat deconstructed. *Current Directions in Psychological Science*, *19*(1), 14-18. DOI: 10.1177/0963721409359292

Schmader, T., Forbes, C. E., Zhang, S. & Mendes, W. B. (2009). A metacognitive perspective on the cognitive deficits experienced in intellectually threatening environments. *Personality & Social Psychology Bulletin*, *35*(5), 584-96. DOI: 10.1177/0146167208330450

Schmader, T. & Johns, M. (2003). Converging evidence that stereotype threat reduces working memory capacity. *Journal of Personality and Social Psychology*, *85*(3), 440-452. DOI: 10.1037/0022-3514.85.3.440

Schmader, T., Johns, M. & Barquissau, M. (2004). The costs of accepting gender differences: The role of stereotype endorsement in women's experience in the math domain. *Sex Roles*, *50*(11-12), 835-850. DOI: 10.1023/B:SERS.0000029101.74557.a0

Schmader, T., Johns, M. & Forbes, C. (2008). An integrated process model of stereotype threat effects on performance. *Psychological Review*, *115*(2), 336-356. DOI: 10.1037/0033-295X.115.2.336

Schmeichel, B. J., Vohs, K. D. & Baumeister, R. F. (2003). Intellectual performance and ego depletion: role of the self in logical reasoning and other information processing. *Journal of Personality and Social Psychology*, *85*(1), 33–46. DOI: 10.1037/0022-3514.85.1.33

Schmitt, N. (1996). Uses and abuses of coefficient alpha. *Psychological Assessment*, *8*(4), 350-353. DOI: 10.1037/1040-3590.8.4.350

Schnabel, K. U. & Schwippert, K. (2000). Einflüsse sozialer und ethnischer Herkunft beim Übergang in die Sekundarstufe II und den Beruf. In *TIMSS/III Dritte Internationale Mathematik-und Naturwissenschaftsstudie — Mathematische und naturwissenschaftliche Bildung am Ende der Schullaufbahn* (261-300). Heidelberg: Springer. DOI: 10.1007/978-3-322-83411-9

Schofield, J. W., Alexander, K. & Bangs, R. (2006). *Migrationshintergrund, Minderheitenzugehörigkeit und Bildungserfolg: Forschungsergebnisse der pädagogischen, Entwicklungs-und Sozialpsychologie.* Berlin: Wissenschafts-zentrum Berlin für Sozialforschung.

Schorb, B., Echtermeyer, K., Lauber, A. & Eggert, S. (2003). Was guckst du, was denkst du. *Der Einfluss des Fernsehens auf das Ausländerbild von Kindern im Alter von 9.* Kiel: ULR

Schroeder, C. & Stölting, W. (2005). Mehrsprachig orientierte Sprachstands-feststellungen für Kinder mit Migrationshintergrund. In I. Gogolin, U. Neumann & Roth H.-J. (Eds.), *Sprachdiagnostik Bei Kindern Und Jugendlichen Mit Migra-tionshintergrund* (59-74). Münster: Waxmann

Schuessler, K. F. (1982). *Measuring social life feelings.* San Francisco: Jossey-Bass Publishers.

Schumacker, R. E. & Lomax, R. G. (3. Ed., 2010). *A Beginner's Guide to Structural Equation Modeling.* New York, London: Routledge. DOI: 10.1080/10705511.2011 607726

Sedlmeier, P. & Renkewitz, F. (2. Ed., 2013). *Forschungsmethoden und Statistik für Psychologen und Sozialwissenschaftler.* München u.a.: Pearson.

Seibt, B. & Förster, J. (2004). Stereotype threat and performance: how self-stereotypes influence processing by inducing regulatory foci. *Journal of Personality and Social Psychology, 87*(1), 38. DOI: 10.1037/0022-3514.87.1.38

Sekaquaptewa, D. & Thompson, M. (2002). The Differential Effects of Solo Status on Members of High- and Low-Status Groups. *Personality and Social Psychology Bulletin, 28*(5), 694–707. DOI: 10.1177/0146167202288013

Sekaquaptewa, D. & Thompson, M. (2003). Solo status, stereotype threat, and performance expectancies: Their effects on women's performance. *Journal of Experimental Social Psychology.* DOI: 10.1016/S0022-1031(02)00508-5

Settelmeyer, A. & Erbe, J. (2010). Migrationshintergrund: zur Operationalisierung des Begriffs in der Berufsbildungsforschung. *Schriftenreihe Des Bundesinstituts Für Berufsbildung, 112.*

Shanahan, J. & Morgan, M. (1999). Television and Its Viewers: Cultivation Theory and Research. *Political Science Quarterly, 115*(August), 317. DOI: 10.2307/2657925

Shapiro, J. R. (2011). Different groups, different threats: a multi-threat approach to the experience of stereotype threats. *Personality and Social Psychology Bulletin, 37,* 464–480. DOI: 10.1177/0146167211398140

Shapiro, J. R. (2012). Types of Threats: From Stereotype Threat to Stereotype Threats. In M. Inzlicht & T. Schmader (Eds.), *Stereotype Threat: Theory, Process, and Application* (71-88). Oxford, New York: Oxford University Press. DOI: 10.1093/acprof:oso/9780199732449.001.0001

Shapiro, J. R. & Neuberg, S. L. (2007). From stereotype threat to stereotype threats: implications of a multi-threat framework for causes, moderators, mediators, consequences, and interventions. *Personality and Social Psychology Review : An Official Journal of the Society for Personality and Social Psychology, 11*(2), 107-130. DOI: 10.1177/1088868306294790

Shapiro, J. R. & Williams, A. M. (2012). The Role of Stereotype Threats in Undermining Girls' and Women's Performance and Interest in STEM Fields. *Sex Roles, 66*(3-4), 175-183. DOI: /10.1007/s11199-011-0051-0

Shapiro, J. R., Williams, A. M. & Hambarchyan, M. (2012). Are All Interventions Created Equal? A Multi-Threat Approach to Tailoring Stereotype Threat Interventions. *Journal of Personality and Social Psychology, 104*(2), 277-288. DOI: 10.1037/a0030461

Shavelson, R. J., Hubner, J. J. & Stanton, G. C. (1976). Self-Concept: Validation of Construct Interpretations. *Review of Educational Research, 46*(3), 407-441. DOI: 10.3102/00346543046003407

Sherman, D. K., Hartson, K. a., Binning, K. R., Purdie-Vaughns, V., García, J., Taborsky-Barba, S., ... Cohen, G. L. (2013). Deflecting the trajectory and changing the narrative: How self-affirmation affects academic performance and motivation under identity threat. *Journal of Personality and Social Psychology, 104*(4), 591-618. DOI: 10.1037/a0031495

Shih, M., Ambady, N., Richeson, J. A., Fujita, K. & Gray, H. M. (2002). Stereotype performance boosts: the impact of self-relevance and the manner of stereotype activation. *Journal of Personality and Social Psychology, 83*(3), 638-647. DOI: 10.1037/0022-3514.83.3.638

Shih, M. J., Pittinsky, T. L. & Ho, G. C. (2012). Stereotype Boost: Positive Outcomes from the Activation of Positive Stereotypes. In M. Inzlicht & T. Schmader (Eds.), *Stereotype Threat: Theory, Process, and Application* (141-156). Oxford, New York: Oxford University Press. DOI: 10.1093/acprof:oso/9780199732449.001. 0001

Shih, M., Pittinsky, T. L. & Ambady, N. (1999). Stereotype susceptibility: Identity salience and shifts in quantitative performance. *Psychological Science, 10*(1), 80-83. DOI: 10.1111/1467-9280.00111

Siegert, M. (2008). *Schulische Bildung von Migranten in Deutschland. Bundesamt für Migration und Flüchtlinge: Integrationsreport Teil 1.* Bundesamt für Migration und Flüchtlinge. Letzter Zugriff am 12.06.2018 unter https://www.bamf.de/SharedDocs/Anlagen/DE/Publikationen/WorkingPapers/wp13-schulischebildung.pdf?__blob=publicationFile

Sievers, I. (2009). *Individuelle Wahrnehmung, nationale Denkmuster – Einstellungen deutscher und französischer Lehrkräfte zu Heterogenität im Unterricht.* Frankfurt am Main: Brandes & Apsel.

Sigall, H. & Page, R. (1971). Current Stereotypes: A little fading, a little faking. *Journal of Personality and Social Psychology, 18*(2), 247-255. DOI: 10.1037/h0030839

Simon, B. & Hamilton, D. L. (1994). Self-stereotyping and social context: The effects of relative in-group size and in-group status. *Journal of Personality and Social Psychology, 66*(4), 699-711. DOI: 10.1037/0022-3514.66.4.699

Skrobanek, J. (2007). Wahrgenommene Diskriminierung und (Re) Ethnisierung bei Jugendlichen mit türkischem Migrationshintergrund und jungen Aussiedlern. *ZSE: Zeitschrift für Soziologie der Erziehung und Sozialisation, 27*(3), 265-284.

Smith, J. L. & White, P. H. (2001). Development of the domain identification measure: A tool for investigating stereotype threat effects. *Educational and Psychological Measurement, 61*(6), 1040-1057. DOI: 10.1177/00131640121971635

Sparschuh, O. (2012). Grenzen der Grenzen – italienische Arbeitsmigration nach Turin und München in den 1950er bis 1970er Jahren. In J. Oltmer, A. Kreienbrink & C. S. Díaz (Eds.), *Das "Gastarbeiter"-System: Arbeitsmigration und ihre Folgen in der Bundesrepublik Deutschland und Westeuropa* (167-182). München: Oldenbourg.

Spears, R., Doosje, B. & Ellemers, N. (1997). Self-stereotyping in the face of threats to group status and distinctiveness: The role of group identification. *Personality and Social Psychology Bulletin, 23*(5), 538-553. DOI: 10.1177/0146167297235009

Spears, R., Doosje, B. & Ellemers, N. (1997). Self-Stereotyping in the Face of Threats to Group Status and Distinctiveness: The Role of Group Identification. *Personality and Social Psychology Bulletin, 23*(5), 538-553. DOI: 10.1177/0146167297235009

Spence, J. T., Helmreich, R. L. & Sawin, L. L. (1980). The Male-Female Relations Questionnaire: A self-report inventory of sex role behaviors and preferences and its relationships to masculine and feminine personality traits, sex role attitudes, and other measures. *JSAS Catalog of Selected Documents in Psychology*, (10), 87-88.

Spence, J. T., Helmreich, R. L. & Stapp, J. (1974). The Personal Attributes Questionnaire: A measure of sex role stereotypes and masculinity-femininity. *JSAS Catalog of Selected Documents in Psychology, 4*(43).

Spence, J. T., Helmreich, R. & Stapp, J. (1973). A short version of the Attitudes toward Women Scale (AWS). *Bulletin of the Psychonomic Society*, *2*(4), 219-220. DOI: 10.3758/BF03329252

Spence, J. T., Helmreich, R. & Stapp, J. (1975). Ratings of self and peers on sex role attributes and their relation to self-esteem and conceptions of masculinity and femininity. *Journal of Personality and Social Psychology*, *32*(1), 29-39. DOI: 10.1037/h0076857

Spencer, S. J., Steele, C. M. & Quinn, D. M. (1999). Stereotype threat and women's math performance. *Journal of Experimental Social Psychology*, *35*(1), 4-28. DOI: 10.1006/jesp.1998.1373

Sprietsma, M. (2013). Discrimination in grading: Experimental evidence from primary school teachers. *Empirical Economics*, *45*(9), 523-538. DOI: 10.1007/s00181-012-0609-x

Springsits, B. & Dirim, I. (2016). Türkisch ist voll gangster! In T. Geier und K. U. Zaborowski (Eds.) *Migration: Auflösungen und Grenzziehungen* (135-152). Wiesbaden: Springer VS. DOI: 10.1007/978-3-658-03809-0

Stanat, P. (2003). Schulleistungen von Jugendlichen mit Migrationshintergrund: Differenzierung deskriptiver Befunde aus PISA und PISA-E. In Deutsches PISA-Konsortium & J. Baumert (Eds.), *PISA 2000—Ein differenzierter Blick auf die Länder der Bundesrepublik Deutschland* (243-260). Wiesbaden: Springer VS.

Stanat, P. (2006). Schulleistungen von Jugendlichen mit Migrationshintergrund: Die Rolle der Zusammensetzung der Schülerschaft. In J. Baumert, P. Stanat & R. Watermann (Eds.), *Herkunftsbedingte Disparitäten Im Bildungswesen: Differenzielle Bildungsprozesse Und Probleme Der Verteilungsgerechtigkeit. Vertiefende Analysen Im Rahmen von PISA 2000* (189-219). Wiesbaden: Springer VS. DOI: 10.1007/978-3-531-90082-7

Stanat, P. & Christensen, G. (2006). Schulerfolg von Jugendlichen mit Migrationshintergrund im internationalen Vergleich. Eine Analyse von Voraussetzungen und Erträgen schulischen Lernens im Rahmen von PISA 2003. *Bildungsforschung Band 19*, 1-166.

Stanat, P., Rauch, D. & Segeritz, M. (2010). Schülerinnen und Schüler mit Migrationshintergrund. In E. Klieme, C. Artelt, J. Hartig, N. Jude, O. Köller, M. Prenzel, W. Schneider, P. Stanat, (Eds.), *PISA 2009. Bilanz nach einem Jahrzehnt* (200-230). Münster: Waxmann.

Stangor, C. E. (2000). *Stereotypes and prejudice: Essential readings*. New York: Psychology Press.

Stangor, C. (2009). The study of stereotyping, prejudice, and discrimination within social psychology: A quick history of theory and research. In T. D. Nelson (Ed.), *Handbook of Prejudice, Stereotyping, and Discrimination* (1-22). New York, Hove: Psychology Press.

Stangor, C., Carr, C. & Kiang, L. (1998). Activating stereotypes undermines task performance expectations. *Journal of Personality and Social Psychology*, *75*(5), 1191-1197. DOI: 10.1037/0022-3514.75.5.1191

Stangor, C. & Schaller, M. (1996). Stereotypes as individual and collective representations. In C. N. Macrae, C. Stangor & M. Hewstone (Eds.), *Stereotypes and Stereotyping* (3-37). New York, London: Guilford Press.

Statistisches Bundesamt (2015). Bevölkerung und Erwerbstätigkeit: Bevölkerung mit Migrationshintergrund - Ergebnisse des Mikrozensus 2015. Letzter Zugriff am 03.08.2016 unter https://www.destatis.de/DE/Publikationen/Thematisch/Bevoelkerung/MigrationIntegration/Migrationshintergrund2010220147004.pdf?__blob=publicationFile

Statistisches Bundesamt (2016a). Bevölkerung mit Migrationshintergrund - Ergebnisse des Mikrozensus - Fachserie 1 Reihe 2.2 - 2015. Letzter Zugriff am 04.10.2016 unter https://www.destatis.de/DE/ZahlenFakten/GesellschaftStaat/Bevoelkerung/MigrationIntegration/MigrationIntegration.html;jsessionid=D925CA4E5006F12F155A7141CF687FD6.cae4

Statistisches Bundesamt (2016b). *Anzahl der Zuzüge über die Grenzen der Bundesrepublik Deutschland von 1991 bis 2016*. Wiesbaden. Letzter Zugriff am 02.08.2018 unter https://de.statista.com/statistik/daten/studie/251936/umfrage/zahl-der-einwanderer-nach-deutschland/

Statistisches Bundesamt (2016c). Personen mit Migrationshintergrund. Letzter Zugriff am 15.12.2016 unter https://www.destatis.de/DE/ZahlenFakten/GesellschaftStaat/Bevoelkerung/MigrationIntegration/Methoden/PersonenMitMigrationshintergrund.html

Steele, C. M. (1997). A threat in the air: how stereotypes shape intellectual identity and performance. *American Psychologist, 52*(6), 613-629. DOI: 10.1037/0003-066X.52.6.613

Steele, C. M. (1999). Thin ice:" Stereotype threat" and black college students. *Atlantic-Boston, 284*, 44-54. DOI: 10.1177/108648220000500202

Steele, C. M. & Aronson, J. (1995). Stereotype threat and the intellectual test performance of African Americans. *Journal of Personality and Social Psychology, 69*(5), 797-811. DOI: 10.1037/0022-3514.69.5.797

Steele, C. M. (1988). The psychology of self-affirmation: Sustaining the integrity of the self. *Advances in Experimental Social Psychology, 21*, 261-302. DOI: 10.1016/S0065-2601(08)60229-4

Steele, C. M., Spencer, S. J. & Aronson, J. (2002). Contending with group image: The psychology of stereotype and social identity threat. *Advances in Experimental Social Psychology, 34*, 379-440. DOI: 10.1016/S0065-2601(02)80009-0

Steiger, J. H. (1990). Structural model evaluation and modification: An interval estimation approach. *Multivariate Behavioral Research, 25*(2), 173-180. DOI: 10.1207/s15327906mbr2502_4

Steiger, J. H. & Lind, J. C. (1980). Statistically-based tests for the number of common factors. *Paper presented at the annual meeting of the Psychometric Society.*

Stone, J. (2002). Battling Doubt by Avoiding Practice: The Effects of Stereotype Threat on Self-Handicapping in White Athletes. *Personality and Social Psychology Bulletin, 28*(12), 1667-1678. DOI: 10.1177/014616702237648

Stone, J., Lynch, C. I., Sjomeling, M. & Darley, J. M. (1999). Stereotype threat effects on Black and White athletic performance. *Journal of Personality and Social Psychology, 77*(6), 1213-1227. DOI: 10.1037/0022-3514.77.6.1213

Swain, M., Lapkin, S., Rowen, N. & Hart, D. (1990). The role of mother tongue literacy in third language learning. *Language, Culture and Curriculum*, *3*(1), 65-81. DOI: 10.1080/07908319009525073

Swim, J. K., Aikin, K. J., Hall, W. S. & Hunter, B. A. (1995). Sexism and racism: Old-fashioned and modern prejudices. *Journal of Personality and Social Psychology*, *68*(2), 199-214.DOI: 10.1037/0022-3514.68.2.199

Tajfel, H. (1974). Social identity and intergroup behaviour. *Social Science Information*, *13*(2), 65-93. DOI: 10.1177/053901847401300204

Tajfel, H. & Turner, J. C. (1979). An integrative theory of intergroup conflict. In W. G. Austin & S. Worchel (Eds.), *The social psychology of intergroup relations* (33-47). Monterey, CA: Brooks/Cole

Tajfel, H. & Turner, J. C. (1986). The social identity theory of intergroup behaviour. In S. Worchel & W. G. Austin (Eds.), *Psychology of intergroup relations* (7-24). Chicago, IL: Nelson Hall.

Taylor, D. G., Sheatsley, P. B. & Greeley, A. M. (1978). Attitudes toward racial integration. *Scientific American*, *225*(6), 13-19. DOI: 10.1038/scientificamerican 0678-42

Tedeschi, J. T. (Ed.). (2013). *Impression management theory and social psychological research*. New York u.a.: Academic Press.

Thames, A. D., Hinkin, C. H., Byrd, D. A., Bilder, R. M., Duff, K. J., Mindt, M. R., … Streiff, V. (2013). Effects of stereotype threat, perceived discrimination, and examiner race on neuropsychological performance: simple as black and white? *Journal of the International Neuropsychological Society: JINS*, *19*(5), 583-93. DOI: 10.1017/S1355617713000076

Thompson, B. (2004). *Exploratory and confirmatory factor analysis: Understanding concepts and applications*. Washington, DC: American Psychological Association. DOI: 10.1037/10694-000

Tropp, L. R. & Wright, S. C. (2001). Ingroup identification as the inclusion of ingroup in the self. *Personality and Social Psychology Bulletin*, *27*(5), 585-600. DOI: 10.1177/0146167201275007

Tseng, W.-T. & Schmitt, N. (2008). Toward a Model of Motivated Vocabulary Learning: A Structural Equation Modeling Approach. *Language Learning*, *58*(2), 357-400. DOI: 10.1111/j.1467-9922.2008.00444.x

Tucker, L. R. & Lewis, C. (1973). A reliability coefficient for maximum likelihood factor analysis. *Psychometrika*, *38*(1), 1-10. DOI: 10.1007/BF02291170

Turner, J. C. (1982). Towards a cognitive redefinition of the social group. In H. Tajfel (Ed.), *Social Identity and Intergroup Relations* (15-40). Cambridge: Cambridge University Press.

Turner, J. C., Hogg, M. A., Oakes, P. J., Reicher, S. D. & Wetherell, M. S. (1987). *Rediscovering the social group: A self-categorization theory*. Cambridge: Blackwell.

Uslucan, H.-H. (2014). *Stereotype, Viktimisierung und Selbstviktimisierung von Muslimen: Wie akkurat sind unsere Bilder über muslimische Migranten?* Heidelberg: Springer. DOI: 10.1007/978-3-658-05390-1

Valtin, R., Bos, W., Hornberg, S. & Schwippert, K. (2007). Zusammenschau und Schlussfolgerungen. In W. Bos, S. Hornberg, K.-H. Arnold, G. Faust, L. Fried, E.-M. Lankes, K . Schwippert & R. Valtin (Eds.), IGLU 2006. *Lesekompetenzen von*

Grundschülern in Deutschland im internationalen Vergleich. Münster u.a.: Wachsmann.

Vaughan, G. M. (1978). Social change and intergroup preferences in New Zealand. *European Journal of Social Psychology, 8*(3), 297–314. DOI: 10.1002/ejsp‹ 2420080304

Wagner, U., Van Dick, R., Pettigrew, T. F. & Christ, O. (2003). Ethnic prejudice in East and West Germany: The explanatory power of intergroup contact. *Group Processes & Intergroup Relations, 6*(1), 22-36. DOI: 10.1177/1368430203006001010

Walsh, M., Hickey, C. & Duffy, J. (1999). Influence of item content and stereotype situation on gender differences in mathematical problem solving. *Sex Roles, 41*(3-4), 219-240. DOI: 10.1023/A:101885421

Walton, G. M. & Cohen, G. L. (2003). Stereotype Lift. *Journal of Experimental Social Psychology, 39*(5), 456-467. DOI: 10.1016/S0022-1031(03)00019-2

Walton, G. M. & Cohen, G. L. (2007). A question of belonging: Race, social fit, and achievement. *Journal of Personality and Social Psychology, 92*(1), 82-96. DOI: 10.1037/0022-3514.92.1.82

Ward, C. & Rana-Deuba, A. (1999). Acculturation and adaptation revisited. *Journal of Cross-Cultural Psychology, 30*(4), 422-442. DOI: 10.1177/0022022199030004003

Watzlawick, P. (1984). Self-fulfilling prophecies. In P. Watzlawick (Ed.), *The invented reality* (95-116). New York: Norton.

Weber-Menges, S. (2005). Die Wirkungen der Präsentation ethnischer Minderheiten in deutschen Medien. In R. Geißler & H. Pöttker (Eds.), *Massenmedien und die Integration ethnischer Minderheiten in Deutschland. Problemaufriss – Forschungs-stand – Bibliographie* (127-184). Bielefeld: transcript Verlag.

Weber, M. (2005). „Ali Gymnasium " – Soziale Differenzen von SchülerInnen aus der Perspektive von Lehrkräften. In F. Hamburger, T. Badawia & M. Hummrich (Eds.), *Migration und Bildung. Über das Verhältnis von Anerkennung und Zumutung in der Einwanderungsgesellschaft* (69-79). Wiesbaden: Springer VS. DOI: 10.1007/978-3-531-90346-0

Weegen, M. (2010). *Ein Beitrag zum Studienerfolg von deutschen Studierenden mit Migrationshintergrund. Quantitativer Teil des Projektes „Integration durch Bildungseliten".* Essen: Universität Duisburg-Essen.

Weiber, R. & Mühlhaus, D. (2. Ed., 2014). *Strukturgleichungsmodellierung - Eine anwendungsorientierte Einführung in die Kausalanalyse mit Hilfe von AMOS, SmartPLS und SPSS.* Berlin, Heidelberg: Springer Gabler. DOI: 10.1017/CBO978 1107415324.004

Weiner, B. (1982). Die Rolle von Affekten in attributionstheoretischen Ansätzen der Motivation. In R. Mielke (Ed.), *Interne/externe Kontrollüberzeugung. Theoretische und empirische Arbeiten zum Locus of Control-Konstrukt* (101-115). Bern, Stuttgart, Wien: Verlag Hans Huber.

Weiner, B. (1985). An attributional theory of achievement motivation and emotion. *Psychological Review, 92*(4), 548-573. DOI: 10.1037/0033-295X.92.4.548

Weiner, B., Frieze, I. H., Kukla, A., Reed, L., Rest, S. & Rosenbaum, R. M. (1987). Perceiving the causes of success and failure. In E. E. Jones, D. E. Kanhouse, H. H. Kelley, R. E. Nisbett, S. Valins, B. Weiner (Eds.), *Attribution: Perceiving the causes of behavior* (95-120). Morristown, NJ: General Learning Press.

Wenning, N. (1994). Migration in Deutschland. *Lernen in Deutschland, 14*(2), 106-114.

Wenning, N. (1996). *Migration in Deutschland: Ein Überblick.* Münster, New York: Waxmann.

Wentura, D. & Pospeschill, M. (2015). Multivariate Datenanalyse: Eine kompakte Einführung. Wiesbaden: Springer. DOI: 10.1007/978-3-531-93435-8

West, S. G., Finch, J. F. & Curran, P. J. (1995). Structural equation models with nonnormal variables: problems and remedies. In R. H. Hoyle (Ed.), *Structural Equation Modeling: Concepts, Issues, and Applications* (56-75). Thousand Oakes, London, New Delhi: Sage Publications.

White, K. & Argo, J. J. (2009). Social identity threat and consumer preferences. *Journal of Consumer Psychology, 19*(3), 313-325. DOI: 10.1016/j.jcps.2009.03.007

Williams, J. E., Best, D. L. & Boswell, D. A. (1975). The measurement of children's racial attitudes in the early school years. *Child Development, 46*(2), 494-500. DOI: 10.1111/j.1467-8624.1975.tb03338.x

Woellert, F., Kröhnert, S., Sippel, L. & Klingholz, R. (2009). *Ungenutzte Potenziale: Zur Lage der Integration in Deutschland.* Berlin. Letzter Zugriff am 12.06.2018 unterhttp://www.berlininstitut.org/fileadmin/user_upload/Zuwanderung/Integratio n_RZ_online.pdf

Wout, D., Danso, H., Jackson, J. & Spencer, S. (2008). The many faces of stereotype threat: Group- and self-threat. *Journal of Experimental Social Psychology, 44*(3), 792-799. DOI: 10.1016/j.jesp.2007.07.005

Wraga, M., Helt, M., Jacobs, E. & Sullivan, K. (2007). Neural basis of stereotype-induced shifts in women's mental rotation performance. *Social Cognitive and Affective Neuroscience, 2*(1), 12-19. DOI: 10.1093/scan/nsl041

Yeung, N. C. J. & von Hippel, C. (2008). Stereotype threat increases the likelihood that female drivers in a simulator run over jaywalkers. *Accident Analysis and Prevention, 40*(2), 667-674. DOI: 10.1016/j.aap.2007.09.003

Zaichkowsky, J. L. (1985). Measuring the Involvement Construct. *Journal of Consumer Research, 12*(3), 341-352. DOI: 10.1086/208520

Zick, A., Küpper, B. & Hövermann, A. (2011). *Die Abwertung der Anderen. Eine europäische Zustandsbeschreibung zu Intoleranz, Vorurteilen und Diskriminierung.* Berlin: Friedrich-Ebert-Stiftung.

Zick, A., Küpper, B. & Krause, D. (2016). *Gespaltene Mitte — feindselige Zustände. Rechtsextreme Einstellungen in Deutschland 2016.* Bonn: Dietz. DOI: 10.1080/14782804.2017.1303027

Zick, A., Pettigrew, T. F. & Wagner, U. (2008). Ethnic prejudice and discrimination in Europe. *Journal of Social Issues, 64*(2), 233-251. DOI: 10.1111/j.1540-4560.2008.00559.x